EL TEATRO

DE

ANTONIO GALA

Depósito Legal: O-2.237-85
I. S. B. N.: 84-7468-108-1

Imprenta «LA VERSAL»
C/. Merced, 33
GIJON

UNIVERSIDAD DE OVIEDO

EL TEATRO

DE

ANTONIO GALA

POR

FAUSTO DIAZ PADILLA

OVIEDO
1985

INTRODUCCION

Antonio Gala nace el 2 de octubre de 1936 en Córdoba (1) en el seno de una familia acomodada. Fue el tercero de cuatro hermanos. Realizó los estudios primarios y los de bachillerato en el colegio de La Salle. A la edad de 15 años ingresó en la Universidad de Sevilla después de salvar ciertas trabas legales para formalizar la matrícula debido a su extremada juventud. A instancias del padre comenzó la carrera de Derecho en Sevilla.

En el ambiente universitario su vocación poética, puesta de manifiesto desde temprana edad, cobró nueva pujanza. Intimó con otros jóvenes poetas sevillanos y en compañía de ellos fundó la revista «Aljibe» donde publica sus primeros poemas. En éstos aborda los temas que, con posterioridad, habrán de ser constantes en su producción poética y dramática: el amor, la soledad, el deseo de la muerte... Al iniciar el tercer curso de Derecho comenzó a simultanear esta carrera con otras dos: Filosofía y Letras –en la especialidad de Historia– y Ciencias Política; éstas por libre y en Madrid.

Una vez finalizadas las tres carreras nuestro autor, por voluntad de su padre, comenzó a preparar oposiciones a abogado del Estado. Era el año 1957 y contaba sólo veintiuno de edad. Durante las interminables horas que permanecía solitario con sus libros de Leyes se iba concentrando cada vez más en sí mismo para volcarse en sus primeras producciones poéticas de valor, y así surgieron puros y cristalinos los poemas de *Enemigo íntimo, La Deshora* y *El Desentendido*. Concluido con éxito el segundo ejercicio de las oposiciones, sufrió una aguda crisis psíquica que le obligó a retirarse de los exámenes. A raíz de ella, desorientado y encerrado en sí mismo, buscó refugio en la Cartuja de Nuestra Señora de la Defensión de Jerez. El ambiente de silencio y recogimiento sosegaron su agitado y ardiente espíritu. El hubiera permanecido entre las paredes del convento, con su soledad y retiro, el resto de sus días. Pero la Cartuja fue la que decidió que la voz de Gala no era el silencio de la Orden. Sus superiores le aconsejaron salir de nuevo al mundo, que era donde estaba su destino y donde había de encontrarlo.

Al regresar al estado laico hubo de organizar su vida desde el principio. Y en vista de su mantenencia desempeñó varios oficios que no guardaban relación alguna con las carreras universitarias que había cursado: camarero, peón de albañil y repartidor de pan. En 1959 explicó la asignatura de religión en un colegio madrileño y al año siguiente dirigió el instituto «Vox», la galería «Mayer» de Arte y, posteriormente, «El Arbol». Por el merecido prestigio que se granjeó fue contratado para desempeñar esta labor directiva de salas de arte en Florencia. Sin embargo poco tiempo duró su estancia en la bella ciudad italiana: hubo de regresar con urgencia al hogar paterno, pues su padre estaba aquejado de una grave dolencia. El solícito hijo tomó sobre sí la dolorosa y abnegada misión de cuidarlo por el resto de sus días, que fueron breves, ya que falleció a los tres meses de sufrir el primer ataque grave de su enfermedad.

El óbito paterno le produjo una dolorosa crisis espiritual. Todavía no se había repuesto de su depresión cuando le fue notificado que su pieza *Los verdes campos del Edén* había sido galardonada con el Premio Nacional «Calderón de la Barca». A partir de este momento Antonio Gala se dedicó ya a su destino: ser creador dramático, poeta.

OBRAS DE TEATRO

Los verdes campos del Edén, Premio Nacional Calderón de la Barca, 1963; Premio Ciudad de Barcelona, 1965.
El caracol en el espejo, sin estrenar.
El sol en el hormiguero, 1965.
Noviembre y un poco de yerba, 1967.
Los buenos días perdidos, Premio Nacional de Literatura, 1972; Premio «El Espectador y la Crítica», 1972.
¡Suerte, campeón!, sin estrenar; prohibida por la censura según oficio de 21 de agosto de 1973.
Anillos para una dama, 1973.
Las cítaras colgadas de los árboles, 1974
¿Por qué corres, Ulises?, 1975.
Petra Regalada, 1980.
La vieja señorita del Paraíso, 1980.
El cementerio de los pájaros, 1982 (2).

DE LA POESIA POEMATICA A LA DRAMATURGIA.–Antonio Gala llegó al teatro por el camino de la poesía de poema. En sus poemas aparecen en germen los temas que irá desarrollando a medida que se va concretando el círculo de su cosmos poético. Su andadura poética es de una evolución continua, de crecimiento y perfeccionamiento, tanto en los contenidos como en la expresión. Su primera obra se hallaba a caballo entre la poesía de poema y la poesía de drama. Sus poemas poseían una calidad de monólogos dramáticos. Eran monólogos referidos a una situación; bastaba que dicho monólogo se dialogase para que naciera la pieza teatral. A partir de su segunda obra abandona la abstracción de la realidad que caracterizaba a *Los verdes campos del Edén* y sus personajes, aunque tuviesen un origen simbólico, se desenvolvían en un mundo que el espectador reconocía como el suyo. La realidad no era abstracta sino concreta: *aquí* y *ahora,* lo que dio lugar a que, al presentar la problemática político-económico-cultural del momento y del país, fuese calificado como autor «comprometido» y se destacase el carácter social de su obra. Ello procede de una de las dos vías sobre las que discurre su dramaturgia: la justicia. La otra es la esperanza. Vías correspondientes a cada uno de los dos planos sobre los que se construye toda pieza: el social y el individual. Por esta razón los calificativos de *poeta* y autor *comprometido* o *social* no se excluyen sino que se complementan, pues él entiende por poesía no la poesía de poema, de verso, sino que la considera como «el alma de las cosas; una vía de conocimiento, no de expresión: es una manera de ser, no de decir. Es la *poiesis* platónica: como un líquido que toma la forma del recipiente en que se vierte –sea novela, teatro, poema–, pero siempre será poesía». Y por tanto, el teatro es un género literario que maneja situaciones y diálogo, caracterizado por dos tipos de rasgos (3): unos esenciales, otros formales. Ambos tipos están referidos especialmente al teatro de los años sesenta y principios de los setenta.

Los *rasgos esenciales* son los siguientes:

1.º–Este teatro surge como una *reacción.* Implica una subversión frente a lo anterior; frente a un teatro halagador de una clase social surge otro de amarga crítica social. Sus fines: contraponer lo abierto a lo cerrado, lo pasional a lo intelectual, lo comunitario a lo individual, la moral primigenia a la convencional.

2.º–Su *politicidad,* en el sentido de que los autores han de estar irremisiblemente comprometidos consigo mismos y con su tiempo, no con una ideología de partido o sistema. Pero dicho compromiso ha de ser genial y generosamente transcendido.

3.º–Su compromiso lo vincula a la *idea existencial con su aquí y su ahora:* la negación del teatro como divertimiento; el deseo de hacer del teatro un bien común, un arte de participación.

4.º–La idea existencial implica el sentimiento trágico –agónico– de la realidad. Su faceta primordial es la de suprimir la religión entendida como una gran sociedad de seguros contra la angustia. El hombre razonador, interrogante, eterno y satisfecho, vuelve a ser el agonista.

5.º–Manifestación por parte del creador de su *ansia de perennidad:* se levanta un alto anhelo de lontananza de que nada de lo malo que ha sucedido vuelva a suceder ni ahora ni después. Un sangrante propósito de enseñanza con la acusación alterada y escatológica de nuestros predicadores del barroco.

Dos son los *rasgos formales* fundamentales:

1.º–*El protagonista no es individual sino situacional.* La pieza trata de reflejar no un hecho, sino un estado de cosas. Esta es la razón de que el protagonita más que un símbolo sea un arquetipo. Y un arquetipo ordinario en que puedan encontrarse muchos. La pieza así concebida deviene una epopeya multitudinaria: una epopeya sin héroe.

2.º–La técnica del teatro actual es la de instantaneidad. Por dos razones:

a) La interinfluencia de los medios expresivos, sobre todo del cine, el hermano menor del teatro. Son frecuentes las obras que constan de un solo acto o de cuadros que son como fogonazos, sugerencias que el espíritu espectador debe desarrollar. Todo lo que no contribuya a resaltar el propósito del autor es eliminado.

b) La brevedad: un sentimiento concentrado, angustioso, no puede ser extenso si no quiere correr el riesgo de diluirse y desvanecer su potencia. La incertidumbre, el apremio, la agitación, no toleran prolongadas escenas discursivas. El rasgo más destacado es la soledad.

Estos parámetros esenciales y formales son los ejes sobre los que Antonio Gala expone sus ideas sobre los graves problemas que aquejan al hombre. Problemas que se producen a causa del desequilibrio entre las dos vertientes que lo constituyen: la espiritual y la corporal. La desjerarquización de valores en la sociedad de consumo ha ido hipertrofiando su aspecto anímico; el confort y el bienestar físico van anulando su capacidad intelectiva, van haciéndolo un autómata, un ser reglado, programado para cumplir una misión específica cuyo camino está ya trazado y del que no puede desviarse un ápice so pena de caer en desgracia ante la sociedad y sus rectores, pues parece ser que las leyes de convivencia exigen esta condición previa de «...no ser excesivamente distintos. No es bueno destacarse. Puede que ni siquiera sea de buen gusto» (*Madre,* en el *Caracol).* Y es a esta sociedad inmovilista a la que el autor intenta hacer reaccionar. Por este motivo en sus obras, después de haber reflejado la situación de la sociedad en que ha de desarrollarse la acción, alguien de fuera llega hasta ella. Este *alguien*, que no pertenece a ella, que aún no está corrompido por la suciedad ambiental, trata de cambiarla, de purificar el aire asfixiante que respiran y del que están contaminados. Gala ha comparado en reiteradas ocasiones dicha situación con la de una ciénaga de aguas estancadas y corrompidas. El personaje que llega es como una piedra arrojada en ella: lo único que logra es un leve movimiento de las aguas de superficie, las menos fangosas, en círculos concéntricos. Pero esa piedra acaba siendo anegada en el lodo del fondo. Este factor desencadenante de la acción puede ser una persona ligada al lugar por distintas razones, como Lázaro (*Las cítaras...*), Juan (*Los verdes...*), Lorenzo (*Los buenos...*), etc.; o la encarnación de ideales latente en dicho lugar como Gulliver (*El sol...*); o simplemente un objeto, como el transistor que desencadena el conflicto entre Diego y Paula (*Noviembre...*).

En *la acción* hay que diferenciar la exterior de la interior. La primera, la anécdota, es escasa; se reduce a una serie de situaciones unidas por el débil hilo argumental, generalmente por la intervención de uno de los protagonistas, y los hechos narrados se hallan desfigurados por la desmesura con que son expuestos. Pero a pesar de esta hiperbolización de la anécdota, el espectador va reconociendo de manera sistemática la realidad que contempla en el escenario y la refiere a sucesos y personas por él conocidos. En esta técnica expositiva es donde se aprecia de un modo más evidente el influjo de Valle Inclán debido a sus resonancias esperpénticas.

Si la acción exterior es casi inexistente, la interior es muy intensa: cada personaje vive una vida propia y se debate muchas veces entre sentimientos opuestos –amor y odio, ternura y crueldad, etc.– lo que da la impresión, a veces, que la actitud adoptada por alguno de ellos es contradictoria por no responder a una motivación psíquica. Ese comportamiento contradictorio puede estar originado por motivos de tipo poético o ser simple reflejo de lo que ocurre a quien se debate entre sentimientos opuestos: que acaba por manifestar uno de ellos, por reaccionar en un determinado sentido, por un mero impulso, y como tal sin fundamento en un razonamiento previo.

Ambos tipos de acción condicionan *el ritmo dramático*. Por eso se aprecia un ritmo contrastivo que coincide con cada una de las dos partes de la obra: el de la primera suele ser muy vivo, rutilante en ocasiones; mientras que en la segunda es más sosegado. Esta alternancia rítmica responde a la preponderancia de una u otra clase de acción: exterior al inicio, interior a medida que se va adentrando en la problemática y en los temas que se exponen y debaten.

El ritmo, además, supedita el número de *personajes* en escena: son abundantes al comienzo de cada pieza, entrecruzándose y simultaneándose sus intervenciones. A medida que se van perfilando los protagonistas, el peso de la acción va recayendo sobre ellos y aquélla se va haciendo más lenta porque se va interiorizando en ellos, se va basando cada vez más en la evolución de sus pensamientos y de sus sentimientos exteriorizados por el diálogo; éste queda polarizado por los personajes claves de la obra sin apenas intervención de los secundarios, meras comparsas que, cuando hablan, lo hacen para apostillar lo dicho por aquéllos. Los parlamentos de los protagonistas suelen ser más extensos que los de la primera parte.

Las criaturas dramáticas de Antonio Gala son seres arquetípicos, de trazo único, encarnaciones de ideas sobre los grandes interrogantes del hombre como el amor, la muerte, la vida, el destino, etc. En su tratamiento se aprecia una evolución de sus primeras creaciones respecto de las últimas. En aquéllas poseían menos consistencia real, estaban menos bosquejados, eran seres de una sola dimensión. Pero a partir de *El sol en el hormiguero* se constata una mayor riqueza psicológica en su trazado ya que cada vez razonan más sus actitudes o, cuando la situación es muy tensa afloran una multitud de sentimientos opuestos que, lejos de perjudicar su consistencia real, la enriquecen incrementando su vitalismo.

En los personajes se aprecia un contraste entre el hombre y la mujer respecto a la función que desempeñan en el desarrollo temático: el que origina la redención es siempre un hombre –Juan, Lázaro, Lorenzo, el Republicano, etc.– que no logra ver consumada su misión y encarga a la mujer que por amor la siga. Ella es una prolongación del hombre en este sentido.

El *tema* constante y primordial es el de la frustración humana. Frustración tanto individual como social que procede de una carencia de libertad, bien impuesta por uno mismo bien por una fuerza opresora exterior. La falta de libertad puede estar originada por esa desjerarquización de los valores que se está produciendo en la sociedad de consumo y que Hortensia en *Los buenos...* resume en su lema «paz y lavadoras». El hombre se encuentra más y más apegado a los bienes materiales, lo que coarta su voluntad y le impide ser él mismo porque el miedo a lo no normado, a ser distinto de la generalidad, le impele a actuar de un modo no deseado. Ello le hace sentirse inseguro de sí mismo y le lleva a buscar un espejismo de seguridad en la masa, en la uniformidad, como Tomás en *Noviembre...* o Alonso en *Las cítaras...* Esta falta de libertad se halla también originada por otra clase de temor: el temor al fracaso, a hacer el ridículo. Sólo los verdaderamente libres son los que salen malparados de la opinión de los demás. Estos, por temor al fracaso, no se arriesgarán en ninguna empresa que implique un mínimo peligro y no intentarán nada que no les proporcione éxito que se mide, por lo general, en dinero: ya no se adora únicamente al becerro de oro sino al oro del becerro. Estos temores lo conducen a una cobardía última: a la cobardía de no intentar *ser uno mismo.* De esto es de lo que acusa Jimena a Minaya y es como hay que entender las palabras finales del Rey de *El sol...* ante el exilio de su pueblo: «Seré rey de mí mismo. Algo que ciertamente no creí que llegara a sucederme. Algo que debe ser, sin duda, muy difícil». Esta carencia de libertad se aprecia en el plano social. Las razones son similares: la opresión de una clase dirigente sobre el resto de la sociedad.

A fin de alcanzar la libertad para corregir el proceso de frustración a que conduce su ausencia, el autor señala un solo camino: la *comunicación,* que a nivel individual alcanza su máxima expresión en el amor y a nivel social se transforma en solidaridad. El *amor* no ha de entenderse tanto como un sentimiento cuanto una actitud. No es un impulso físico y momentáneo sino un trabajo continuado que consiste en ayudar a realizarse a alguien y que, a su vez, realiza al primero. Esta clase de amor es el ideal en las mujeres de Antonio Gala: su anhelo es cumplir con las labores caseras como lavar, coser, hacer la comida, etc. para su hombre. La *solidaridad* es el vehículo común de la sociedad de realizarse a sí misma consiguiendo la libertad. Todos sus miembros se han de ayudar mutuamente, han de colaborar, aunque sólo sea con un ladrillo como propugna el Portero de *El Caracol* para que el edificio de la colectividad se vaya terminando.

En la visión poética de Gala la verdadera redención se alcanza con la *muerte.* Ello explica el que la mayoría de sus obras teatrales finalicen con la muerte del protagonista: Gulliver y el Republicano, Diego, Consuelito, Lázaro, Olalla, etc. En las ocasiones en que no se produce la muerte física, como Juan o Jimena, ha de entenderse como una muerte espiritual; desde ese momento en adelante sus vidas ya no les pertencerá puesto que les han obligado a hacer lo que no querían: han perdido su libertad sin la cual no hay auténtica vida, y la aceptación de su destino representa para ellos la muerte. Estas razones poéticas son las que conducen a la mayoría de los protagonistas a la muerte que muchas veces no está motivada desde una perspectiva teatral. Tal es, por ejemplo, el caso de Diego en *Noviembre...* Dos premisas poéticas condujeron al autor a dar a su obra este desenlace; premisas que son constantes en toda su producción y que se hallan estrechamente interrelacionadas. Una es la actuación del destino con su marcha inexorable. Sus personajes son *fatídicos* en el sentido más original del término: pueden prever lo que la vida les ha deparado, un final de muerte, pero no podrán hacer nada por evitarlo. La otra viene determinada por la concepción poética de que toda historia es la historia de una *frustración,* de un fracaso. Pero al final siempre late un deje de esperanza: es también la historia de una *redención.* Y condición indispensable para que ésta se produzca es la muerte: no hay redención si previamente no hay muerte. Esta es la que da su razón de ser y su verdadera dimensión a la vida de sus criaturas. Por ello no todo es pesimismo lo que emana de las obras de Antonio Gala. Al final, cuando cada protagonista muere, queda una posibilidad de esperanza, de esperanza en el hombre: que alguien recoja su doctrina y procure llevar a cabo la misión iniciada pero inacabada.

La concepción poética de nuestro dramaturgo está fundamentada, pues, sobre dos parejas de postulados: una de las cuales es falsa aunque parezca verdadera: *vida* y *amor;* y otra es verdadera, aunque parezca falsa: *muerte* y *destino.* Ambas parejas se oponen como contrarios al excluirse recíprocamente: la presencia de una implica la ausencia de la otra. Por otro lado, constituyen las dos fases sucesivas de las existencia humana, lo que explica la íntima conexión que se produce entre ellas.

El hombre es un ser imperfecto que tiende a su realización total y absoluta, que nunca llegará a alcanzar durante su *vida* corporal: sólo la *muerte* le confiere el carisma de perfección. En ese baldío intento de completarse busca la colaboración de un semejante con el que se siente identificado. Se entabla una estrecha relación de amistad entre ambos, de modo que cada uno ayuda a realizarse al otro. El sentimiento de amistad se encuentra necesariamente en la base del *amor.* Si aquélla falla, éste se hunde: la amistad es la condición indispensable para que el amor entre dos personas pueda brotar. Así concebido, el amor es un trabajo, un oficio absorbente que siempre ha de estar haciéndose, porque es la única forma que puede subsistir: *su esencia está en su devenir.* Cuando esta simbiosis perfecta entre los dos seres se logra, surge el «nosotros», ya no son dos personas sino una sola entidad: «tú» y «yo» han formado un todo indivisible del que no pueden diferenciarse, separarse, sus componentes sin que esa nueva entidad quede reducida a la nada. Es un todo en el que sus miembros alcanzan su función, su razón de ser. Sólo en ese nuevo ser que forman con el amado tiene justificación su vida. Este es el motivo de la necesidad vital que el hombre tiene de amor: es el medio primero y más instintivo de que dispone para perfeccionarse, para resistirse a la muerte. Para que la relación amorosa no sea un obstáculo al proceso perfeccionador del sujeto ha de ser querida por él, ya que si su voluntad es sometida al amor, su personalidad queda eliminada. No se produce esa perfecta conjunción de «tú» y «yo» en «nosotros» rompiendo la frontera que separa los pronombres sino que el «yo» queda abnegado en el «tú». Entonces el amor, en lugar de ser el camino de perfección del hombre, se convierte en su elemento destructor. El amor pasional, coartador de la voluntad humana, deviene en su *«enemigo íntimo»*, porque es la pasión amorosa la que le impide ser él mismo y realizarse en el otro; le causa desasosiego al no encontrar su felicidad y su tranquilidad: su voluntad está enajenada por la del otro. Cree estar más realizado cuanto menos lo está: nada le pertenece, ni siquiera él mismo.

El otro postulado, que junto al amor es uno de los factores de imperfección del ser humano, es la *vida*. Dicha imperfección, implícita en la vida, se ve incrementada por no ser vivida como debiera. Las causas que conducen a esa situación son las *apariencias o falsedad* y *la incomunicación o soledad,* que brotan del hombre mismo y se oponen a su esencia. El autor propugna la búsqueda de su perfeccionamiento a través de dos vías fundamentales: la *esperanza* y la *justicia. Esperanza* en alcanzar un perfeccionamiento relativo que lo aproxime al perfeccionamiento absoluto que conseguirá después de la muerte. Y *justicia* que implica la libertad para seguir sin ningún tipo de trabas el sendero escogido que lo lleve a su realización.

En la poética de Antonio Gala el hombre alcanza su realización total y absoluta al sobrevenirle *la muerte* de la que el amor es un intento desesperado y fallido de resistirse a ella. El hombre viene malherido de muerte y el amor no es más que una forma triste de sofocar su grito de *vida* y *esperanza.* Su proceso perfeccionador consiste en un intento de liberarse de la situación alienante en que se halla y regresar al estado primero de su ser: el anterior al nacimiento que, cuando se ha tenido vida, se llama muerte. En ella, el ser humano vuelve otra vez a ser él, a recobrar aquella tranquilidad que había perdido, porque ha vuelto a sí mismo, a su soledad vital en la que él es él y en cierta medida es también los «otros». Es en ese estado donde se forma el «nosotros» perfecto y realizador del hombre y no en el del amor y de la vida, y por tanto, sometido al influjo pasajero y cambiante del tiempo, subyugador de la personalidad, dado que es egoísta y esclavizador del que ama. A través de la muerte encuentra el sujeto la fusión con la esencia de la Humanidad ya que lo esencial de todo ser es lo duradero, aquello que si desaparece aniquila al ser como tal. El amor y la vida es lo accidental porque, aun desapareciendo, el hombre no sólo no es eliminado sino que alcanza su realización. Por esta razón lo esencial es la muerte: el *ser* que existe por sí y que no depende para *ser* tener que estar realizándose, al estar ya realizado y fuera del tiempo.

De lo expuesto se deduce que la máxima de nuestro autor, en lo que se refiere a la existencia terrenal del hombre, es: *no hay vida sin esperanza; no hay esperanza sin muerte.* La muerte realiza y justifica su vida y la esperanza es el impulso que pone en marcha y estimula su proceso perfeccionador. Por eso, mientras exista la muerte siempre habrá esperanza para el hombre.

El segundo de los postulados del nivel realizador es el *destino* que se halla íntimamente relacionado con el otro, con la *muerte,* de modo que la consecución de uno de ellos implica la del otro. Por otra parte, en este nivel superior, el *destino* significa la superación del *amor:* éste representa la búsqueda de aquél durante su vida terrenal, como la *muerte* es la superación de la *vida,* porque en ella el hombre se libera de todos los condicionantes que le impedían ser él mismo. Al no existir ya el individuo concreto y aislado sino el Hombre en cuanto esencia y suma de todas las individualidades, que se logra a través de la comunicación perfecta de todas ellas después de la muerte, dicho destino es colectivo ya que afecta a la Humanidad y se presenta como eterno e inmutable frente a los deseos o destinos particulares supeditados a variaciones con el paso del tiempo. En la *vida* el *destino* se llama *ideal* mediante el cual cada individuo busca su perfeccionamiento en unión del mayor número de seres. Este ideal colectivo es la superación de la esperanza particular, debido a que ésta afecta sólo al individuo mientras que aquél lo hace a una comunidad. Y frente a la limitación temporal de la esperanza, el ideal se encuentra de algún modo fuera del tiempo pues, si bien es cierto que reside en el interior del hombre durante su existencia terrenal, al no estar ligado al individuo sino a la comunidad es consustancial a su esencia y, por ende, imposible que desaparezca: la colectividad no queda destruida al morir uno de sus miembros porque la existencia de aquélla está por encima de la del individuo (4).

(1) Carece de absoluto interés el hecho físico de que su madre diese a luz en un pueblecito de la Mancha, ya que días despues se trasladarían a Córdoba, donde residía la familia. El siempre se ha definido *cordobés* de nacimiento, y el 28 de febrero de 1985 la Junta de Andalucía lo nombró hijo predilecto junto con otras ilustres personalidades. La falta de relevancia del lugar de nacimiento es evidente desde cualquier perspectiva que se contemple; baste para justificar esta afirmación la conocida frase de Leopoldo Alas *Clarín* «me nacieron en Zamora», pues siempre se consideró asturiano por vivencia y formación. Y el gran poeta romántico italiano Ugo Foscolo, de padre italiano pero nacido en la isla griega de Zante a la que dedicó un hermosísimo soneto, consideraba que la patria no es la patria de nacimiento, sino la patria de elección.

(2) Las citas de las obras corresponden a las siguientes ediciones: *Los verdes...,* n.º 418 de Col. TEATRO; *El sol...,* n.º 13 de Col. «El mirlo blanco», de Taurus Ediciones; *Noviembre..., n.º 13 de Col. «El mirlo blanco», de Taurus Ediciones; Los buenos...,* en Col. TEATRO, n.º 743; *Anillos...,* en Col. Biblioteca Júcar, Ediciones Júcar; *El Caracol...,* n.º 13 de Col. «El mirlo blanco», Taurus Ediciones; *Las cítaras...,* original prestado por el autor; *¡Suerte, campeón!,* original prestado por el autor.

(3) Antonio GALA: *Apuntes sobre la problemática del teatro español,* ponencia para el I Congreso de Escritores, San Sebastián, septiembre de 1968.

(4) Para un análisis más detenido y completo de los aspectos literarios del teatro de Antonio Gala véase mi prólogo a sus OBRAS ESCOGIDAS en la «Biblioteca de Autores Modernos», Aguilar, S.A. de Ediciones, Madrid, 1981.

EL HABLA COLOQUIAL

Los elementos lingüísticos que constituyen *el plano de la expresión* son los que confieren validez literaria a las ideas y sentimientos que laten en la producción artística de un autor. Todos y cada uno de los contenidos han de ser expresados de una manera precisa de acuerdo con los fines perseguidos por el creador; y cada elemento lingüístico debe desempeñar una misión en orden a una mayor y mejor comunicación de aquéllos. La obra artística consiste en la pefecta adecuación entre el plano de la expresión y el del contenido.

La característica primordial de la lengua de las criaturas dramáticas de Antonio Gala consiste en su manifestación mediante el *habla coloquial*. La intención de nuestro autor es la de ajustar el habla de sus personajes a la del público al que se dirige a fin de superar las posibles barreras entre escenario y auditorio y conseguir una inmediatez instantánea con el espectador. Ese es el motivo de que resalte las notas peculiares de la lengua popular, como son la tendencia a *la concreción material* de lo espiritual y abstracto, *la afectividad* con que se impregna la comunicación según la apreciación que se tenga del objeto de la misma en el momento de la conversación, y en la que desempeña papel principal *la intencionalidad* del emisor y *la ironía* (1).

En el presente estudio se van a registrar todas aquellas construcciones y giros propios del habla coloquial que aparecen en la producción dramática de Antonio Gala a través de los seis apartados siguientes:

A) FORMAS DE INICIAR EL DIALOGO
B) FORMAS DE TRANSICION DEL DIALOGO
C) FORMAS DE REMATAR EL DIALOGO
D) LA AFECTIVIDAD
E) PERIFRASIS DENOTADORAS DE LA PERSPECTIVA DE PRESENTE
F) EXPRESIONES DE RUEGO Y MANDATO

---

(1) Se ha tomado como orientación las directrices marcadas por W. Beinhauer: *El español coloquial*, Ed. Gredos, 1973. *El humorismo en el español hablado*, Ed. Gredos, 1973. Emilio Lorenzo: *El español de hoy, lengua en ebullición*, Ed. Gredos. Manuel Seco: *Arniches y el habla de Madrid*, Ed. Alfaguara, 1970; *Diccionario de dudas de la lengua española:* Ed. Aguilar, 1973. Muñoz Cortés, Manuel: *El español vulgar. Descripción de sus fenómenos y métodos de corrección*, Madrid, 1958. Carballo Picazo, A.: *Español coloquial*, Madrid, 1962; Moliner, María: *Diccionario de uso del español*, Ed. Gredos, Madrid; Carnicer, Ramón: *Sobre el lenguaje de hoy*, Ed. Prensa Española, Madrid, 1969; *Nuevas reflexiones sobre el lenguaje*, Ed. Prensa Española, Madrid, 1972; Weinrich, Harald: *Estructura y función de los tiempos en el lenguaje*, E. Gredos, Madrid.

A) FORMAS DE INICIAR EL DIALOGO

La lengua hablada española posee una serie de formas espontáneas, colocadas al comienzo del diálogo mediante las cuales el estado de ánimo del hablante se manifiesta a causa de la carga de afectividad que llevan. Es un procedimiento directo de explicitar el tipo de relación, más o menos estrecha, que existe entre ambos interlocutores. Según la categoría gramatical de la forma de apelación se distinguen las siguientes modalidades de fórmulas introductorias:

      I.–**Pronombres personales.**
      II.–**Sustantivos (vocativos).**
      III.–**Verbos (imperativos).**
      IV.–**Interjecciones y expresiones interjectivas.**

I. LOS PRONOMBRES PERSONALES

Los pronombres personales usados para dirigirse a la persona a quien se habla son los dos correspondientes a la segunda: *Tú* y *usted*. Ambos sirven para dirigirse tanto a una persona masculina como femenina, pues carecen de variación de género pero no de número: *vosotros-as* y *ustedes*. Estos dos pronombres personales son más frecuentes en la lengua hablada que en la escrita, debido al énfasis que imprimen al discurso.

El pronombre de segunda persona *usted* es calificado como pronombre de «cortesía» o «de respeto». Gramaticalmente funciona como de tercera persona, aunque su significado sea el de segunda. Mediante el empleo de uno u otro pronombre se caracteriza, de modo implícito, la actitud de un personaje o el tipo de las relaciones entre varios.

a) El pronombre *tú* se aplica a sujetos conocidos, con los que se tiene *cierto grado de intimidad,* como, por ejemplo, entre esposos: «Paula: Tienes que salir, Diego. Es lo que *tú* esperabas. Se ha cumplido. - Diego: Me has denunciado *tú*. Es una trampa» (*Noviembre,* 276). Es también frecuente en la lengua hablada cuando antecede a una pregunta: «A (dirigiéndose a Z., su marido): ¿*Tú* quién eres?» (*El caracol,* 156). O bien, entre familiares u otras personas con las que se tiene confianza: «Jimena: ... Hasta los sordos van a oírme hoy. (A Alfonso) Primero, *tú*; para eso eres el rey» (*Anillos,* 87).

Asimismo, es abundante el uso del pronombre *tú* en las expresiones de mandato, cuando la persona a la que va dirigida la orden es considerada por el hablante como un igual o inferior: «Camacha: ... (A Olalla) Y *tú*, párate ya» (*Las cítaras*, 11).

El cambio del tratamiento de *usted* por *tú* refleja una mayor confianza e intimidad entre los hablantes: «Hortensia (que ha reunido unas «cortes tomando café» para tratar de una posible salida ante el inminente cambio de párroco): ... Lorenzo, guapo, *usted* es como uno de nosotros. *Voy a llamarte de tú. Es más razonable, dado que vamos a ser tan buenos amigo.* - Lorenzo: Si *usted* gusta... - Hortensia: *Gusto, gusto. A mi derecha. Tú* representas la autoridad que nos defiende» (*Los buenos*, 33), siendo la propia protagonista la que explica las razones del cambio de tratamiento; Lorenzo, aún no habituado al nuevo tratamiento y, sobre todo, porque sabe a lo que se arriesga, prefiere de momento guardar un tanto las distancias, de ahí que utilice el pronombre «de respeto» en su respuesta. Sin embargo, su actitud en relación a Consuelito es bien distinta, ya que desea mayor familiaridad con ella; por eso la tutea aún cuando ella, ingenua ante los propósitos de él, no lo haga. Una vez acabada la reunión anterior, quedan solos ambos personajes: «Consuelito: ...Váyase *usté*, déjenos como estábamos y no *se* pare hasta llegar a Orleans: no haga *usté* lo que yo... - Lorenzo: *Tú* puedes ayudarme. - Consuelito: ¿Cómo? - Lorenzo: Ya *te* lo iré diciendo ... - Consuelito: A *su* disposición. *Usté* será feliz dentro de poco ... - Lorenzo: Háblame al oído para no distraer a los del rosario ... - Consuelito: Que digo que *usté* tocará en Orleans...» (*Los buenos*, 39-40).

En otras ocasiones, el empleo de *tu* no responde a un grado de intimidad más o menos grande entre los interlocutores sino a un *sentimiento de superioridad* del que habla respecto al que escucha. Dicho sentimiento puede venir dado por la edad, o porque se considere de categoría social o rango superior: «Muchacha: La guerra, sí; derogemos los regímenes caducos. - Vieja: *Tú*, a vomitar, que es lo tuyo, niña» (*El sol*, 211).

b) Y al contrario, por *sentimiento de inferioridad*, bien sea de edad o de escala social, el hablante da el tratamiento de *usted* al oyente: «Portero (a los padres de A. y Z. que preguntan por la vivienda de sus hijos): ¿Son *ustedes* los padres?» (*El caracol*, 123); «Extraviada (dirigiéndose al Republicano, sentado en su palco para oír el discurso del Rey): ¿Y agua? ¿Quiere *usted* un poquito de agua?» (*El sol*, 187).

– El tratamiento de *usted* a personas de la propia familia se explica por una peculiar concepción de respeto hacia los padres. Este fenómeno se produce hoy día en zonas rurales de la mitad meridional de la Península: «Paula: Madre, dé *usted* de mano a la cantilena, que es hora de cenar» (*Noviembre*, 240).

– El uso más frecuente de *usted* se da entre personas que no se conocen y entre las que no existen unas relaciones de familiaridad. La idea de alejamiento afectivo entre los hablantes, dada por el pronombre de cortesía, imprime al diálogo un aire más objetivo y formalista: «Alcalde (reprochando a Juan su quietismo): *Usted* está, en efecto, al lado de un camino. Y todos los caminos van a alguna parte ¿no? - Juan: Bien, en ese caso *usted* debe preguntarle al camino, no a mí» (*Los verdes*, 12).

II.–LOS SUSTANTIVOS

En lugar del pronombre personal el hablante se sirve de un sustantivo para interpelar a su interlocutor, atrayendo de este modo su atención; tal función es cubierta por un sustantivo en caso *vocativo* o por *una expresión vocativa*. Se distinguen dos grandes grupos: los que se refieren a una persona de una forma afectiva, y los que expresan simpatía o antipatía hacia el oyente.

1.–Vocativos que se dirigen a la persona de un modo afectivo:

    1.a) Si no existe familiaridad entre los hablantes:

        1.a.1) Los que se refieren a la persona.
        1.a.2) A la profesión.
        1.a.3) A la edad.

    1.b) Si existe familiaridad:

        1.b.1) Los que aluden a la persona.
        1.b.2) El nombre o el apellido del interlocutor.
        1.b.3) Nombres de parentesco.

2.–Vocativos que conservan el significado originario del sustantivo, indicando simpatía o antipatía hacia el oyente.

    2.a) Los que denotan cariño:

        2.a.1) Por medios morfológicos (diminutivos).
        2.a.2) Por medios léxicos:

            –Sustantivos afectuosos
            –Lenguaje amoroso
            –Con intervención de la ironía.

    2.b) Los insultos:

        2.b.1) Vocativos cuyo significado peyorativo es el propio de la palabra en cuestión: son los que se refieren a la negación de las cualidades intelectuales o a su conducta.
        2.b.2) Vocativos en los que el significado ofensivo es el figurado del término empleado: especialmente se trata de nombres de animales.

1.–Vocativos que se dirigen a la persona de un modo afectivo

1.a) Si no existe familiaridad: La función del sustantivo vocativo equivale a la del pronombre personal de cortesía *usted*. Como él, la persona a la que se refiere se trata, no sólo de una persona desconocida, sino que en muchos casos denota la distancia –bien sea de carácter social, bien por la edad– que separa a los dos hablantes. Tres subgrupos:

1.a.1) Los que se refieren a la persona.
1.a.2) Los que aluden a la profesión del interpelado.
1.a.3) Vocativos que se refieren a la edad.

1.a.1) *Los sustantivos que aluden a la persona* propiamente dicha indican un mayor desconocimiento o ausencia de familiaridad que los vocativos de los otros dos subgrupos. Por otra parte, este tipo de tratamiento se da entre personas ya maduras. Los más frecuentes en esta función son *señor* y *señora*. En un principio este apelativo era atribuido a una persona que ejercía cierta potestad sobre el que hablaba. Este uso aparece en alguna ocasión en la obra de Gala cuando se invoca a un ser tan superior como Gulliver: «Republicano: *Señor*, dinos quién eres para darte las gracias» (*El sol*, 191). Es corriente este vocativo como introducción de una súplica a la divinidad. No obstante, en la lengua hablada sirve como simple vocativo dirigido a una persona que no se conoce: «Juan (hablando con el Alcalde al comienzo de la acción): El tiempo no es toda la vida, *señor*: hay además otras cosas» (*Los verdes*, 11). Sin embargo, mediante este tratamiento el hablante reconoce la superioridad de la persona a que se dirige: «Jerónimo: Yo hace poco fui joven, *señor*» (*Anillos*, 62), que denota la sumisión del obispo respecto al rey.

La frecuencia con que aparece este vocativo acompañando a una *afirmación o negación* ha hecho que se haya convertido en fórmulas fijas. Según los casos utilizados por A. Gala, se deduce que originariamente el vocativo acompañaba a una afirmación o negación cuando el interlocutor era desconocido: «Dueña: Pues *sí, señor*. Aquí se puede comer y se puede dormir» (*Los verdes*, 17); o la negación: «Lorenzo (preguntando a Consuelito por el destino de las estrellas que escarcha): ¿Son para la parroquia? -'Consuelito (que acaba de ver por primera vez a Lorenzo y no sabe quién es): *No, señor*. Para el público en general» (*Los buenos*, 8). Pero dada la reiteración de este uso, se convirtió en fórmula fija, y así acompaña a una afirmación o a una negación aún cuando no vaya dirigida a un interlocutor, sino que el hablante se la aplica a sí mismo para reafirmar su decisión: «Juan: Yo es que vivo aquí. - Ana: Qué felicidad, *sí, señor*» (*Los verdes*, 40); «Guarda (extrañado por la pretensión de Juan de querer vivir en el panteón): ¡Qué barbaridad! Esto no había pasado aquí nunca. *No, señor*. No hay precedentes» (*Los verdes*, 30). De tal manera se ha convertido en una fórmula fija para afirmar o negar, que puede aplicarse a casos en los que la persona a la que el hablante se dirige es conocida e incluso se halla unida a ella por lazos de parentesco: «Tomás: Con alguien tendrías los hijos, digo yo. - Paula: *No, señor*. Que los tuve yo solita» (*Noviembre*, 235).

Sobre este tratamiento de *señor*, se formó *monseñor* mendiante la adición del posesivo de primera persona. Este vocativo y por influjo italiano se especializó en nuestra lengua como apelativo dirigido a los prelados: «Jerónimo: ... Las hordas de Mazdalí han huido hasta el mar. - Alfonso: No han huido, *monseñor*» (*Anillos*, 61); dicho tratamiento ya no implica la idea de sumisión del que habla, sino el reconocimiento de la dignidad del interlocutor. Este apelativo cabe por ello dentro las formas del grupo 1.a.2), ya que alude a la *profesión o cargo* del interpelado.

El femenino *señora* se aplica a mujeres ya casadas y con las que apenas se tiene trato; al igual que el pronombre de cortesía es muy frecuente cuando antecede a una pregunta: «Extraviada (asombrada de que la Vieja le haya pedido que le traiga su aguardiente): *Señora*, ¿pero usted no se da cuenta de que soy una fulana?» (*El sol*, 209). O como introducción de una respuesta a una mujer a la que se le debe respeto por ser de categoría social más elevada que la del propio hablante: «Portero (A la Madre de A.): *Señora*, yo salgo siempre que se muere un niño» (*El caracol*, 146); en algunos casos, el tono irónico no está ausente en este tratamiento: «Vieja (a Señora 1.ª que se da ínfulas de superioridad): *Señora*, los niños no llegan más que hasta la cintura de los mayores» (*El sol*, 175).

Asimismo, acompañando a una afirmación o negación, intensificándolas: «Constanza: Tu gallo. - Jimena: *Sí, señora*. Mi gallo» (*Anillos*, 79), en este caso, como fórmula fija y referida a cualquier interlocutor, sea o no conocido, ya que no tiene función apelativa.

El diminutivo *señorita* se emplea para la mujer soltera; se ha lexicalizado y no lleva implícita la idea de pequeñez propia del sufijo: «Manuel (en la primera ocasión que habló con su futura esposa): Y yo le dije: *señorita*, tírelas usted de cabeza abajo» (*Los verdes,* 71). Cuando se da el apelativo de *señora* a la mujer no casada protesta por este tratamiento, rectificándolo: «Ordenancista (dirigiendo el entierro del hijo de A. y Z.): ... Adelante. Cuidado. (El cortejo camina hacia la izquierda. A la *Solterona): Señora* ... - Solterona: *Señorita» (El caracol,* 151). En forma francesa puede ser sinónimo de «fulana»: «Muchacho: ¿Baila usted, *madama?* – Monique: *«Mademoiselle,* s'il vous plait» (*Los verdes,* 74). La falta de familiaridad queda de manifiesto en muchos casos por la presencia del pronombre de cortesía *usted,* además del vocativo referido a la personal.

Más arcaico, y por tanto, menos corriente es el sustantivo *caballero* en lugar de *señor.* Dicho tratamiento es raro en la lengua coloquial, y mediante él el hablante procura dar cierta importancia al personaje a quien se dirige o porque así lo requiera la situación: «Alcalde: Yo soy el alcalde. ¿Está de acuerdo? - Juan: Quizá, *caballero»* (*Los verdes,* 14). Como llamada de atención a un hombre va seguido de puntos suspensivos: «Ordenancista (Al Marinero que avanzaba al grupo de mujeres con la Mujer Sola): *Caballero* ... - Marinero: Perdón, no me daba cuenta de que estábamos en una fiesta. (Se pasa a los hombres)» (*El caracol,* 152).

Es más familiar la expresión vocativa *buen hombre, buena mujer,* aplicada a personas que no se conocen o con las que apenas se tiene trato alguno. Es habitual sobre todo en las zonas rurales. Con la anteposición del adjetivo *bueno* se pretende captar la simpatía de la persona a quien se habla: «Nina: ... (A Juan –que acaba de conocer al grupo de mendigos–): Siéntese usted, *buen hombre.* (Juan va a hacerlo). Viene usted muerto de cansancio» (*Los verdes,* 26); «Luterio: Está bien, no importa. Ana, *buena mujer,* dénos usted vino, que vamos a brindar por las avispas» (*Los verdes,* 69), en ambos ejemplos la expresión vocativa está como aposición de un pronombre en el primer caso y de un nombre propio en el segundo; además, por otro lado, la falta de familiaridad viene en las dos ocasiones especificada por el pronombre de cortesía *usted.*

1.a.2) Vocativos que aluden a la profesión u oficio del interperlado: En estos casos ya existe cierto conocimiento entre los hablantes, pero el rango más elevado de uno de ellos exige el uso del tratamiento; indica,,por ello, el alejamiento afectivo entre uno y otro.

Para *el monarca* el apelativo más usual que todo súbdito debe darle es el de *majestad:* «Jefe: (Entrando): *Majestad,* el Republicano pide ser recibido ...»

(*El sol*, 182). Este tratamiento queda intensificado por medio de un adjetivo en grado superlativo: «Protocolo: *Serenísima majestad* ... - Rey: ¿Serenísima? Tú, hijo, o te pasas o no llegas» (*El sol*, 219).

Dignidad superior a la de *rey* es la de *emperador*, ya que supone un poderío mayor, al menos en teoría: «Jerónimo: Hay que contar con la fuerza espiritual, *emperador*» (*Anillos*, 61).

Cuando el hablante se dirige a *un militar con graduación* se le ha de dar ésta al referirse a él; si el hablante le está subordinado ha de anteponer el posesivo *mi* al grado respectivo que aquél ostente. En la obra de A. Gala encontramos algunas denominaciones de las graduaciones militares casi siempre con matiz festivo. El soldado que no posee graduación y que no ha jurado bandera todavía es denominado *recluta:* «Sargento (a un soldado que ha perdido el paso por mirar a la Extraviada): Ese paso, *recluta*» (*El sol*, 177). Después de la jura de bandera ya se es *soldado:* «Marido: Muchas gracias, *soldado*. A mi edad cualquier cosita abriga» (*El sol*, 194); *Sargento* es el primer mando en la escala de suboficiales: «Extraviada (porque el sargento ha perdido el paso): Ese paso, *sargento*» (*El sol*, 177). Si el hablante desea atraer la simpatía del oyente se dirige a él subiéndole su graduación, escudándose en la falta de conocimiento de los distintivos militares: «Extraviada: "Oiga, *teniente*, ¿usted cree que habrá guerra"?» (*El sol*, 188). El último escalafón de la escala militar es el generalato: «Rey: (Muy despectivo) No se trata de que Gulliver se muera de risa, *mi general*» (*El sol*, 219), acepción irónica que le da al Ministro del Exterior a causa de la peregrina estrategia que ha propuesto para atacar al gigante. Como puede comprobarse, todos los ejemplos pertenecen a una misma obra, *«El sol en el hormiguero»* cuya acción transcurre en un hipotético país, cuyos habitantes están dominados por una oligarquía apoyada en el ejército.

Asimismo, algunas dignidades eclesiásticas son citadas en la producción dramática de nuestro autor: «Alfonso: ¡Ve por la cruz, *obispo!*» (*Anillos*, 74); estos apelativos son muy poco corrientes, ya que parecen indicar una falta de respeto hacia la persona interpelada, sobre todo si desempeña un alto cargo en la jerarquía como en este caso, pero que queda por debajo de la del hablante. Por lo general, se emplean otros tratamientos como los de *Excelencia*, *Eminencia*, etc., o si pertence a escalas inferiores en la jerarquía se usa *padre*, *reverendo*, etc. «Fray: (A Alonso) Por la conversación, en vez de una matanza esto es como una boda ... - Olalla: Mucho mejor, *reverendo*» (*Las cítaras, 24*).

El *aguacil* es el encargado de ejecutar las órdenes de un tribunal o las de los alcaldes y tenientes de alcalde: «Alcalde (irritado porque Juan desea pensar): ¡Quiere pensar ...! ¡Qué insolencia! *¡Alguacil, alguacil!» (Los verdes,* 14).

Otros apelativos indican dependencia y sumisión hacia el interlocutor: «Camacha: Que el bachiller le eche un ojito, *ama» (Las cítaras,* 25). La repetición incesante del vocativo acatando la orden de un superior denota la completa sumisión del hablante y el deseo de congraciarse con él: «Guardia (una vez que han sacado del panteón y detenido a Ana y Juan): Tape usted ese agujero. Ya se le llamará como testigo. (Sale) - Guarda: Sí, *Jefe.* Lo que usted mande, *Jefe.* Adiós, *Jefe» (Los verdes,* 85-86). Otros tipos de relación: *nodriza.* «Reina: (Dentro) No seas pesada, *nodriza.* Llevas toda la mañana colgándome exvotos» *(El sol,* 181); «María: ...Eres doña Jimena, *viuda del Cid,* ¿te suena?, *princesa de Valencia» (Anillos,* 40), donde el primero de los apelativos alude al estado social del oyente, y el segundo es un título nobiliario. «Alonso: ¿No te santiguas tú, *el de los latines?» (Las cítaras,* 3), empleado por el hablante como insulto a su interlocutor.

1.a.3) *Vocativos que se refieren a la edad de la persona a quien el hablante se dirige:* reflejan un cierto grado de familiaridad entre los interlocutores; además de a la edad se alude también al sexo. Si la persona interpelada es de edad ya avanzada, se emplea el vocativo *abuelo,* que lleva implícito cierto matiz de cariño: «Muchacha: La vida es más seria que todo eso, *abuela» (El sol,* 176); «Marcos: Nunca debió conquistarse Granada... - Hernando: ¿Por qué, *abuelo?» (Las cítaras,* 63).

Si se trata de personas que no han llegado a la mediana edad se utiliza el vocativo *joven* para ambos sexos: «Extraviada: A propósito, *joven,* ¿me da usted fuego? (Saca un cigarrillo)» *(El sol,* 187), o en diminutivo: «Ordenancista: Eres un bruto, *jovencito.* Las cigüeñas son animales benefactores» *(El caracol,* 143).

Cuando el oyente es un niño se emplean diferentes sustantivos en función vocativa, según sea de mayor o menor edad. Con *muchacho* se alude a un niño de edad próxima a la pubertad, o sea, posee un significado equivalente a *jovencito, –a:* «Ordenancista: ... (Al adolescente) Tú, *muchacho,* baja al camión ese espejo» *(El caracol,* 159), se refiere al mismo personaje a que aludió anteriormente con el vocativo «jovencito». A los niños de menor edad se les llama *niño, niña* simplemente: «La Niña: Yo creí que veníamos a una fiesta ... - Burgués y Burguesa: Cállate, *niña*» (*El caracol*, 126); «Soldado 1.º (a un crío que le ha quitado la alabarda): *Niño*, trae aquí eso. Con las armas no se juega» (*El sol*, 189). Cuando estos vocativos se aplican a personas mayores poseen un matiz despectivo, como indicador de la escasa importancia que el hablante da a su interlocutor: «Dueña (discutiendo con Mujer 3.ª por el escándalo que ésta ha armado): Mira, *niña:* si me pagas tres veces más que los otros huéspedes...» (*Los verdes*, 19); «Hortensia (a Consuelito, porque ha intervenido en la conversación que ella mantiene con Lorenzo): *Niña*, tú a tus galaxias...» (*Los buenos*, 19); mediante este apelativo se pretende rebajar la opinión del interlocutor que, por supuesto, está en oposición a la del hablante: «Alfonso: Tu hija es una contestataria, Jimena. Y está mal educada... No, *niña*, no es por eso» (*Anillos*, 65).

1.b) **Si existe familiaridad** entre los hablantes: Los vocativos utilizados en esta función son equivalente a *tú* cuando se empleaba entre personas que tenían cierta intimidad. Los sustantivos comodines en esta función son: *hombre*, tanto para sujetos masculinos como femeninos, *mujer* si son femeninos, *hijo, hija* para cualquier sujeto. En la mayoría de los casos, el valor semántico de estos sustantivos se ha desdibujado, convertidos en meros apelativos, como soportes del diálogo. Estos vocativos se agrupan en tres apartados distintos:

1.b.1) Los que aluden a la persona (*hombre, mujer,* etc.).

1.b.2) Mediante el nombre o el apellido del interlocutor.

1.b.3) Mediante nombres de parentesco.

1.b.1: *Los que aluden a la persona:* Los comodines más frecuentes en esta función son *hombre* y *mujer*, paralelos, por tanto a *señor* y *señora*, entre aquellos sujetos que no se conocen o que tienen poca familiaridad entre sí.

Hombre es muy usado en el lenguaje familiar, tanto entre los cónyuges, como entre personas que están unidas por cierta intimidad o amistad: «Ana (porque Juan se ha puesto a limpiar): Déjeme usted a mí, *hombre*» (*Los verdes*, 50). Al mismo tiempo, expresa muchas veces sentimientos de impaciencia, enojo o exasperación ante las palabras del interlocutor: «Burgués: ... ¿Me quieres? - Mujer Sola: Qué manía con hablar de esas cosas. Aquí ni se trata de eso, *hombre*» (*El caracol*, 138); o bien el enfado del hablante a causa de un posible engaño de que es objeto: «Paula (irritada ya por la insistencia de Tomás en decir que él es sargento): ... Enséñame el nombramiento, *hombre*»

(*Noviembre,* 232). O para persuadir al interlocutor de una manía o reprocharle algo que acaba de decir: «Luterio (al Guarda que ha jurado en sus muertos): Deje usted a sus muertos, *hombre» (Los verdes,* 32), o bien como refuerzo de una afirmación o de una promesa, «Guarda: ¿Me das tu palabra? - Juan: Te doy mi palabra, *hombre.* Vete tranquilo» (*Los verdes,* 80). Se puede usar también con valor contrario, a manera de objeción a lo que el interlocutor ha dicho: «Lorenzo (recordando los años de seminario y su expulsión de él): A mí me despertaron a empujones; me echaron... - Cleofás: *Hombre* ...» (*Los buenos,* 41), donde este sustantivo equivale a una negación atenuada de la afirmación previa; los puntos suspensivos indican gráficamente la elisión de una parte de la perífrasis negativa originaria.

En algunas ocasiones este sustantivo aparece reforzado por un genitivo que alude a la divinidad: *hombre de Dios.* En este caso, más que de un vocativo que se aplica al interlocutor, se trata de una perífrasis interjectiva que denota la falta de juicio de la persona a que se refiere: «Guarda (a quien no le cabe en la cabeza el propósito de Juan de quedar a vivir en el cementerio): ... Pero, *hombre de Dios,* ¿no se da usted cuenta de que eso está prohibido?» (*Los verdes,* 29).

El mismo valor que este vocativo posee el sustantivo *amigo* que acompañado del posesivo *mío* se ha transformado en una fórmula fija, como inciso en las palabras del propio hablante para incluir a su oyente en lo que está diciendo, al mismo tiempo que una muletilla de muchas personas al hablar: «Ordenancista: No basta. No basta, *amigo mío» (El caracol,* 151), en este caso *amigo mío* sirve como refuerzo de una negación repetida. Pero su uso más frecuente es como muletilla para llamar la atención del interlocutor; dicho vocativo no añade ningún matiz nuevo al diálogo, y podría suprimirse sin que la significación de éste sufriera menoscabo alguno: «Reina (tratando con el Republicano sobre la vida que lleva): ... Soy sencillamente, *amigo mío,* una mujer que se ha resignado» (*El sol,* 183); «Hortensia (halagada en su vanidad por Lorenzo): Usted sí que entiende ... Pero ni sombra, *amigo mío,* de lo que fueron...» (*Los buenos,* 18). Esta forma con el posesivo se halla desgastada hasta tal punto por su constante uso que, cuando se emplea el sustantivo solo, sin posesivo, tiene mayor vitalidad, pues su desgaste es menor, y parte de su valor semántico afectivo está presente: «Luterio (convenciendo con una propina al Guarda para que le diga cuál es el panteón del abuelo de Juan): ... Ea, *amigo.* ¿Nos dice usted cuál es esa tumbita?» (*Los verdes,* 32).

Valor similar a estas expresiones vocativas posee la perífrasis formada por el posesivo de primera persona en posición proclítica, seguido del adjetivo apocopado *buen* más el nombre o el apelativo de la persona interpelada: «Rey: ... Creemos que somos importantes. No, *mi buen Republicano*». *(El sol,* 201), suaviza en alguna medida la negación.

Por su parte, el vocativo *mujer* se aplica a interlocutores femeninos, cualquiera que sea su edad. Este sustantivo, al igual que *hombre* e *hijo-a,* es el más general e indiferenciado. Y como ellos, su función es, o bien la de reflejar la impaciencia o el enojo del hablante, o bien matizar una negativa, quitándole algo de contundencia. Se puede emplear tanto entre esposos: «Burgués: No, *mujer.* Quizá sean extranjeras ...» *(El caracol,* 132), negando tímidamente la opinión de su esposa de que la Mujer Sola y la Solterona estén locas. Más atenuada, si cabe, es la negativa siguiente en que, ante una pregunta embarazosa, la respuesta es vacilante: «Reina: ... (Al Rey) ¿Vas a decir algo nuevo este año? - Rey: *Mujer,* al pueblo se le deben decir las mismas cosas» *(El sol,* 185), donde el vocativo sirve de introducción, como elemento retardatario de una respuesta indecisa. También en peticiones más o menos tímidas: «Hombre: (Mirando a Juan y a la Dueña). Pero, *mujer,* vamos a hablar. Vamos dentro». *(Los verdes,* 19), en esta expresión de ruego el vocativo equivale a la perífrasis propia de esta función: «por favor». Similar es el caso siguiente: «Tomás: Dame una copita para el coñá, *mujer» (Noviembre,* 232). Es también muy frecuente como simple apoyo del diálogo en conversaciones entre mujeres: «Señora 2.ª (se refiere a Gulliver): La culpa es nuestra por haberlo mirado. - Señora 1.ª: Es que se estaba bañando, *mujer» (El sol,* 210); «Constanza (hablando con Jimena): Porque lo suyo eran las guerras, *mujer* ... *(Anillos,* 79).

De modo similar a su correlato *hombre,* y también como un resto arcaizante, suele ir precedido del adjetivo *buena,* cuando se trata de una persona con la que apenas se tiene amistad y confianza: «Marcos (dirigiéndose a Fray Guzmán al que confunde con una mujer a causa del hábito): ... a casa sucia, visita cierta, ¿no es verdad, *buena mujer?» (Las cítaras,* 24). O ser sustituido por el vocativo *amiga mía,* como insistencia en lo dicho por el hablante: «Padre: ... Eso pasa, *amiga mía.* Eso es justamente lo que pasa» *(El caracol,* 134), donde la expresión vocativa sirve como puente para pasar de una simple afirmación a otra más categórica. Introduciendo un reproche a una mujer por algo con lo que no se está de acuerdo: «Concha (aludiendo a los de la emisora que han de transmitir por radio el discurso de fin de año de su marido): Sí. Han instalado todo en el cuarto de la plancha. - Alcalde: *Amiga mía,* qué alusión» *(Los verdes,* 53). Cuando este vocativo carece del posesivo tiene mayor vitalidad y valor semántico: «Juan (dispuesto a quedar encerrado en el panteón en compañía de Ana): Vamos a casa, *amiga*. Ahora sí que podemos volver ya a casa ...» (*Los verdes*, 82). Los dos casos en que esta forma vocativa carece de posesivo se produce en una expresión de ruego en la que se insta al interlocutor a actuar. Cuando aparece en su forma plena, o sea con posesivo, tiene un carácter más indiferenciado, como simple muletilla del hablante, con la que la interpelación al oyente es muy tenue, si es que existe.

Otros vocativos femeninos que son empleados en lugar de los considerados hasta ahora, pero de forma muy esporádica y más propios del lenguaje amoroso son: *querida* y *cariño*, que parecen ser calcos de expresiones semejantes del francés y del inglés: «Dama 1.ª (que simula estar ofendida por lo que ha dicho Dama 2.ª): Eso es precisamente lo que no quería decir. Te encuentro un poco pécora, *querida*» (*El sol*, 180). Estos vocativos son raros entre la gente del pueblo, y son propios de la lengua literaria de donde ha pasado, en muchas ocasiones, al habla de personas un tanto afectadas, de esfera social elevada: «Señora 2.ª: ¿Para qué? Si estamos disfrazadas. - Señora 1.ª: Tienes razón, *cariño*» (*El sol*, 195). Por otra parte, en A. Gala estos vocativos afectuosos se dan en la conversación entre sujetos femeninos, pues el hombre sólo los utiliza en el lenguaje amoroso y no como simple apelativo en sustitución de *mujer*.

1.b.2) Expresiones vocativas *mediante el nombre o el apellido del interlocutor*: Puede tratarse de personas a las que se conoce, pero con las que no se tiene mucha familiaridad: «Republicano: *Gulliver,* ¿de verdad era esto lo que tú querías?» (*El sol*, 196).

El uso del nombre propio posee mayor fuerza expresiva que los sustantivos de tipo general.

El nombre propio se emplea como introducción de un ruego vehemente a otra persona: «Luterio: ... *Juan,* no pongas cara de perro y déjame cantar» (*Los verdes*, 61); «Jimena: ... Dos años ya ... O doscientos, qué sé yo ... Ayúdame, *Constanza» (Anillos,* 31). Con cierto matiz de reproche por lo que ha dicho, y al mismo tiempo como advertencia para que no lo vuelva a repetir: «Tomás: Y si no era sargento, ¿de dónde saqué yo estos galones? - Paula: Eso sí que no, *Tomás,* ¿eh?» (*Noviembre*, 233), como refuerzo de una negación categórica. O de una afirmación: «Ana: Anda, sí, *Juan.* Aunque sea un poquito» (*Los verdes*, 60).

Muy frecuentemente el hablante se dirige a una persona de su propia familia llamándola por el nombre de pila: «Hortensia: El que no sepa vivir, el que no sepa cerrar los ojos a tiempo, que se ahorque, *Cleofás*» (*Los buenos,* 31). Pero sobre todo, entre esposos, y siempre como realce de lo que el hablante dice. Así, en expresión de mandato para hacer más imperativa la orden: «Paula: Tienes que salir, *Diego*. Es lo que tú esperabas. Se ha cumplido» (*Noviembre,* 276), al concretar la obligatoriedad de la orden en una persona determinada su fuerza imperativa queda aumentada. En una advertencia seria al interlocutor: «Diego (atemorizado ante la posibilidad de que Paula lo delate): Te mato si lo haces, *Paula» (Noviembre,* 276). La presencia del adjetivo *viejo* precediendo al nombre, confiere una nota de afectividad al vocativo: «Lázaro: No, cómplices sólo, no. Vos *viejo Marcos,* estuvisteis unido con mi padre, con muchos otros ...» (*Las cítaras,* 67).

A veces el hablante se dirige a sí mismo llamándose por su propio nombre. Esto ocurre con particular frecuencia en los soliloquios en los que un personaje dialoga consigo mismo como si se desdoblara en dos: hablante y oyente, correspondiendo el primero al «yo» intelectual y racional, y el segundo a la persona real con sus limitaciones y flaquezas, a la que aquél aconseja cuando ha de tomar una decisión o actuar de una determinada manera: «Hortensia: ... No, no. Lo que enloquece es la pasión, *Hortensia,* no los perfumes» (*Los buenos,* 52). El hablante utiliza también este procedimiento de dirigirse a sí mismo por su nombre, a modo de estímulo propio o de resignación, cuando ha de realizar una acción que le es penosa o que no es de su agrado: «Paula: ... ¡Ay, qué vida! (Secándose las manos). Y ahora al infierno, *Paula» (Noviembre,* 239). El estímulo es reforzado si el hablante, al dirigirse a sí mismo, emplea su nombre y su apellido. «Jimena: Es preciso olvidar al Cid, *Jimena Díaz* ...» (*Anillos,* 60).

Si la persona a la que el hablante se dirige es conocida, pero sin mucha familiaridad con ella, antepone al nombre o al apellido una fórmula de tratamiento. Cuando el conocimiento es escaso y la confiaza mínima se emplea el apellido precedido de *señor.* Si el trato entre ambos interlocutores es relativamente frecuente, el tratamiento es *don* seguido del nombre propio de la persona interpelada. Dicho tratamiento, además de ser una prueba de estimación subjetiva y de respeto semejante a la expresada por el anterior, resulta más familiar, puesto que la presencia del nombre de pila convierte a esta fórmula en más íntima. De ahí que Doña Hortensia proteste porque Lorenzo antepone ese tratamiento a su nombre, ya que ella desea un mayor grado de intimidad con él: «Lorenzo: Hasta después, *doña Hortensia.* -

Hortensia: (Poniéndose el velo) No le pongas tratamiento a una flor. Llámame *Hortensia a secas» (Los buenos,* 39).

Sin embargo, una persona «venida a más» llega incluso a exigir que se le dé dicho tratamiento por otras que, en cierta medida, dependen de ellas: «Cleofás: Italia es un país que ha perdido la fe en sí mismo porque ha perdido la fe en la verdad. ¿Cierto, *don Jenaro,* cierto?» (*Los buenos,* 24). Por ello se ha generalizado de tal manera el uso del *don* a toda clase de personas que ha perdido en muchas ocasiones su valor como fórmula de tratamiento, pudiéndose incluso anteponer a pronombres en expresiones tales como la siguiente, registrada en la primera pieza dramática de nuestro autor: «Monique (harta ya de intentar ligar sin conseguirlo el día de Nochevieja): Que esta fulana se va a su cama a acostarse (Se quita el sombrerito). - Nina: ¿Con *don quién?* - Monique: Con *don nadie» (Los verdes,* 59).

1.b.3: *Nombres de parentesco:* Aparte de los casos vistos, de *abuelo, abuela* que en la lengua popular se aplica a personas ya mayores aunque no sean conocidas, los demás sustantivos que denotan algún grado de parentesco se usan entre familiares.

Los vocativos referidos a los progenitores son *padre, madre,* y los más familiares *mamá* y *papá.* Los primeros son usados por personas mayores cuando se refieren a sus padres: «Madre: Y cuántas canas. - Paula: (Incorporándose, molesta): Como usté, *madre» (Noviembre,* 241); «Justina: (Echando a Estebanillo) Ya no hay quien duerma al niño ... ¡Levante, *padre! (Las cítaras,* 13); Sin embargo es el referido a la madre el que se suele utilizar en funciones interjectivas: «Constanza: ... ¡Qué valor tienes, *madre!» (Anillos,* 77).

Mamá y *papá* son más familiares pues son propios del habla de los niños: «La Niña: *Mamá,* ¿yo seré vieja? - Burguesa: Ay, hija, ¿quién sabe?» (*El caracol,* 127); Burgués: Las niñas bien educadas no hablan nunca. - La Niña: Ay, *papá» (El caracol,* 30) en ambos casos el vocativo está empleado en su acepción más corriente, puesto que el hablante es de corta edad. Pero también se da en la obra de A. Gala el caso en que dicho vocativo afectivo aparece en boca de una persona mayor: Cleofás, cada vez que se dirige a su madre la llama *mamá:* «Cleofás: A mí me gusta Consuelito, *mamá» (Los buenos,* 26). Este personaje es como un niño, irresoluto y sin fuerza de voluntad, que siempre se ha limitado a obedecer a su madre. Si se compara dicho personaje con Paula, mujer de carácter fuerte, se aprecia la radical diferencia de ambas psicologías por el simple empleo del apelativo que cada uno da a sus respectivas madres: uno, *mamá*, la otra, *madre*, pues desde muy joven ha tenido que afrontar cara a cara a la vida, teniendo no sólo que velar por sí misma, sino también por una madre loca y por un marido perseguido.

El vocativo *madre* posee en ocasiones un *valor interjectivo* y no apelativo. Este uso es frecuente en la lengua hablada y nuestro autor lo refleja en algunas de sus obras, especialmente en *«Noviembre y un poco de yerba»*: «Paula: ... Lo que la gente inventa, *madre* ...» (*Noviembre*, 232). Esta interjección vale como medio de ponderación de lo expresado: «Tomás: ... a estos descontentos sí que les daba yo inspectores. Qué pueblo de catetos, *madre»* (*Noviembre*, 238).

Tanto *padre* como *madre*, en especial el primero, se emplean, como ya se indicó, al hablar de los apelativos propios de las profesiones, cuando el interlocutor pertence a la religión, ya sea sacerdote, fraile o monja: «Alonso (reprochando a Fray Guzmán su apoyo a las doctrinas de Lázaro): Certidumbre no tengo, pero lo que decís, *padre*, quizá no sea cristiano» (*Las cítaras*, 70).

Otra de las palabras comodines en esta función vocativa pertenece a este grupo de las de parentesco: *hijo, hija*. Es tan habitual en esta función que su valor semántico se ha desdibujado casi por completo. Se usa como simple vocativo intercalado a modo de soporte del diálogo, pero en el que está ausente la función de apelación al oyente: «Soldado 1.º: Ha sido sin intención. - Extraviada: Pues podía usted haber puesto alguna. Pero, *hijo*, qué soso está el ejército» (*El sol*, 187). Casi siempre en oraciones exclamativas introducidas por *qué*: «Consuelito: ... Qué artista es usted, *hijo»* (*Los buenos*, 12). En la lengua hablada se da también entre personas que apenas tienen trato o que no se conocen: «Lorenzo: ¿Que es usted una fulana? - Consuelito (que acaba de conocer a Lorenzo y que aún no sabe quién es): *Hijo*, usted no tiene un poco duro el oído» (*Los buenos*, 9), la presencia del pronombre de cortesía a continuación indica que no existe familiaridad entre ellos.

Las personas mayores utilizan con frecuencia este sustantivo cuando se dirigen a sujetos de menor edad: «Juan: Déjalo, *hija*. Que cuente lo que quiera. Por eso habéis venido: para estar libres y a gusto. Di que sí, *hijo»* (*Los verdes*, 37); «Solterona: Me parece que los hombres están hablando de nosotras. - Madre: Como siempre, *hija»* (*El caracol*, 153).

Pero mucho más abundantes son los ejemplos en la obra de Gala en los que *no hay distinción de edad.* El hablante interpela a su interlocutor por medio de este sustantivo lo mismo que podría haberlo hecho con *hombre, mujer* o algún otro menos frecuente: «Monique (ante la propuesta de Nina de ir a pasar la Nochevieja con Juan y sus amigos): Pero «ma petite», en un panteón ... - Nina: *Hija,* lo dices de una manera ...» (*Los verdes,* 59). En estos casos, la mayor parte de las veces, el vocativo está puesto en labios de una mujer: «Tomás (que se está poniendo un esparadrapo en la pierna de palo): Ponerme un esparadrapito. - Paula: Qué borrachera más tonta tienes, *hijo*» (*Noviembre,* 236). Ello no quiere decir que no aparezca alguna vez dicho por un hombre, lo que es muy poco corriente en la lengua hablada, a no ser que se trate de una persona mayor como en los ejemplos vistos anteriormente: «Juan (temiendo que Luterio empiece a cantar antes de que él regrese): ... Pero contente, Luterio, *hijo.* Un momentito sólo, ¿eh?» (*Los verdes,* 61), como aposición al nombre propio que es el verdadero apelativo en este caso. Valor similar posee en el ejemplo siguiente: «Nina: (Que queda algo más atrás con el Muchacho): Muchacho, *hijo,* déjame que me coja» (*Los verdes,* 28). Incluso entre mujeres se puede dirigir una más joven a otra mayor aplicándole este vocativo: «Ana (mujer de edad pareja a la de Juan): Es que para mí esto es todo lo del mundo. – Nina: Pues hay más, *hija.* Gracias a Dios, hay más» (*Los verdes,* 42), Nina que a lo largo de la acción trata de *usted* a Juan, con una mujer de pareja edad a la de éste, la llama *hija.* Este fenómeno se da, asimismo, cuando la persona a la que el hablante se dirige es su propia madre: «Paula: Qué noche tiene usted, madre, *hija*» (*Noviembre,* 241), con intención exhortativa, donde las tres últimas palabras de la frase son exponentes de otras tantas variedades de apelación al interlocutor. Este empleo se explica por «una actitud de transitoria superioridad del hablante, actitud que está determinada por la cualidad imperativa de la oración» (1), como si en la situación presente y ante unas determinadas circunstancias se considerase al interlocutor como un niño al que se le informa sobre algo o se le reprende por su actitud o por alguna acción cometida. Lo mismo podría decirse cuando el interlocutor es un ser muy superior al hablante, incluso en estatura: «Extraviada: ... Gulliver, *hijo,* ¿te das cuenta cómo no es culpa mía?» (*El sol,* 194), predominando aquí el tono afectuoso, y al igual que en el ejemplo anterior, como aposición de otro vocativo.

Este vocativo está igualmente desprovisto de casi todo su valor semántico y como ellos es empleado también en el habla familiar entre los esposos: «Burgués: Es que hay que ver, con vinagre ... - Burguesa: Y sin vinagre, *hijo*» (*El caracol,* 132). O como mero apoyo del diálogo a fin de ponderar la opinión del hablante: «A: ... No ingresaste en el Cuerpo de Inspectores, *hijo,* no ingresaste» (*El caracol,* 141), donde es utilizado como puente para repetir la negación con lo que la potencia expresiva de ésta queda aumentada. El aspecto un tanto paternalista del hablante al utilizar este sustantivo queda reflejado en algunas ocasiones, con un vago recuerdo del tono de la oratoria religiosa: «Reina: Aprendamos entre todos a estar en paz, que es también un oficio. Vamos, *hijos,* rodeadme, protegedme» (*El sol,* 227) cuando, en compañía de su pueblo, emprende el camino hacia una nueva vida.

El tono afectuoso se consigue muy a menudo mediante el pronombre posesivo de primera persona pospuesto al sustantivo, *hijo mío.* El significado es similar al del caso anterior, o sea, impregna el diálogo de matiz afectivo y familiar: «Viejo: Ya no quedan barrotes en las celdas. Los quitó Gulliver. - Reina: Eso lo sé, *hijos míos*» (*El sol,* 211). Si bien el valor concreto de cada caso dependerá de la intención del hablante o de las circunstancias, originándose una amplia gama de posibilidades expresivas. La actitud paternalista del hablante es un medio de que éste se vale para granjearse la voluntad de su interlocutor cuando ha de pedirle algo. Jimena es plenamente consciente de ello, y por eso se rebela contra ese tratamiento: «Alfonso: ... No nos permites ni defenderte de ti misma, *hija mía.* - Jimena: ¡Vaya! ¡Ahora resulta que *soy hija de todos!* Cuando a *la gente le da por llamarte «hija mía»* y pretende defenderte de ti misma, milagro será que no termine cortándote el gañote» (*Anillos,* 87). Pero referido a una persona con la que el hablante no se lleva muy bien, refleja el carácter hipócrita de éste: «Hortensia (que ha insultado e, incluso, pellizcado a Consuelito, al percatarse de la presencia de Lorenzo, cambia de tono): Un poco de respeto a este sagrado lugar, Consuelito, *hija mía*» (*Los buenos,* 15). O como admiración en frases interjectivas, introducidas por un *qué* exclamativo: «Ordenancista (... –dirigiendo el funeral del hijo de A. y Z.–Hace gestos a la Mujer Sola. Al pasar, la contempla): Qué hermoso busto, *hija mía*» (*El caracol,* 151). Si el hablante interpela por medio de este vocativo con posesivo a otra persona que es hijo suyo posee valor de reproche: «Hortensia: Ay qué machacón eres, *hijo mío*» (*Los buenos,* 49). A veces predomina el matiz irónico: «Nina (que lamenta que no se le note a distancia que es una fulana): ... Pero soy tan desgraciada, que ni siquiera se me nota. – Luterio: Sin exagerar, *hija mía*, sin exagerar» (*Los verdes,* 26), vocativo que sirve al mismo tiempo de transición para repetir la negación haciéndola más categórica. En el matiz irónico va implícita la actitud protectora del hablante respecto del oyente, así como un reproche afectuoso cuando se disiente de su opinión o necesita una explicación innecesaria: «Olalla: (Cruel) ¡Me forzó...! ¡Estábamos a oscuras, *hijo mío,* no sé si me forzó él a mí o lo forcé yo a él» (*Las cítaras,* 36).

Este vocativo, como los otros comodines, ha perdido de tal forma su significado originario que, incluso, llega a aplicarse a animales, prueba inequívoca de que el único y exclusivo valor de tales palabras en esta función es la apelación: «Viejo: (Interrumpiendo –a los novios–) ¿Puede sostenerme a Ramoncita mientras me ato el zapato? (Lo hacen. A la gallina) Espera, *hija,* espera» (*El sol,* 188).

Lo mismo que *hijo, hija* ensanchan su aplicación a personas mayores, otros sustantivos que aluden a niños, tales como *criatura, nene, chico,* etc. pueden ser empleados en lugar de aquéllos. Nuestro autor recoge *chico* en función apelativa, pero atribuido a persona mayor: «Cleofás (explicando la traducción de una fábula de Fedro): ... ¿Comprendes? - Lorenzo: Nada, *chico*» (*Los buenos,* 28-29).

Otro término de parentesco es *tío,* que en la mayoría de las ocasiones no indica una relación familiar, sino apelación al oyente en vez de *hombre, mujer,* u otro vocativo cualquiera.

En frase exclamativa, introducida por un *qué* admirativo, y sin ninguna clase de epítetos, tiene siempre un significado ponderativo: «Muchacho (alegre y un tanto envidioso de la felicidad de Manuel y María): ¿Y saben bien así, juntos, de madrugada? *¡Qué tíos!*» (*Los verdes,* 67). Si va seguido de una palabra injuriosa su sentido es peyorativo: «Hortensia (descubriendo una lápida de una tumba, que supone guarda algunas riquezas): ... ¿Ve usted? La fundadora ... - Consuelito: (En lo suyo) *Qué loca, la tía*» (*Los buenos,* 19). Es más habitual la presencia de un epíteto acompañando a este sustantivo en frases no introducidas por *qué.* Y aunque el referido epíteto puede dar un matiz admirativo al sustantivo y a la frase como en: «Niño (asombrado de la estatura de Gulliver): Ese sí que es alto. Y más fuerte *el tío macho...*» (*El sol,* 214), es más frecuente que la palabra que determina a *tío* tenga un significado injurioso, tiñendo toda la expresión de una connotación peyorativa: «Extraviada (por un hombre que, aprovechando el tumulto, intenta tocarla): ¡Ay, este *tío sobón!* (*El sol,* 196); «Hortensia (recordando el engaño de que fue objeto, según ella, por parte de la madre de Consuelito): Su madre era vidente. Y tan vidente, *la tía fresca*» (*Los buenos,* 26), en que el vocativo resume la opinión del personaje sobre su consuegra.

Dado que el campo semántico de este vocativo oscila entre la admiración y el desprecio, se deduce el significado más o menos neutro en su uso originario como apelativo, similar al que tienen *hombre, mujer, hijo,* etc. Si predominan los tonos peyorativos se debe a que son más abundantes las construcciones en que este vocablo va seguido de otro que posee un significado negativo.

Los vocativos que predominan, pues, en la obra de Antonio Gala, tanto si se conocen o no los personajes, son aquellos que aluden a la persona en sí: *hombre, mujer, hijo-a, tío...,* además de los nombres propios para los primeros y *señor, señora* para los segundos. Es decir, aquellos sustantivos que, debido a su abundante uso en la lengua hablada, han perdido su valor semántico específico en esta función, convirtiéndose en meras muletillas de las que el hablante se sirve para interpelar al sujeto con que habla y que, aparte de este significado apelativo, carecen del que les caracteriza léxicamente.

2.–Vocativos que conservan el significado originario del sustantivo, indicando simpatía o antipatía hacia el oyente.

Son expresiones vocativas que, amén de la apelación, cumplen otra misión: la de manifestar la atracción o el rechazo del hablante respecto de la persona a que se dirige, por lo que la carga afectiva de tales expresiones es mucho más intensa que en las otras.

2.a) **Vocativos que expresan la atracción y el cariño del hablante:** Dicho sentimiento afectuoso hacia la persona interpelada puede manifestarse en la lengua hablada por varios procedimientos:

2.a.1) Por medios morfológicos *(diminutivos).*
2.a.2) Por medios léxicos:

–Sustantivos afectuosos
–Lenguaje amoroso
–Con intervención de la ironía.

2.a.1) **Por medios morfológicos:** por el sufijo diminutivo *–ito,* o *–illo.* El hablante empequeñece subjetivamente al oyente impregnando de un matiz afectivo y de cariño toda la expresión. Ambos diminutivos aparecen casi con idéntica frecuencia y rigiendo las mismas palabras en la creación dramática de A. Gala, ya sean nombres comunes o propios. En el sufijo *–ito* la idea de pequeñez se encuentra implícita siempre aunque, según las circunstancias, predominen otros rasgos connotativos como el afecto y la ternura: «Madre (obsesionada por unas relaciones amorosas): ...¿Quién te dará mordiscos en los pies por la noche? (Se echa a llorar) - Paula: Ea, ea, ea, *pobrecita*» *(Noviembre,* 240); la motivación por la que el autor utiliza el diminutivo en esta ocasión viene explicada por la acotación precedente, que señala que la Madre «se echa a llorar como una niña». Este diminutivo cuando se aplica a un nombre propio indica, generalmente, que la persona a la que el hablante se refiere es un niño; pero si se trata de una persona mayor expresa una gran dosis de afecto y cariño hacia la persona nombrada: «Hortensia (cuando Lorenzo, ante la velada invitación de Cleofás para que marche de allí, se dispone a salir): Espera un poco *Lorencito,* hijo. Yo no sabía nada» *(Los buenos,* 67), el personaje vuelca en este momento toda la afectividad de que es capaz para ganarse el ánimo del oyente, valiéndose de una sobrecarga de vocativos afectivos: el diminutivo y el sustantivo *hijo.*

El sufijo *–illo* conlleva más frecuentemente que *–ito* sentido afectivo, quedando relegada a un segundo plano la idea de diminutivo. El hablante se siente momentáneamente superior al interpelado bien porque sea de más edad o porque en ese instante se considere como protector de la persona a que se refiere: «Juan (María y Manuel, asustados al ver salir a Juan de la tumba, se disponen a huir de aquel lugar): No. Que yo no he muerto todavía. Vuelvan aquí, *chiquillos.* Vuelvan» *(Los verdes,* 35). El sufijo *-illo* determina en algunas obras a palabras o nombres propios que en otra situación han estado regidos por *-ito.* La idea expresada por el primero, cuando se aplica a personas, es la de una reprimenda cariñosa: «Hortensia: ... Hasta después, cómplice, *Lorencillo*» *(Los buenos,* 39). El mismo sentido de un afecto íntimo queda de manifiesto cuando rige a un nombre común a modo de epíteto de una persona: «Luterio (reunidos todos los amigos de Juan en la Nochevieja, se acuerda de Nina por la que experimenta un secreto amor): Sólo falta Nina. Pero esta noche tendrá mucho trabajo, *la pobrecilla*» *(Los verdes,* 63).

2.a.2) **Por medios léxicos:** Son vocativos en los que el sentimiento de afecto va implícito en el valor semántico del término. Por tanto, las palabras que predominan en esta función son aquellas que denotan la bondad o alguna otra cualidad positiva del sujeto al que el hablante se refiere o bien vocablos que aluden a conceptos o cosas que son considerados como el «summum» de la excelencia y que, aplicadas afectivamente a una persona, manifiestan la estima que se le profesa.

Entre estos vocativos de simpatía se pueden distinguir:

–Aquellos que se refieren a personas hacia las que el hablante siente un determinado grado de afecto.

–Aquellos otros con los que el hablante apela a la persona amada, y que son los más importantes en la obra de Antonio Gala.

–Aquellos en los que hace acto de presencia la ironía, convirtiéndolos en afectuosos a pesar de un significado originario insultante.

Entre los vocativos del *primer grupo* hay que separar los que aluden a una persona o personas no presentes en el momento de hablar y, por tanto, no son propiamente vocativos en el sentido de apelación al interlocutor.

Nuestro autor utiliza preferentemente el término *pobre,* que en la lengua afectiva y en esta función posee el significado de «bueno»: «Dueña (que justifica sus simpatías hacia don Facundo): Sí, hija, porque es un hombre de cultura, muy fino. Y tan recién viudo, *el pobre» (Los verdes,* 54). Lo mismo vale para referirse a personas que ya no existen, pero entonces el significado de «compasión» propio del sustantivo alterna con el afectivo de esta función: «Nina: ... Yo le venía diciendo a Luterio que a mí vivir aquí me daría apuro. Me parecería que estaba echándoselo en cara. Y culpa de ellos no es, *los pobres» (Los verdes,* 41), Nina se refiere a los difuntos que están enterrados allí. Asímismo en el habla popular llega a aplicarse a Dios con el significado de «bueno, condescendiente, que permite todo, etc.»: «Dueña (decidiendo quedarse a la fiesta y no ir a misa de medianoche en contra de lo que había afirmado anteriormente): ... Menos mal que Dios es un santo, *el pobre» (Los verdes,* 55). Dicho vocativo posee un matiz de cariño cuando va seguido del posesivo de primera persona, aunque vaya atribuido a un animal: «Camacha (por el cerdo de la matanza): ... A lo verde de las aliagas viene, *pobre mío ...»* *(La cítaras,* 1). La mayoría de los casos citados pertenecen a la primera obra de nuestro autor, *Los verdes campos del Edén.*

En función vocativa aparece muy a menudo el término *macho* para referirse a un sujeto masculino. No se trata propiamente de un medio de apelación ya que, más que atraer la atención del interlocutor, tiende a expresar el concepto de «valentía, fuerza» aplicado a éste. Es un sinónimo afectivo de «hombre» en el habla coloquial: «Paula (razonando el porqué de la marcha de sus hijos): Eran *machos,* ¿no? Si tienes *yeguas,* guárdalas. Si tienes *potros,* suéltalos» *(Noviembre,* 243), probablemente debido a la generalización de un refrán de este tipo; la palabra que designaba metafóricamente al hombre pasó a designarlo en otros contextos en los que el sentido de la comparación se había perdido ya. Y de aquí a la función vocativa no había más que un paso. En esta función es utilizado con preferencia por personas jóvenes: «Adolescente: ...¡Qué puntería *macho! (El caracol*, 143), en oración interjectiva. «Muchacho: (A Manuel –porque va a tener un hijo–): Qué suerte, ¿eh, *macho?*» *(Los verdes,* 64); o al revés, Manuel dirigiéndose al Muchacho: «... Buena idea, *macho.* Les vamos a dar una ...» *(Los verdes,* 81). Este vocablo es, por tanto, sinónimo ponderativo de *«hombre»*, usado generalmente entre personas jóvenes de sexo masculino.

Algunos sustantivos referentes a animales pueden ser empleados en esta función, siempre que se tenga un concepto positivo de dicho animal, bien sea por su mansedumbre y bondad: «Constanza: (a Jimena) No te pongas tú triste, *paloma» (Anillos,* 36); o bien sea por su corta edad: «Camacha: ...Toma a tu hijo y mécelo tú misma ... Nieto mío pudiste ser, *lechón:* más recio y con más sangre te verías» *(Las cítaras,* 53).

Entre las expresiones afectuosas *del lenguaje amoroso* cabe distinguir en la obra dramática de A. Gala las propias de los amantes de las pronunciadas entre esposos. Las primeras son más apasionadas y abundantes que las segundas, más descoloridas a causa de su repetición y ajustadas a formas más habituales y estereotipadas. Propios del lenguaje amoroso son algunos vocativos que funcionan a manera de epítetos para elogiar alguna cualidad de la persona amada, preferentemente relativa a su aspecto físico: «Hortensia (que se ha enamorado, hasta donde cabe en una mujer de este tipo, de Lorenzo): ... Lorenzo, *guapo,* usted es como uno de nosotros» *(Los buenos,* 33); este vocativo admite un refuerzo mediante el sufijo superlativo cuando la pasión se acrecienta: «Consuelito (que besa ardientemente a Lorenzo, que está a medio afeitar): No me harto, *guapísimo,* que me tienes loca» *(Los buenos,* 45). Ambos ejemplos pertenecen a la misma obra, y las dos veces la persona a la que se aplica es la misma, Lorenzo, si bien los hablantes son diferentes.

El mismo valor de «persona bien parecida» posee otro vocativo: *abencerraje,* que en la situación en que se emplea responde a este significado de tipo amoroso, pero que en la lengua hablada puede tener sentido de «bruto, necio»: «Lorenzo (–vestido de uniforme– consciente de su efecto, exhibiéndose): ¿Toco al rosario? - Hortensia: Toca lo que quieras, *abencerraje» (Los buenos,* 32), en esta función vocativa para la expresión de amor, dicho vocablo es original de nuestro autor al igual que otro vocablo, también de origen árabe, *odalisca,* que originariamente tenía el significado de «esclava dedicada al servicio de harén del gran turco»: «Consuelito (un tanto enigmática afirma que la causa de su vómito es otra muy diferente a la que cree Lorenzo): No es por el jabón. Después te diré una cosita. - Lorenzo: ¿Con qué letrita, *odalisca?*» *(Los buenos,* 44).

Las formas más abundantes para referirse a la persona amada van acompañadas del pronombre posesivo de primera, con lo que el hablante manifiesta tanto su dominio sobre el ser querido como su dependencia respecto a él. El pronombre posesivo va colocado detrás del vocativo en cuestión. Este alude ya sea al amor en sí o a algo que sea lo más preciado por el hablante. Las formas mediante la palabra «amor» son menos apasionadas pudiendo llegar a convertirse en expresiones vacías de significado. Ello depende, lógicamente, de las personas y de la situación: «El Joven (acostado con la Joven): ¿Qué es lo que hay? Dime, *amor mío» (El caracol,* 131); los ejemplos de este vocativo se encuentran sólo en esta obra y en esta situación, en la que ambos personajes se aman ocultamente en casa de A. y Z.: «La Joven: Es muy tarde, *amor mío» (El caracol,* 164).

Para el verdadero amante la persona amada es toda su vida: «El Joven: *Vida mía.* No te vayas. Si mañana es domingo» *(El caracol,* 166). Menos frecuente es que el pronombre anteceda al sustantivo: «Manuel: El sol calienta todavía. ¿Tienes tú frío, *mi vida?» (Los verdes,* 33); pero la anteposición del posesivo es usada como recurso estilístico ya que el vocativo, más que la pasión arrebatada de los amantes que se ven a escondidas, expresa el amor sosegado y el tierno cariño de unos esposos recién casados.

Es corriente asimismo utilizar cualquier epíteto que aluda a un ser u objeto de reconocida excelencia, como *ángel* u otro ser protector: «El Joven: No, no insistas. Son los mangueros y es muy tarde, *angel mío» (El caracol,* 165); «Consuelito (A Hortensia que golpea la puerta): Cállese usted, que va a despertar a su hijo y valiente disgusto que se iba a llevar *el ángel mío» (Los buenos,* 57).

Es tal la potencia afectiva del pronombre posesivo en este tipo de fórmulas que, si la situación lo requiere, basta que determine a cualquier sustantivo que aluda a la persona amada para que el sintagma formado por sustantivo más posesivo sea expresión de su cariño: «Hortensia (ante los temores de su hijo por la mala administración de la parroquia): ...¿Para qué está este uniforme a nuestro lado? ¿Qué opinas, *guardia mío?» (Los buenos,* 36).

Nuestro autor, enemigo del matrimonio como institución, pone en boca de los esposos un vocabulario afectuoso exiguo y vacío de significado excepto en la ocasión citada anteriormente de Manuel en *Los verdes*... El vocativo utilizado en la mayoría de las ocasiones es *querido, querida*: «Burgués: Gracias, *querida*, eres una esposa admirable» (*El caracol*, 127). Por otra parte, las circunstancias en que se pronuncia no se prestan a la intimidad: «Rey (por la celebración del aniversario de la coronación): No lo celebramos por nosotros, *querida*, sino para que el pueblo lo recuerde» *(El sol*, 203).

Valor semejante a los vocativos afectivos que van acompañados del pronombre posesivo poseen los que *van seguidos de genitivos atributivos* que son utilizados por el hablante para dirigirse a una persona por la que siente un gran respeto y cariño, como: «Nina: Don Juan *de mi alma*, yo no sé cómo puede usted vivir en semejante sitio» *(Los verdes*, 43). O incluso, mezclado con ironía y a modo de reproche hacia un ser querido: «Hortensia: ... *Hijo de mi vida*. (Tomándole la mano) Un convento, comparado con esta casa, sería para mí Torremolinos» *(Los buenos*, 27). Pero son más abundantes los casos en los que el hablante manifiesta su apasionado amor al interlocutor: «Consuelito: ... (Se lanza sobre Lorenzo –después de haber encerrado a Doña Hortensia en el servicio) De buena te he librado, *amor de mis entrañas» (Los buenos*, 57). El genitivo significa algo excelente o muy íntimo con lo que se compara a la persona aludida.

Pertenecen a la clase de las expresiones afectuosas aquellas otras que, bajo la forma de un insulto, poseen una significación afectiva, de cariño. Este cambio de sentido sólo se produce ocasionalmente cuando la situación se presta a ello y por intervención de la ironía, manifestándose oralmente por el tono de voz familiar del hablante y en la lengua escrita por el contexto. Al igual que las expresiones de cariño propiamente tales algunas veces el sentido de afecto se consigue *por medios morfológicos*, mediante un sufijo diminutivo principalmente: «Padre: (A A. y Z.) Ah, *pillines*. Os hemos sorprendido «in fraganti» (*El caracol*, 129), «pillo» tiene el significado de «pícaro», «astuto, sagaz»; mediante el sufijo diminutivo, como en esta ocasión, significa familiarmente «niño travieso». Otras veces, este valor afectivo se logra mediante el sufijo aumentativo: «Vieja: ¡Anda, *papona*! Eso es lo que te dice tu novio para no casarse» (*El sol*, 176). Por lo general, el significado de la palabra empleada posee una connotación peyorativa que queda contrarrestada por la adición del sufijo: «Camacha: ... Ven acá, Mariveinte, *cachazona* (Aparece Mariveinte) Siempre llegas tan tarde como cuando naciste, *condenada» (Las cítaras,* 9). La acumulación de una serie de insultos con sufijo, intensifica la afectividad del hablante respecto al sujeto a que se dirige: «Constanza: ... Pero te lo llevaste tú solita, *avariciosa, traidoraza, urracona...* (Anillos, 35). No obstante los casos más abundantes de cambios de sentido de un insulto por el de una expresión afectiva se produce sin la colaboración de sufijo alguno sino por la intención del hablante que da un matiz cariñoso a una palabra injuriosa.

Entre estos insultos ficticios son frecuentes los que aluden a *la negación de cualidades intelectuales* del oyente. Se diferencian de los insultos propiamente dichos en que la negación de esa cualidad es momentánea. El más frecuente es *tonto,* sinónimo de «estúpido, falto de ingenio»: «Manuel: ... Qué guapa estás. María: *Tonto» (Los verdes,* 33), ella acepta el piropo de él, simulando rechazarlo; «El Joven: (hablando de las cigüeñas) O, a lo mejor, ya van por nuestro niño. - La Joven: *Tonto,* si no lo hemos pedido todavía» *(El caracol,* 143). La mayor parte de los casos de insultos ficticios habría que ponerlos en relación con las negaciones irónicas. Efectivamente, aunque parezcan negar una afirmación previa el hablante está de acuerdo con ella.

Valor semejante a *tonto* tiene *bobo,* usado de manera ficticia y atribuido a una persona con la que el hablante está unido de un modo afectivo, siendo su significado el de indicar simpatía hacia ella: «María (A Manuel, su marido): Me has mordido un dedo, *bobo» (Los verdes,* 69).

Quizá menos afectividad encierra el adjetivo *insensato,* probablemente por pertenecer a una lengua un poco más cuidada y por ello ser menos habitual su uso: «Camacha: ... Las gallinas saben bien a quien pican ... (A Marivente, que hace pucheros) Alárgale las ganas, *insensata» (Las cítaras,* 23).

Equivalente a los sustantivos precedentes es *payaso* cuando se aplica a la persona amada para reprocharle cariñosamente una acción un tanto traviesa. El ejemplo siguiente es típico de esta función: «María: Pues yo soy valiente. (A Manuel) ¿No? - Manuel: Sí (señalando). Mira un ratón. - María: ¡Ay! (ríen todos) ¡*Payaso!» (Los verdes,* 73). Todos estos casos que aluden a la negación de una cualidad intelectual del interlocutor son aplicados entre personas que se aman y entre las que existe una cierta intimidad. La mayor abundancia de ejemplos corresponde a la primera pieza de A. Gala: *«Los verdes campos del Edén»,* referidos todos al joven matrimonio formado por María y Manuel, por el que nuestro autor siente una especial ternura y todos son puestos en boca de ella.

Un insulto muy frecuente en esta función halagadora es el sustantivo *demonio,* para calificar a la persona despierta y traviesa sobre todo tratándose de niños. Entre personas mayores sólo se da entre las que están unidas por una relación íntima, siendo tan corriente en este uso que la posible connotación peyorativa del término ha desaparecido por completo, especializándose para la expresión de afecto: «Ana (que sintió un gran amor por su novio, Antonio, ya muerto y enterrado pared por medio del panteón de Juan): Antonio, *demonio.* (Besa la pared)» *(Los verdes,* 49). Por el contrario, el adjetivo *marrana,* que referido a una mujer significa «sucia, de mal aspecto» y también «de malas acciones», utilizado por personas que se aman adquiere un matiz de cariño, imposible de deducir de lexema, si no se tiene en cuenta la intención del hablante: «Ana (contando a Juan su único y gran amor por Antonio): Me decía lo que entonces cada vez que me veía: «Ana, *marrana»:* Nos reíamos mucho». *(Los verdes,* 48).

En otras muchas ocasiones la relación entre los interlocutores es de simple familiaridad, de conocimiento y trato mutuo, por lo que el afecto que el insulto fingido pueda llevar es menor que en los casos considerados, sobre todo si ambos son hombres: «Lorenzo (hablando con Cleofás): Es muy buena tu mujer, *tunante.* Ya puedes estar contento» *(Los buenos,* 26), «tunante» como expresión de cariño tiene el significado de «astuto, avispado, sagaz». Equivalente a éste *pícaro:* «astuto, pillo»: «Lázaro: Yo amaba a una mujer judía ... - Alonso: (Intentando un encuentro) Y la gozaste, Lázaro, *pícaro,* no lo niegues ...» *(Las cítaras,* 62).

Si es puesto en boca de un personaje femenino la afectividad expresada por el vocativo es mayor, aunque semánticamente sea portador de una connotación peyorativa más acentuada. Tal ocurre con un vocablo de significado parecido al de los anteriores, *charrán:* «pillo, canalla», que según Tineo es voz gitana, pero Corominas opina que es de origen árabe: «Hortensia: ... Y llegas tú, *charrán,* por las traseras» *(Los buenos,* 54), donde dicho término posee más bien el significado propugnado por Besses: «Desleal», o Alcalá: «Informal, hombre que falta a su palabra».

Pécora se dice de la persona «taimada o mal intencionada», aunque atribuido a una mujer es, a veces, sinónimo de «mujer pública»: «Paula (sabiendo la causa verdadera por la que Tomás tarda en algunas ocasiones dar la salida al tren): Pero no lo haces por mí, que te calé: lo haces por presumir. - Tomás: Eso te gusta, *pécora»* *(Noviembre,* 236). Con el mismo sentido es utilizada la expresión *mala lengua* por el mismo personaje: Paula. «Tomas: Otra copita, *mala lengua,* que hoy se cumplen veintiocho años» (*Noviembre,* 235).

El vocativo *condenado* que significa «maldito, perverso» es empleado alguna vez como represión afectuosa: «Lorenzo: ... Y ahora, por mi mala cabeza, me veo de guardia, mira tú. - Hortensia: Qué gracia tiene el *condenado». (Los buenos,* 28).

Son muy usuales asimismo aquellas expresiones de afecto en forma de insulto mediante el nombre de un animal. La mayoría de los casos registrados pertenecen a *«Noviembre y un poco de yerba»,* pieza en la que Antonio Gala se propuso por primera vez recrear el habla coloquial. Se ha de hacer constar además que todos los insultos fingidos son puestos en labios del protagonista femenino, Paula, y el destinatario de casi todos ellos es el hombre que la acosa, Tomás: «Paula: ... ¡Más vale que respetaras la memoria de tu Carmen, *pato viudo!» (Noviembre,* 234), expresión afectiva que, si no del todo original de nuestro autor, es muy precisa gracias a dos características que concurren en el personaje al que se dirige: es viudo y además cojo de «guerra», siendo habitual el calificativo de «pato» al sujeto que tiene cierta dificultad al andar.

Más original es el vocativo «palomo buchón», que supongo es tratamiento irónico y humorístico del sustantivo «tórtolo», que se dice del «hombre amartelado o enamorado»: «Paula (a Tomás): No me hagas más la rueda, *palomo buchón.* De nadie soy» (*Noviembre,* 235). Alguna vez, Paula se dirige a su marido mediante una expresión afectiva de este tipo: «Paula (airada porque Diego pregunta porqué su hijo no pone su nombre en el sobre, sino el de ella): ... ¿Qué quieres? ¿Qué sepan que vive un hombre aquí y te trinquen? *Cabeza de chorlito» (Noviembre,* 244), perífrasis que indica la «ingenuidad o la falta de sensatez» de la persona aludida: «Vieja (interpelando a la Extraviada): ¿Qué buscas, *ovejita extraviada?» (El sol,* 176). De lo dicho se deduce que estos vocativos son insultos que por antífrasis se han convertido en expresiones de cariño.

Cabe señalar por último algunos vocativos que están a caballo entre los insultos fingidos y los propiamente injuriosos. De un lado, el sustantivo alude a algo negativo, pero dicho significado queda atenuado por la afectividad que el hablante imprime a su expresión. De otro, se deja traslucir un cierto matiz de reproche al oyente. Y siempre se hace referencia al modo de ser o alguna acción realizada con anterioridad por la persona a la que el hablante se dirige.

En esta clase de vocativos la ironía juega un papel esencial, de modo que si ésta no estuviera presente dichas expresiones perderían gran parte de su fuerza afectiva. La mayoría de los ejemplos registrados pertenecen también a «*Noviembre y un poco de yerba*», obra sobre la que pesa el recuerdo de la guerra civil y cuyas consecuencias sus personajes aún viven. De ahí que el vocabulario empleado refleje este ambiente: «Tomás: Anda, que cuando te disparas ... - Paula: Ya os daría yo a todos un buen disparo, *guerreros*. (*Noviembre*, 232), el hablante aprovecha una palabra que alude a la guerra –«dispara»–, aunque su interlocutor la haya empleado con otro significado muy diferente, para ironizar sobre las ínfulas triunfalistas de éste, llamándole «guerrero» en donde el tono un tanto despectivo no está ausente: «Paula: ... (Pito del tren) El ascendente. Anda, *guerrero*, ve a ponerle un petardo encima de la vía» (*Noviembre*, 239). Cuando Tomás intenta tocarla, ella lo detiene calificándolo con otro término muy usual en tiempos de guerra: «Paula: ... Tú sí que eres pegajosillo. Detente, *enemigo*» (*Noviembre*, 238), enlazando de este modo con las palabras precedentes de Tomás, que ha contado cómo fue herido en la pierna cuando iban buscando una partida del enemigo. Pero también Tomás ironiza sobre la afirmación de Paula de que ella es «soltera de guerra»: «Tomás: Hazte, hazte la víctima. Me gustaría a mí saber de dónde salieron tus tres hijos, *soltera de guerra*» (*Noviembre*, 235).

Esta necesaria referencia a lo dicho o hecho por el interlocutor, tomando como pie las palabras previas de éste, da lugar a situaciones en las que el humor va mezclado con la ironía, originados por la desproporción que existe entre los términos de la comparación: «Tomás: (A Paula le sangra un dedo, pues se ha pinchado al coserle un botón del uniforme) ¿Me dejas que te chupe el dedo? (Lo hace) Qué dulce está tu sangre. - Paula: Gracias, *Drácula*» (*Noviembre*, 271); «Consuelito (escarchando estrellas de Navidad, reprocha a su suegra su afición al vino): ... Claro, como usted tiene ya los meninges como tres bizcochos ... - Hortensia: Calla, *portal de Belén* ...» (*Los buenos*, 20).

El hablante se puede dirigir asimismo a su interlocutor mediante un nombre de animal, sin que ello implique una ofensa para éste sino una reprimenda cariñosa: «Tomás: (ademán de desnudarse) ¡Qué más quisiera yo! - Paula: Quieto, *león» (Noviembre*, 272). En otras ocasiones se sustituye el nombre que se refiere a un animal determinado por el que indica una acción propia de él en unas circunstancias dadas. Como el vocativo *oliscón*, derivado del verbo *oliscar* u *olisquear*, frecuentativos de *oler*, que significan «oler con cuidado y persistencia buscando por el olfato alguna cosa», que se aplica principalmente a los perros: «Tomás: ... Cuántas mozas quisieran tener esa carne tan prieta. - Paula: Anda, *oliscón*, aparta *(Noviembre*, 234), que en este texto alude a la acción de oler un perro a su pareja cuando está encelado, como Tomás; y que por el parlamento siguiente de Paula no hay lugar a dudas pues lo compara explícitamente con un perro.

Menos frecuente es el uso de la ironía en sentido opuesto; es decir, convertir un término denotador de afectividad en otro de reproche. Ello sucede en contadas ocasiones y, por lo general, se trata de adjetivos que manifiestan una cualidad del sujeto a que se aplica: «María: (Como para sí) ¡Qué expresiones! - Jimena: Si hemos organizado esta amena velada familiar es para hablarnos claro, *rica* ...» *(Anillos*, 87); «María: Por eso y por la Jura de Santa Gadea. - Alfonso: Esta muchacha está llena de tópicos. Mira, *bonita*, cualquier castellano hubiera tenido la obligación de hacerme jurar...» *(Anillos*, 67); ambos vocativos están referidos al mismo personaje, y por el tono irónico, son denotadores de reproche.

La originalidad de alguno de estos vocativos es una prueba manifiesta del ingenio fértil y ágil de nuestro autor, estableciendo las más sutiles relaciones entre acciones, personas y objetos. En algunas ocasiones se vale de esquemas expresivos o de simples vocativos que, por estar en boca de todos, han perdido la mayor parte de su fuerza significativa, los recoge y los pasa por el crisol de su imaginación traduciéndolos en formas inéditas, donde el humor y la ironía no suelen faltar y en los que por su novedad, la potencia expresiva aparece íntegra, rejuveneciendo una acepción ya envejecida y desgastada por su frecuente uso, como el vocativo «palomo buchón» en vez del más corriente «tórtolo».

2.b.) Los insultos:

Los núcleos léxicos principales que cabe diferenciar en las expresiones injuriosas son:

2.b.1.) Vocativos cuyo significado peyorativo es el propio de la palabra en cuestión: se refieren a la negación de las cualidades intelectuales o a su conducta.

2.b.2.) Vocativos en los que el significado ofensivo es el figurado del término empleado: especialmente se trata de nombres de animales.

Son, por tanto, el mismo tipo de expresiones que las de afecto bajo la forma de insultos fingidos, pero a diferencia de ellos el matiz de cariño unas veces o el irónico otras que les conferían el sentido efusivo, no se produce sino que el hablante pone todo su interés en ofender al oyente.

2.b.1.) Como en la lengua hablada, en la obra de nuestro autor predominan los insultos del tipo primero, es decir, aquellos en que **el significado peyorativo es el del vocablo empleado,** y no el figurado que el hablante le haya dado. Según el significado peyorativo de la palabra estos insultos se agrupan en:

a) Negación de cualidades intelectuales.

b) Los que aluden a la mala conducta.

c) Insultos obscenos.

a) Son abundantes las ocasiones en que aparecen los que se refieren a la escasez o falta de raciocinio de la persona aludida. No obstante, la variedad de formas es escasa, limitándose éstas a las más corrientes en la lengua hablada. Predominan los términos *idiota* e *imbécil,* que son equivalentes: «Luterio (burlándose de que a Nina le preguntaran dónde se hallaba la iglesia de la Madalena): Natural. Tratándose de la Madalena. - Nina: *Idiota» (Los verdes,* 26); «Rey (irritado ante la propuesta del M. Interior de multar a Gulliver por la entrada ilegal en el reino): ¿Y te harías tú cargo de la percepción de esa multa, *imbécil?» (El sol,* 193). El sustantivo *zoquete* tiene el significado de persona ruda y torpe y es análogo a los anteriores. Ese sentido es reforzado mediante la adición del sufijo -*udo:* «Camacha: Que la dejes y cantes, *¡zoquetudo!» (Las cítaras,* 13).

Construcción muy preciada por nuestro autor para la intensificación de una cualidad es aquella en que dos vocablos de significado peyorativo van unidos por la conjunción adversativa *pero.* Esta conjunción se usa con valor restrictivo, de simple limitación entre las oraciones coordinadas; ahora bien, en algunas ocasiones, por antífrasis posee el contrario: no el de limitación de una cualidad negativa, sino el añadido a otra, con lo que el significado de ambos términos queda enfatizado: «Hortensia (irritada con Consuelito): *¡Idiota, pero mala!* Si te limpiaras bien la escarcha de las manos antes de cepillarla, no brillaría tanto» (*Los buenos,* 28). Generalmente, se da en proposiciones de sentido negativo en el que el miembro introducido por la conjunción adversativa consta de una sola palabra y en los que la ironía desempeña un papel esencial.

Con el mismo valor de este giro se utiliza otro introducido por la frase prepositiva *además de*. Este se da con mayor frecuencia en la lengua hablada que el anterior, por lo que no se ha de considerar tan característico de nuestro autor como aquél. Dicha frase prepositiva significa agregación del significado de los dos miembros que la integran: «Marido (ante la aparición repentina de Gulliver): Si es un gigatón del carnaval. Quien a mí me la dé ... - Señora 2.ª: *Además de sordo, idiota» (El sol,* 190).

Otras veces se parodia el lenguaje amoroso por medio de la adición del pronombre posesivo de primera persona, consiguiéndose con ello una intensificación afectiva; pero al determinar un vocablo de significado peyorativo, adquiere más bien un matiz de reproche: «Jefe (a causa de la presencia y estancia de Gulliver en el reino): ... ¿Debo adoptar alguna actitud? - Rey: (Se golpea la frente) Sí, *idiota mío;* la de hablar alegremente con el Republicano» *(El sol,* 199).

Otros vocablos alusivos a la falta de raciocinio del oyente de aparición más esporádica en la obra de nuestro autor son aquellos de valor similar a los vistos y que son también muy corrientes en la lengua coloquial: «Hortensia (Consuelito acaba de dar la posible solución a la deteriorada economía de la familia: una tómbola) Ay, *la tonta.* Con razón dicen que Dios habla por boca de los simples» *(Los buenos,* 38). O el adjetivo *bobo,* más propio del lenguaje infantil en boca de una persona mayor pero referido a un niño: «Niño, *¡Idiota, boba!* ¡Se acabó el hormiguero¡ (Da rabiosos pisotones sobre él)» *(El Sol,* 177). A causa de este empleo casi exclusivo por parte del sujeto infantil o referido a él, predomina el matiz de cariño que en la mayoría de las ocasiones suele tener.

Más culto y propio de personas mayores de alguna formación es *ignorante* que, aunque con el mismo significado que los precedentes, es de aparición más exporádica: «Rey (dirigiéndose al Jefe de Protocolo): En este país, *ignorante,* al respaldo de la aceptación de un cargo, va la dimisión del mismo para casos de emergencia» *(El sol,* 216). Y para reprochar la osadía de un sujeto se emplean otros de similar valor denotativo: «Alonso: (Levantando la vara) *Loco, atrevido» (Las cítaras,* 65).

b) Más abundantes en la creación dramática de Antonio Gala son los insultos que aluden *a la mala conducta* del interpelado. Se pueden distinguir varias modalidades de ellos según a qué aspecto del comportamiento del interlocutor se refiera:

b.1) Los de significado general: *gentuza, sinvergüenza, canalla.*

b.2) Los de significado restringido a un aspecto de la conducta: *robo, embriaguez, sexualidad,* etc.

b.1) Al tener un uso muy frecuente y un significado amplio la fuerza expresiva de los primeros se encuentra más disgregada y, por ende, resultan menos insultantes, si bien esto depende en gran parte del énfasis con que se emita y de las circunstancias del momento. Para esta misión el hablante se puede valer de una palabra de valor semántico que se podría calificar de «neutro», en el sentido de indiferente a la bondad o maldad de una conducta, pero que mediante la adición de un sufijo despectivo impregna con esa connotación negativa al término. Se trata, pues, de un cambio de significado por medios morfológicos. Esto ocurre con el sustantivo *gente* al que se modifica mediante el sufijo *-uza,* de claro sentido despectivo: «Guardia (una vez que Ana y Juan han salido del sepulcro): ... Si se enterase la gente, os lincharía por profanadores de tumbas. Vamos al coche. Vigílalos. ¡*Gentuza!*» *(Los verdes,* 85).

La misma denotación posee la frase adverbial sustantivada *sinvergüenza.* Como insulto al oyente puede equivaler a una interjección y como tal aparecer entre signos de admiración en la lengua escrita: «El de las flores: También llevo ...–Manuel: ¡*Sinvergüenza!* Es mi mujer» *(Los verdes,* 34). Si se aplica a un niño, el significado de esta expresión preposicional está más próximo al de los elementos que la integran, o sea, «fresco, descarado, que no tiene vergüenza»: «Mujer: Niño, *sinvergüenza.* (Con la mano en las posaderas). Pues no me ha pinchado con la abarda en el abientestato» *(El sol,* 196). Su sustantivación queda patente en los casos donde va precedida del artículo o del demostrativo: «Paula (criticando la manía de justificar con la guerra todas las desgracias cuyas causas no fueron del todo confesables): ... Como la hermana de Gertrudis: que la mataron los rojos, dice. Sí, los rojos ... Y se murió de un aborto, *la sinvergüenza ...*» *(Noviembre,* 233). Perteneciente a un lenguaje más cultivado es *insolente* para reprochar al interlocutor el descaro por lo que ha dicho o hecho: «María: A ti te han derrotado siempre los almorávides. A él jamás. - Alfonso: ¿Qué tiene que ver eso, *insolente*» *(Anillos,* 67). También el sustantivo *canalla* que significa «hombre de mal proceder» es utilizado en esta función vocativa como insulto al oyente: «Rey (desea cerciorarse de que no ha soñado que ha visto un gigante): Que me des un pellizco. ¡Vamos! (Le pellizca el Jefe) No tan fuerte, *canalla» (El sol,* 199).

b.2) Lógicamente son más abundantes y variados aquellos otros sustantivos de sentido injurioso que critican un aspecto censurable de la conducta de la persona interpelada como falta de honradez, de moralidad, etc.

b.2.1) Los que se refieren a la falta de honradez son los comunes en la lengua hablada: *ladrón, estafador,* etc.: «Dueña (informando a Juan de las ventajas de la pensión y de los gastos): ... aquí hay muchos arbitrios: *¡los ladrones!» (Los verdes,* 21), alude a la Administración; pero cuando Juan le enseña el poco dinero que tiene para pagar, ella le descarga una retahíla de insultos de este tipo: «...¿Pero usted por quién me ha tomado? *Estafador, ladrón, viejo farsante» (Los verdes,* 21).

El que, por las circunstancias, no se atreve a hacer lo que desea es calificado de *cobarde.* Los ejemplos encontrados en la dramaturgia de Antonio Gala pertenecen la mayoría de ellos a una obra –«*Noviembre...*»– y están referidos al mismo personaje –Diego–, que es de los que han perdido la guerra y para salvar su vida se halla escondido en una bodega dependiendo para todo de su mujer: «Madre (en una de sus frecuentes disputas con él): *¡Cobarde! ¡Cobarde!» (Noviembre,* 265). El es consciente de que merece tal calificativo y así recuerda la dolorosa despedida de su último hijo quien tuvo que emigrar por su causa: «Diego (recordando las palabras de Manuel): «No quiero verlo más. No quiero vivir más al lado suyo. Me da vegüenza de él. *¡Cobarde! (Noviembre,* 250). Lo mismo cuando Lázaro se aparece a Olalla, a la que abandonó por carecer de la suficiente valentía para casarse con ella: «Olalla: ... Si vuelves porque crees que algo ha cambiado: yo ... ¡vete! ¡Vete, *cobarde!» (Las cítaras,* 34). El apelativo acusador de *chivato* es sinónimo de «soplón», «el que tiene el vicio de acusar o delatar»: «Niño: Gulliver, la niña ésta me ha roto mi flauta. - Niña: *¡Chivato, chivato!» (El sol,* 195). Este término procede del argot delincuente para aludir a los delatores de la gente del hampa, y de aquí se extendió a la lengua común.

b.2.2) Vocativos que aluden a vicios que degradan a la persona humana, tales como *borracho* y otros: «Diego (por molestar a la Madre le describe la muerte de Dionisio): Los sesos se le salían por un ojo. Las moscas se los comieron. - Madre: *¡Borracho, borracho!» (Noviembre,* 265). En el lenguaje familiar el femenino acepta mejor que el masculino la adición del sufijo aumentativo para enfatizar el concepto injurioso del sustantivo: «Consuelito (A Hortensia que está algo bebida): Por aquí, *borrachona» (Los buenos*, 57).

b.2.3) Dada «la libertad de costumbres», que diría Consuelito, de las gentes del circo y, en general, la de todos los que se dedican al espectáculo, algunos de los sustantivos con que son denominados los diferentes integrantes de la profesión llegan a alcanzar ocasionalmente una connotación peyorativa semejante a cualquier otro insulto: «Hortensia (que entra de la calle y ve a Consuelito intentando dar saltos acrobáticos; sin advertir la presencia de Lorenzo): Detente. *Titiritera, saltimbanqui. ¡Guarra!» (Los buenos*, 15).

Un origen en cierta forma semejante a este último es la creación macarrónica *suripanta* con la acepción de «mujer corista en un teatro», aunque es poco usado por la gente del pueblo. Beinhauer explica su formación y desarrollo del siguiente modo (2): «Su origen se debe a una canción camelo cuyo texto consta de palabras seudogriegas puramente inventadas por el autor de la zarzuela titulada «El joven Telémaco». Los versos cantados en coro eran éstos: «Suripanta-la suripanta / Maca-trunqui-de so-matén ...». Esta canción camelo se hizo tan popular que la primera palabra «suripanta» se lexicalizó en la acepción indicada: «Hortensia (por un pellizco que ha dado a Consuelito): Ha sido sin querer. (Bajo) Ya te daré yo hojuelas, *suripanta ...» (Los buenos*, 50). En ambas ocasiones en que se ha pretendido insultar a alguien por medio de un término que alude a la profesión circense o teatral hablante y oyente son los mismos: Doña Hortensia el primero, Consuelito el segundo. La adecuación al sujeto a que se aplica es correcta ya que es hija de feriantes y cuando era más joven estuvo dedicada a la profesión; el hablante pone por su parte el matiz peyorativo que dichos sustantivos son suceptibles de llevar.

b.2.4) Son abundantes *los adjetivos y participios adjetivados* en función vocativa insultante. Estos improperios presentan las siguientes constantes: todos pertenecen a una sola pieza: *«Los buenos días perdidos»;* van referidos a un mismo personaje: Consuelito; y son proferidos por un mismo hablante: Doña Hortensia, a pesar de que se lamente en una ocasión de que «estoy oxidada; con la lengua que yo tenía, que daba horror oírme»: «Hortensia: Pues vaya porquería de vidente que era tu madre. Calla, *malvada*, y escarcha estrellas...» *(Los buenos*, 38).

Algunos adjetivos son derivados de sustantivos, tales como *asquerosa, cochambrosa*, etc. de *asco* y *cochambre*, respectivamente: «Consuelito (sobre el marido de doña Hortensia, para molestarla): ¿Era cura? - Hortensia: (Bajo)

Asquerosa» (Los buenos, 17). Desatándose en algunas ocasiones la lengua de doña Hortensia con varios insultos: «Hortensia: (A la descubierta –pues Consuelito la ha cogido intentando acamelar a Lorenzo–) ¿Qué pintas tú aquí, *cochambrosa, corroída de envidia» (Los buenos,* 56). Este sufijo *-oso, -osa* es propio «de los adjetivos derivados de nombres o verbos; significa abundancia o acción» (3). Mención especial merece el término despectivo *desgraciao* que significa «desdichado, infeliz», utilizado con harta frecuencia en el habla coloquial, lo que ha originado que el sentido peyorativo se haya desvanecido un tanto; por medio de él el hablante manifiesta su desagrado ante la actitud de su interlocutor, pero sin la fuerza hiriente de otros vocablos: «Soldado (durante el relevo de prisioneros urge para que se haga con rapidez): ¡O dentro o fuera! Pero rápido. ¿Qué va a ser esto? - Extraviada: No achuches, *desgraciao» (El sol,* 212). El constante uso de este adjetivo, al igual que otros de origen participial, ha hecho que el cuerpo fónico se vaya desgastando perdiéndose, en la mayoría de las ocasiones, la «d» intervocálica de la desinencia del participio: «Diego (justificándose por haber cortado un trozo de la mesa): No bajabas la madera para hacer los carritos. Tenía que trabajar ... - Paula: Al caracho los carritos, *desgraciao» (Noviembre,* 255).

El hablante suele ser suspicaz ante aquellos insultos que no entiende pues, a pesar de que no comprenda el significado de la palabra, sí capta su intencionalidad injuriosa, lo que unido al desasosiego por la incomprensión de la misma aumenta su irritación, incrementando de esta manera indirecta el significado peyorativo de un término que quizás no lo tenga o si lo tiene es en pequeña medida, como acepción secundaria: «Paula (intenta hacer reaccionar a Diego): ... Que siempre te prefieres a ti mismo. *¡Burgués!* (Diego le da una bofetada) Ay, Diego, menos mal que has hecho algo. *¿Qué es burgués,* Diego? - Diego: *No sé. Por eso mismo» (Noviembre,* 258). O bien, suelta toda una retahíla de improperios, acabándola con uno que los resume a todos: «Madre: ... Ya no hay hombres así. Esta noche vendrá y os moriréis de envidia. *Flojos, dátiles secos, sinsustancias* (Ríe y se esconde) *Espantapájaros» (Noviembre,* 273).

Algunos vocativos injuriosos cuya significación peyorativa es la propia del valor semántico de la palabra empleada son de empleo esporádico en la obra teatral de Antonio Gala, y de escasa aparición en la lengua hablada. Tal sucede con *zanguango* que dícese del «hombre holgazán, indolente, embrutecido por la pereza»; si se aplica al aspecto físico de una persona, entonces significa «hombre alto y desvaído»; «Diego: Amor (se ríe). - Paula: No sé de qué te ríes, *so zanguango...» (Noviembre,* 259), referido a Diego posee, lógicamente, el significado de «indolente, embrutecido por la pereza», pues su actividad corporal es prácticamente nula. El *so* que le precede es abreviación de *señor,* que ha perdido gran parte de su cuerpo fónico en este uso proclítico. El apelativo popular *papandujo* presenta un claro matiz peyorativo, de cosa sin valor, incrementado por el sufijo despectivo y diminutivo -*ujo.* Su significado es el de «blanducho por demasiado maduro». El origen de esta palabra hay que buscarlo en construcciones sobre el verbo *papar* «comer cosas blandas, como sopas o papas, o comer sin masticar» y del empleo de este verbo en frases hechas, tales como las formadas sobre el gerundio: «*papando* moscas», con algún posible influjo de *papanatas* y alguna otra semejante, no sólo en cuanto a su valor léxico sino también a su significante: «Paula (para rebajar los humos a Tomás): ¿Es que esto es una estación? Un guardabarreras, hijo, un *papandujo*» (*Noviembre,* 232).

c) Un importante grupo de los improperios que aluden a la mala conducta del oyente se refieren a la moralidad de la misma. Muchos de ellos son altisonantes, siendo calificados de *obscenos,* aunque a veces son suavizados mediante una formación eufemística. Cabe señalar en la producción dramática de Antonio Gala dos tipos de estos insultos:

c.1) Los eufemísticos, que corresponden la mayoría de ellos a sus primeras comedias.

c.2) Los obscenos propiamente dichos, que predominan, sobre todo, en las últimas.

c.1) Entre los calificados como *eufemísticos,* atenuantes de la palabra malsonante, algunos pertenecen originariamente al habla culta y, si bien se han extendido a la popular con todo su valor semántico, no son considerados como groseros. Tal ocurre con *adúltero:* «Hortensia (celosa de que a Lorenzo le guste Consuelito): ¡Fuera! Que nos roban los regalos, *mujer adúltera*» (*Los buenos,* 46); «Madre (porque Diego y Paula se van a acostar): Niños, niños. (Pausa. Con otro tono) *¡Adúlteros, adúlteros!*» (*Noviembre,* 262).

Se aplica el calificativo de «caliente, calentón, calentona...» a la persona que se presta con facilidad a relaciones amorosas, aunque haya tenido escaso trato con la otra: «Consuelito (porque tiene en la cara jabón de afeitar al besar a Lorenzo cuando estaba afeitándose): Sí, me la he lavado porque tenía calor. - Hortensia: Y lo sigues teniendo, *calentona.* Pero enjuágate bien» (*Los buenos,* 46), donde el aumentativo es necesario ya que el positivo «caliente» no se emplea en esta función vocativa, sino como predicado nominal de una oración copulativa: «eres un caliente», en donde se encuentra sustantivado.

Cuando la expresión injuriosa obscena consta de varios términos basta con mantener la primera parte de la misma modificando la segunda, que es la que posee el sentido obsceno, sin que por ello sufra alteración alguna su significación. Ejemplo característico es el eufemístico *gilipuertas* cuyo segundo miembro sustituye al de *gilipollas,* ya que *polla* alude al «miembro viril»: «Consuelito (a Lorenzo): ... Que no me gusta que sea usté tan *gilipuertas,* hombre...» (*Los buenos,* 15). Además, el que el vocablo sustituido y el sustituyente comiencen por la misma consonante es un dato más de identificación entre ambos sintagmas, ya identificados por la comunidad del primer miembro *gilí.* Si la expresión injuriosa no es una palabra compuesta, sino una frase entera, entonces es suficiente para captar el verdadero sentido de la misma que las primeras palabras permanezcan inalteradas, que son las que no tienen significado obsceno alguno, sustituyéndose las segundas que sí lo tienen, con lo que la intención eufemística es conseguida sin que el significado insultante pierda parte de su fuerza expresiva: «Lorenzo (extrañado de que el cliente al que acaba de cortar el pelo Cleofás no dijese palabra): ¿Ese don Jenaro es mudo? - Hortensia: Mudo, no. Es un poquitín *hijo de la gran no sé qué» (Los buenos,* 25), donde el obsceno *puta* que se espera es sustituido por la formación *no sé qué,* induciendo al oyente a la sustitución mental del término. Puesto que es un insulto de grueso calibre, aparece en algunas ocasiones como remate de toda una letanía de ellos, a la que fácilmente se entrega la procacidad de las gentes de pueblo: «Paula: Eres *un cabestro,* Diego. Y *un calzonazos* y *un gallina* (Sin saber qué decir *¡Granuja! ¡Hijo de la gran no sé qué!» (Noviembre,* 258). Variante de este giro eufemístico es el siguiente: «Hortensia (refieriéndose a Consuelito, como casi siempre que insulta): ... *Esta hija de la tal por cual* me va a hacer a mí perder la fe» (*Los buenos,* 46).

c.2) Los insultos obscenos en los que la intención eufemística falta son tan frecuentes como los anteriores: «Mujer 3.ª (increpando a su marido, porque no la defiende de lo dicho por la Dueña): ... ¿De qué te sirven tantos pantalones como dices que tienes. *Marica. Chulo» (Los verdes,* 20); *chulo* dícese del «hombre que abusa de las mujeres», sobre todo del que vive de las que se dedican a la vida pública, como en este caso; el primero, *marica,* que alude al «hombre afeminado y de poco ánimo y esfuerzo», y es un diminutivo de María, que adquirió un doble sufijo diminutivo, Mariquita o Mariquilla, al adquirir *marica* el significado grosero que posee (4). *Marica* aparece en su forma aumentativa *maricón,* insulto todavía más grosero: «Estebanillo: Ya está castrado, *el maricón* ...» *(Las cítaras,* 11). Significado diferente, aunque a veces es utilizado como sinónimo, tiene *cabrón* que «se aplica al hombre a quien su mujer es infiel, particularmente cuando es con su consentimiento. Se aplica como insulto violento a un hombre contra el cual tiene el que se lo aplica graves motivos de irritación» (5): «Domingo: Era rubio, *el cabrón» (Las cítaras,* 10); en ambos casos el insulto aparece precedido del artículo, al no desempeñar función apelativa, ya que el sujeto a que van dirigidos no se encuentra presente. Si el hablante interpela a su interlocutor mediante un insulto, éste aparece sólo, sin artículo: «Camacha: ... A la mesa entre todos (Levantan el cerdo. No llegan a la mesa) ¡*Maricones!* Otra vez...» *(Las cítaras,* 16); «Camacha: Traed leños más curiosos, *puñeteros* ...» *(Las cítaras,* 11), «hacer puñetas» es «masturbar».

Uno de los valores del sufijo aumentantivo es el despectivo, que en formaciones con sustantivos de esta idea léxica no deja lugar a dudas. Así, la voz de origen gitano *gili* «tonto, bobo» (según C. Claverías procede del gitano *sil*), muy extendida a causa del obsceno *gilipollas* y del eufemístico de éste *gilipuertas,* aparece aislada, sin ser miembro de ningún compuesto, pero determinada por el sufijijo aumentativo: *gilona:* «Vieja (en presencia de la Reina): Nuestra madre y señora. (Cuando ya ha salido. Imitándola). Tomad y estad alegres. *La gilona» (El sol,* 214). De contenido y significante parecido es *jigona,* también muy raro en la lengua hablada y en la obra de Antonio Gala donde sólo aparece en una ocasión. Insulto obsceno formado sobre el sustantivo *higo,* que en Andalucía y otras zonas se aplica para designar el sexo femenino; la *j-* inicial procede de la aspiración de la *h-* inicial, fenómeno fonético aún vigente en zonas de Andalucía y Extremadura: «Consuelito (para poder limpiarse las manos de pintura de escarcha): Pues traiga usted aguarrás. - Hortensia: Vitriolo es lo que te traía, *jigona» (Los buenos,* 28), donde la intención de injuriar al oyente es patente dada la arraigada enemistad entre ambas mujeres.

La expresión injuriosa queda reforzada si va precedida del adjetivo peyorativo *mal, mala:* «Hortensia: (A Consuelito) Que no te vea yo hablarle, *mala pécora» (Los buenos,* 22), en un principio era un insulto ficticio, cariñoso, que se atribuía incluso a sujetos masculinos; más adelante se produjo una ampliación de su campo semántico para referirse a «la persona maligna, de malas intenciones, capaz de hacer daño o que disfruta haciéndolo», al mismo tiempo que restringió su uso para aplicarse a «la mujer de mala vida»; de ahí, el valor de este insulto con la intención que lo emplea el personaje de acuerdo con la situación: «Alonso: Sujetad, los de ahí, Camacha, ¡mala pécora!» (las cítaras, 2), asimismo referido a una mujer con el significado indicado equivalente a puta, insulto que también se da a este mismo personaje: «Camacha: ... Ay, una fortuna lleva gastada tu marido en misas por este niño, que ni siquiera es suyo. Así no le aprovecha ... - Justina: (Cruzándole la cara) ¡Vieja puta!» (Las cítaras, 53). De ahí que el mayor insulto que pueda dirigirse a una persona, sobre todo si se trata de un hombre, sea poniendo en duda la moralidad de su madre, llamándole a él hijo de puta, y cuyas variantes eufemísticas ya han sido vistas: «Alonso: (Irritado) Dóblale ya esa mano, Domingo, ¡Hijo de puta!» (Las cítaras, 21).

2.b.2) **Vocativos en los que el significado ofensivo es el figurado del término empleado:** Se trata de palabras en las que su significado no posee en sí ninguna connotación peyorativa, adquiriéndose ésta cuando la intención del hablante se la da. Dos grupos principales:

a) Nombres de animales.
b) Vocativos ingeniosos con sentido injurioso.

a) Por medio de los nombres de animales el hablante injuria a su interlocutor, negándole cualidades de índole intelectual por las que la persona se diferencia de los seres irracionales. Algunos aluden al concepto peyorativo que se tiene del reino animal por lo que se emplea un nombre que se refiere a él en general, dependiendo su significado concreto de cada situación: «M. Exterior: ¿Mando disparar a los soldados de la guardia? - Rey: ¿Contra quién, bestia? ¿Contra el pueblo? (El sol, 193), con el significado de «necio, bruto». Valor semejante posee animal: «Paula (porque Diego, para entretenerse ha estado durante toda la mañana cepillándose los dientes): Claro, tienes todas las encías en carne viva. Qué animal eres» (Noviembre, 242), con la idea de «exagerado, bruto, sin raciocinio». Para ambos términos utilizados como insultos referidos al hombre M. Seco da el significado de «persona ruda» (6).

Esta misma idea de rudeza aparece en primer término con el sustantivo burro, que en sentido figurado significa «persona necia y ruda», de manera que se ha convertido en sinónimo de animal, bestia, etc., en esta función insultante: «Nina (a Monique, aún descalza): Que te vas a constipar, burra» (Los verdes, 78). Por tanto, este animal ha pasado a encarnar todas las cualidades negativas atribuidas a la especie. Sin embargo, es más corriente ejemplificar un defecto o una cualidad reprochable en una persona mediante su identificación con un determinado animal que es considerado como el prototipo de aquella cualidad negativa. Así, una persona egoísta o mezquina es identificada con el *cerdo* o *cochino:* «Paula: Pareja de *egoístas. Gochos.* La carta es para los tres» *(Noviembre,* 243). Cualquier otro sinónimo puede ser utilizado para expresar la idea de mezquindad no sólo en el ser humano, sino también aplicado a otro animal: «Consuelito (abriendo la jaula de su pájaro e incitándole a salir): ... Hay muchas cosas que están por encima del alpiste ... Egoísta, *cerdo,* tragón» *(Los buenos,* 63), el sustantivo está colocado a modo de puente entre los dos conceptos a que se refiere: por un lado, la ruindad; por otro, la glotonería; en medio, el nombre del animal que los encarna. La suciedad de este animal es manifiesta, por lo que en ocasiones se califica con algún sinónimo suyo a la persona desaliñada o guarra: «Paula (a su Madre porque guarda comida entre la ropa): ... *Puerca,* que es usté una *puerca» (Noviembre,* 250). Con *renacuajo,* nombre de la larva de la rana, se alude figuradamente a la persona menuda o desmedrada en su aspecto físico, o que merece escasa importancia a los ojos del hablante: «Hortensia (a Consuelito, como siempre que injuria): Como que a ti te hace falta ponerte, ¡*renacuajo!* Haznos... (*Los buenos,* 28), aplicable a personas de ambos sexos pero la palabra sigue siendo masculina. La astucia del *zorro* es proverbial, por eso es identificado con él al hombre astuto y pérfido frente a la forma femenina, *zorra,* que tiene el significado de «ramera, puta», y se aplica a las mujeres: «Rey: ... Para mí quisiera yo esos sueños [los del Republicano] - M. Exterior: (Por lo bajo) *Viejo zorro. (El sol,* 199), el concepto expresado por el sustantivo se halla reforzado por el adjetivo *viejo.* Para destacar la maldad de una persona se la califica de *víbora:* «Justina: ... ¡Lo descuartizarán igual que a un cerdo! - Olalla: (Le da una bofetada) ¡Calla, *víbora!» (Las cítaras,* 90).

Los nombres de algunas aves son también designadoras de cualidades o defectos reprobables en la persona. Quien habla mucho o sin entender del todo lo que dice es calificado como *papagayo, cotorra, loro:* «Consuelito (hablando de su padre): ... Y era de la misma Pamplona. - Hortensia: Calla, *papagaya» (Los buenos,* 21). De la persona avariciosa, que todo lo guarda, se dice que es una *urraca:* «Paula: Madre, *urraca.* ¿Será posible que no se haya enterado todavía de que ya no hay escasez? ...» *(Noviembre,* 250).

Cuando la situación lo requiere, nuestro autor no duda romper la forma de un sintagma fijo de este tipo y sustituir uno de sus elementos por otro adecuado a la persona a la que se aplica, con lo que queda actualizado y revitalizado: «Madre: ... Don Rufino, todavía no. Si pasado mañana va a terminar la guerra. Si ya no es necesario que se muera nadie. Si ya no serviría de nada ... No me mire usted así, *pájaro negro* ...» *(Noviembre,* 240); para llegar a este vocativo injurioso Antonio Gala ha tenido que partir del modismo popular *«pájaro de mal agüero»,* referido a la persona que presagia o trae malas noticias; pero la mente enloquecida de la protagonista distorsiona no sólo los sucesos acaecidos sino palabras y giros del lenguaje, y la presencia del cura con su sotana negra le hace incluir en su expresión este elemento primordial de su visión dando lugar al vocativo ejemplificado. El espectador o el lector lo asocia, además, con formas insultantes a base del nombre de un pájaro con que se alude a los curas, en especial *cuervo.* Es decir, que el núcleo significativo de la expresión se refiere a la persona interpelada, pero como ideas léxicas accesorias presenta, por un lado, la misión del cura de llevarle la mala noticia («pájaro de mal agüero»), y por otro, la actitud insultante de la protagonista para quien se la ha llevado («cuervo»).

Los insultos tomados *del reino vegetal* son escasos y, como los de los animales, son utilizados para negar alguna cualidad intelectual del oyente, destacando su necedad y falta de juicio por medio de este procedimiento indirecto, debido al sentido figurado que algunos nombres de vegetales son susceptibles de adquirir. Tal sucede con el sustantivo *berzotas,* aumentativo de *berza,* con claro significado despectivo. En esta función injuriosa es un término invariable en género y número, aplicándose indiferentemente, por tanto, al hombre o a la mujer, a uno o a varios sujetos: «Rey: Para entonces os recomiendo una desdeñosa indiferencia. - Voz: *Berzotas» (El sol,* 207).

b) *Vocativos ingeniosos de significado insultante:* Son insultos corres- pondientes a los diferentes tipos tratados, pero que debido a la adición de otro u otros términos a modo de epítetos refuerza su valor semántico dando lugar, por lo general, a expresiones humorísticas o irónicas. El empleo por parte de Antonio Gala de estas construcciones es relativamente frecuente pues es un autor que se vierte en cada obra y en cada parlamento de sus criaturas, y su fino ingenio se pone a prueba en toda ocasión buscando el improperio que se adapte mejor al personaje y sea adecuado a la situación. La variedad de los ejemplos impiden una sistematización precisa, no obstante se pueden distinguir dos grandes grupos:

–Aquellos que aluden directamente a la persona en sí.

–Los que lo hacen de manera indirecta, en sentido figurado, mediante nombres de animales.

Los primeros son refuerzos de vocativos pertenecientes al grupo 1). Los que se dirigen a la persona de un modo afectivo, sin expresar ni simpatía ni antipatía hacia el interlocutor. Sin embargo, a causa del añadido ingenioso de que van acompañados pasan a pertenecer a este segundo grupo como expresión insultante. Así, el vocativo *vieja* que se refiere a la edad sin que tenga que llevar necesariamente una connotación peyorativa al ir seguido de un adjetivo que sí la tiene queda impregnado de ella y convertido en insulto: «Extraviada (porque la Señora 1.ª se ha escandalizado de su aspecto): Habrase visto, *la vieja cursi* (cruza contoneándose)» (*El sol*, 176); cursi tiene el significado de «remilgado, persona fina», pero con sentido peyorativo. Otras veces el epíteto que acompaña al sustantivo se refiere a alguna acción reprochable realizada por la persona en cuestión y con el que se pretende caracterizarla para su oprobio: «Viejo (que se acaba de enterar que la Vieja es la que se come los huevos de su gallina): Aprovechada *vieja traga huevos» (El sol*, 209). Irónico y despectivo es también el vocativo original de nuestro autor *dama de la media almendra*, a manera de irrisorio título nobiliario a quien se da ínfulas de grandeza: «Vieja (a la Señora 1.ª que se le han subido los humos): Mire usted. *Dama de la media almendra*, que yo en mi clase soy una señora» (*El sol*, 210). Este mismo ejemplo aparece en otra pieza, aunque con variación del primer miembro, de manera que consigue su actualización sobre todo si se contrasta con la época histórica en que la acción tiene lugar: «Jimena: ... Os volvisteis llorando, *señoritas de la media almendra*, a casa de papá» (*Anillos*, 83), la sustitución de *dama*, que sería más adecuado para esta época, por *señorita*, revitaliza la expresión que podría pasar más desapercibida.

Al igual que en los insultos con nombres de animales, los vocativos ingeniosos que llevan un sustantivo que hace referencia a un determinado animal, éste puede ser considerado como el prototipo de un defecto o vicio, que es realzado humorísticamente por el epíteto que lo acompaña: «Diego (recordando los tiempos anteriores a la guerra): Yo entraba todas las noches en su habitación. Ella se hacía la dormida... - Paula: (Celosa) ¿Quién era *ese zorrón «desorejao»? (Noviembre*, 275). Al tratar «zorro» como insulto aplicado al hombre astuto y pérfido se dijo que con el femenino *zorra* se aludía a la «ramera»; sin embargo, como el ejemplo presente testifica, si se le agrega el sufijo aumentativo puede adquirir el género masculino sin que por ello varíe su aplicación a una mujer con el significado intensificado dicho. Son curiosos los cambios semánticos que origina dicho sufijo aumentativo: esta misma forma *zorrón,* pero referida a un hombre tendría un significado afectivo, cariñoso. Lo mismo que la femenina *zorrona,* con sentido restrictivo respecto al positivo aplicándose de forma afectiva a la mujer avispada, sobre todo si se trata de una niña. En otras ocasiones el nombre del animal no es empleado como caracterizador de un defecto sino como mero pretexto para crear un vocativo irónico que retrate con fidelidad la opinión que al hablante le merece el interlocutor: «Señora 1.ª: Y yo, ¿qué soy entonces? - Vieja: Usted es lo que parece: *un avestruz sin cola» (El sol,* 210), construcción pleonástica. Formación original de nuestro autor sobre la base de otras ya existentes en la lengua como «chaleco sin mangas» y similares. Gala parte para la creación de este vocativo del popular «pájaro (-ito) sin cola», el primero de cuyos elementos lo sustituye por otro de significado más restringido permaneciendo inalterada la forma del paradigma.

III. IMPERATIVOS DE PERCEPCION SENSORIAL

En los dos apartados anteriores se han visto, como medios de introducción del discurso, las categorías pronominales y nominales. Y si frente a la variedad de sustantivos en función vocativa existía parquedad de formas pronominales, puesto que sólo eran susceptibles de ser empleadas las correspondientes a la segunda persona gramatical o a la tercera si se trataba del pronombre de cortesía, la misma restricción, o mayor aún, se da en el empleo de los verbos de percepción sensorial. Ello es debido a varias razones, derivadas de su propia función que consiste en recabar el interés del interlocutor para que esté atento a lo que se le va a comunicar.

1.ª) Ello determina, en primer lugar, la clase de verbos que pueden cumplirla: los de percepción sensorial *mirar, ver, oír* y *decir*.

2.ª) En segundo lugar, el tiempo y modo del verbo: puesto que se trata de una petición al oyente de que atienda a lo que a continuación se le va a comunicar o a que empiece a hablar, el verbo ha de ir en *forma imperativa*. Ahora bien, al estar dicha petición a caballo entre la expresión de ruego y la de mandato, el modo y tiempo variará según predomine una u otra intención del hablante. Es decir, si la locución es considerada como una orden, el tiempo verbal utilizado es el presente de imperativo. Pero si se trata, más bien, de un ruego o de un mandato suavizado por la cortesía, el verbo va en presente de subjuntivo.

3.ª) Y en tercer lugar, y como consecuencia de la condición anterior, aunque la persona a la que el hablante se dirige es siempre la segunda del diálogo, gramaticalmente es la segunda cuando el verbo está en imperativo y la tercera si está en presente de subjuntivo.

De acuerdo con el valor léxico del verbo se distinguen tres grupos, verbos que se refieren:

1.º) Al sentido de la vista.
2.º) Al sentido del oído.
3.º) A la facultad de hablar.

1.º) **Los verbos que se refieren al sentido de la vista** son fundamentalmente *mirar* y *ver*. Su significado es figurado pues se trata de un mirar o de un ver con los ojos de la mente, no con los corporales. Si bien poseen un significado parejo se van a considerar por separado ya que desde el punto de vista semántico existe una leve diferencia entre ellos pues «*mirar*» significa «fijar la vista en un objeto aplicando juntamente la atención». «*Ver*» en cambio es percibir por los ojos los objetos mediante la acción de la luz» (7) y que presupone un previo *mirar* (7).

1.a) *Mirar*, en ocasiones, puede tener al mismo tiempo su significado real y el figurado de esta función, cuando la situación requiere para su total comprensión la doble acepción del término: «Luterio: (A Ana –cuando él desea cantar para sus amigos–). Tengo aquí como un buche. *Mire usted*, como un pájaro puesto aquí» (*Los verdes*, 60). Lo habitual es que el único significado del verbo en esta función sea el figurado: «Cleofás: ... A dos pasos de la cárcel, y *mira*: insultándose sin saber porqué» (*Los buenos*, 51). Como introducción de una explicación de la opinión propia cuando no se está de acuerdo con la del interlocutor: «Luterio (a Juan): *Mire usted*, amigo. La limosna fomenta la mendicidad y la desocupación, esas dos terribles lacras sociales» (*Los verdes*, 24); «Alfonso: ... *Mira*, Jimena: la memoria del Cid y sus devotos es una de las pocas bazas con que aún contamos» (*Anillos*, 88). Si el hablante desea la mayor atención posible para lo que va a decir, reitera el verbo: «Lorenzo (que se le ha olvidado el poco latín que aprendió en el seminario): Nada, chico. - Cleofás: (dispuesto a explicárselo): *Mira*, hombre, *mira*» (*Los buenos*, 29), donde al mismo tiempo existe un tono de condescendencia hacia la escasa comprensión o interés que parece mostrar el interlocutor. Es tan importante en esta función de apelación que puede introducir una orden, precediendo en tal caso a otro imperativo: «Alcalde (nervioso por los invitados que están al llegar y por el discurso de fin de año que ha de pronunciar): ... *Mira*, Concha, *déjame* de pobres esta noche» (*Los verdes*, 52).

Frente a estos casos en los que el significado figurado del verbo goza de todo su valor semántico, otras veces es utilizado como apoyo de la conversación, como simple muletilla del hablante carente de valor. Su posición en la frase no es la inicial sino interna, a modo de paréntesis de su discurso: «Manuel (contando a Juan el natural deseo de estar a solas con su mujer): ... Y que parece feo, *mire usted*, andar así a escondidas teniendo derecho» (*Los verdes*, 37), con dicha fórmula se busca, más bien, la aprobación implícita del interlocutor por medio de su inclusión en el diálogo. Lo mismo sucede en «Paula: Paraísos no tendremos, pero, *mira*, tenemos un infierno para nosotros solos» (*Noviembre*, 251).

Asimismo, aparece en posición final como remate de la proposición enunciada. En esta posición la función de apelación no existe prácticamente, puesto que la emisión no se va a iniciar sino que acaba de finalizar. Por lo que la otra misión del imperativo, *la de representación,* pasa a primer término: «Lorenzo (hablando con Cleofás): ... Y ahora, por mi mala cabeza, me veo de guardia, *mira tú.» (Los buenos,* 28).

La idea de representación mental de lo que el hablante dice se halla más clara en las construcciones en que el imperativo del verbo *mirar* va seguido de la conjunción *que.* Aparte de esta misión específica, el significado de la oración introducida por este procedimiento posee un matiz de reproche o de lamento por algo ya ocurrido o de amenaza si el interlocutor no obedece: «La Niña: Pues *mira que* ponerse la diadema para luego morirse» *(El caracol,* 137); «Constanza: ... ¡*mira que* atreverte a decir que estás enamorada!» *(Anillos,* 77). El reproche es cariñoso cuando la acción realizada por el oyente resulta simpática o graciosa al hablante: «Paula: *Mira tú que* celebrar semejante aniversario ...» *(Noviembre,* 235). Si el reproche es dirigido a sí mismo adopta un matiz de lamento. La referencia al oyente es como una invitación a éste para que se imagine su estado de ánimo después de lo sucedido: «Luterio: ... De niño yo vivía en una casa más grande que ésta. *Mire usted que* haber sido niño y no haberme dado cuenta ...» *(Los verdes,* 61). Es tan constante en esta construcción con *que* la idea de reproche o de amenaza que, incluso, es susceptible de ser empleada aisladamente en forma interjectiva para manifestar el hablante su desaprobación de la conducta o de la opinión del interlocutor: «A.: ¡Deja ya el cordón quieto! ¡*Mira que...!* ¡Qué día me has dado con el cordón!» *(El caracol,* 164).

A diferencia de las fórmulas que no van seguidas de la conjunción y que pueden aparecer en cualquier posición en las que el imperativo va seguido de *que* sólo se presentan en el inicio de la frase, pues la presencia de la conjunción exige a continuación otra oración cuyo verbo está siempre en infinitivo. El paradigma de estas fórmulas de iniciar el diálogo es el siguiente: *Imperativo del verbo mirar + que + infinitivo.*

1.b) La función apelativa de *ver* es idéntica a la de *mirar,* pero dado la leve diferencia de matiz en el significado, «mirar» como acción previa de «ver» en la función accesoria existe una pequeña divergencia: en *mirar* es la de representación mental sobre todo cuando el imperativo va seguido de la conjunción *que;* la de *ver* supone un paso más: la comprensión intelectual por parte del oyente del enunciado y de la intención del hablante. Pero a causa de la frecuencia de ambos verbos en estas construcciones han acabado por hacerse sinónimos en la mayoría de los casos, perdiéndose el matiz diferenciador que pudiera existir entre ellos. Según el tiempo verbal que adopte la forma apelativa con *ver,* se puede diferenciar tres apartados:

1.b.1: Formas imperativas con el verbo en presente de indicativo:

- 2.ª persona gramatical.
- 3.ª persona gramatical, 2.ª de cortesía.

1.b.2: Por medio de una interrogación.

1.b.3: Aquellas formas que presentan el verbo en futuro: *verás.*

1.b.1) Aquellas formas cuyo verbo está *en presente de indicativo* poseen una movilidad dentro de la frase similar a la de *mirar* aunque, como en éste, predomine la posición inicial y la función originaria: la *apelación.* Generalmente introduce la conclusión de lo que se ha dicho: «Burgués: *Ya ve usted,* ni de los muertos puede uno fiarse» (*El caracol,* 159). Es decir, como la síntesis de la opinión de ambos sujetos ante un hecho acaecido o una situación determinada: «Consuelito: ... *Ya ve:* ustedes a pararse; nosotros a pendonear» (*Los buenos,* 10). Es frecuente en Antonio Gala que los dos puntos separen la fórmula introductoria de la conclusión que se va a enunciar, dando lugar a una breve pausa para que el oyente concentre todo su interés en las palabras que va a oír: «Reina: ... *Ya ve usted:* empezaba la vida» (*El sol,* 184); «Alfonso: ... *Ya ves:* a mí tu padre me caía simpático» (*Anillos,* 68). En alguna ocasión puede tener un valor enfático para intensificar toda la oración que introduce: «Hortensia (refiriéndose a los vecinos del lugar): ... Yo pienso que son todos comunistas ... *Ya ve usted* si nos viene bien un guardia...» (*Los buenos,* 18).

En posición interna funciona como una perífrasis de apoyo de la que el hablante se vale para explicar su pensamiento de otra manera a fin de hacerlo más comprensible a su interlocutor: «Consuelito: ... Y he oído las campanas ... Una cosita así, *ya usté ve,* una cosa de nada...» (*Los buenos,* 11); a manera de transición en la expresión de la misma idea, yendo entre comas al igual que cualquier otro elemento accesorio de la oración.

En posición final, lo mismo que *mirar,* la función apelativa se encuentra desdibujada de tal manera que apenas si existe. Entonces, la función considerada como secundaria, la invitación al oyente *a la comprensión intelectual* del enunciado, es la única presente. Con ella el hablante puede expresar diferentes matices, según el interés que le merezca lo que comunica, desde la indiferencia ante la opinión previa de su interlocutor, como «Paula (a quien le importa poco los grados militares que Tomás se va atribuyendo): Por mí, como si quieres llegar a general, *ya ves tú* ...» *(Noviembre,* 233), o la impotencia ante el hecho consumado a modo de lamento: «Burguesa (porque a su marido no le han devuelto los pañuelos que echó a lavar): Unos pañuelos tan bonitos, con las iniciales en gris. Y *ya usted ve»* *(El Caracol,* 167); «Rey (intentando atraerse al Republicano, para lograr que el gigante se ponga de su parte): ... Por eso le he llamado, amigo mío. Para pactar, *ya ve»* *(El sol,* 200). Este matiz de conformismo o resignación con el que queda coloreada toda la frase es semejante al de *mirar* seguido de la conjunción *que.* Sin embargo, en las formas con *ver* en posición final habría que pensar en una frase originaria en que dicha fórmula fuese seguida de una oración que expresase la indiferencia o el lamento del hablante y que elidió permaneciendo como recuerdo suyo la fórmula introductoria que, por su parte, heredó implícitamente su significado. Fase intermedia de este proceso elíptico puede considerarse el primer ejemplo citado: «Paula: Por mí, como si quieres llegar a general, *ya ves tú...»* donde los puntos suspensivos son el reflejo de una oración elidida en la que expresaría la indiferencia del hablante del tipo: «ya ves tú *si me importa que asciendas».* Cuando esta fórmula introductoria es empleada aisladamente, posee un claro valor afirmativo: «Mujer 1.ª: Una casa cualquiera, dice. - Mujer 2.ª: *Ya tú ves.* - Mujer 1.ª: Para quedarse, dice. - Mujer 2.ª: *Ya tú ves» (Los verdes,* 16).

1.b.2) *Por medio de una interrogación:* Mediante ella se consigue hacer partícipe del diálogo al oyente al exigirle el hablante una respuesta afirmativa –por lo general implícita o por medio de un gesto– como condición previa a la prosecución de su discurso. Por ello, aunque puede aparecer en posición inicial: «Hortensia (una vez que ella y Lorenzo han comprobado que no hay nada de valor en la tumba de Doña Leonor, cuya lápida acaban de quitar): *¿Lo ves?* Así era todo: por fuera las alhajas y por dentro la podre» *(Los buenos,* 55); «Jimena: (Con un temblor en la garganta) *¿Tú ves?* Lo que yo digo: no he hecho más que comer ...» *(Anillos,* 53); es más habitual en posición interna: «La Joven (que se ha casado sin amor con el Ordenancista): ... Me lleva consigo por doquiera. *¿Ve usted?:* hasta me ha contagiado su estúpida manera de hablar» *(El caracol,* 158). A veces, el sentido figurado del verbo y el real están muy próximos cuando la situación se presta a ello: «La Niña (por el muñeco): No se quiere dormir. *¿Tú ves?* Lo acuesto y no cierra los ojos» *(El caracol,* 163).

1.b.3) Otras formas presentan *el verbo en futuro: verás.* En la obra de nuestro autor se emplea esta forma no como introductoria de una aclaración, sino como promesa de realizar algo en tiempo futuro: «Paula (haciendo planes para cuando Diego pueda salir y vivir como una persona normal): ... ¿Te gustan a ti las gambas con gabardina? - Diego: No lo sé. - Paula: Están riquísimas, *ya verás» (Noviembre,* 258). Incluso si el momento de cumplir la promesa es inmediatamente después de hablar por lo que se encuentra comprendido más en la zona del presente que en la del futuro: «Adolescente (que se ofrece a la Niña para arreglarle el muñeco): Anda ya. Dámelo, *verás* cómo te lo arreglo» (*El caracol,* 163); «Tomás: Tómate otra copa, *verás* cómo te olvidas» *(Noviembre,* 236). En estos casos la oración que sigue al verbo en futuro es exclamativa, introducida por el adverbio *cómo* o el pronombre interjectivo *qué:* «Paula: ... Y con lo que me dieron he comprado boquerones y piononos y vino y coñá. *Verás* qué festolín» *(Noviembre,* 241). Por tanto, esta fórmula introductoria en futuro precede a oraciones exclamativas, enfatizadoras de la idea que expresan.

Semejante es el uso de la *forma impersonal,* también en futuro, pero en tiempo compuesto, con valor exclamativo, ponderando la idea expresada. «Solterona (ante la falta de cumplido del Burgués): *Habráse visto qué* ordinariez. Encima de que una no protesta» (*El caracol,* 164).

2) **Imperativos que aluden al sentido del oído:** Al igual que con el sentido de la vista, se distinguen dos verbos en esta función según se trate de la percepción sensorial simplemente o de la comprensión intelectual a través de una percepción sensorial previa. Son *oír* y *escuchar.* Si bien es cierto que la diferencia de matiz de significado entre ambos es similar a la que existe en la pareja de verbos referentes al sentido de la vista, el hablante no separa con claridad cada una de sus denotaciones y utiliza con preferencia *oír,* como más vulgar que *escuchar,* para cualquiera de ellas. Se distinguen tres grupos:

2.a) El verbo *oír.*
2.b) El verbo *escuchar.*
2.c) Otros imperativos referentes a la comprensión o representación mental.

2.a) *Oír:* Asume todos los significados de *escuchar,* y se refiere no sólo a la aprehensión sensorial sino a la intelectual principalmente, de ahí que algunas veces pueda ser sustituido por verbos que poseen esta única significación, tales como *enterarse, imaginarse, figurarse...* Según la situación y las circunstancias en que aparece empleado su valor en la frase variará. En ocasiones su significados real y figurado están presentes en una misma forma: «Alcalde: ... Mi ciudad es grande y crece cada día. ¿*Oye usted?* Desde aquí se la siente» (*Los verdes*, 14). Los principales valores en su significado figurado son:

2.a.1) Como voz preventiva.

2.a.2) Función apelativa.

2.a.3) Como simple muletilla.

2.a.4) Como recriminación o reproche.

2.a.5) Como palabra de apoyo en la transición de una idea a otra.

2.a.6) Forma interrogativa.

2.a.7) Acumulación de dos imperativos de percepción sensorial: uno de la vista y otro del oído.

2.a.1) El verbo *oír* puede ser empleado *como voz preventiva,* de llamada a una persona con la que se tiene poco trato y de la que, quizá, no se conoce su nombre: «Burguesa (en el funeral del hijo de A. y Z., acto que dirige el Ordenancista): *Oiga,* ¿puedo yo llevar una cinta?» (*El caracol,* 150); «Ana (la primera vez que baja al panteón, y apenas tiene confianza con Juan): ... *Oiga usted,* ¿estas paredes son muy gordas?» (*Los verdes,* 49).

2.a.2) Más frecuente es su uso en *la función apelativa:* «Hortensia: ... Porque eso sí, tenemos de todo, *oiga usted...»* (*Los buenos,* 21); «Olalla: ... Pero no voy a razonar. *Óyeme.* Yo no tengo que inventar palabras para contarte lo que ha sido de mí estos quince años» (*Las cítaras,* 33). O bien, pidiendo la atención del oyente, no para sus propias palabras, sino para las de otro hablante: «Ana: Que bien dicho está eso. Pero *oye,* Nina. (A Juan) Anda, Juan, ¿háblanos de ese sitio...? (*Los verdes,* 74). Como medio de recabar la atención del oyente, bien porque se le haya de pedir un favor: «Luterio: (A María) *Oye,* hija, ¿me dejas que ponga la mano cuando se mueva?» (*Los verdes,* 78); o bien, porque se le da una orden: «Rey: ... (A M. Exterior) *Óyeme,* tú. También ... (Le habla al oído unos segundos)» (*El sol,* 219).

2.a.3) *Como simple muletilla* de algunos hablantes es un elemento retardatario del diálogo: «Dama 1.ª (proyectando obras de caridad como si fuese una distracción más para salir del aburrimiento) ... *Oye,* también podíamos organizar una liga antialcohólica» (*El sol,* 179). «Nina: Me voy, que pierdo el tren. - Muchacho: *Oye,* Nina, llévate esto (Le da el billete)» (*Los verdes,* 23).

2.a.4) A veces *precede a la recriminación o al reproche* del hablante ante alguna acción o algún dicho del interlocutor con que no se está de acuerdo: «Lorenzo (porque Doña Hortensia le ha reprochado que haga negocios sin contar con ella): *Oiga, ¿no* le dan a usted parte la boticaria y Genoveva y Dolores y soy yo quien trabaja?» (*Los buenos,* 53). O una advertencia en tono de reproche: «Madre (incitando a A. a que se case cuanto antes): ... *Oye,* que viudas de guerra hay muchas; pero hay más solteras de guerra» (*El caracol,* 135).

2.a.5) *Como palabra de apoyo en la transición* de una idea a otra; se trata en general de introducción de una propuesta a la que el oyente ha de dar su aprobación: «Nina (manifiesta su alegría porque Monique ha decidido no «trabajar» aquella noche y marchar a casa –«Tirando su gorro por el aire»–): ¡Yupi! Qué suerte. Acostarse tan tempranito... (Reacción) *Oye,* y en vista de que cerramos el negocio, ¿por qué no nos vamos a casa de don Juan? Estará Luterio...» (*Los verdes,* 59); incluso la transición de una idea a otra está especificada por la acotación que precede al imperativo y por una pequeña pausa representada gráficamente por los puntos suspensivos.

2.a.6) Al igual que *ver,* también *oír* adopta *la forma de una interrogación,* con lo que se logra que el oyente participe de manera activa en lo que se dice al recabarle su opinión: «Rey (defensor del tradicionalismo): Naturalmente. Es nuestro deber. Si no lo hiciéramos, ¿podríamos acaso vivir? No hay nada nuevo *¿lo oye?* Nada nuevo» (*El sol,* 202).

2.a.7) Acumulación de dos imperativos de percepción sensorial: uno de la vista y otro del oído: «Lorenzo: (Poniéndole la mano en el hombro) *Oye,* Consuelito, *mira:* hoy me he vuelto yo a acordar de Orleans...» (*Los buenos,* 15).

2.b) Las formas introducidas mediante *escuchar* son mucho menos abundantes que las de *oír;* unas veces el valor es el mismo que el del imperativo de este último verbo: «Reina (al Republicano que ha ido a devolverle su zapato): ... Venga más a menudo. Aunque necesite robarme los zapatos. (El va a salir) *Escuche» (El sol,* 184). Cuando es puesto en boca de un personaje popular posee mayor valor expresivo: «Paula (incitando a Diego que salga y se presente a las autoridades): Diego, *escúchame.* (Él se arrincona) Ven aquí y *escúchame» (Noviembre,* 276); reforzada la idea expresiva por la repetición del imperativo y por el pronombre personal de primera enclítico. El autor utiliza esta fórmula introductoria como recurso estilístico ya que la protagonista considera de tanta importancia para sus vidas lo que va a decir, tratando de convencer a su marido a que salga, que adopta una actitud seria y, de acuerdo con ella, utiliza una palabra poco corriente en su forma de hablar y, por tanto, de mayor potencia expresiva.

2.c) Menos frecuentes aún, como fórmulas introductorias del diálogo, son los imperativos de ciertos verbos cuyo significado se refiere a *la comprensión intelectual* de lo expresado o a *su representación mental*.

2.c.1) Entre los imperativos que incitan al oyente a *la aprehensión mental* de lo que se le dice, predominan dos: *enterarse* y *fijarse*: «Consuelito (feliz de estar embarazada y de un pronto cambio de vida, le da a Lorenzo la noticia de que va a ser padre): ... Aquí tu padre. *Entérate,* luego no te armes líos...» (*Los buenos,* 59); «Consuelito (hablando con Lorenzo sobre las cualidades de pitonisa de su madre): Huy, con los de la familia no daba una, *fíjese» (Los buenos,* 11). O la simple llamada de atención al interlocutor: «Jimena: Desde el principio ... Vamos a comenzar desde el principio. *Estate atento,* obispo» (*Anillos,* 89).

2.c.2) Otros imperativos usados en esta función de apelación son aquellos que inducen al oyente a *la representación en su imaginación* de lo que se le ha comunicado: «Lorenzo (irónicamente dando la razón a Cleofás sobre la imposibilidad de que su madre trabaje): Claro, qué va a estar en edad. *Figúrate» (Los buenos,* 42). El imperativo puede tomar forma negativa con el verbo en infinitivo precedido de *querer,* el sentido es afirmativo pues se trata de una negación irónica: «Paula (recordando los consejos que dio al último de sus hijos, Manuel, antes de partir para el extranjero en busca de trabajo): ... Cuando comas, le ofreces a la gente, pero no mucho, que el viaje es largo y *no quieras figurarte* las porquerías que comen por ahí fuera» (*Noviembre,* 249). Estos imperativos, además de su función apelativa, cumplen también una misión intensificadora de la idea expresada, por esta razón llevan enclítico el pronombre personal de segunda y su posición en la oración es preferentemente la final.

3) **Verbos que se refieren a la facultad humana de hablar:** Manifiestan el interés del hablante hacia lo que su interlocutor va a decir. El verbo utilizado en estas fórmulas introductorias del diálogo es *decir,* aunque en ciertas ocasiones se emplee el imperativo de algún verbo de movimiento en lugar suyo como *venga, siga...* Según el grado de interés que el hablante tenga la fórmula introductoria variará para expresar una mayor o menor

intensificación. La duplicación del verbo indica una mayor premura en la respuesta. Se pueden distinguir dos grupos generales de formas:

3.a) Incitación al oyente a que hable.

3.b) Duplicación del verbo. Este apartado se subdivide en dos grupos:

    3.b.1) Introducción de palabras de un tercero.

    3.b.2) Intensificación de las propias.

3.a) *Incitación al oyente a que hable:* Cuando el verbo *decir* en imperativo aparece sin reiteración indica que, quizá, el interés del hablante en la respuesta de su interlocutor es menor que cuando aparece duplicado, aunque esto depende de las circunstancias. Por otra parte, esta petición de hablar puede oscilar entre la orden tajante y el ruego más cortés. La orden tajante se da con preferencia cuando el hablante se considera como muy superior o de mayor autoridad que el oyente. Así, uno de los procedimientos de que se vale nuestro autor en la escena inicial de *«Los verdes campos del Edén»* para poner de relieve el engreimiento del Alcalde sobre Juan, al que cree un mendigo, es el empleo de este imperativo, ordenándole una respuesta: «Alcalde: ... Hace media hora larga que le observo y usted no se ha movido. Esto me hace sospechar lo peor. ¿Dónde va? *Diga» (Los verdes,* 11). La presencia del pronombre personal de primera enclítico refuerza la obligatoriedad de la orden dada por el imperativo: «Alcalde: ... *Dígame* de dónde viene. Se lo exijo» *(Los verdes,* 12), en donde la orden tajante viene intensificada por su repetición mediante el verbo «exigir» al final de la frase.

Cuando los interlocutores se consideran como iguales la fórmula introductoria equivale a un ruego más o menos cortés; ello no implica un menor interés en la respuesta sino una simple deferencia y respeto para con él. Puede darse entre personas que tienen una cierta intimidad, como los esposos: «Diego: Porque tú y yo siempre hablamos de otras cosas. - Paula: ¿De cuáles? *Dime» (Noviembre,* 269); o entre amantes: «La Joven: ... Hay algo en esta casa... No sé. - El Joven: ¿Qué es lo que hay? *Dime,* amor mío» *(El caracol,* 131). La presencia o no del pronombre personal de primera persona enclítico al imperativo denota la mayor o menor ansiedad con que el hablante espera la respuesta de la persona a la que interpela; casi siempre se trata de algo abstracto, no tangible. Si dicho pronombre se encuentra reiterado, el hablante demuestra un extraordinario interés: «Jimena: ... *Dime tú a mí* si no tengo derecho a un puñadito de vulgaridad» *(Anillos,* 78). Al contrario, si el interés del hablante decrece el pronombre personal de primera no sólo no se encuentra reiterado sino que puede omitirse; ello se produce, en particular, cuando la pregunta se refiere a algo concreto y presente en el acto de hablar: «Olalla: ¡Lo estoy viendo, Camacha! - Camacha: Pero ¿dónde? ¿En la sangre? ¡Di!» *(Las cítaras,* 7).

Cuando los hablantes tienen escasa amistad entre sí o apenas se conocen, el ruego de una respuesta anhelante se realiza mediante el imperativo de cortesía con el verbo en presente de subjuntivo y la presencia del pronombre de respeto *usted:* «Solterona (porque todo le sale de manera diferente a como ella lo proyecta): ... Alguien se debe dedicar a hacerme trampas. Pero, ¿quién? *Diga usted» (El caracol,* 149). Esta misma forma puede presentarse en alguna ocasión a modo de interrogación ficticia con valor negativo, como refuerzo de la propia opinión del hablante: «Madre (al morirse el niño, sus pertenencias son inservibles para los demás): ... Con el par de zapatos tan monos que le habíamos comprado. *Dígame usted* para qué sirven ahora» *(El caracol,* 150). La cortesía es más patente cuando el verbo *decir* se presenta en *futuro* en vez de en subjuntivo, entonces más que una petición es una invitación a hablar: «Guarda: (Dándose por vencido –porque no comprende el deseo de Juan de querer vivir en un panteón–): *Usted dirá,* porque yo no entiendo» *(Los verdes,* 29).

Si el interlocutor es sólo el intermediario del estímulo a hablar ya que éste va dirigido a una tercera persona, se emplea el pronombre personal complemento enclítico de tercera: «Jimena: ... Yo mientras esperaba el mío, he perdido la vida. No sé qué es... (A Constanza) *Díselo, díselo...» (Anillos,* 38).

Algunas veces la incitación al interlocutor a que haga uso de la palabra viene expresada por *el imperativo de un verbo de movimiento* que en esta función equivale al verbo *decir:* «Consuelito (encantada de poder hablar con alguien y que ese alguien le haga caso): ... ¿No le importa que yo dé tarambetas? Es que una vez que cojo carrerilla. *(Animándola a hablar) ¡Venga!» (Los buenos,* 13), la acotación es clarificadora sobre el valor que ha de dársele a este imperativo que podría entenderse en función interjectiva. Para evitar la posible confusión de este valor y el interjectivo nuestro autor prefiere el imperativo del verbo *seguir,* que soslaya esta dificultad y que, por ello, se está especializando en dicha función. Según la impaciencia que el hablante demuestre tener utilizará o no el imperativo repetido aunque en ocasiones dependa de las circunstancias: «Paula (para sacar a Diego de su abatimiento, recurre a uno de los juegos de adivinanzas con los que se suelen entretener):

-77-

... Lo que ocurre es que estás como don Tello. - Diego: (Cayendo en la trampa) Como don Tello ¿qué? *Sigue*» *(Noviembre,* 268); «Hortensia (a su pesar –por el ruego de descanso eterno de su primo Sebas con que finaliza la notificación de su muerte–): Et lux perpetua luceast ei, *¡sigue leyendo!...*» *(Los buenos,* 64). La forma imperativa de respeto se presta más fácilmente a la repetición del verbo: «Ana (fascinada por el relato que Juan le hace del lugar donde se ha de ir después de la muerte): Sin mercados. Pero *siga, siga usted hablando* de ese sitio» *(Los verdes,* 51); «Consuelito (en situación similar a la de Ana: acaba de conocer a Lorenzo, que le habla también de un lugar idílico): ... Ni siquiera sabía que en el extranjero tuvieran campanas. Creí que eran peores. No se puede juzgar. *Siga, siga*» *(Los buenos,* 13). U otro verbo de valor semántico parecido a *seguir:* «Lázaro: ¿Y para qué, si no? Todos volvemos para morir. - Fray: (Amablemente) *Continuad hablando* de las Indias» *(Las cítaras,* 69). En estos casos se trata de una especie de inciso del hablante al discurso del interlocutor, y una vez finalizado se le apremia para que prosiga su interrumpido diálogo.

Cuando no se trata de una interrupción sino de impaciencia por conocer la respuesta del interlocutor se emplea el imperativo de *contestar* con o sin pronombre enclítico según la ansiedad del hablante: «Jimena: ... ¿Con qué amenazas han podido cambiarte? (Muy cerca) Minaya, ¡mírame...! *¡Contéstame!*» *(Anillos,* 102); «Olalla: (A Estebanillo) ¿Te ha dicho eso tu padre? ¿Te lo ha dicho? *¡Contesta!*» *(Las cítaras,* 40).

3.b) *Duplicación del verbo:*

3.b.1) *Introducción de las palabras de un tercero:* En la reproducción de un diálogo anterior en el que ha intervenido el propio hablante, éste suele delimitar sus réplicas y contrarréplicas de las de su interlocutor mediante la introducción de cada una de ellas por medio de *decir,* que aparece tantas veces repetido como intervenciones se han producido: «Soldado 1.º (borracho y feliz porque con la llegada de Gulliver ha comido y bebido hasta saciarse, recuerda el saqueo de la despensa de uno de los ministros): Me *dice* el republicano: «Ambrosio». Y yo le *dije:* «¿Qué?». Y *dice:* «Que no cojas de la bodega más de lo necesario». Y yo le *dije:* «A la orden». Y me *dice:* «Está bien» *(El sol,* 195), donde, además, se aprecia el contraste entre verbo de tiempo presente y pasado según preceda a las palabras del Republicano o a las del propio hablante.

Otras veces el verbo introductor de la locución de un tercero va precedido de un verbo de movimiento formando una expresión del tipo *va y dice:* «Muchacho (que fue sorprendido por una beata intentando robar el cepillo de una iglesia): ... *va y dice* la tía: «No lo denuncio por caridad. Aprenda la lección y corríjase. Y se llevó el cepillo» (*Los verdes,* 25).

El hablante repite el verbo introductor cuando relata lo dicho por él en tiempo pasado a otra persona: «Nina (contando a Juan cómo pidió a Luterio que la trajera a ver cómo vivía en el cementerio): Fue que anoche *le dije, digo:* Luterio, estoy muerta de curiosidad por ver lo de don Juan» (*Los verdes,* 41). La repetición del verbo en diferente tiempo, primero en pretérito indefinido y luego en presente, es una forma plástica del habla familiar de actualizar ante un nuevo interlocutor lo dicho ya a otro; es como si dijese lo que *ayer* le *dije* a éste, *ahora* te lo *digo* a tí, con lo que la expresividad de la frase siguiente aparece íntegra. Caso curioso de reiteración del verbo *decir* es aquel que, lejos de introducir la reproducción de un diálogo propio o ajeno, pretende advertir al interlocutor que cualquiera que sea su opinión, él ya tiene formada la propia y no la variará: «Reina: ... *Digas lo que digas,* esta corona nunca me ha sentado bien» (*El sol,* 182).

3.b.2) *Autocorrección o intensificación del propio discurso:* Cuando el hablante se equivoca en la manifestación de sus ideas a causa de la intensa emoción que embarga su ánimo rectifica su comunicación por medio de un giro con el verbo *decir.* Asimismo, muchas de estas construcciones precursoras de rectificación son empleadas más bien como procedimiento enfatizador de lo expresado. *El valor correctivo o intensificativo,* según los casos, de estas expresiones dependerá de la situación y el contexto en que se produce.

La forma más característica que introduce *la autocorrección* de lo expresado es mediante el presente de indicativo, *digo:* «Luterio (celebrando la Nochevieja en el cementerio en compañía de Juan y los otros amigos): ... Una campanada, una uva. Si no, no vale. Este reloj del cementerio se oye bien. Pero da los cuartos, ¿eh? No confundirse con los cuartos. Si no, no hay uvas ... *Digo,* si no, no hay suerte» (*Los verdes,* 68); «Camacha: ... En cuanto me descuido, el diablo le arranca las bernardas, *digo,* las nóminas al niño» (*Las cítaras,* 50); o precedido de un *qué* exclamativo, enfatizador de la corrección: «Jimena: ... un pobre hueso apenas sin carne casi... *Qué digo casi:* sin ninguna carne» (*Anillos,* 47). Otras formas son más propias de un habla menos popular, más cuidada, tales como: *quiero decir, es decir,* etc.: «Rey (en su repetido discurso de aniversario de coronación): Nunca el porvenir del pueblo se ha presentado tan halagador... - Reina: (Corrigiéndole) Tan luminoso. - Rey: Tan luminoso, *quiero decir» (El sol,* 189).

A menudo estas fórmulas fijas con *decir* introducen una variación en la expresión a fin de evitar su incomprensión o malentendido por parte del oyente: «Rey: ... Ya se han acostumbrado a su estatura: la costumbre lo empequeñece todo. *Es decir,* que la vida pasa repartiendo sus guiños entre el pueblo» (*El sol,* 206); «Alfonso: Yo he venido aquí para que tú me entregaras la causa. *Es decir,* para anexionar el reino de Valencia a la corona de Aragón» (*Anillos,* 64). Fórmula afín a ésta, que rectifica lo dicho es *más vale decir:* «Juan (ante la exigencia del Alcalde de que le diga de dónde viene): Vengo de la guerra. Bueno, *más vale decir* que vengo de mi casa» (*Los verdes,* 12). Se trata de la misma idea pero comunicada de diferente manera para facilitar su comprensión. Variantes de estas expresiones son otras con verbos como *querer* en forma impersonal, cuando la voluntad del hablante no interviene en la manifestación de la opinión: «Jimena: ... (Se le acerca al oído) «¡Effeta! (A los demás) *Que quiere decir* «ábrete», ¿no es así? (*Anillos,* 87), o la perteneciente a un habla más cuidado *o sea:* «Hernando: ... Son como los constructores que rechazaron la piedra fundamental. *O séase,* el amor: la medida de todas las cosas» (*Las cítaras,* 49), el personaje cita una comparación culta tomada de una de las cartas de San Pablo, y consciente de que Justina no comprende su significado, la traduce en términos más populares y aplicándola al amor.

Si el hablante no se refiere a una idea general sino a algo que sólo le atañe a él en particular, la variación de la comunicación es introducida por un giro cuyo verbo esté en forma personal: «Hortensia: ... Yo no soy de esta época... Bueno, por mi edad, sí. *Quiero decir* que soy diferente, más espiritual» (*Los buenos,* 17). Otras veces traduce, de acuerdo con su pensamiento, no sus propias palabras sino las de su interlocutor: «Paula (en un último esfuerzo por retener a Diego junto a ella): ... Quédate. Nunca volveré a encontrar nadie como tú. - Diego: A nadie que dependa tanto de ti, ¿verdad? Eso *quieres decir»* (*Noviembre,* 280).

Con el verbo en plural el hablante pretende hacer copartícipe de su idea al oyente, incluyéndolo en su diálogo: «Reina (extrañada de que los presos estén fuera de la cárcel): ... ¿Es que os han puesto en libertad? - Vieja: Provisional, *como si dijéramos» (El sol,* 211); «Jimena: ... Procura ser esta tarde, *como si dijéramos*, un párroco de cabecera y nada más» (*Anillos*, 63). Valor parecido a ésta posee la siguiente estructura con *saber* en lugar de *decir*: «Dama 1.ª (Criticando el ambiente de la cárcel, comparándolo con la selva): ... Peor. Porque los tigres, por lo menos, *que se sepa*, no tocan la flauta» (*El sol*, 213).

Cuando el discurso del hablante adopta un aire oratorio, un modo de incluir al oyente u oyentes en el mismo es pidiendo permiso para introducir una expresión en sentido figurado que en otro contexto podría resultar malsonante: «Cleofás: ... Y como aquella cabra de la mitología, nominada Amaltea, pueda amamantar, *si se me permite la expresión*, pueda amamantar otra vez mundos» (*Los buenos*, 25).

En algunas ocasiones el hablante es consciente de que el sentido figurado que sus palabras tienen en una situación determinada puede inducir a error o falta de comprensión por parte de su interlocutor, por lo que cree necesario acabar su comunicación con una fórmula con el verbo *decir* que, apoyándose en el acervo común de la lengua, la legitime: «Hortensia: ... Mi casa era una casa grande, de la alta burguesía *como suele decirse* hasta cuando es mentira» (*Los buenos*, 18). Por eso cuando el interlocutor no ha captado el sentido figurado de la expresión sino su sentido real, el hablante ha de aclararlo por medio de otra fórmula de este tipo: «Consuelito (que cuenta a Lorenzo cómo su padre se marchó con la domadora, abandonándola a ella y a su madre en aquel pueblo): ¡Mi padre! Tenía un cohete en el culo, *por así decir*. - Lorenzo: ¿La domadora? - Consuelito: ¡Mi padre! Y lo seguirá teniendo, si no se lo han sacado. - Lorenzo: Pero, ¿quién le puso el cohete? - Consuelito: Hijo, *es una manera de hablar*. A ver qué se figura» (*Los buenos*, 10).

IV. LAS INTERJECCIONES

Son voces que expresan por sí solas los estados afectivos súbitos, como los de alegría, dolor, sorpresa... que experimenta el hablante. No tienen necesidad de conexión gramatical con el discurso sino que lo suelen preceder, reflejando de manera directa e impresionista lo que expresa la oración que le sigue, de la que se suele diferenciar en la lengua hablada por un tono de voz más elevado y en la escrita por los signos de admiración. Es como si fuese el telegrama del diálogo, anunciándolo y sintetizando su idea en una palabra. Las interjecciones equivalen a oraciones abreviadas o elípticas ya que cada una de ellas es portadora de una significación completa. Se tratan, pues, de mensajes unitarios, no divisibles en señales menores sino que funcionan como códigos cifrados cada uno de los cuales son portadores de un valor semántico propio. Por su forma o significante se pueden considerar gramaticalmente como verdaderas partículas debido a su carácter invariable respecto a la flexión; pero en cuanto a su significado son auténticas oraciones aunque de un determinado tipo: *las exclamativas.* Según el número de palabras que integren la interjección, se diferencian:

1) **Interjecciones simples:** formadas por un sólo vocablo.
2) **Giros interjeccionales:** si están constituidas por varios términos, formando una pequeña oración ya codificada e invariable.

A uno y otro grupo, aparte *la invariabilidad de la expresión,* los une a otra característica común: *la falta de voluntariedad* del hablante cuando las utiliza, funcionando a modo de válvulas de escape de afectividad.

1) **Interjecciones simples:** Son aquellas que constan de una sola palabra. Según sean susceptibles de ser empleadas únicamente como interjección o que teniendo otros usos suelen desempeñar función exclamativa, son llamadas *propias* e *impropias,* respectivamente.

Muchas de las interjecciones propias están en los límites del lenguaje articulado y muy próximas a los gritos instintivos de los que se diferencian en que aquéllas son fijaciones convencionales de sonidos naturales, origen de la diversidad que existe entre las de uno y otro idioma. Tales son los casos de: ¡bah!, ¡ay!, ¡eh!, etc. Otras se encuentran en una fase intermedia entre éstas y las calificadas como *impropias* pues poseen una estructura más clara, pero su función no puede ser otra que la de exclamación: *caray, caramba,* etc.

Las interjecciones *impropias* son aquellas que están constituidas por palabras que pueden desempeñar otras funciones, y sólo ocasionalmente poseen la exclamativa: ¡*Vamos!*, ¡*Anda!*, ¡*Bravo!*, etc.

Aunque las formas interjectivas que aparecen en la obra de nuestro autor se agruparán de acuerdo con la idea que expresen, en cada apartado se distinguirán las propias de las impropias.

Cuatro grupos principales:

1.a) **De exhortación:**

    1.a.1) Propias

    1.a.2) Impropias: 1.a.2.1: De origen verbal.

                            1.a.2.2: De origen nominal, adjetival o adverbial.

1.b) **De reflejo:**

    1.b.1) Interjecciones propias de escaso cuerpo fónico.

    1.b.2) Interjecciones propias de estructura semejante a las impropias.

    1.b.3) Impropias: términos en función exclamativa.

1.c) **Interjecciones obscenas:**

    1.c.1) Eufemísticas.

    1.c.2) Obscenas.

1.d) **Interjecciones improvisadas.**

1.a) **De exhortación:** Mediante las cuales se incita al oyente a la acción, adoptando una determinada actitud ante un acontecimiento inesperado. Son, pues, *estímulos codificados*. Las interjecciones de este tipo que predominan son las impropias mientras que las propias son escasas no en cuanto a su frecuencia, sino en lo que respecta a la variedad.

1.a.1) **Las propias:** *hala:* Si bien su misión principal es la de inducir al interlocutor a actuar, puede equivaler también a una simple partícula denotadora de admiración o extrañeza por un suceso que no había sido previsto por el hablante. Como estímulo es empleada por nuestro autor, principalmente precediendo a una orden mediante el infinitivo con preposición: «Paula: ¡*Hala,* a comer! (*Noviembre,* 250); o una orden mediante un nombre sin necesidad de verbo, que está omitido: «Jimena: ... Si es un chulo, que aguante. ¡Hala, a Carrión!» (*Anillos,* 83), sobreentendido el imperativo de un verbo de movimiento. Se usa asimismo como estímulo del propio hablante, en especial cuando recuerda hechos pasados: «Paula: Al primero que me pedía un traguito de ojén. ¡Hala!, a todos, como el sol» (*Noviembre,* 236). También como introducción de una despedida o de una felicitación: «Juan (dejando por primera vez a Manuel y María solos en el panteón): ¡Hala, enhorabuena! (Va subiendo para salir arriba). Y que vengáis cuando queráis» (*Los verdes,* 38) y precedido de la conjunción *pues* con valor conclusivo: «Alonso: ... si quieres ver tu cuerpo, abre un puerco. - Olalla: ¡Pues, hala! a verse todos...» (*Las cítaras,* 16).

Como expresión de sorpresa ante un acontecimiento inimaginable por el hablante pertenece, más bien, a las interjecciones del grupo b), las *de reflejo:* «Niño (ante la súbita aparición del gigante): ¡Hala! la torre no le llega ni al cinturón» (*El sol,* 191); «Muchacho (por las velas que han llevado Manuel y María para celebrar la Nochevieja): ¡Hala, qué velatorio más formidable!» (*Los verdes,* 64).

¡Ea!: Interjección que expresa estímulo al oyente o la resolución de la propia voluntad; en este caso suele ir pospuesta: «Hortensia: ¿Dónde vas? - Consuelito: A cepillar la sotana a mi marido, ¡ea!» (*Los buenos,* 27). Como estímulo suele aparecer en primer término en la comunicación: «Ana (Juan acaba de salir a ver al Guarda para que Luterio pueda cantar; ella lo anima a que espere): *Ea,* ya está. Enseguida cantan ustedes alguna cosita» (*Los verdes,* 61).

1.a.2) **Las impropias:** Dentro de este subgrupo, y puesto que son susceptibles de ser usadas en otras funciones, se diferencian *las que tienen origen verbal de las que no lo tienen.*

1.a.2.1) *De origen verbal:* Predominan las correspondientes a verbos de movimiento, como *ir, venir* o *andar.* Debido a su origen verbal en muchos usos no se encuentran totalmente gramaticalizadas como tales interjecciones, pudiendo funcionar como elemento introductorio de la oración.

Vamos: Induce al oyente a que actúe pero la diferencia de matices que puede comportar abarca desde la orden tajante, sin lugar a réplica, como: «Rey (para cerciorarse de que no ha soñado que ha visto un gigante): Que me des un pellizco. ¡Vamos!» (*El sol,* 199), en uso interjectivo; o bien una orden suavizada próxima a la expresión de ruego: «Guarda (al conocer el propósito de Juan): Qué romántico. Dejarse morir encima de la tumba de su abuelo. Eso es cosa de perros, hombre. *Vamos*, ande, ande para afuera». (*Los verdes*, 29), próximo a su significado real, coadyuvando al imperativo de movimiento repetido que le sigue; «Jimena: *Vamos*, Constanza, deja ya de rezar y haz un poco de cena» (*Anillos*, 60).

Tonos imperativos posee la forma interjectiva del verbo *venir: venga*. «Alonso: ... ¡Y atadle bien las manos! *¡Venga!* ¡Arriba!» (*Las cítaras*, 3). La incitación a la persona interpelada para que actúe es apremiante. En ocasiones precede a *vamos*, con lo que la expresión gana en potencia exhortativa: «Camacha: *Venga, vamos* ... terminad de una vez» (*Las cítaras*, 90).

Vaya: Es otra de las formas de *ir* utilizada como interjección. Es habitual como indicadora de la afectividad del hablante, sobre todo para manifestar el desagrado que le produce un hecho con el que no está conforme: «Manuel (que relata a Juan las condiciones en que vive con su esposa): Pero dormimos los cuatro en la misma alcoba - Juan: *¡Vaya*, qué incordio!» (*Los verdes*, 36), que en cierta medida indica la afirmación de las palabras precedentes del interlocutor. Es más frecuente que Antonio Gala, siguiendo las tendencias populares del habla, ponga en boca de sus personajes una expresión interjectiva compuesta por esta forma verbal y seguida de una invocación a la divinidad *¡vaya por Dios!*; en realidad se trata de un giro interjeccional, pero que incluyo aquí porque su valor es parecido al anterior: además de la desaprobación de un suceso, indica principalmente la resignación ante él: «Madre (obsesionada, en su locura, por unas relaciones amorosas, que quizás no existieron): ... Metía mis pies entre tus piernas. Qué alto eres, Dionisio... - Paula: *¡Vaya por Dios!*, ya estamos inventando indecencias» (*Noviembre*, 239); con esta interjección el hablante se desahoga del malestar que le causan las palabras de su interlocutor: «Dueña: ... El año pasado un señor me estuvo pellizcando en las pantorrillas toda la misa. - Mujer 3.ª: *¡Vaya por Dios!* Es que no se puede...» (*Los verdes*, 55), manifestando resignación ante un hecho desagradable.

Como giro interjeccional habría que considerar la construcción sintáctica en la que esta forma verbal va seguida de un sustantivo, precedido o no del artículo indeterminado, según el paradigma: *vaya + (un) + sustantivo*. Denota preferentemente sentido despectivo: «Madre (aconsejando a su hija que se case cuanto antes, pues ya no está en tiempo de esperar): ...Cada vez que se sienta es como si se derrumbara. *¡Vaya un novio!*» (*El caracol*, 134);

«Hernando: Pues si cada ducado se fuese con su dueño y cada hijo con su padre, *vaya un lío* que se armaba» (*Las cítaras*, 46). Aunque la involuntariedad en su uso es una de las características esenciales de las interjecciones, ello no es óbice que en algunas de origen sintáctico, como las presentes, uno de sus componentes venga determinado por las circunstancias en que se produce. Es decir, el hablante obsesionado por el asunto que le preocupa, incluye la palabra que lo designa: «Republicano: ... Silencio ... Silencio ... - Vieja: *Vaya republicano*. No habla nunca y cuando habla es para mandarnos callar» (*El sol*, 189), con un claro deje despectivo. Dada su forma sintáctica clara puede aparecer formando parte de la oración, unida a ella, por lo que deja de ser una interjección propiamente dicha ya que no está gramaticalizada del todo, aunque impregne a toda la frase del sentido exclamativo: «Juan (intentando hacer reaccionar a Ana que a causa del frío perdió el conocimiento): ... Ya va mejor (Ana abre los ojos) *Vaya susto* que me ha dado usted» (*Los verdes*, 46).

El mismo valor que las formas interjectivas con *vaya* + *sustantivo* poseen aquellas otras en las que el verbo es sustituido por un adjetivo con sentido irónico: *menudo*. El significado ponderativo o despectivo de la expresión viene dado por el sustantivo además de la entonación: «Niño: Sí lo sé: hombre. - *Menuda porquería*» *(El sol*, 174). Al igual que las formas con *vaya*, y debido también a tener una construcción sintáctica correcta y un significado comprensible, dicha expresión suele formar parte de la frase a la que acompaña, dejando de ser una interjección: «Dueña (dispuesta a no celebrar la Nochevieja por no tener que poner una cena extraordinaria): No, señora. En esta casa no se celebra la Nochevieja. *Menuda Nochevieja* tengo yo encima» (*Los verdes*, 53), que convierte a toda la oración introducida por ella en exclamativa; «Olalla: ...«A las Indias», dijiste. *Menudas Indias* me dejaste a mí...» *(Las cítaras*, 34).

Anda: Es otra forma interjectiva derivante de verbo de movimiento. Su función es eminentemente exhortativa al inducir al oyente a actuar en una determinada dirección según el valor semántico del verbo de la oración que le siga o le preceda: «Paula (estimulando a Diego a recordar la despedida del último de sus hijos: Manuel): ... ¿Te acuerdas de lo que le dije? *Anda*, empiézalo tú ...» (*Noviembre*, 249). Suele preceder imperativos de verbos de movimiento, como: «Cleofás (a Consuelito, vestida de forma extravagante para atraer clientes a la tómbola que han montado): *Anda*, vete poniendo ... natural. (Por la ropa) Que es muy tarde» (*Los buenos*, 50); o con verbos de lengua y entendimiento, yendo la interjección casi siempre pospuesta: «Jimena: (A Constanza) Explícaselo tú, *anda* ...» *(Anillos,* 38); A. (que ya no sabe si quiere o no a Z., pues el tiempo que ha pasado ha ido desvaneciendo su amor): No sé si me gusta o no - Madre: Pues llama a información y que te lo digan, *anda» (El caracol,* 135). En ocasiones puede estimular tanto a la acción como al cese de la misma, dependiendo del significado del imperativo que siga: «Paula (a Tomás que cree que es necesario en su puesto de guardabarreras) ¿Tú has visto pasar en tu vida algún coche por estos caminos de cabras? *Anda,* cállate y vete» *(Noviembre,* 231).

Un segundo empleo de esta interjección es aquel en el que el valor semántico del verbo se halla desdibujado, de manera que ya no induce a la acción sino que manifiesta la reacción psicológica del hablante a lo dicho por su interlocutor, indicando por lo general su desacuerdo con él: «Tomás (un poco dolido por las palabras de Paula): *Anda,* que cuando te disparas...» *(Noviembre,* 232); «Vieja (A la Muchacha): ¡*Anda,* papona! Eso es lo que te dice tu novio para no casarse» *(El Sol,* 176); «Alonso: *Anda,* Camacha: ¡No metas la pata!» *(Las cítaras,* 27).

Más claro valor negativo posee dicha interjección cuando va seguida de la partícula *ya.* Esta expresión la emplea nuestro autor con relativa frecuencia como forma de negación: «Niño: (Señalando a una hormiga) Este es el Rey. Va a echar su discurso. - Niña: *Anda ya,* si no tiene corona» *(El sol,* 177); con ella se indica la distancia que separa la propia opinión de la del interlocutor: «Manuel: ... Algunas veces nos ponemos a comer castañas, de madrugada. - María: *Anda ya,* tonto» *(Los verdes,* 67), que si no niega la aseveración del otro personaje, sí manifiesta su desaprobación. Seguida de la conjunción *que,* e introduciendo una oración condicional: «Constanza: *anda que si* te oyeran...» *(Anillos,* 78), denota igualmente el desacuerdo del hablante. Con sentido afirmativo es equivalente a «claro», «a ver», etc. mezclado con cierta extrañeza: «Juan: Pero tan temprano van a ... - Luterio: *Anda,* ya habrá alguno en la plaza» *(Los verdes,* 25).

Utilizada como expresión de sorpresa se diferencia de las anteriores funciones por una distinta entonación en la lengua hablada: el acento fónico recae sobre la última sílaba, que se alarga, en lugar de la primera: [andáaa]: «Lorenzo (que acaba de entrar y conocer a Consuelito): Sí, ... Consuelito. - Consuelito: *Anda,* pues ¿no sabe mi nombre?» *(Los buenos,* 12); «Lázaro: ... Y si Dios os tortura, dejáoslo también: cuando lleguéis allí, Dios saldrá a recibiros.

- Domingo: ¿Otro Dios? *¡Anda!» (Las cítaras,* 82). Frente a los usos del primer tipo, los de este segundo son como más especializados para la interjección ya que están desprovistos de la idea léxica del verbo de que proceden, manifestando únicamente el estado anímico del hablante.

¡Basta!: Interjección procedente de otro imperativo y que, al contrario de las anteriores, no estimula a la acción, sino al cese de la misma: «Rey: ... Y un rey lo mira todo, poderoso y aislado, fuera del juego, hasta que se ve obligado a decir: *¡basta!» (El sol,* 219).

1.a.2.2) *Interjecciones de origen nominal, adjetival o adverbial:* Aunque en la lengua son abundantes, puesto que en principio cualquier palabra puede ser empleada como interjección cuando la intención expresiva y la entonación del hablante lo requieren, en la obra de nuestro autor son escasas si las comparamos con la frecuencia y abundancia de las de origen verbal.

El sustantivo *cuidado* en esta función de exclamación es utilizado como llamada de precaución al oyente u oyentes para que actúen lo más rápidamente posible a fin de evitar un peligro inminente que los acecha: «Extraviada: *Cuidado* (Mirando hacia arriba) que va a estornudar otra vez» (*El sol,* 215). Si dicho sustantivo va seguido de la preposición *con* y un nombre significativo de persona denota enfado contra ella: «Paula (molesta porque Tomás no sabe nada más que hablar de la guerra): Tú no te hartas, ¿eh? *Cuidado con* el hombre» (*Noviembre,* 239). Al constar de más de una palabra se trata, por tanto, de un giro interjeccional. Como se ha dicho, de la frase interjectiva a la ausencia de gramaticalización de una construcción de este tipo sólo hay un paso, usándose entonces como introducción de la oración a que acompaña: «Luterio: *Cuidado con* las cosas que le da a uno por pensar en estos sitios» (*Los verdes,* 45); donde designa, de manera afectiva, no sólo la cantidad sino también la cualidad del sustantivo a que se refiere, indicando más bien el aspecto peyorativo del mismo.

Más literario y menos frecuente por tanto en la lengua hablada, es el empleo de *contra* en vez de *cuidado* para manifestar el enfado hacia la persona o el ser a que alude el complemento: «Nina: ... (Se oye cantar un pájaro) *¡Contra con* el pájaro!» (*Los verdes,* 43), también puede considerarse como variante eufemística de la obscena *coño.*

¡Bravo!: De procedencia adjetival pero que se ha especializado de tal modo como interjección, que por su significado podría considerarse como

propia, aunque por su significante sea impropia. Es empleada para denotar el aplauso por una buena acción o el acierto en la misma: «Rey: ... La civilización es la defensora del orden, la conservadora de los valores esprirituales. - Jefe: (Con tal de detenerlo) *Bravo* ...» (*El sol,* 218), aquí el personaje la utiliza como forma hipócrita de aplauso pues lo que pretende es precisamente el efecto contrario.

Con el adverbio de lugar *fuera* en uso interjectivo se incita al interlocutor a que salga del sitio en que se encuentra, con valor de orden tajante y que no admite réplica. Es, por tanto, exhortativa, ya que induce al oyente al movimiento corporal pudiendo ir precedida del imperativo del verbo *ir* que no le añade ninguna idea léxica nueva: «Hortensia: *¡Fuera!* ¡Que nos roban los regalos, mujer adúltera!» (*Los buenos,* 46). Su reiteración denota la urgencia con que el hablante desea que su oyente u oyentes se alejen de él: «Olalla (a Estebanillo, al que había empezado a enseñar cómo se hace el amor): Quita esas puercas manos. (Lo abofetea) *¡Fuera! ¡Fuera!*» (*Las cítaras,* 43). Si va reforzada por otro adverbio de lugar al que precede la preposición *de* equivale a un giro interjeccional que intensifica su significado al concretar el sitio del que se expulsa al interlocutor: «Paula: (Enloquecida −porque Tomás se ha asomado por la trampilla al sótano, con riesgo de descubrir a Diego−) *¡Fuera de aquí!* ¿Qué viene usted buscando? Esta es mi casa» (*Noviembre,* 269).

Las interjecciones *de tipo exhortativo* cumplen su función de estímulo al oyente cuando conservan parte de su valor semántico en usos no interjectivos; lo que por otro lado indica la falta de su total gramaticalización como exclamaciones. En aquellos casos en los que apenas queda vestigio de su significado y son, por ello, meras manifestaciones afectivas del hablante ante una determinada situación, son auténticas interjecciones y pertenecientes, más bien, a las del grupo b) *las de reflejo.* En la producción dramática de Antonio Gala predominan las que proceden de los verbos de movimiento sobre las del resto de las categorías gramaticales.

1.b) **Interjecciones de reflejo:** Podrían considerarse como las auténticas interjecciones ya que manifiestan lingüísticamente la reacción psicológica del hablante ante una situación o ante las palabras del interlocutor. La exteriorización del estado de ánimo puede abarcar desde el júbilo a la tristeza, de la ira al desdén, de la sorpresa al acatamiento.

De acuerdo con su significado eminentemente exclamativo, predominan las calificadas *como propias,* o sea, aquellas que están próximas a los gritos instituvos, señales unitarias de significación, que son la base del lenguaje articulado. Al contrario de las de exhortación, que inducen a la acción, y por tanto, se refieren más bien a una reacción posterior del oyente, las del reflejo son el resultado de la reacción psicológica que en el hablante producen unas palabras o suceso precedente. El estado anímico que cada una de las interjecciones *de reflejo* expresa varía de unos casos a otros, pudiendo una misma interjección manifestar sentimientos contrarios en ocasiones diferentes, según la intención del hablante y el contexto en que aparecen. La clasificación capaz de englobarlas ha de atender a rasgos generales y extrínsecos como su origen o su mayor o menor cuerpo fónico. Partiendo de estos dos principios se pueden agrupar:

1.b.1) Interjecciones propias de escaso cuerpo fónico.

1.b.2) Interjecciones propias de estructura semejante a las impropias.

1.b.3) Impropias: términos en función exclamativa.

1.b.1) **Interjecciones propias de escaso cuerpo fónico:** Las que poseen un significante reducido son las genuinamente exclamativas, pues mediante un simple sonido articulatorio se expresa todo un contenido semántico equivalente al de cualquier oración. Es la reacción afectiva del hablante que a continuación se suele especificar con una oración. Esta clase de interjecciones son muy frecuentes en boca de las criaturas dramáticas de Antonio Gala; las que aparecen más a menudo en la obra de nuestro autor: ¡ah!, ¡ay!, ¡oh!, ¡uy!, etcétera.

¡Ah!: Como todas las interjecciones de este tipo puede ser utilizada en diversas funciones para expresar los más diversos estados de ánimo. La mayoría de los ejemplos pertenecen a una pieza, *El caracol en el espejo.* Unas veces manifiestan que se ha captado el sentido de las palabras del interlocutor aún cuando realmente no sea así: «Mujer Sola (intentando explicar por qué se llama Rosamunda): No sé. Por afición. O, quizá, porque vivo sola. - Burgués: *Ah»* (*El caracol,* 131). Además de la comprensión, manifiesta la ironía del hablante ante lo comunicado: «La Joven (contestando a la pregunta de A. y señalando al Ordenancista): Su mujer. - A. ¡*Ah!,* ¿le gusta a usted administrar justicia?» (*El caracol,* 158). Pudiendo ir seguida de la partícula afirmativa pero con sentido negativo conferido por el matiz irónico: «María: ... Sencillamente el rey te ha dado la oportunidad de que recapacites a solas unos días - Jimena: ¿*Ah,* sí? ¡Qué generoso!» (*Anillos,* 81). También se utiliza para expresar la

sorpresa del hablante ante una pregunta inesperada y cuya respuesta se desconoce: «Portero: Siempre se celebra alguna fiesta. Pero, ¿con qué motivo? - Madre: ¡Ah, eso depende de cada invitado!» (El caracol, 125); o el orgullo y el júbilo al hablar de un ser querido: «Portero: ¿Y su hijo, señor? - Padre: ¡Ah, mi hijo es otra cosa!» (El caracol, 124); o el sentimiento contrario, ira o desagrado por la aseveración del interlocutor: «A.: Lo que usted me propone es una casa de tapado. - La Joven: ¡Ah, no! De tapadillo nada más, no se preocupe» (El caracol, 161).

¡Ay!: Especializada en la manifestación del dolor tanto físico como psíquico: «Señora 1.ª (congregado el pueblo en la plaza para asistir al discurso del Rey): ¡Ay!, me ha pellizcado algún señor» (El sol, 189). Como introducción de un suspiro cuando el dolor es de naturaleza psíquica: «Paula: ...¡Ay, qué vida! (secándose las manos). Y ahora, al infierno, Paula» (Noviembre, 239); es corriente que el suspiro del personaje sea originado por la nostalgia de tiempo y costumbres mejores que los presentes: «Rey: ... ¡Ay! el oficio del rey era ser un símbolo!» (El sol, 200). Otras veces el motivo de la exclamación de dolor se halla en una acotación: «Niña (La Señora tropieza con la Niña, inclinada): ¡Ay! ¡Burra!» (El sol, 175). Igualmente como manifestación efusiva del sentimiento contrario: la alegría desmesurada: «Juan: No, si digo que yo no soy el alcalde. - Alcalde: ¡Ay, qué risa. A la vista está!» (Los verdes, 13), que puede estar provocada por las cosquillas: «Jimena: Ay, déjame, Constanza, no me hagas cosquillas ...» (Anilos, 35). La indicación del júbilo puede venir en la acotación: «Vieja: (Riéndose a morir) ¡Ay, lo que sabe! Tiempo de reyes ...» (El sol, 178).

¡Bah!: Interjección con la que se menosprecia la opinión del oyente o una situación dada a la que éste concede especial importancia: «Reina: No te comprendo. Siempre se ha opinado que gobernar bien no es más que tener buen oído. - Rey: ¡Bah! Escuchar al pueblo es la manera más rápida de volverse loco...» (El sol, 203). El desdén que le merece la opinión del interlocutor se manifiesta también articulatoriamente por una pronunciación desvaída y despectiva: «Diego: Claro, como tú estás en tu casa... - Paula: ¿Esto es mi casa? Bah, todos vivimos en casa ajena, Diego» (Noviembre, 256). Aunque algunos autores (8) opinan que dicha interjección se encuentra en franco desuso, sustituida por otras como ¡qué va!, ¡vamos, anda!, Antonio Gala la utiliza con relativa frecuencia.

¡Oh!: Denota en especial el asombro que experimenta el hablante por la comunicación del interlocutor, por una situación con la que no se contaba o

por el aspecto de un personaje: «Señora 1.ª (... choca con la Extravida, cuya malísima pinta no deja lugar a dudas): *¡Oh! (Desaparece asustada)» (El sol,* 175). La presencia de esta interjección en la obra de Gala es muy esporádica, ya que el valor de sorpresa puede ser expresado por otras más frecuentes como *¡ah!*

¡Huy!: Refleja diversos estados de ánimo como la alegría por un suceso agradable: Paula (que por imitación a su Madre pretende predecir el futuro con la ayuda de las cartas): ... *¡Huy,* qué alegría! Un señor mayor se mete por medio» (*Noviembre,* 266). Es más habitual con sentido negativo, de desacuerdo con lo dicho por el interlocutor donde la interjección es empleada como medio de realzar la palabra que expresa la idea negada: «Diego (ha comprobado que su mujer desteje un jersey empezado hace tiempo, como una estratagema de detener el paso del tiempo): ¿Cuántos meses llevas con él? - Paula: *¡Huy,* meses! Si no hace nada que empecé el elástico...» (*Noviembre,* 257). El término, cuya idea se niega siempre, es citado después de la interjección, la cual puede conllevar también una indicación de la alegría del hablante: «Lorenzo: Tiene usted un pelo precioso. - Consuelito: *¡Huy,* precioso! (*Los buenos,* 9). Incluso como expresión de un regocijo irónico que acentúa aún más su sentido negativo al poner en ridículo las palabras del otro sujeto: «Tomás: ¡Qué falta de respeto al uniforme! - Paula: *¡Huy,* al uniforme! Como si a mí me da por vestirme de buzo» (*Noviembre,* 232), o bien para ponderar lo que se va a manifestar: «Camacha (por su hijo Domingo): *¡Huy,* éste! ¡Este se alegra ya de haber nacido» (*Las cítaras,* 21).

Con la misma articulación pero con otra grafía *¡uy!* la usa nuestro autor, como la lengua hablada, para reflejar la casi consecución de un objetivo: «Adolescente (después de tirar, alta, una piedra): *¡Uyyy!* (Otra) Le acerté. En toda el ala derecha» (*El caracol,* 143); como la misma grafía señala, en su articulación se alarga la «-i» final, separándose ambas vocales, formándose dos hiatos y no diptongo como en los usos anteriores, por lo que se puede considerar como interjección diferente.

¡Uh!: Con alargamiento de la pronunciación de la vocal, expresa admiración o ponderación del objeto de que se está hablando: «Burgués: ... Porque había que ver los tomates de antes ... - Madre: *¡Uh!,* como que parecían melones» (*El caracol,* 132); «Jimena: ... ¿Cuántos llevas tú de viuda? - Constanza: (Riendo) *¡Uh!* De nacimiento, hija ...» (*Anillos,* 32).

Similares a éstas en cuanto a su origen y a su función son *las interjecciones onomatopéyicas,* que aluden a un fenómeno por el ruido característico que lo acompaña en su realización. Así, *¡toc, toc!,* generalmente repetida para traducir un golpe dado contra algún objeto duro o el de la lluvia sobre la tierra seca: «Paula: Cuando caen las primeras gotas: *toc, toc,* y revientan contra el polvo» (*Noviembre,* 253). Origen onomatopéyico posee *¡Jajajay!,* como manifestación de una alegría desbordada que produce la carcajada, de donde procede: «Soldado 2.º (porque otro soldado se queja de que los niños le han quitado el casco): ¿Para qué lo quieres? Si el Gobierno está sitiado dentro del palacio. *¡Jajajay!*» (*El sol,* 194).

1.b.2) **Interjecciones propias de estructura semejante a las impropias:** Son aquellas que tienen un significante similar al de cualquier vocablo de la lengua pero que no poseen otra significación ni función que la meramente exclamativa. Por lo general, son creaciones eufemísticas de interjecciones obscenas con las que suelen tener en común la sílaba inicial o un sonido muy característico de las mismas: la velar k-. Las principales interjecciones de este tipo utilizadas por nuestro autor son: *caramba* y *caray.*

Como toda interjección pueden reflejar sorpresa y admiración, según el contexto en que se dan. Así, *¡caramba!* expresa extrañeza o enfado ante una situación particular: «Guarda (sorprendido de que Juan sea el nieto del propietario del panteón): *¡Caramba!* Pues si se descuida usted un poco, viene a quedarse» (*Los verdes,* 29). En posición final de frase, como remate de la misma, posee un valor de autoafirmación del hablante en su propia opinión: «Jimena: ... ¡Como si descendiérais de la pata del Cid! Y no es precisamente de su pata de donde descendéis, *caramba*» (*Anillos,* 82).

Precedida de la conjunción *qué* se forma un giro interjeccional, que suele indicar resignación ante un hecho consumado al mismo tiempo que ánimo para emprender otro propuesto: «Voz del Alcalde (en su discurso de felicitación de fin de año): ... Los necesitados que puedan ser objeto de reivindicación social, que se reivindiquen. Los demás resignémonos a perderlos, *¡qué caramba!*» (*Los verdes,* 76).

¡Caray!: Es la formación eufemística para la obscena *¡carajo!* Dado que procede una interjección impropia se explican los giros interjectivos no gramaticalizados del todo en que *caray* se une a un nombre de persona por medio de la preposición *con* en una construcción similar a la vista anteriormente con *¡cuidado!,* y como ella, denotadora del enfado del hablante contra la persona en cuestión: «Juan (ya fuera del panteón por orden del

Guardia): Tampoco era su marido, señor.» - Guardia: ¡*Caray con* la vieja! Los tenía a pares» (*Los verdes,* 85). «Hortensia (impaciente por conocer las noticias que su hijo trae del obispado): ... Déjate de minucias. *Caray con* el obispo» (*Los buenos,* 35).

¡*Yupi!* Como exteriorización de una alegría y bienestar extraordinarios por el cumplimiento de un deseo anhelado por el hablante. Se supone de origen angloamericano, introducida en nuestra lengua a través de los doblajes de películas: «Nina: (Tirando su gorro por el aire): ¡*Yupi!* Qué suerte. Acostarse tan tempranito ...» (*Los verdes,* 59).

1.b.3) **Interjecciones impropias:** Son aquellos términos que poseen otros usos y que, ocasionalmente, tienen valor exclamativo; las categorías gramaticales de las que suelen proceder son, sobre todo, del verbo y del sustantivo.

¡*Toma!*: Cuyo origen es el imperativo como la mayoría de las que se forman a partir de la categoría verbal. Denota el reproche del hablante ante un deseo manifestado por el interlocutor: «Lázaro: No, se muere si se cogen. De tristeza. - Camacha: *Toma,* para que aprendas a respetar al unicornio...» (*Las cítaras,* 59). Por tratarse de una interjección impropia son frecuentes los casos en que todavía se encuentra parcialmente gramaticalizada, admitiendo junto a sí otras palabras con las que forma un todo unitario de tipo exclamativo en el que si bien la involuntariedad de la locución está fuera de duda, no obstante viene determinada por la oración precedente de la que el vocablo que acompaña al imperativo es un reflejo: «Juan (relatando cómo su abuela y su padre murieron en la guerra): ... Pero hundieron la casa y se quedó debajo. - Mujer 3.ª: ¡*Toma* panteón!» (*Los verdes,* 17), con anterioridad había hablado del panteón de seis cuerpos que su abuelo tenía en aquella ciudad. Otras veces, el vocablo que acompaña a este imperativo no alude al tema tratado por los interlocutores sino que posee un matiz festivo y humorístico, dando lugar a un giro interjeccional ya fosilizado: «Hortensia (porque en la carta donde se le notifica la muerte de su primo, se le pide una limosna): ¡*Toma del frasco!* ¡Vaya tío de América! (*Los buenos,* 65).

¡*Cielos!*: Denota susto y sorpresa ante la presencia inesperada de alguien o un acontecimiento con el que no se contaba. En principio debió tratarse de una exclamación con la que se invocaba a la divinidad al igual que ¡*Dios!,* ¡*Jesús!,* etc.: «Rey (durante su ampuloso y repetido discurso de aniversario de coronación aparece Gulliver): ... un pueblo modelo, que crecerá cada día hasta que alzando las manos pueda tocar el mismo cielo (Alza, en efecto, las manos. Un segundo de silencio. Una sombra se abate sobre todos. Todos levantan la vista) *¡Cielos!*» *(El sol,* 190), en donde esta interjección viene determinada por la última palabra del discurso, que es el mismo vocablo en su uso de sustantivo.

¡Porra!: Empleada en situaciones en que el hablante manifiesta su enfado y mal humor contra alguien o contra algo que le causa molestia. Probablemente sea un sustituto eufemístico de alguna de tipo obsceno: «Jefe (−cuando el Rey planea el ataque contra el gigante− para interrumpirlo): Viva el Rey. - Rey: (Ya mosca) Gracias. Pero no interrumpas, *¡porra! (El sol,* 218).

1.c.) **Interjecciones obscenas:** Son interjecciones impropias en las que el significado habitual de la palabra empleada va contra el sentido del pudor. No obstante, en uso exclamativo, al ser muy corrientes en la lengua popular afectiva, su valor semántico se ha ido desgastando de manera que en la mayor parte de las ocasiones las de claro significado obsceno se han hecho equivalentes a aquellas que la decencia había creado como variantes eufemísticas.

En la obra de Antonio Gala se constata que en sus primeras producciones predominen las eufemísticas, mientras que en las últimas da cabida a palabras de claro valor obsceno.

1.c.1) Las interjecciones de **tipo eufemístico** corresponden la mayoría de ellas a sus primeras piezas dramáticas.

¡Mecachis!: forma adecentada y desfigurada del muy corriente *¡me cago!,* es una forma familiar de maldición que puede presentarse aislada, como simple interjección y que expresa el desagrado o la extrañeza del hablante ante una situación molesta o un suceso desagradable para él o para una persona querida por él: «Luterio (previendo que el hijo de María y Manuel nacerá en verano): ... Que al niño no le piquen. *¡Mecachis!* Que al niño no vayan a picarle las avispas» *(Los verdes,* 68). Es frecuente que vaya seguida de un complemento introducido por la preposición *en,* que alude a la persona o ser que se insulta: «Paula (Diego en su abatimiento moral ha recordado que ella le trajo hace años un trébol de cuatro hojas): ... *Mecachi en diez,* ahora mismo te bajo otro» *(Noviembre,* 253); el complemento *diez* es también variante eufemística de Dios. Es curioso que nuestro autor, cuando emplea esta interjección sin complemento, utiliza una forma con -s final, y sin ella

cuando le sigue aquél.

¡Leñe!: Forma eufemística de *¡leche!,* que ya no es sentida como obscena. Ambas indican el desagrado y el enfado del hablante: «Paula (irritada con Diego porque la contradice): ... Sal a la calle. Vive, *so leñe,* vive» (*Noviembre,* 248).

La interjección originaria *¡leche!* con valor obsceno, ya que se refería al semen masculino, se ha ido transformando en eufemística al perderse conciencia de este significado primitivo: «Hortensia (que desea estrechar las relaciones con Lorenzo, se enfada cuando éste le da tratamiento): No me llames de usté, *leche» (Los buenos,* 48). De ella se han formado las expresiones *«tener mala leche»* con el significado de «mal genio», y la variante humorística-eufemística *«mal café»* (de «café con leche»), que se trata de un origen metonímico, al igual que la muy reciente *«mal yogur».*

¡Joroba!: Denota extrañeza o admiración, y es forma eufemística de *¡joder!* del que se derivó el familiar *jorobar* con significado de «fastidiar, molestar»: «Soldado 2.º (recordando el saqueo de la despensa de los Ministros, atemorizados y escondidos en el palacio por la llegada del gigante): *¡Joroba,* qué manera de comer!» (*El sol,* 194). La creación de esta interjección y verbo familiares a partir del obsceno *joder* se explica por la igualdad de su primera sílaba, con sonido inicial velar j-, como en otras formaciones eufemísticas con k-.

1.c.2) Intejercciones obscenas:

¡Joder!: En la producción dramática de Antonio Gala aparece sobre todo como núcleo léxico de un giro interjeccional muy usual en la lengua hablada, *¡hay que joderse!,* que denota el fastidio del hablante ante una situación o una opinión con la que no está de acuerdo: «Camacha: *¡Hay que joderse con* el loco! Esas coplas no son para dormir a niños ...» (*Las cítaras,* 13).

¡Coño!: Casi siempre como remate de la manifestación de la opinión del hablante que está en contra de la del oyente: «Hernando: Como si España pudiera resurgir, igual que un fénix, de sus propias cenizas, aunque sean las cenizas de un auto de fe, *¡coño!» (Las cítaras,* 66).

1.d) Interjecciones improvisadas:

Según Beinhauer son creaciones espontáneas de la lengua y vienen determinadas por la situación en que el hablante se encuentra; «pertenecen a un determinado tipo morfológico ... al prefijo de intensidad *re-* ... se une un sustantivo cuya significación aparece al hablante particularmente característica...» (9). Y, aunque es probable que la elección del sustantivo proceda de la asociación mental de éste con la idea de que se está hablando, en las ocasiones en que se emplea en la obra de Antonio Gala esto se explica muy difícilmente pues si bien cabe un resquicio para la justificación del uso de la siguiente: «Paula: ... Ahora te invito yo, *recuerno.* Vamos a beber de mi coñá» (*Noviembre,* 236), ya que podría pensarse que la protagonista considera la invitación a Tomás como una infidelidad para con su marido, de ahí «poner los cuernos» y la interjección. Pero una explicación de este tipo no es válida para el siguiente: «Paula: ... ¡*Remoño,* me pinché!» (*Noviembre,* 271). Se trata mejor de una variante eufemística reforzada del obsceno ¡*coño!,* explicación que, asimismo, podría pensarse para el caso de ¡*recuerno!* con el que tiene en común el sonido velar.

Este mismo origen a base del prefijo intensificador *re-* poseen algunas interjecciones que son también variantes eufemísticas de otras ofensivas para la divinidad, tales: *rediós, rediez,* etc. Ambas son las dos fases sucesivas de un mismo proceso eufemizante: «Camacha: ... Quien no sepa matar que no se meta, ¡¡*rediós!!*» (*Las cítaras,* 15); mientras que *rediez* supone un paso más avanzado y encubridor de su alusión a Dios, sustituyéndolo por otra palabra de la lengua cuya fonética es análoga: el numeral *diez:* «Fray Guzmán: ... (El cerdo da un respingo que asusta al fraile) ¡Cogedle bien, *rediez...!* (*Las cítaras,* 5).

2) **Giros interjeccionales:** Están formados por varios elementos, constituyendo una pequeña oración, ya codificada e invariable. Al considerar algunas de las interjecciones impropias se vio cómo varias de ellas admitían incrementos de otras palabras, formando verdaderos giros interjeccionales, tales como: *vaya susto, menuda porquería, vaya por Dios, toma del frasco,* etc. Muchas interjecciones impropias proceden de estas cláusulas exclamativas que, al ser usadas en la lengua hablada con relativa frecuencia, se fueron desgastando y perdieron alguno de sus elementos, permaneciendo el más característico de ellos con el significado de todo el sintagma. También es observable en la lengua el fenómeno contrario: interjecciones impropias que se convierten en giros interjeccionales mediante la amplificación de su formante con términos humorísticos y festivos, como el ya citado ¡*toma del frasco!,* que todavía admite la variante ¡*toma del frasco Carrasco!,* donde el apellido tiene como único objeto conseguir la rima con la palabra anterior en

una construcción de tipo paralelístico. Tres tipos de giros interjeccionales:

2.a) Los introducidos por el *qué* exclamativo.

2.b) Tipo *¡ahí va!*

2.c) Invocaciones a la divinidad.

2.a) Los introducidos por el *qué* exclamativo: El giro interjeccional que predomina con mucho en la obra de nuestro autor, y en general en el habla coloquial y familiar, es el introducido por un *qué* exclamativo más *un sustantivo o adjetivo*. Dos características son comunes a estas construcciones: *la ponderación* del fenómeno anímico producido en el hablante por un objeto o un suceso, y *el asombro y admiración* ante el mismo. Son características no privativas de estos giros, pues otros también las poseen, como los constituidos por *vaya (un) + sustantivo*, o *menudo, valiente + sustantivo*.

De acuerdo con la idea léxica del miembro introducido por el *qué* exclamativo la ponderación expresada puede referirse a un objeto: «Burguesa: Ya lo creo, eso mismo le digo yo a éste. *¡Qué tomates! (El caracol*, 132); o a una cualidad: «Manuel: *Qué bueno* es y *qué simpático*» (*Los verdes*, 38); o a un suceso: «Vieja: ... Con lo que eso era antes. *¡Qué vaivén, qué dejarse* tocar...!» (*El sol*, 177); al aspecto: «Paula: ... Y *qué feísima* se pone la gente cuando viaja en los trenes correos» (*Noviembre*, 236), donde dicha cualidad está enfatizada por partida doble: una por la partícula exclamativa y otra por el sufijo superlativo del adjetivo.

En la mayor parte de los casos las sensaciones anímicas que el hablante experimenta y que son intesificadas por este procedimiento son de índole negativa, peyorativa. Como el miedo: «María (la primera vez que queda a solas con Manuel en el panteón de Juan): Eso será, como tú digas. *¡Qué miedo* y *qué bonito* es besarse así, entre ellos!» (*Los verdes*, 39). Dicho sentimiento cuando afecta en gran medida al sujeto se convierte en horror: «Nina (al atardecer y en el cementerio): *¡Qué horror!* ¿No oyen ustedes como un silencio? Ay, *qué miedo*» (*Los verdes*, 43); esta palabra se emplea a menudo con un sentido figurado, no referida al espanto físico que puede experimentar una persona: «Señora 1.ª (por las palabras de la Vieja): *¡Qué horror!* El pueblo era antes mucho más respetuoso» (*El sol*, 175); la vergüenza: «Guarda: *¡Qué vergüenza!* Las familias mezcladas, los matrimonios separados, los hijos solos» (*Los verdes*, 31); la lamentación: «Olalla: *¡Qué desdicha!*» (*Las cítaras*, 43); la envidia: «Extraviada: *¡Que envidia!* Porque lo que no acabe en un hijo...» (*El sol*, 210); con sentido negativo: «La Niña: *¡Qué tontería!* Eso lo saben decir hasta los niños» (*El caracol,* 167); el desprecio y el asco por algún lugar en el que no se es feliz: «Lorenzo: ¿Usté no es de aquí? - Consuelito: Yo, no señor. *Qué asco» (Los buenos,* 10); el cansancio: «Z.: *Qué cansado* vengo» (*El caracol,* 141); la torpeza: «Hortensia: *Qué torpe* he sido. Tengo una idea» (*Los buenos,* 33); «Jimena: *¡Qué boba* eres!» (*Anillos,* 34); la terquedad: «Hernando: Estás obsesionada por la carne, Justina. *Qué tozuda» (Las cítaras,* 49); la irresponsabilidad: «Luterio: *¡Que irresponsabilidad! (Los verdes,* 31), etc.

Los ejemplos podrían multiplicarse puesto que es uno de los medios más directos y económicos de los que el hablante dispone para manifestar de forma espontánea el sentimiento, casi siempre de tipo negativo, que embarga su ánimo. Al contrario de muchas interjecciones especializadas en la expresión de determinados fenómenos anímicos, estos giros no tienen límites en su función ya que pueden abarcar cualquiera de ellas.

2.b.) *¡Ahí va!:* denota admiración o extrañeza por algo que sorprende al hablante (10). Según la situación en que aparece, tendrá un sentido de alabanza o despectivo, o simplemente negativo: «Niño (cree que el grillo que las hormigas arrastran es el rey, por su mayor tamaño): Porque es más grande que los otros. - Niña: *¡Ahí va!* Si los reyes no son más grandes» (*El sol,* 177).

2.c) *Invocaciones a la divinidad o a los santos:* Debido a que son empleadas con suma frecuencia y en situaciones en que la afectividad priva sobre toda otra consideración, no se trata de invocaciones propiamente dichas sino de expresiones reflejas, mediante las cuales el hablante da salida a parte de la sentimentalidad que invade su espíritu en el acto de la comunicación.

Las invocaciones a *Dios* que nuestro autor utiliza en sus obras es siempre la misma: acompañada por el pronombre posesivo de primera persona: *Dios mío.* Habitualmente se emplea a modo de lamento resignado del hablante ante una situación o una persona que con su comportamiento le causa fastidio o daño: «A. (por su marido): ... No entiende nada, *Dios mío.* No se hace cargo de nada» (*El caracol,* 142); «Concha (a fin de tranquilizar a su marido, el Alcalde): Si falta mucho, hombre ... - Alcalde: *Dios mío,* qué mujer esta» (*Los verdes,* 52); «Jimena: *¡Dios mío!* Entonces es verdad que nada había existido!» (*Anillos,* 107). En estos giros que denotan la resignación del hablante no hay ninguna intención apelativa a la divinidad sino reflejar el sentimiento del sujeto que profiere la exclamación. Si el hablante manifiesta un deseo vehemente los valores interjectivos se combinan con los de súplica a la divinidad: «Jimena: ... Que me dejen salir de la Historia, *Díos mío,* y esconderme en el último rincón...» (*Anillos*, 81). A veces se combina con giros interjectivos introducidos por *qué*, como remate ponderativo de los mismos, manifestando en unos casos alegría: «Soldado 1.º: ¡*Qué* carnaval! *Dios mío!*» (*El sol*, 195); y en otros, pesadumbre: «Paula (mientras comienza a quitarle los cintarajos –a su Madre–): *Qué* cabeza, *Dios mío*» (*Noviembre*, 240). También como expresión de la admiración al caer en la cuenta de la realidad de un hecho que se creía hasta entonces diferente: «Hortensia: ... ¡*Dios mío!* ¡Esta es tu letra! ¡La has escrito tú! Este papel no es el del obispado» (*Los buenos*, 70).

Valores y usos semejantes posee la invocación a *Cristo* bajo la apelación de ¡*Jesús!*, que en ocasiones denota sorpresa ante lo insólito de una pregunta del interlocutor: «Diego: ... Y Dios, ¿cómo será? - Paula: *Jesús*, qué cosas» (*Noviembre*, 255); «Mariveinte: ¿Hay en las Indias unicornios? - Camacha: ¡Nina! ¡*Jesús*, en qué estará pensando!» (*Las cítaras*, 59); o el cansancio y el aburrimiento: «Niña: *Jesús*, qué nochecita. Venga. Vámonos» (*Los verdes*, 59); o el lamento ante una contrariedad: «Hortensia: ... ¿O no entiende? Ay, *Jesús*... Pues beba, por lo menos» (*Los buenos*, 20); o el susto ante algo inesperado y que puede causar una sensación de miedo en el sujeto: «Madre (en su locura, reviviendo sus relaciones amorosas con Dionisio): Volvía de la iglesia. Del funeral de mi marido. Y me comiste con los ojos. Yo me dije: ¡*Jesús!*» (*Noviembre*, 241); como remate de una alusión a espíritus o a algún santo de su devoción: «Camacha: ¿Qué sabrá ella? Eso, sólo las ánimas lo saben. Benditas sean, *Jesús*» (*Las cítaras*, 11).

Existe la costumbre popular que cuando alguien estornuda se diga ¡*Jesús!*, como deseo de buena salud, a lo que el interlocutor responde dando las gracias. El estruendoso estornudo de Gulliver asusta a algunos personajes: «La vieja: (Asomando a la puerta de la cárcel): *Jesús, María y José*, hijo mío» (*El sol*, 215), la ampliación de la invocación, citando a la Sagrada Familia completa es un intento de proporcionarla a lo desmesurado del estornudo, así como manifestación de su admiración. Ello se aprecia con mayor claridad en el siguiente ejemplo: «Hortensia (sorprendiendo a Lorenzo intentando quitar la lápida de la tumba, lo asusta): ... Soy doña Leonor, la fundadora. - Lorenzo: *Jesús, María y José*. - Hortensia: ¿Qué tal, vida? - Lorenzo: (asustado esta vez por Hortensia) *Jesús*» (*Los buenos*, 53); es decir, su susto primero fue mayor pues, aparte de la sorpresa, cree que el ser que le habla es el fantasma de la difunta cuya tumba se propone profanar, de ahí que se desahogue de manera más extensa.

Con el vocativo *Señor* se puede aludir tanto a *Dios* como a *Cristo* siendo, por tanto, una invocación comodín para las dos primeras y como ellas, refleja distintos estados del espíritu del hablante. De lamento y resignación por algo no deseado, pero impotente para evitarlo o eliminarlo: «Paula: ... Ay, *Señor*. De loquera. Me veo de loquera» (*Noviembre*, 241); o la nostalgia por algo querido y poseído pero ya lejos de sus posibilidades: «Vieja: Eso, al olivar. A despertar palomas. ¡Ay, *Señor!*» (*El sol*, 194) o remate de la admiración y ponderación que se siente por algo; en estos casos suele estar presente el giro interjectivo introducido por *qué*: «Hortensia (que tiene pasión por Lorenzo): *Ay, qué piernas, ay qué* pantorras. *Ay, qué* todo, *Señor*» (*Los buenos*, 51), la afectividad del personaje se desborda por la acumulación de interjecciones propias, giro exclamativo con *qué*, e invocación a la divinidad. Pudiendo ir entre dos cláusulas interjectivas con *qué*: «Paula: ... ¡*Qué* solanera! (Tomás le da el dinero) *Señor, qué* bravo se nos va a poner abril...» (*Noviembre*, 231).

Las invocaciones *a la Virgen* son más esporádicas en la obra de Gala y, aunque habitualmente suelen tener un valor reflejo, como: «Consuelito: ... Mi padre me decía: «Mira, Consuelito: qué trama tan espesa tienen estos olivos, *Virgen*: qué buen año de aceite» (*Los buenos*, 14); en otras ocasiones es más afectiva ya que la situación se presta a ello: «Paula (porque Tomás ha procurado tocarla): ... ¡Pero qué hombres más guarros, *Virgen!*» (*Noviembre*, 235). Un medio de intensificación es la adición de un adjetivo pleonástico que refuerza su forma: «Cleofás (por su madre y por Consuelito que están discutiendo a menudo): Qué inconscientes son las dos, *Virgen Santa*.» (*Los buenos*, 50).

Cada región, o incluso pueblo, tiene una virgen patronal, objeto de devoción; cuando existen diferencias regionales acentuadas la invocación a la de otra región puede ser mal interpretado: «Constanza: Esta noche nadie va a pegar ojo en el alcázar. ¡Ay, *Virgen del Camino!* No, esa es la de León. ¡Ay, *Virgen de Covadonga!*» (*Anillos*, 97); en aquella época de rivalidad astur-leonesa. Por eso para evitar confusiones decide invocar a la Virgen en general: «Constanza: ... ¿Qué obligación hay que tocar a rebato antes de darse un beso? ¡Ay, qué mujer, *Virgen Santísima de...* bueno, *Virgen en general*» (*Anillos*, 99).

Invocaciones *a los santos*: La tradición religioso-popular atribuye a cada santo la especialización en determinados tipos de milagros de acuerdo o no con alguna circunstancia característica de su vida. Por ello en cada caso se rogará a aquél que se considera más capaz para resolver la situación por la cual se le invoca. Nuestro autor pone en boca de sus personajes el nombre del santo adecuado al problema que les preocupa (11). Para que el parto se produzca felizmente se invoca a S. Ramón Nonato que, como el calificativo indica y según la tradición, salió milagrosamente del seno materno sin ningún sufrimiento para su madre: «Nina (relatando cómo su madre dio a luz en un olivar): ... Ella decía: «Ay, *San Ramón Nonato*. Ay, *San Ramón Nonato*» *(Los verdes,* 78). El apóstol Santiago era muy invocado en la lucha contra los árabes: «Lázaro: ... Los judíos que nacieron aquí y amaron esta tierra, ¿ya no son españoles? - Alonso: No, señor. Por descontado. *¡Santiago y cierra España!*» *(Las cítaras,* 62).

Algunas *fórmulas de ruego* poseen este carácter interjectivo pero Antonio Gala utiliza casi exclusivamente las que pone por testigo a Dios: «Cleofás (a quien no se le ocurre ninguna idea ante el inminente cambio de párroco): ... Mamá, *por Dios,* ¿qué hacemos?» *(Los buenos,* 36); «Paula (a su Madre, en la primera salida de Diego): Sí. Páseme usté la mano por el pelo. Un poquito, *por Dios»* *(Noviembre,* 279). La presencia del adjetivo *vivo* enfatiza la invocación a la divinidad confiriendo mayor premura al ruego: «Minaya: ... Ayúdame, Jimena, *por Dios vivo»* *(Anillos,* 105). O bien mediante la forma más primitiva de la invocación, *en nombre de Dios,* cuando la situación es más solemne y transcendente: «Voz de Jimena: (En off.) ¡A cabalgar! *¡En nombre de Dios y de Santiago! (Anillos,* 59). En estos casos equivale a *por favor* expresión de ruego menos cortés y amable que otras que se verán más adelante. En ocasiones posee un tono de reproche por alguna acción o palabras ofensivas de un personaje para con el hablante: «Señora 2.ª (A causa del enorme estornudo de Gulliver): *Por Dios.* Qué ordinariez. Por lo menos podía ponerse sus dedazos debajo de la nariz» *(El sol,* 215); «Solterona: (En un murmullo) Trampas, trampas. - Madre: *¡Por Dios!*» *(El caracol,* 153). A veces es empleado como muletilla en perífrasis negativas: «Constanza: ... Ay, Jimena, *por Dios,* qué burra eres» *(Anillos,* 98).

Esquema semejante es el de las formas de aclamación introducidas por *¡viva!* más el nombre de la persona agasajada o la entidad representativa que agrupa a un gran número de ellas o cualquier otro concepto: «Tomás (relatando a Paula cómo perdió su pierna): *¡Viva Cristo Rey!,* grité al caer. - Paula: Mira qué monárquico. - Tomás: *¡Viva España!*» *(Noviembre,* 238). No es frecuente que el propio hablante se aclame a sí mismo, aunque puede hacerlo como protesta contra un orden establecido injusto, que no tiene razón de ser, y que le merece menos aprecio que él: «Vieja: Vaya republicano. No habla nunca y cuando habla es para mandarnos callar. *¡Viva yo!» (El sol,* 189).

(1) M. Seco, «Arniches y el habla de Madrid», pág. 397.
(2) Véase W. Beinhauer, «El humorismo en el español hablado», pág. 137.
(3) M. Seco «Diccionario de dudas de Lengua Española».
(4) Véase W. Beinhauer, «El español coloquial», pág. 48.
(5) María Moliner, «Diccionario de uso del español», Gredos, Madrid, 1973.
(6) M. Seco, «Arniches y el habla de Madrid», véase *animal* y *bestia.*
(7) «Diccionario de la Lengua Española», de la Real Academia de la Lengua.
(8) Emilio Lorenzo, ob. cit. pág. 159, y Beinhauer, «El español...», pág. 73.
(9) Véase Beinhauer, «El español coloquial», pág. 89.
(10) Según E. Lorenzo, «El español de hoy, lengua en ebullición», la articulación de este giro interjectivo es [aibá], el adverbio se hace diptongo y se funde en una unidad fónica con acento secundario.
(11) Consuelito a Santa Rita «abogada de los imposibles», y S. Antonio «de los objetos perdidos».

B) FORMAS DE TRANSICION DEL DIALOGO

La función de estas formas es la de enlazar con el discurso anterior a fin de que no existan fisuras o silencios embarazosos. Aunque en muchas ocasiones su uso es producto de una costumbre del hablante a manera de muletilla en su expresión, por lo que la voluntariedad apenas si existe, la mayoría de las veces responden a una reflexión consciente que trata de centrar la conversación en el aspecto que le interesa. De acuerdo con el tono del diálogo y con lo que se pretenda con la fórmula empleada se distinguen tres grupos:

I. Retomar o incitar a cambiar el tema de la conversación.
II. Avivar el interés del oyente o tranquilizarlo.
III. Matizar la opinión propia o ajena.

I. RETOMAR O INCITAR A CAMBIAR DE TEMA DEL DIALOGO

Son giros de los que el hablante se vale para llevar la conversación por los derroteros que le interesan a fin de alcanzar su propósito: establecer la asociación de una idea nueva con otra precedente añadiendo un nuevo argumento que avale su opinión, o seguir con un diálogo interrumpido por alguna circunstancia ajena al mismo. Para cumplir estas funciones, la lengua dispone de una serie de recursos que suelen ir introducidos por determinados sintagmas característicos:

1) Los que enlazan con una idea precedente: *A propósito, ahora que, es más, por cierto que,* etc.
2) Los que continúan un discurso cortado por una situación imprevista: *A lo nuestro, hablábamos de..., al grano,* etc.
3) Los que incitan a un cambio de tema o a una especificación del mismo: *¿por qué no...?, pero ¿y...?*
4) Los comodines del diálogo: *pues, vamos.*

1) **Los que enlazan con una idea precedente:** Una opinión o palabra previa da pie al hablante para tratar un tema que le importa en gran medida y

que en cierto modo tenía olvidado o no había caído aún en la cuenta; dan lugar a determinadas perífrasis afectivas de la lengua hablada.

A propósito: Viene a equivaler a «puesto que estamos hablando de este asunto, yo digo...». A continuación de dicha fórmula se especifica a menudo el tema de la conversación mediante la palabra que lo significa: «Hortensia (que hace un momento que conoce a Lorenzo y del que quiere conocer su opinión sobre la supuesta riqueza de la tumba de doña Leonor): Tanto equipaje para una posada tan pequeña ...Y, *a propósito de* posadas, ¿usted dónde se hospeda?» (*Los buenos,* 19). Asimismo como introducción del discurso si el hablante pretende establecer directamente una comunicación con algún sujeto: «Extraviada: (Al Republicano) *A propósito,* joven, ¿me da usted fuego? (Saca un cigarrillo)» (*El sol,* 187); que sirve en este caso como recurso estilístico para caracterizar el descaro de una mujer pública.

El mismo significado y función desempeña la fórmula *«por cierto que»* pues entabla relación con una idea propia o del interlocutor, aclarando alguna circunstancia o demostrando la veracidad de la misma: «Hortensia (sobre la salud del párroco): Quiero decir que su edad no es culpa mía: yo, bien alimentado que lo tengo. *Por cierto, que* a pesar de estar tarumba tiene un hambre que se come los quiries...» (*Los buenos,* 30).

Ahora que sirve como medio para exponer un nuevo argumento a favor de la propia opinión, partiendo de una aseveración del oyente que ha hecho recordar al hablante algún detalle o circunstancia que había pasado por alto y que en el actual curso que ha tomado la conversación es adecuada su inclusión. Cuando la argumentación aclaratoria de un suceso es dada por el interlocutor, entonces dicha fórmula de transición equivale más bien a un recurso de matizar la opinión del hablante, por lo que cabría incluirla entre los casos del grupo III. Ejemplo de este valor es: «Consuelito (cuenta a Lorenzo un día de playa con sus padres cuando ella era niña que, en contra de la predicción de buen tiempo de su madre, cayó un buen chaparrón): ... Al día siguiente, amaneció él con pulmonía. Le estuvo bien: eso pasa por pegarle a una mujer. - Lorenzo: ¿No sería por el remojón? - Consuelito: Puede, *ahora que lo* dice...» (*Los buenos,* 58).

Cuando se ahonda en el razonamiento seguido hasta entonces con aclaraciones más concretas sobre el tema, se anuncia la importancia de éstas con la fórmula *es más* que enlaza dos momentos sucesivos y graduales de la misma comunicación: «Marinero: Vivir es algo enorme. No es que la vida sea importante. *Es más:* es lo único que tenemos» (*El caracol,* 161). Es como si el hablante previese una hipotética objeción a sus palabras por parte de su interlocutor y se adelantase a ella con la argumentación siguiente. En la lengua hablada suele existir una pequeña pausa que separa el giro introductorio de la comunicación propiamente tal y que en la lengua escrita se refleja por la presencia de los dos puntos. El verbo copulativo puede elidirse sin que por ello la fórmula sufra menoscabo alguno ni en su significado ni en su función: «Hortensia (intentando convencer a Lorenzo para que se quede a vivir con ellos): ... Así podrá usted tocar, de cuando en cuando, las campanas. *Más:* yo influiré ante don Remigio para que le nombre oficialmente campanero» (*Los buenos,* 19), la protagonista sabe que con la razón que da a partir de *más,* Lorenzo no podrá resistirse a aceptar lo que ella le ha propuesto.

El mismo sentido que este giro poseen otros similares introducidos por adjetivos o adverbios, con o sin la presencia de *más,* pero siempre con la idea cuantificadora implícita. Así, por medio de un adjetivo en grado comparativo, *mejor,* o *peor,* según la idea que se quiera expresar sea afirmativa o negativa: «Rey (hablando en sentido figurado del pavo real y aplicando sus conclusiones a los presentes y a él mismo): ... Pero para moverse y escarbar, para comer y defenderse, tiene que abdicar de su belleza. Es como un pavo más. *Peor:* ha de arrastrar la cola» (*El sol,* 200). En algunas ocasiones el grado comparativo de *mejor* se desdobla en dos adverbios: uno con el valor semántico del adjetivo, *bien,* y el otro con el cuantificador, *más: más bien:* «Luterio (hablando con Juan por primera vez, sobre las ventajas y los inconvenientes de la mendicidad): ... Si no fuera por la espalda... No se me hace, no se me acaba de hacer a las piedras. *Más bien* se me deshace» (*Los verdes,* 28).

Las referidas fórmulas de transición, que ensamblan dos ideas diferentes o dos momentos graduales de la misma, presuponen la omisión del verbo *decir:* su ausencia queda clara en aquellos casos en que la presencia de la partícula *que* lo atestigua; del mismo modo, también hay que sobreentender-lo en las cláusulas introducidas por «*a propósito*» y «*es más*», sin el cual no se explicaría y que, alguna vez, aparece cuando se tiene una completa seguridad en el aserto: *digo más,* etc. Por lo que se puede afirmar que en las fórmulas de transición del tipo a.1) se ha elidido el verbo *decir* en primera persona de indicativo debido al desgaste de estos giros, aunque pueda influir también la deferencia y el respeto que merece el oyente en la consideración del hablante, evitando éste un término realzador de la propia personalidad.

2) **Fórmulas que continúan un discurso cortado por una situación imprevista:** Son expresiones con las que se recaba la atención del oyente sobre el punto en que el diálogo se dejó pendiente a fin de poder proseguirlo. Las fórmulas empleadas para ello son abundantes ya que no se ajustan a unas normas fijas sino que cada sujeto puede utilizar cualquier locución que indique este propósito: «Hortensia (cuya conversación con Lorenzo ha quedado cortada a causa de una de sus muy frecuentes discusiones con su nuera, a raíz de que ésta olvidó echar agua a los garbanzos): *Hablábamos de problemas caseros. Un descuido de aquí (por Consuelito)»* (*Los buenos*, 21). Pero no siempre es necesaria la presencia de un verbo de lengua, puesto que la omisión no origina mengua en su significado sino que agiliza el diálogo al desproveerle de un lastre innecesario. Por ello, basta con el pronombre posesivo para indicar su intención de reanudarlo: «Dueña (impedida de continuar enumerando las ventajas de la habitación que le ofrece a Juan por la discusión de unos esposos también hospedados allí): Bueno, *a lo nuestro.* Que nos ha distraído este... matrimonio. La cama aquí es regalada» (*Los verdes*, 20).

Cuando la conversación no queda interrumpida de manera directa por la intromisión de personajes y sucesos ajenos a la misma sino que es el propio interlocutor el que se aparta del asunto principal mediante digresiones que no vienen al caso, el hablante le incita a que se centre en el tema que les interesa, demostrando de esta forma su impaciencia para llegar a la conclusión de la comunicación. Las fórmulas no se ajustan a paradigmas únicos, sino que cada individuo goza de cierta libertad en su construcción, siendo muy frecuente la forma metafórica *al grano,* elíptica de la originaria «vamos (vete) al grano de la espiga»: «Hortensia (impaciente porque Cleofás se pierde en alabanzas al cura y retarda la notificación de los proyectos del obispado hacia la parroquia): Si don Remigio era pastor o perito agrónomo, no nos interesa ahora. *Al grano, al grano»* (*Los buenos*, 34), donde la repetición de la fórmula denota la impaciencia de la protagonista y la urgencia insistente en la rápida comunicación.

Cuando la conversación va por los derroteros que el hablante deseaba interviene en la misma, como si la variación temática hubiera sido provocada por él: se ha llegado al asunto que le importaba; por los precedentes no sentía ningún interés, y por eso, apenas si intervino en el diálogo: «Alfonso: ... La manera de bajarle los humos era darle más humos, pero humos leoneses (sonríe triunfal). - Jimena: (Yendo al centro) Muy bien. *A esto quería llegar.* El

Cid ha muerto» (*Anillos,* 69). Otras veces, el personaje pregunta por la causa de una determinada situación, o bien que el interlocutor se identifique o el papel que juega en aquel asunto: «Consuelito (que lleva ya unos minutos hablando con Lorenzo, cae en la cuenta de que no lo conoce): ... Y, *a todo esto,* ¿usté quién es? - Lorenzo: El que ha tocado el ángelus» (*Los buenos,* 9), la pregunta va precedida del sintagma *a todo esto* que la introduce, al mismo tiempo que resume lo hablado hasta aquel momento como si fuera una digresión accesoria de la presentación.

3) **Incitación a un cambio o a una especificación del tema del diálogo:** Determinadas fórmulas de carácter interrogativo son una propuesta cortés al oyente para emprender alguna acción o para variar el tema de la conversación, yendo introducidas por *¿por qué no...?*: se trata de una seudopregunta como expresión de ruego afectivo en la que la persona y número del verbo, casi siempre primera del plural, incluyen al interlocutor o interlocutores en el diálogo, con lo que su obligatoriedad sobre ellos actúa con mayor fuerza. Así, como estímulo a la matización del tema de la conversación: «Jimena: ... Minaya, *¿Por qué no* hablamos claro?» (*Anillos,* 49). O como incitación al inicio de una acción cuya realización el hablante desea: «Paula (a fin de distraer a su marido simula estar en diferentes lugares: en el casino, en el baile...): ¡Diego! *¿Por qué no* bailamos?» (*Noviembre,* 274) (1).

Mediante un verbo de lengua –de forma análoga a los giros para retomar el hilo del diálogo–, la fórmula *hablemos de ...* supone un cambio en el tema de conversación: hasta ahora se ha hablado de esto, a continuación *hablemos de* esto otro: «María: *Hablemos de otra cosa,* mamá, si te parece... El primo Minaya ya está al llegar...» (*Anillos,* 40), como expresión de ruego: hay un trasvase de la voluntad del hablante a la del interlocutor; su deseo de variar de conversación queda supeditado al del hablante; ello es especificado por la oración condicional que sigue a la fórmula introductoria.

Otros giros interrogativos introductores de una objeción a lo manifestado por el interlocutor son aquellos que van precedidos de la conjunción adversativa *pero:* esta tiene un valor restrictivo de lo expresado previamente. La interrogación subsiguiente indica unas veces el asombro del hablante por algo no previsto: «Alcalde (preocupado por los invitados que han de acudir aquella noche a su casa y por el discurso que ha de pronunciar): *Pero,* Concha, *¿qué* hacen estos niños corriendo por aquí? (*Los verdes,* 52). La interrogación se emplea a menudo como aclaración de algún punto oscuro en la aseveración del interlocutor: «Madre (los personajes que la acompañan son los invitados a la fiesta): A la que va a celebrarse. - Portero: Siempre se celebra alguna fiesta. *Pero, ¿con qué* motivo?» (*El caracol*, 125). Semejante es el caso siguiente: «Consuelito: *Pero, ¿por dónde* ha llegado usté al campanario? Si no hay más escalera que ésa...» (*Los buenos*, 9), la protagonista justifica su objeción *(pero)* y el requerimiento de explicación por algo que no se comprende del todo bien en la proposición introducida por «si no...». En ocasiones se pretende que sea, mediante preguntas, el propio interlocutor el que concrete el valor de su aserto o su falta de fundamento: «Paula (porque Diego escuchó por el transistor la noche anterior el decreto por el que se perdonaba a los reos de delitos políticos): ... ¿Y de qué guerra hablaban? - Diego: De la guerra. - Paula: *Pero ¿de cuál?* Que siempre estáis pensando que no hubo más guerra que la vuestra» (*Noviembre*, 274). Con valor de negación irónica: «Alfonso: ... El conquista Valencia; *pero ¿quién si* no él puede mantener Valencia conquistada?» (*Anillos*, 67). Incluso dicha fórmula se utiliza como mero procedimiento de transición, para pasar de un tema a otro: «Hortensia (que ha disertado brevemente sobre la prosperidad pasada de su familia): ... Y yo me he hecho cada pis, que ¡vaya con Dios! *Pero, ¿se acuerda* usted de aquellas mesas de pino?» (*Los buenos*, 21); hay que resaltar una diferencia fundamental de este caso respecto a los anteriores: en éste la frase interrogativa se introduce directamente sin necesidad de pronombres interrogativos mientras que en aquéllos siempre eran necesarios. Por lo que, si bien, se puede considerar como forma de transición, puesto que permite el paso a fases diferentes del diálogo, no implica ni una objeción a la opinión del interlocutor ni un deseo de aclaración de la misma al no existir previamente la anterior condición.

Valor semejante poseen otras construcciones también precedidas por esta conjunción adversativa, pero en las que la pregunta aclaratoria o recriminadora no va introducida por un pronombre interrogativo sino por la copulativa *¿y...?*, que enlaza con la objeción, fundiéndose en un cliché sintáctico las dos conjunciones coordinadas: «Paula (atemorizando a Tomás con una hipotética venida de los inspectores, que pueden encontrarlo vestido con uniforme de jefe de estación, siendo un guardabarreras): ... Ellos tienen la obligación de inspeccionar. - Tomás: *Pero ¿y de comprender?* ¿Quién tiene la obligación de comprender?» (*Noviembre*, 238).

4) **Soportes del diálogo:** Ciertas palabras, susceptibles de ser empleadas en diferentes situaciones, no tienen una finalidad propia en la comunicación.

Son como válvulas de escape para la afectividad del hablante ya que su campo semántico es tan amplio que se adapta a una gran variedad de finalidades. El uso de tales soportes responde a un deseo de comodidad expresiva. Ello se debe a que la lengua hablada es muy subjetiva y, por tanto, no busca una construcción lógica sino la comunicación directa, de modo que en ocasiones el hablante se encuentra ante un parlamento que no sabe cómo continuar, bien porque necesite reflexionar para responder a una pregunta o bien porque debe coordinar las ideas algo difusas en su mente. Estas palabras-pilares del diálogo vienen a ser para la comodidad de la expresión lo que la mímica para el refuerzo de la misma.

La conjunción causal *pues* es empleada por Antonio Gala como muletilla en las respuestas, enlazando por medio de ellas con las palabras precedentes del interlocutor: «Solterona (quejándose de la pensión de A. y Z.): Lo peor es que no se puede estar tranquila - Madre: *Pues* vaya usted a trabajar. A una oficinita, que es lo que le conviene» (*El caracol*, 167); «Soldado: La licencia de venta. - Vendedor: no la tengo. - Soldado: *Pues* entonces prohibido» (*El sol*, 208); «Nina (comentando la decisión de Juan de vivir en el panteón): ... Me parecería que estaba echándoselo en cara. Y culpa de ellos no es, los pobres. Pero no sé. - Luterio: *Pues* él vive muy bien» (*Los verdes*, 41); «Cleofás (explicando la procedencia de los candelabros que está limpiando): De la cripta. Los tenía yo guardados bajo llave. - Hortensia: *Pues* no sé a qué venía esa desconfianza ...» (*Los buenos*, 64). Es frecuente que la frase introducida por dicha conjunción posea un sentido de conclusión del diálogo, o al menos de cambio de tema de la conversación, tanto si se trata de un consejo o mandato: «Alonso (Arriba, asomándose al cerdo abierto): Si quieres ver tu cuerpo, abre un puerco. - Olalla: *Pues,* hala, a verse todos...» (*Las cítaras*, 16), como de la imposibilidad de hacer más por evitar una situación desfavorable: «Jimena: (los musulmanes han estrechado el cerco de la ciudad): ... Y no creo que mude de opinión porque tú se lo pidas. - Constanza: *Pues* que Dios nos coja confesadas» (*Anillos*, 60). A veces, ante una pregunta imprevista el hablante ha de reflexionar un corto espacio de tiempo antes de contestar: «Diego (pregunta a Paula por el mar): ¿Y por la noche? - Paula: *Pues...* por la noche, recoge espuma y se duerme» (*Noviembre*, 254); los puntos suspensivos después de la conjunción reflejan una breve pausa en la lengua hablada. El esfuerzo por encontrar la respuesta adecuada puede resultar baldío: «Paula (Preguntando a Diego sobre su vida pasada, antes de la guerra): ¿Sí? ¿Qué hacías? - Diego: *Pues* ... lo que se suele» (*Noviembre*, 274). La acotación al parlamento puede ser aclaradora del estado de ánimo del personaje: «Jimena (muy directa): Dime, María ¿está enamorada? - María (con intención): ¿De quién? ¿De mi marido? - Jimena (algo desconcertada): *Pues...* de momento, sí» (*Anillos*, 40).

En alguna ocasión el *pues* tiene valor polémico, sobre todo en réplicas cortas y rápidas cuando la opinión de ambos interlocutores sobre un asunto determinado son opuestas: «Cleofás: A mí me gusta Consuelito, mamá. Hortensia: *Pues* a mí no. Ni niños, Lorenzo» (*Los buenos*, 26); pero si la opinión es coincidente se utiliza como refuerzo de la afirmación: «Niña: A lo mejor ése es el rey [por un grillo] - Niño: Si lo están arrastrando entre todas; - Niña: Por eso. - Niño: Si está muertísimo. - Niña: Por eso. - Niño: Si se lo están comiendo. - Niña: *Pues* por eso.» (*El sol*, 176); «Dueña: Sí, hija, porque es un hombre de cultura, muy fino. Y tan recién viudo, el pobre. Tan inconsolable... - Hombre: *Pues* por eso. A ver si se consolaba» (*Los verdes*, 54). En estos casos, *pues* equivale a *precisamente*. Incluso es introductora de una afirmación irónica con sentido negativo: «Madre (ante las quejas de los huéspedes): El que no esté contento, que se largue. - Burgués: A mi señora no la falta usted. *Pues sí* que tiene derecho...» (*El caracol*, 167).

En algunos de los ejemplos citados, así como en otros muchos, *pues* con valor expletivo se presenta como la consecuencia o resultado de lo dicho anteriormente; es decir, como si fuera la conclusión de una oración causal o consecutiva. En estos casos es sustituible por *entonces*, con ese mismo valor: «Juan (buscando posada): A mi edad no se sabe. Uno quiere quedarse, pero ... - Dueña: *Pues* ya estamos. Usted me da su dinerito y yo le atiendo como a un príncipe» (*Los verdes*, 18); «Paula: Sólo hay censura para lo que a ti te conviene ¿no? *Pues* sal.» (*Noviembre*, 248). En otros casos la proposición introducida por *pues* puede considerarse como la apódosis de una oración condicional elíptica, cuyo resultado expresa. Esta clase de proposiciones es muy difícil de diferenciar de las anteriores puesto que la subordinada está implícita: «Lorenzo (bajando del campanario, después de tocar el Angelus): He bajado del cielo. - Consuelito: *Pues* ha hecho usté muy mal. Porque lo que es aquí...» (*Los buenos*, 9), en la respuesta de Consuelito se sobreentiende una condicional no expresada semejante a: «*si* es verdad lo que dice (que ha bajado del cielo) *pues* ha hecho...»; también podría entenderse simplemente como proposición consecutiva que manifiesta el resultado de otra previa. Parecido es el ejemplo siguiente: «Consuelito: ... Lo rezaba mi madre cuando se le extraviaba algo. - Hortensia: *Pues* vaya porquería de vidente que era tu madre»

(*Los buenos,* 37-38). Es decir, *pues* es una conjunción que sirve para enlazar con períodos anteriores; y si bien en esta función carece de significación propia, simple muletilla del hablante, guarda, no obstante, algunos reflejos de significación causal o consecutiva, o sea, de su significación originaria. Su ausencia de significado cuando es usada como mero apoyo de la conversación en el habla popular permite que pueda preceder a otras partículas que introducen proposiciones subordinadas, tales como las condicionales: «Vieja: ... *Pues si* quiere usted estar cómodo, súbase usted con el republicano» (*El sol,* 186).

La partícula *vamos* se emplea bien sea como apoyo o como estímulo del propio hablante a sí mismo ante una situación un tanto embarazosa para él. Así puede funcionar como elemento retardatorio y equivale a «es decir», «o sea» más propios de la lengua escrita: «Nina: A la vejez o viruelas. Lo que tú extrañas es la pintura... - Luterio: *Vamos,* la falta de pintura.» (*Los verdes,* 72), Luterio aclara la afirmación un tanto ambigua de Nina pues podría entenderse lo contrario de lo que realmente ella quiere decir. O como transición de un tema a otro de la conversación: «Jimena: ... Ay, pero luego llega una destrozona con jabón y bayeta y saca a relucir la verdad, que con tanto cuidado disfrazamos ... *Vamos.* Sentaos, sentaos, estáis en vuestra cárcel» (*Anillos,* 86). El matiz introducido por esta partícula puede ser más irónico que aclaratorio: «Solterona (molesta porque la pensión es también una casa de citas): ... Yo oigo en la habitación de al lado cosas que una soltera no tiene por qué oír. - Madre: *Vamos,* lo que usted daría por oírlas en su habitación» (*El caracol,* 168), donde implícitamente va una negación a lo dicho por la Solterona. Cuando el matiz irónico está ausente de la intención del personaje, este elemento conciliatorio introduce una perífrasis equivalente a una afirmación: «Marinero (obsesionado por recordar una canción de cuna): Le aseguro que no, era algo para dormir a un niño. - Ordenancista: Ah, *vamos,* ¿no le digo?» (*El caracol,* 131), la interrogación ficticia, introducida por el *vamos,* es una fórmula de afirmación. Igualmente se utiliza la partícula *vamos* como remate de una protesta ante una situación o una propuesta con la que no se está de acuerdo. Al mismo tiempo, el hablante procura una autoafirmación de su propia actitud. La partícula cierra su parlamento: «Manuel (decidido a contar a Juan la falta de vida íntima que lleva con su mujer, a causa del espionaje a que los somete la suegra durante la noche): ... Que a alguien se lo tengo que contar. Que no hay derecho, *vamos*» (*Los verdes,* 37). La protesta puede quedar abierta ya sea porque el hablante no encuentra en ese momento razones para justificarla o porque su justificación es tan patente que no necesita explicitar ningún argumento: «Nodriza: (a la Reina, que le sonríe, excusándose) Lo que yo me pregunto es porqué me han hecho a mí Jefe de Policía. A una nodriza como yo ... *Vamos* ...» *(El sol,* 211). Repetida a comienzo de frase posee un valor de estímulo al interlocutor, al mismo tiempo que de reproche o negación atenuada: «Jimena: ... El deleite carnal en otro sitio. Lo que es, en casa, al primer tapón, zurrapa ... - Constanza: *Vamos, vamos* ... Todo el mundo sabe que el Cid era el más fiel de todos los maridos» *(Anillos,* 78).

Cuando las circunstancias lo requieren Antonio Gala apoya el diálogo de sus personajes en estas partículas expletivas. La frecuencia de *pues* es superior a la de *vamos,* y sin embargo la variedad de funciones es semejante, ya que ambas son empleadas como muletillas a las que el hablante recurre para concederse una breve pausa a fin de reflexionar la respuesta que ha de de dar, y muchas veces, para prevenir al oyente de que lo que va a decir no es muy halagador para él, preparando de este modo su ánimo.

II. GIROS POR MEDIO DE LOS CUALES SE PRETENDE AVIVAR LA ATENCION DEL INTERLOCUTOR O TRANQUILIZARLO

Son giros equivalentes a los anteriores ya que su fin primordial es mantener despierta la atención de su oyente pues incluso las formas que tienden a tranquilizarlo no consiguen sino el efecto contrario. Se diferencian de ellos en las ocasiones en que se emplean: aquéllos sirven para retomar o cambiar el curso de la conversación; éstos para intensificar una idea sin que se produzca transición a otra. Según que la atención del interlocutor se trate de conseguir de manera directa o indirecta, cabe distinguir dos tipos de recursos:

1) Directa: mediante una especie de adivinación.
2) Indirecta: por determinados vocablos o perífrasis desvalorizadores de la propia comunicación: *nada, en fin,* etc.

1) **Directa:** El hablante establece una especie de acertijo o apuesta con el fin de excitar la atención de su oyente a modo de reto de ingenio, pero al que no espera una respuesta y cuya solución da él a reglón seguido como parte esencial de su comunicación: «Niña: ... Dice mi madre que mi padre se parecía al Rey. - Pues, *¿sabes lo que dice la mía?* Que tu padre era un sinvergüenza.» (*El sol,* 177); en la lengua hablada existe una breve pausa entre la pregunta y la respuesta dando tiempo al interlocutor a disponer su ánimo para no ser sorprendido por lo que va a escuchar: «Hortensia (irritada con su hijo, porque ante la difícil situación que se les plantea, no tiene confianza en ella): ... Contesta: sin mí, *¿qué hubieras sido?* Un tonto del pueblo. O peor: un minero» (*Los buenos,* 30). Generalmente el hablante, poseedor de la respuesta a su pregunta, se siente superior en el juego dialéctico, de ahí que muchas de estas construcciones posean un claro matiz de reproche al interlocutor por una actitud u opinión que le causa enojo: «M. Interior: Cuándo no es pascua irrevocable. - Rey: (Al M. del Interior) *¿Tú no has oído hablar del silencio administrativo?* Pues esa es la mejor cualidad de un ministro» (*El sol,* 216). O se le recrimina por alguna propuesta de la que el hablante deduce sus posibles consecuencias: «Diego (que no acaba de creerse el ardid de su mujer para entretenerlo con la carta del hijo): ¿Por qué no pone mi nombre en el sobre? - Paula (acorralada): ¿Por qué? ¿Por qué? ¿Qué quieres? ¿Que sepan que vive un hombre aquí y te trinquen?» (*Noviembre,* 244). O se fusionan ambas interrogaciones en una sola que lleva implícito un sentido de reconvención a

la propuesta o a la acción precedente: «Hortensia (encuentra a Consuelito dando vueltas como si estuviera en una pista de circo): Ya te voy a parar yo. ¿*Qué crees: que estás* en una plaza de pueblo enseñando el ombligo, como cuando te recogimos?» (*Los buenos*, 15). Son, por tanto, perífrasis afectivas de negación, puesto que el aserto del interlocutor es rechazado de una manera un tanto airada.

En la lengua hablada es habitual el encadenamiento de varias preguntas y respuestas sucesivas cuando el personaje se rebela contra una situación establecida con la que está en desacuerdo: «Lázaro: ... Porque, ¿qué es honra aquí? La holganza. ¿Y qué deshonra? Trabajar con las manos...» (*Las cítaras*, 82); «María: Una mujer no debe ... - Jimena (Imparable): ¿Qué no debe? ¿Sentir calor ni frío? ¡Pues yo sí que lo siento! ¿No decirlo? ¡Pues yo sí que lo digo! ...» (*Anillos*, 82); la sucesión de preguntas y respuestas son denotadoras del encendido estado de ánimo del hablante. Este puede sentirse como traductor del pensamiento de otro personaje presente: «Estebanillo: Mi padre me había dicho ... - Olalla (siempre a Lázaro): Lo sé. ¿Sabes lo que su padre le habrá dicho? «Hoy es fiesta en la casa...» (*Las cítaras*, 40), relatando a continuación las supuestas palabras de Alonso. Es tan frecuente este giro afectivo en la lengua hablada que se usa como interrogación retórica cuando el sujeto habla consigo mismo: «Mujer 1.ª (la única manera que puede hablar con su marido es cuando éste duerme): ¡Qué malas son! ¿*Qué te crees que* me preguntó hoy la Amelia? (Marido ronca. Ella chasquea la lengua para hacerlo callar) Que si habíamos hecho un extraordinario para esta noche» (*Los verdes*, 55-56). El verbo principal de la oración interrogativa de estas construcciones pertenece a dos tipos: a los de entendimiento u opinión, como *creer*, *pensar*, etc., y a los que se refieren al habla, como *decir*, *contestar*, *responder*, etc.

2) **Indirecta**: Los vocablos o perífrasis mediante los cuales el hablante pretende tranquilizar la impaciencia de su oyente, desvalorizando el sentido negativo de su comunicación, son fundamentalmente dos: *nada* y *en fin*, que se suelen diferenciar por el lugar que ocupan en la oración.

El primero, *nada*, es empleado generalmente al inicio de la locución a modo de muletilla desprovista de todo significado peyorativo y, al igual que otras palabras comodines, se convierte en un elemento retardatario del discurso: «Hortensia (que cree que el párroco durará poco): A cada cerdo le llega su San Martín. - Cleofás: Mamá. - Hortensia: ¿Quéeee? - Cleofás: *Nada*, que eso mismo pensarán de nosotros. Presos terminaremos» (*Los buenos*, 48).

Función suya es la de sosegar al oyente, adelantando que su respuesta carece o es de escasa importancia para lo que interesa a ambos: «Madre incitando a su hija a que se case cuanto antes): Y, al volver, ¿qué te dijo? - A.: *Nada*. Me preguntó: «¿Estás aquí? (*El caracol*, 135). Debido a las circunstancias puede resultar hiperbólica ya que trata de quitar valor a algo desmesurado. Este sentido irónico no se produce cuando el interlocutor no alcanza a comprender la verdadera causa de un suceso: «La Niña (pregunta por el niño muerto que está en el ataúd): ¿Qué le ha pasado al niño? - Burgués: *Nada*, que tenía sueño» (*El caracol*, 147), en otras circunstancias esta respuesta introducida por *nada* tendría un fuerte sentido irónico.

Dicha partícula puede ser empleada también como elemento de transición entre dos temas de una conversación de los que el primero no es grato al hablante por lo que lo cierra con un *nada* conclusivo, y pasa al otro que le es más conveniente: «Lorenzo (sospecha que Cleofás ya ha descubierto su vida de oportunista y para evitar males mayores decide marchar): ... No se debe matar a la gallina de los huevos de oro ... - Consuelito: ¿Qué huevos son esos? - Lorenzo: *Nada*. Mañana hay que salir (*Los buenos*, 59); «Alfonso (que entra en la estancia cuando la disputa entre Jimena y su hija María llega a su fin): ¿Qué pasa aquí? - Jimena: *Nada*. Que mi hija y yo hemos echado una partidita y le he cantado las cuarenta en bastos ...» (*Anillos*, 85). Más próximo a su sentido desvalorizador de la comunicación que introduce, se encuentra en aquellos casos en los que el concepto a que se refiere se trata de un objeto real, tangible y, por tanto, mesurable: «Soldado: ¿Qué lleva usted ahí? - Vendedor: *Nada*: recuerdos de Gulliver.» (*El sol*, 208); «Muchacho (a Nina que entra): ¿Nada? - Nina: *Nada*. Uno que me ha dado este medio paquete» (*Los verdes*, 22), donde el término negativo enlaza con el mismo de la pregunta del interlocutor.

La perífrasis adverbial *en fin* ocupa, por lo general, la parte final de la locución del hablante, pues la cláusula que introduce sintetiza su comunicación exponiendo la opinión que le merece el asunto tratado. Sus matices de significación son variados, de acuerdo con la situación en que se produce. Es muy frecuente el sentido conclusivo: «Jefe (al M. del Interior –momentos antes de que comience el Rey a pronunciar su discurso–): *En fin*, ¿se ha preocupado usted de organizar al pueblo por secciones?» (*El sol*, 180). En este uso conclusivo aparece a menudo un deje de resignación en el hablante ante un hecho consumado o considerado como tal: «Señora 1.ª: ¿Otra vez viuda, amiga mía? - Señora 2.ª: En efecto. - Señora 1.ª: ¡Que pertinancia! *En fín,* enhorabuena» (*El sol,* 208). Otra función suya es la de enlace entre una idea que se da por terminada y el propósito de realizar algo concreto, introduciendo una decisión del hablante: «Hortensia (ha creído que la carta leída por Cleofás era realmente del obispado, y ante el supuesto informe del párroco sobre su hijo...): ... Y pensábamos que don Remigio estaba como una cabra. Comparado con el obispo, es Ramón y Cajal. *En fín,* tendré que hacerme a la idea de Orleans» (*Los buenos,* 67). Sentido semejante: «Dueña (convencida, por propia conveniencia, para celebrar la Nochevieja, y porque sus huéspedes han invitado a Don Facundo): ¿Sí? ¿Está usted segura? *En fín.* Iré a Misa mañana. Menos mal que Dios es un santo, el pobre» (*Los verdes,* 55). Su sentido conclusivo se pone de manifiesto, en especial, en las despedidas donde, al igual que muchas otras perífrasis, se emplea como punto de arranque para la misma: «Lorenzo: Eso sí que es verdad (Se levanta. Se enjuaga). - Cleofás: *En fín,* Lorenzo, hasta mañana. Me alegro de tener en casa un amigo tan fiel» (*Los buenos,* 51).

En alguna ocasión es utilizada como recurso rectificador de las palabras del propio hablante y equivalente, por tanto, a aquellos casos en que se encuentra el verbo *decir* en esta función: «Hortensia (porque halla a Cleofás muy preocupado y ella cree que es debido a sus atenciones para con Lorenzo): Hijo, por cuatro piropillos que le haya echado a un chico que puede ser mi nieto ... *En fin,* mi nieto... (*Los buenos,* 29), en su deseo de quitar importancia a sus cumplidos a Lorenzo rebaja la edad de éste hasta tal punto que, cuando quiere darse cuenta, se está tratando a sí misma como una anciana, de ahí que rectifique inmediatamente.

Variante de esta perífrasis adverbial es *al fin y al cabo,* con la que se finaliza la exposición de un hecho presentado como tan evidente que no es necesario dar ninguna razón más; es, pues, una fórmula sintetizadora de la aseveración precedente: «Rey: Y pagar, ¿con qué? - M. Exterior: Con papel moneda, majestad. *Al fin y al cabo* todo se reduce a un simple papeleo» (*El sol,* 193). Si bien su valor conclusivo es evidente, puede dar paso a una explicación ulterior y por esta razón no se ha de incluir entre las fórmulas que rematan la enunciación aunque frecuentemente posean este sentido: «Juan (en un último esfuerzo por convencer al Guarda de que le deje vivir en el panteón): *Al fin y al cabo,* soy el dueño, ¿no? Pues que venga un poco antes o un poco después, a usted le da lo mismo.» (*Los verdes,* 30).

III. MATIZAR LA OPINION PROPIA O AJENA

El hablante no suele estar completamente seguro o de acuerdo con lo comunicado por él o por su interlocutor, por lo que necesita delimitar su opinión, concretando sus puntos más equívocos para evitar malentendidos o conclusiones erróneas.

La lengua dispone de dos tipos de construcciones para esta función:

1) Verbos de entendimiento u opinión... + *que*
2) Aclaración:

    2.a) *El caso es que.*

    2.b) Pronombre relativo neutro + verbo de acontecimiento, o *haber* o *ser* + *que.*

    2.c) Sólo el último miembro de las construcciones anteriores: *es que.*

    2.d) Otras locuciones.

1) **Verbos de entendimiento u opinión + que:** Los verbos más frecuentes en esta función son *creer, pensar, parecer* y *temer.* Este último se utiliza en oraciones de sentido negativo. Aunque los dos primeros pueden emplearse tanto para el pasado como para el presente, es este tiempo el que predomina. Los casos en tiempo pasado son esporádicos en la obra dramática de Antonio Gala debido sin duda a que la acción y el diálogo van surgiendo en cada situación de las réplicas de los personajes, siendo muy escasas las miradas retrospectivas a sucesos ocurridos con anterioridad, pues las referencias temporales en cada pieza son escasas al predominar en ellas la acronía, ya que lo que importa es la exposición de las ideas y no la débil trama que las sustenta. No obstante, en alguna ocasión encontramos el verbo en pretérito indefinido en lugar del imperfecto que cabría esperar: «Juan (entablando conversación por primera vez con Ana, que acude diariamente al cementerio a visitar una determinada tumba): ... ¿Su marido? - Ana: Como si lo fuera, sí, señor. - Juan: *Yo pensé* si sería su hijo» (*Los verdes,* 32). Como disculpa por un intervención inoportuna: «Camacha (con retranca): *Pensé que* el niño estaba solo...» (*Las cítaras,* 50).

Por esa acronía que suele presidir las obras de nuestro autor la casi totalidad de dichos giros tienen su verbo en presente, como medio de que dispone el personaje para afirmar o negar de forma poco categórica su aserto, bien porque no se encuentra del todo seguro de él o por deferencia hacia su oyente: «Hortensia (exponiendo a Lorenzo el modo de vida de sus convecinos, que han progresado económicamente, mientras ella va retrocediendo): ... Y los hijos, su bachillerato. *Yo pienso que* son todos comunistas ...» (*Los buenos*, 18). La mayoría de las veces predomina el verbo *creer* cuyo valor semántico es similar al anterior: «Rey (ha mandado llamar al Republicano para intentar llegar a un pacto con él, a fin de atraerse la adhesión y alianza del gigante): *Creo que* a usted le une una tierna amistad con ese (Señala fuera) extraño visitante» (*El sol*, 200), el personaje está seguro de su afirmación pero la suaviza por cortesía y amabilidad hacia su interlocutor, pretendiendo granjearse su benevolencia. En otras ocasiones se halla más cerca de su significado y función atenuadora ya que su afirmación resulta hipotética: «Ana (que ha quedado encerrada con Juan en el panteón para llegar a «ese sitio» donde se reunirá con su Antonio): ... ¿Me pongo el velo? *Yo creo que* hará bien...» (*Los verdes*, 83). Asimismo se encuentra en forma negativa: «Ordenancista (despectivo y superior porque la Mujer Sola le ha contradicho sobre las condiciones de una buena venta): *No creo que* una mujer que vive sola entienda mucho de transaciones comerciales» (*El caracol*, 126). El empleo más frecuente del verbo *creer* que *pensar* en esta clase de giros es debido a un fiel reflejo de la lengua hablada, en la que también se observa la misma preponderancia a causa del significado específico de cada uno de ellos: *creer* es la actividad mental que no supone ningún esfuerzo de reflexión, limitándose el sujeto simplemente a la aceptación o al rechazo de la propuesta; por su parte, *pensar* implica un esfuerzo consciente de utilizar la facultad humana de razonar, sopesando los pros y los contras de la propuesta y de su decisión. La frecuencia de estas dos construcciones «*creí que, pensé que*» está atestiguada por el modismo popular «A Creíque y a Penséque los ahorcaron en Madrid», con el que se da a entender que a nadie le interesa como excusa posible lo que fulano haya creído o pensado sino únicamente lo que ya pasó o lo que hizo (2).

Rara vez nuestro autor utiliza otros giros que desempeñan la misma función y poseen un significado parecido. Así, *estar* + un adjetivo que indique la mayor o menor certeza del aserto, como *seguro*: «Burguesa (a su marido): *No estoy segura* de que esa mujer haya dado a nuestra hija un buen consejo» (*El caracol*, 127); en forma negativa ya que si no, se trataría de una afirmación categórica, sentido opuesto al que se pretende con estas construcciones que es el de suavizar una aseveración.

La perífrasis impersonal *me parece* + *que* equivale a los giros precedentes como medio de matizar la opinión que introduce. En forma impersonal *parecer* tiene un significado como el de cualquier verbo de entendimiento, ya que el complemento *me* es el receptor de la actividad del verbo y que se refiere al sujeto que habla, mientras que el sujeto gramatical es el que ha originado dicha actividad. Existe además una diferencia de significado, basada en esta diferencia gramatical: la forma personal se refiere a una «apariencia» externa, captada con los sentidos, en especial con el de la vista, mientras que la impersonal alude a una «apariencia» intrínseca, intelectual, aprehendida con los ojos de la mente. Es este segundo valor semántico el que posee en la función de transición del diálogo: «Marinero (porque la Mujer Sola ha recordado que de pequeña estuvo enamorada de un niño que tenía una tiza de color amarillo): Yo nunca he tenido una tiza amarilla. Y *me parece que* ya no es hora...» (*El caracol,* 165). Expresa la convicción del hablante, pero con un deje de duda o por deferencia hacia el oyente: «Alfonso: *Me parece que* la Historia está llamando a la puerta» (*Anillos,* 74).

El mismo papel desempeñan las perífrasis *con un verbo de temor* que poseen siempre un sentido negativo: en forma afirmativa, temor que se realice algo que el hablante no desea; en forma netativa a la inversa: que no se produzca algo anhelado por él. De todos modos, matiza su proposición evitando toda opinión categórica: «Portero (ante la insolidaridad y falta de colaboración de los que viven o van a aquella casa): ... Todo el mundo se niega a poner un ladrillo, un pequeño ladrillo. *Me temo que,* a este paso, la casa no se termine nunca» (*El caracol,* 125); «Fray (triste): *Temo que* la serpiente esté ya enroscada en esos altos árboles floridos de las Indias» (*Las cítaras,* 71). En su uso está implicada otra facultad humana: la voluntad, el deseo de que lo expresado se produzca o no: «Alcalde (incitando a Juan a seguirle): Ea, ¿viene o no viene? - Juan: *Temo que no* me sea posible. *Temo que* llevemos direcciones distintas» (*Los verdes,* 13), donde aparecen las dos variantes de este giro: negativa y afirmativa. Incluso, cuando se trata de una decisión más o menos imperativa, y que por deferencia del hablante hacia los presentes se expresa de forma atenuada: «Alfonso: ... Por tanto *me temo que* tengamos que hablar del Cid una vez más» (*Anillos,* 64).

2) **La aclaración.**

2.a) La aclaración de una circunstancia pertinente, como causa que justifica una situación un tanto molesta para el hablante, suele ir precedida de la fórmula *el caso es que,* mediante la que se enlaza con la oración anterior de la que ella es su explicación, al mismo tiempo que estimula el interés del interlocutor: «Hortensia (justificándose ante Lorenzo por beber vino): ... Estoy tan desganada. *Y el caso es que* me siento a la mesa con apetito, pero ir comiendo e irlo perdiendo, es todo uno» (*Los buenos,* 16), la ironía del autor se aprecia con rasgos muy fuertes en esta frase, caricaturizando, por otro lado, el carácter apegado y materialista de su personaje, en el que no cabe ningún destello de ternura ni de ideal.

Existen otras varias fórmulas introductorias al tema principal de la conversación parecidas a la anterior y con valores que oscilan entre el causal y el adversativo, según se refiera a la motivación que ha dado lugar a la situación aludida o a la restricción y concreción de lo manifestado de manera general previamente pero *aclarando* siempre algún punto que pudiera inducir al oyente a error.

2.b) Entre los giros cuyo núcleo está constituido por un verbo de suceso o acontecimiento, el que predomina en la obra de nuestro autor es *pasa,* seguido, en cuanto a frecuencia, por *sucede,* y alguna vez *ocurre.*

Con el verbo *pasar:* «Niña: ... Si los reyes no son más grandes. *Lo que pasa es que* siempre los vemos desde abajo» (*El sol,* 177), donde el matiz causal de la oración es evidente, ya que explica la *causa* de su aparente mayor tamaño. En otras ocasiones posee un valor restrictivo, próximo al de una oración adversativa: «Hortensia (por las habladurías de las gentes sobre la mala administración de la parroquia): Pues mejor harían callándose los que hablan, porque de la iglesia todos han sacado tajada. *Lo que pasa es que* unos mean en lana y otros en lata» (*Los buenos,* 35). El mismo sentido aclaratorio y concretizador de una circunstancia es el de: «Lorenzo (que acaba de entrar en la capilla y conocer a Consuelito): ¿Usted no era de la profesión? - Consuelito: Naturalmente. Contorsionista. *Lo que pasa es que* a los nueve años, me di con la cabeza en un bordillo y perdí muchas luces...» (*Los buenos,* 11). Como autoafirmación de una decisión ya tomada, concretando de este modo la razón de su actitud: «Paula (porque Tomás, queriendo consolarla, la anima a que olvide los tiempos felices anteriores a la guerra): No me quiero olvidar, Tomás. Si *lo que pasa es que* no quiero olvidarme...» (*Noviembre,* 236). La especificación de la propia opinión, evitando un posible malentendido se aprecia en el siguiente caso: «Consuelito: Hijo, usté no tiene un poco duro el oído. - Lorenzo: Si lo sabré yo ... - Consuelito: A usté *lo que le pasa es que* está como una tapia» (*Los buenos,* 9).

El **verbo** *suceder* alterna con el anterior como núcleo de la fórmula de transición, aunque su presencia en la producción dramática de nuestro autor es menor. Sus usos y funciones son idénticos, ya que se trata de un sinónimo: «A (a la Joven que, casada con el Ordenancista, ha de acompañarle a todos los sitios donde él va): ¡Ah!, ¿le gusta a usted administrar justicia? - La Joven: No. Me gustaría que me la administrasen a mí. *Lo que sucede es que* él es celoso» (*El caracol*, 158).

Estas fórmulas funcionan como elementos retardatarios del diálogo, pero referidos más bien al oyente al que se le da un breve lapso de tiempo a fin de centrar su atención en las palabras del hablante: «Reina (ante la revelación del Republicano de que el pueblo confía en ella): ... El pueblo cree que soy demócrata porque me gusta montar en bicicleta. No se para a pensar que acaso *lo que sucede es que* estoy como una cabra» (*El sol*, 183). En todas ellas va implícito el valor causal, explicativo sobre cualquier asunto: «Cleofás (justificando la actitud de don Jenaro, al que acaba de cortarle el pelo): Mamá ..., *lo que sucede es que* no habla nunca. Afirma o niega sólo con la cabeza» (*Los buenos*, 25).

De cuando en cuando Gala emplea algún verbo diferente a estos dos pero que posee el mismo significado, como *ocurrir*: «Dama 2.ª: *Lo que ocurre es que* hay que hacer la caridad alegre. Ese es nuestro papel» (*El sol*, 179).

Las fórmulas con *haber* son de aparición esporádica en la obra dramática de nuestro autor: «Consuelito (explicando a Lorenzo en qué basaba la madre sus virtudes de pitonisa): ... Lo que ella decía: «Para adivinar el porvenir, lo mismo da un pueblo que otro. *Lo que hay que* saber es ponerse el turbante» (*Los buenos*, 11).

2.c) Las fórmulas que constan de *es que* son elípticas de las precedentes las cuales, debido a su frecuente uso en la lengua hablada, se han ido convirtiendo en formas estereotipadas, en las que su sentido se mantiene, si bien su significante se ha ido desgastando y perdiendo elementos no indispensables para la comunicación afirmándose, una vez más, la tendencia del habla popular, y de las criaturas de nuestro autor que la reflejan, a la economía expresiva dando lugar a un diálogo vivo, chispeante y un tanto impresionista. El valor explicativo causal predomina en ellas: «Manuel (al entrar en el panteón el día de Nochevieja): ¿Dónde se ha metido Juan? - Muchacho: Ha ido a buscar al guarda. - Ana: *Es que* Luterio necesita cantar» (*Los verdes*, 63); «Dama 2.ª (hablando con Dama 1.ª sobre la apatía de la vida de ésta): Eso *es que* tienes la vida sumamente vacía» (*El sol*, 179). Se han especializado de tal modo en esta función y formado un cliché fijo que no impiden la presencia de otra conjunción: «El Joven (mientras salen): Mírame a mí. No mieres a nadie más que a mí. - La Joven: *Si es que* me pican los ojos de tanto mirarte» (*El caracol*, 151), que introduce una objeción a la propuesta del interlocutor al mismo tiempo justificadora de su actitud.

En ocasiones le precede la conjunción copulativa *y* como refuerzo a su función de enlace con lo dicho anteriormente: «Mujer 1.ª (hablando a solas, pues su marido está roncando): ... No le quise decir que sólo habíamos comprado una docena de uvas para los dos. *Y es que como* todos los años nos quedamos dormidos y no oímos las doce...» (*Los verdes*, 56). En una cláusula interrogativa se convierte en una seudopregunta: «Extraviada (por un hombre que aprovecha el tumulto para tocarla): ... ¿*Es que* ni en carnaval me pueden confundir con una mujer decente?» (*El sol*, 194).

2.d) También valor restrictivo y en gran medida hipotético posee la perífrasis *de todos modos*, que sirve además para poner de manifiesto la inseguridad y vacilación del hablante o bien su temor de ofender al oyente con una opinión categórica que contradiga la suya. Por otro lado se adelanta a una posible objeción: «Ordenancista: La gente joven, sobre todo las mujeres, tienen muchas más cosas fuera que dentro, ¿no le parece? - Marinero: No sé. No lo recuerdo. Pero, quizá, *de todos modos* fuese mejor así» (*El caracol*, 134), donde esos matices de limitación y duda se hallan enfatizados por la acumulación de partículas que los denotan: la conjunción adversativa y el adverbio de duda. Valor y función análogos posee *de cualquier forma*: «María: *De cualquier forma*, las relaciones de vasallaje se rompieron» (*Anillos*, 64). Semejante a éstas perífrasis es *en todo caso*, que indica la certeza de lo manifestado por el hablante, sean cual sean las circunstancias que se den: «Jimena: Y si no la aceptara, me da igual. *En todo caso*, quiero casarme con Minaya» (*Anillos*, 74).

El habla popular dispone para la expresión de la duda de la fórmula *a lo mejor*, en sustitución de los adverbios *acaso, quizá*, sentidos como más literarios. En la obra dramática de Antonio Gala se encuentran algunos ejemplos, si bien es cierto, en menor proporción que *a lo mejor*: «A (durante el embargo de sus pertenencias a causa de la deuda contraída por Z.): Mi marido y yo dormimos separados. - Burgués: *Quizá* de ahí provengan sus desdichas» (*El caracol*, 159); «Rey (ante el exilio masivo del pueblo capitaneado por su mujer, la Reina): ... No los entiendo. *Acaso* es porque estoy cansado» (*El sol*, 227).

Por su parte, *a lo mejor* es muy corriente en el habla familiar, siendo también la fórmula de este tipo más habitual en boca de las criaturas de nuestro autor; basten unos ejemplos: «El Joven (que con la Joven lanzan la hipótesis sobre el lugar adonde se dirigen unas cigüeñas, que acaban de levantar el vuelo): O, *a lo mejor*, ya van por nuestro niño» (*El caracol*, 143); «Niño: No. Un grillo patas arriba. - Niña: *A lo mejor* ése es el rey» (*El sol*, 176); «Lorenzo (iniciando una simulada resistencia a aceptar la invitación de doña Hortensia para quedar con ellos): ... Están aquí en familia... *A lo mejor* a Cleofás no le cae bien» (*Los buenos*, 19). El valor hipotético que esta fórmula introductoria confiere a la frase que le sigue puede adquirir visos de certeza cuando la proposición está teñida de ironía: «Jimena: ... Ya va a haber que guardar los abanicos hasta el año que viene ... *A lo mejor* entonces ya no estamos aquí, porque esos moros ...» (*Anillos*, 53). Incluso puede ir ocupando el último lugar de la frase, facilitado por el orden flexible de la sintaxis española, pero sin que por ello varíe su significado de conjetura: «Consuelito (un tanto preocupada por su aspecto físico ante Lorenzo): ... Como no me compras aguarrás, me tengo que limpiar las manos en la cabeza. Pareceré una fulana *a lo mejor*» (*Los buenos*, 9).

Como sinónima de esta perífrasis se está extendiendo cada vez más en el habla popular la fórmula *a saber* para la expresión de la duda: «Paula (por que Tomás le ha relatado cómo fue herido en la pierna): *A saber si* no te dio uno de los tuyos. La guerra es un desorden» (*Noviembre*, 237).

Otra perífrasis del habla coloquial, denotadora también de cierta actitud pesimista es *menos mal*: mide una situación o un hecho no por relación a su bondad sino a su maldad; no mirando su lado positivo, sino el negativo. Existen algunas diferencias en su empleo respecto a *a lo mejor*: ésta alude a algo no realizado o en vías de realización, que puede darse o no; por su parte, la introducida por *menos mal* se refiere a algo que ya ha tenido lugar, o bien, que el hablante se encuentre en una perspectiva de pasado respecto de lo que habla. De lo que se deduce que el primero expresa la intencionalidad o el deseo del hablante respecto de lo que se dispone a comunicar; mientras que *menos mal* manifiesta su resignación ante un hecho consumado que podía haber sido más desastroso aún: «Hortensia (por temor a las habladurías de las gentes se congratula de que sólo esté presente Lorenzo en la disputa que ha mantenido con Consuelito): Es una plebeya. *Menos mal* que usted es como de la casa, porque nos tenemos que andar con cuidado» (*Los buenos*, 16); «Paula (porque Diego ha negado que la carta que ella ha leído sea verdaderamente de su hijo Manuel): ... Ya me amargó la carta. (Al guardársela) *Menos mal* que tengo otra» *(Noviembre*, 245). En todos los casos se encuentra esta idea de autoconsuelo y resignación: «Dueña: ... Iré a Misa mañana. *Menos mal que* Dios es un santo, el pobre» (*Los verdes*, 55); «Reina (por la corona del Rey, que sólo se la pone para celebrar el aniversario): Y *menos mal si* el año pasado se os ocurrió ponerle naftalina. Si no, habrá que ver el terciopelo» (*El sol*, 185), donde al introducirse una oración condicional, la conjunción *que* de los casos anteriores es sustituida por *si*.

---

(1) Estos giros interrogativos, introducidos por la conjunción causal seguida de una negación, serán tratados con mayor detenimiento en el capítulo final, en «*Las expresiones de ruego y mandato*».
(2) Véase W. Beinhauer, «El español coloquial», pág. 104.

C) FORMAS DE CONCLUIR EL DIALOGO

Consisten en determinados giros con que cuenta el hablante para indicar al interlocutor que la comunicación toca a su fin; su misión es la de redondear el diálogo mediante una construcción que señale su conclusión a modo de broche lingüístico, afianzando, además, la propia opinión pues da a lo dicho un sentido irrevocable, intensificador de lo expresado. Se pueden calificar como formas de autoafirmación, a diferencia de las de afirmación propiamente tales que se refieren a un aserto del sujeto con el que se habla, no del hablante. Son, pues, formas enfatizadoras de la propia voluntad. Antonio Gala utiliza en boca de sus criaturas muchos de los giros de la lengua coloquial española para finalizar el discurso: unos que ya están consagrados en esta función y otros que, debido a las particulares circunstancias en que se desenvuelven los personajes, son adecuados en este uso, aunque no sean específicos del mismo; tal sucede con esas píldoras de sabiduría popular que son los refranes. Se distinguen cuatro apartados generales:

I) Giros que se refieren al acto de hablar.

1) Fórmulas que tienen como núcleo el verbo *decir: con decirle a usté que, no le digo más que ...; he dicho, tengo dicho, digo yo,* etc.

2) Fórmulas con verbos con idea de terminación: *acabar* y *bastar.*

II) Estribillos y refranes: *y ya está, y andando, y fueron muy felices, y ahí se las den todas, apaga y vámonos, pies para qué os quiero ...*

III) Con *bueno:*

1) Bueno

2) bueno + conjunción: *¿y...?, pero, pues.*

IV) Fórmulas de saludo y despedida: *Adiós, hasta luego. Dios le guarde, ande con Dios, vaya usted con Dios, a mejorarse.*

I. GIROS QUE SE REFIEREN AL ACTO DE HABLAR

1) **Fórmulas que tiene como núcleo el verbo** *decir:* unas veces instroducen la prueba final y contundente de un razonamiento de la que el

hablante espera que cualquier duda que aún pudiera tener su interlocutor quede despejada. Nuestro autor utiliza principalmente dos giros, que poseen el mismo valor: *con decirle a usted que,* y *no le digo más que:* «Consuelito (que cuenta cómo su madre no acertaba en sus predicciones): ... Pero con los de la familia ... *Con decirle que,* después que mi padre nos abandonó, siguió poniendo tres platos en la mesa ...» (*Los buenos,* 11), es decir, que le parece tan clara la prueba que da que toda otra explicación después de ella huelga. También en: «Luterio (ante las explicaciones del Guarda sobre la despreocupación de las gentes para con sus difuntos): ¡Qué desorden! - Guarda: ¿Desorden? *Con decirle a usted que* la semana pasada, al Panteón de Hombres Ilustres, en vez de al Almirante Gorrechea se llevaron al «Chiclanero» (*Los verdes,* 31). La presencia de la conjunción *que* indica que lo que se va a introducir depende directamente de la fórmula conclusiva. Este mismo valor posee la otra variante: «Hortensia (hablando de los «genios» de su familia): ... Y mi primo Sebas, un superdotado, al ejército. Cómo sería que *no le digo más que* llegó a brigada» (*Los buenos,* 17).

El pretérito perfecto *he dicho* se suele utilizar en los discursos públicos para dar a entender el orador que ha concluido. Con este valor no se da en la lengua hablada pues resultaría muy afectado y pedante; ahora bien, puede cumplir otra misión: la de reforzar la obligatoriedad de una orden ya dada previamente: «A (consciente de su ridículo, irritada con los invitados a la fiesta): ... Fuera de esta casa. Todos fuera, *he dicho» (El caracol,* 156). No obstante, como correlato en el habla cotidiana de esta forma en las disertaciones en público se pueden considerar aquellas con el verbo en presente de indicativo, del tipo: *digo yo:* «Solterona (hastiada de su vida): ... Una se decide por fin, un día u otro, a tirar por la calle de enmedio. A liarse la manta a la cabeza. Porque ya está bien, *digo yo» (El caracol,* 141), donde esta forma al rematar una opinión particular de la que no se está muy segura, con sentido más bien de conjetura, no tiene ninguna fuerza imperante sobre el interlocutor. Para esta función es necesario que la idea léxica del verbo vaya especificada mediante el pronombre personal de segunda a la persona a que se refiere y el pronombre neutro *lo* para el objeto: «Extraviada (porque la Muchacha está embarazada): ¡Qué envidia! Porque lo que no acabe en un hijo ... *Te lo digo yo» (El sol,* 210). Es decir, que para indicar la terminación del discurso el hablante dispone en la perspectiva del presente de dos tiempos, según el carácter y la situación en que se produce: para la disertación pública ante un número indeterminado de oyentes, en la que no existe posibilidad de réplica, se emplea *el pretérito perfecto*; para el diálogo coloquial, familiar, con intervenciones de dos o más interlocutores se utiliza el *presente* de indicativo, menos formalista que el perfecto que, quizá, se sienta más literario.

Debido a este carácter de ambos tiempos se origina una construcción particular para señalar la repetición de un consejo o de una orden: el presente del verbo *tener* + el participio de *decir: tengo dicho*. Por tratarse de algo ya realizado en tiempo anterior, aunque inmerso en la perspectiva del presente, equivale al pretérito perfecto, pero dado que se produce también en el momento actual y en la lengua hablada, se emplea el presente del verbo *tener;* es, pues, una construcción intermedia entre las vistas con anterioridad, entre *he dicho* y *digo:* «Paula (recriminando a Tomás por su manía de vestirse de uniforme): ... Desengáñate: estás fatal. *Ya te lo tengo dicho» (Noviembre,* 238).

2) **Fórmulas con verbos con idea de terminación:** *acabar* y *bastar.* Generalmente se tratan de formas elípticas ya que hay que sobreentender en la mayoría de los casos algún verbo relativo al acto del habla, como *decir.* Por otra parte, existe una diferencia en el uso de estos verbos: *bastar* puede ser utilizado en varios tiempos, mientras que *acabar* en esta función Gala sólo lo usa en pretérito indefinido, y en alguna ocasión, muy rara, en perfecto.

Bastar en presente de imperativo puede referirse tanto a la conclusión del diálogo como al fin de cualquier otra acción del oyente: «Rey: ... Y un rey lo mira todo, poderoso y aislado, fuera del juego, hasta que se ve obligado a decir: *¡basta!» (El sol,* 219), que indica no el término del propio diálogo sino el del interlocutor. Suele ir precedido de la conjunción copulativa *y* como final de una enumeración: «Jefe (hablando sobre la rotación de partidos de antaño y ejemplificándola con la manera de partir un huevo): ... Hoy la gente, sin más requisitorias, se come el huevo *y basta» (El sol,* 216). En algunos casos, más que como fórmula de remate del diálogo habría que entenderlo como fórmula de transición, pues pasa a otra fase del mismo y no a su conclusión, aunque ésta sea inminente: «Rey (en su discurso de aniversario): ... ¿Y los servicios públicos? *Baste* con un ejemplo ...» (*El sol,* 189), equivale, pues, en cuanto a su significado, a las formas: *no te digo más, con decirle que* ... que anuncian al oyente que el final del discurso se aproxima.

El verbo *acabar* en esta función aparece en pretérito indefinido *se acabó,* fórmula que procede de la manera con que se terminaban las narraciones de los cuentos de donde se extendió a todo tipo de relatos y al diálogo: «Luterio (hablando con Juan sobre la posible existencia de otro «sitio» después de la muerte): ... Cuando la vida se acabó, *se acabó» (Los verdes,* 45), es decir, «no hay más que hablar». Según la situación, puede indicar tanto el fin del diálogo como el de algún objeto que sea la causa del mismo, en especial cuando se trata de una discusión: «Diego (que tacha los días en un viejo almanaque que tiene escondido y que Paula busca): Ahí no está. - Paula (lo saca sin vacilar): *Se acabó el calendario.* (Lo rompe)»*(Noviembre,* 252). La idea de conclusión puede referirse únicamente a un tema determinado de conversación que causa enojo en el hablante: «Alonso: ... y unos frascos de vino, que estos discutidores tienen la garganta seca. *Se acabó...* Veneno les daría» (*Las cítaras,* 72).

II. ESTRIBILLOS Y REFRANES

Entre los primeros hay que distinguir los que proceden o parodian el final de algún cuento de aquellos otros que son meras muletillas con que el hablante cierra sus propias palabras a modo de clichés fijos de la lengua.

1) **Estribillos:** Existe una gran variedad de giros en la lengua hablada; entre los que usan las criaturas dramáticas de Gala cabe citar:

Y ya está sirve para cerrar una rápida enumeración de sucesos que merecen escasa importancia a los ojos del hablante o la superación de alguna dificultad ya evitada: «Luterio (al que Juan ha desvelado su profundo amor por Nina, procura rectificar su declaración): La verdad. No como tú ... - Nina: ¿Qué tú, ni tú? ¿Tú que sabes de mí? ¿Aquí qué sabe nadie de nadie? Llegamos, nos aburrimos y nos morimos, *y ya está*» (*Los verdes*, 73). O para indicar la urgencia con que se han de ejecutar varias acciones sucesivas: «Domingo: ... Un día nos levantamos bien temprano ¿eh? y los matamos a ellos ... así, y así. *Y ya está*» (*Las cítaras*, 10).

Y listo es un giro con el que el hablante sintetiza en una frase una serie de razones o sucesos: «Jimena (ante las explicaciones del rey Alfonso que determinó prohibirle la salida a ella de sus habitaciones): No me has rogado nada. Me has encerrado *y listo*...» (*Anillos*, 86). En Gala encontramos las variantes *estamos listos,* que da por terminado lo dicho, impregnándolo de cierto matiz despectivo y un tanto resignado: «Paula (quien no cree que las heridas sufridas en una guerra sean motivo de orgullo, al menos en una guerra civil): Como toda la gloria sea quedarse con la pata tiesa, *estamos listos*» (*Noviembre*, 235). Pero si el hablante aplica a su interlocutor o interlocutores la conclusión negativa que ha sacado de una situación dada este giro adopta la variante: *vais listos:* «Jimena (porque su hija María se opone a un posible matrimonio de ella con Minaya): ... Y si el ovejo la hinca, que la hembra se resigne y se vaya a hacer gárgaras o a pedir por su alma a un convento... Eso es lo que queréis, ¿no es verdad? *Pues vais listas*» (*Anillos*, 84).

Forma de valor análogo es *y eso es todo* para explicar la simpleza y sencillez de una situación que a primera vista parece muy compleja: «Marcos: ... No es hora de cambiar. Hay que esperar que escampe *y eso es todo*» (*Las cítaras*, 24).

La descripción de una serie de cualidades negativas de un sujeto, todas bajo el común denominador de la pasividad, se completa con el estribillo «*y ahí se las den todas*»: «A. (por la actitud de Z., incapaz de cualquier iniciativa o de mantener una conversación que no caiga en lo anodino): ... Ya, ya. Llega, se acurruca *y ahí se las den todas*» (*El caracol*, 142).

En situaciones similares se emplea «*y me largo de aquí con viento fresco*» que denota el enfado del hablante hacia el sujeto con el que conversa por algo dicho o hecho por éste: «Paula (enfadada con su marido): ... Nunca he tenido contigo ni un mal modo, Diego. Pero si sigues así te juro que cojo a mi madre *y me largo de aquí con viento fresco*» (*Noviembre*, 258).

El mismo valor posee «*apaga y vámonos*» que denota el pesimismo o la contrariedad del hablante: «Luterio (hablando con Juan sobre el significado de la existencia humana): Cuando se termine, esto (señala la tumba del abuelo) que me pongan encima las flores. Y las naranjas. - Juan: Pues estamos divertidos. Toma (le da pan y untan el queso). *Entonces, apaga y vámonos*» (*Los verdes*, 44).

El gerundio imperativo *¡y andando!* indica al mismo tiempo el fin del tema discutido y que se puede pasar a otra cosa casi siempre relacionada con lo dicho, como puede ser su puesta en práctica por el oyente: «Juan (Contando a los mendigos el motivo de su venida a aquella ciudad): ... Yo venía a morir aquí. Pero no sé ya dónde me dejarán. - Nina: Cuando llegue la hora en cualquier sitio. No le importe. Usted se tumba donde le coja, *y andando*» (*Los verdes*, 26-27). Incluso se suele añadir a este gerundio imperativo la coletilla de tono festivo y humorístico *que es gerundio*, originaria de la pedantería popular, pero que su constante empleo ha hecho que se gramaticalice y no sea sentida como tal sino, más bien, como medio de enfatizar la orden dada, reforzando su obligatoriedad.

La fórmula conclusiva *mala suerte* denota la resignación del hablante ante un suceso desafortunado para él, contra el cual es imposible rebelarse: «Alfonso: ... Y a mí me tocó la china de que el Cid «ocurriera» en mi reinado: *mala suerte que tuve*» (*Anillos*, 64).

En ocasiones la fórmula de terminación está constituida por un término onomatopéyico, indicador de un ruido de alguna acción que pone fin a un suceso. Incluso, es frecuente que vaya seguido de algún estribillo popular que dé el hecho por consumado, con lo que la enunciación aparece doblemente rematada: «Rey (planeando el ataque y muerte de Gulliver): ... Pero sin insistir,

¿eh?, como el que no quiere la cosa. *Pum, pum, y* volver la cara al otro lado. *Se lo llevó Pateta» (El sol,* 219); Pateta es el apelativo que se le da al «demonio» en determinadas regiones de la Península, sobre todo en las zonas del Sur.

Otras fórmulas conclusivas poseen un tono festivo y tienen un origen religioso: «Jimena: ... Si os zurran los maridos, *santas pascuas: cada palo, su vela...» (Anillos,* 83), cuyo valor terminativo está reforzado por el modismo popular que le sigue. También cierto recuerdo religioso o piadoso posee la siguiente: «Jimena (ante la situación desesperada de la ciudad a causa de cerco de los mulsumanes): ... Y no creo que mude de opinión porque tú se lo pidas. - Constanza: *«Pues que Dios nos coja confesadas»* (Sale)» *(Anillos,* 60).

Algunos estribillos con que finalizaban muchos de los cuentos populares son parodiados por nuestro autor, dando lugar a situaciones de un fino humor: *«... y fueron muy felices»* con que terminan los que relatan historias de príncipes y princesas que, tras una serie de obstáculos adversos a su amor, por fin triunfa éste: «Ana (que ha contado a Juan cómo su Antonio y ella se amaron desde jóvenes, pero que él se casó con otra más rica, pero acabó volviendo a ella, aunque ya no era el mismo): ... La gente va sufriendo y va mirando de otra manera. - Juan: *¿Y fueron muy felices?* - Ana: *Y comimos perdices.* Ay, yo de esas cosas no entiendo» *(Los verdes,* 48), donde la fórmula conclusiva del cuento es utilizada como pregunta, mientras que su función es desempeñada por el añadido festivo a la misma, dando la protagonista por cerrado el tema; dicha coletilla humorística *«y comieron perdices»* responde a las creaciones rimadas de la lengua, cuyo origen algunos autores lo remontan a las construcciones paralelísticas de las primeras creaciones literarias. En casi todas estas fórmulas, la presencia de la conjunción copulativa *y* anuncia el último miembro de una enumeración que no es tal sino dicho giro conclusivo.

2) **Refranes:** Son esos comodines de que dispone la lengua, susceptibles de ser empleados en las más diversas situaciones y de los que se desprende siempre una enseñanza para el interlocutor; pueden ser utilizados para esta función cuando su adecuación a las circunstancias en que aparece es la apropiada a su significado. Mediante ellos el hablante resume lo dicho, justificándolo con una cita que le confiere autoridad debido a su vigencia en el pueblo. Para la aceptación resignada y sumisa de una posible situación adversa al hablante, se hace referencia a la divinidad o a algún santo preferido en la devoción de las gentes: «Constanza: ... *A quien Dios se la dé, San Pedro se*

la bendiga...» (Anillos, 99). A veces nuestro autor acumula dos refranes como expresión de la misma idea de dos maneras distintas: «Paula (justificando la marcha de sus hijos de aquel lugar): ... Aquí estamos a gusto los niños y los viejos. Y don Rufino ... (Con intención) - Madre: (Temblor) No. - Paula: Los demás, *ancha es Castilla y pies para qué os quiero*» (*Noviembre*, 243).

Se puede calificar, pues, el rematar el enunciado mediante un refrán y por relación a los otros procedimientos, como un medio más elevado y consciente ya que además de indicar que el diálogo ha finalizado, sintetiza su idea en una frase conocida de todos y a la que se le presta crédito, debido a que su autoridad está avalada por varios siglos de vigencia.

III. LAS FORMAS CON BUENO

Denotan la aceptación por el hablante de una situación determinada que, no obstante, puede ser causa de alguna objeción por su parte. En la lengua española este *bueno* es muy frecuente, de manera que se ha convertido en muletilla de muchos sujetos que suelen emplearlo tanto al inicio de su discurso como al final del mismo. En el uso de esta y otras muletillas del lenguaje se manifiesta la inseguridad o el nerviosismo del individuo que utiliza una palabra de apoyo para arrancar a hablar o para salir de una situación un tanto embarazosa. Debido a las diversas posiciones en las que la presencia de *bueno* es susceptible de ir, puede considerarse como palabra comodín de la lengua, indicando siempre el final del tema de la conversación y su sustitución por otra, con una cierta condescendencia a lo dicho previamente.

Dos grupos de formas:

1) **bueno.**
2) **bueno + conjunción:** *¿y...?, pero, pues.*

1) **Bueno** como simple palabra de apoyo, introduce una frase que pone fin a la intervención del personaje en el diálogo: «Nodriza: *Bueno*, yo, de momento, voy a a quitarme este casco. Con tu permiso» (*El sol*, 212), que aparece, además, reforzado en su sentido terminativo con la petición de permiso para retirarse, que cierra el parlamento. O indica el fin de una situación y el cambio a otra diferente: «Rey (momento antes de salir al balcón a pronunciar su discurso de aniversario de coronación): ... Pero, ¡ay!, el pueblo no sabe que los problemas son siempre personales. *Bueno*, el momento ha llegado» (*El sol*, 207). Dicha idea conclusiva de un tema de conversación para pasar a otro se halla reforzada si a *bueno* le sigue otro giro terminativo: «Jimena: La de sacarme a mí de quicio... *Bueno, por fin* vamos a poder tomar una tacita de café sin contar con la Historia» (*Anillos*, 47).

A veces, es usado como adverbio expletivo cuando el hablante se detiene para rectificar o justificar sus palabras precedentes: «Dama 1.ª (planeando con Dama 2.ª una campaña de caridad para «distraerse»): ... Siempre van de gris o de pardo. Es el color de pobres, ¿no? *Bueno*, yo hablo de oídas. A lo mejor es un uniforme» (*El sol*, 179). En otras ocasiones indica la conformidad o resignación del sujeto con algún suceso o afirmación: «Paula (que ya hace tiempo que tira los carritos que hace su marido, por lo que no se preocupa en traer madera para fabricar más, sorprendiéndole la petición de éste): Ay, es verdad. Qué memoria. *Bueno,* es igual» (*Noviembre,* 241), tratando de quitar importancia a su olvido, a fin de que Diego no sospeche que lo hace aposta para que a él se le quite durante algún tiempo esa afición; «Muchacho (pensativo): Todo empezó cuando mi madre se volvió a casar. *Bueno,* o lo que fuera ...» (*Los verdes,* 62), donde la posible rectificación de lo expresado queda cortada ya que no le interesa demasiado el nombre que se le dé a determinados actos. El valor correctivo de *bueno* aparece con claridad en aquellos casos en que va seguido por un giro mediante *decir* con esta misma función: «Juan (al que le importa poco el pasado, ha de responder a las insistentes preguntas del Alcalde): Vengo de la guerra. *Bueno, más vale decir que vengo de mi casa*» (*Los verdes,* 12).

Cuando el hablante duda sobre la conveniencia e interés que puede tener su comunicación procura expresarla mediante un giro que introduzca alguna circunstancia que atraiga la atención del interlocutor o le saque de la situación un tanto azarosa en que se halla: «Hortensia (contando a Lorenzo la declaración de amor de su primer marido): ... Yo me acuerdo de que cuando mi primer marido ..., *bueno,* mi marido, se me declaró, le sonaron las tripas» (*Los buenos,* 20); equivale entonces a una conjunción de tipo continuativo. Como simple medio de transición para rectificar o completar lo que se está diciendo, dado que su omisión podría causar enojo o disgusto: «Hernando: ... Si tú amas a tu hijo ... *bueno,* a nuestro hijo ... con amor natural, estás pecando» (*Las cítaras,* 47); es como una especie de paréntesis del discurso que especifica algún aspecto de la idea comunicada.

2) **Bueno + conjunción:** Cuando el *bueno* conclusivo va seguido de una conjunción *y, pero, pues,* señala el término de lo tratado hasta el momento.

Después de la copulativa *y, bueno* cierra el discurso del interlocutor ya que al hablante lo que en verdad le importa es lo que manifiesta seguidamente, siempre bajo la forma de una interrogación, dando de este modo a entender que lo comunicado hasta entonces lo admite como válido pero que no le interesa. Aparte de las fórmulas elípticas del tipo *bueno ¿y qué?*, en casos como: «Paula (por el gusto de Tomás a llevar uniforme): .. Lo que la gente inventa, madre ... - Tomás: *Bueno, ¿y qué? ¿Molesto* yo a alguien?» (*Noviembre,* 232), es frecuente que la conjunción falte y la interrogación sea introducida directamente después de *bueno:* «Madre (aconsejando a su hija que insista a su novio para casarse cuanto antes): Pero, *bueno, ¿se* lo has dicho: sí o no?» (*El caracol*, 134), donde con la adversativa *pero* se adelanta a todas las posibles objeciones. En algunos contextos más que valor conclusivo *bueno* desempeña una función de transición a manera de muletilla del hablante: «Hortensia (irritada por la carta de la monjita argentina que le notifica la muerte de su primo Sebas en la más absoluta miseria): ... Que nadie vaya a decir media palabra ... *Bueno, ¿de dónde ha salido tanto candelabro?» (Los buenos,* 64). Si el *bueno* no va seguido de una oración interrogativa, introducida por la copulativa *y,* la frase que ésta introduce completa la idea expresada por la comunicación precedente o la especificación de una acción o circunstancia que se da por supuesta: «Jimena: ... En casi veinte años, los único que hice fue oír misas y esperar ... *Bueno, y* comer. Sobre todo, comer» *(Anillos,* 53).

En las construcciones *bueno, pero...* la conjunción adversativa introduce la objeción del hablante a la comunicación del interlocutor con la que en principio estaba de acuerdo de modo general: «Paula (ante la afirmación de su marido de que ha de pasear por consejo médico: ¿Qué médico? - Diego: Uno - Paula: Aquí no ha entrado ningún médico. - Diego: *Bueno, pero* de todas formas se me duermen las piernas» *(Noviembre,* 251-252).

Seguido de *pues,* el *bueno* conclusivo además de mostrar conformidad con lo espresado con anterioridad, suele convertirse en mera palabra de apoyo, en explicaciones aclaratorias de lo comunicado por hablante o en propuestas un tanto tímidas: «Juan (reiterando la invitación a sus nuevos amigos): *Bueno, pues* si ustedes gustan, vamos a tomar nuestro cafetito» *(Los verdes,* 27). Juan hacía un momento que había hecho su invitación, pero la conversación se había desviado a otro tema; así, el personaje lo cierra con *bueno,* retomando otra vez el hilo del diálogo en el punto en que éste había variado. Funciona, pues, como elemento retardatario para atraer de nuevo la atención del oyente. Igualmente en: «Jimena: ... ¿Entendido? ... *Bueno, pues* se ha reunido este amable grupito familiar para decidir ...» *(Anillos,* 63).

IV. LAS FORMULAS DE DESPEDIDA

Son aquellas en las que, además de darse por finalizado el diálogo, ambos interlocutores se separan. En la obra dramática de Antonio Gala se distinguen:

1) Las que aluden a la divinidad.
2) A la salud del interlocutor.
3) Las que comportan una referencia temporal.

1) **Las que aluden a la divinidad**: Las más abundantes son las que aluden de alguna manera a la divinidad. La de uso más frecuente es *adiós* que apenas es ya sentida como referencia a la divinidad: «Reina (que va a emigrar del país a la cabeza del pueblo): Hemos vivido juntos. *Adiós*. - Rey: *Adiós*. Hemos vivido juntos» (*El sol*, 226). En muchas ocasiones esta fórmula se emplea cuando se trata de una despedida definitiva, cuando ambos sujetos tienen casi la completa seguridad de que no han de volver a verse: «Cleofás (descubiertas las intenciones nada amistosas de Lorenzo, le ha pedido que se marche mediante la falsa carta del obispado): ... *Adiós* y muchas gracias ... por habernos hecho a los tres tanta compañía. Nos ha servido de mucho que vinieras. *Adiós*» *(Los buenos*, 68), en que el carácter definitivo de la despedida es reflejado, como en el ejemplo precedente, lingüísticamente por la reiteración de dicha fórmula: en el comienzo y en el final de la cláusula que la comprende. Si la frase de despedida consta de dicha fórmula aislada, indica que la separación de ambos hablantes abarcará un período de tiempo más o menos largo, que puede ser o no definitivo: «Reina (ganada para la causa republicana, está al lado del pueblo): Llévales mi corona. Que conozcan que soy su aliada. - Republicano: *Adiós*, mi Reina» (*El sol*, 221), donde *adiós* significa un *hasta luego* ya que volverán a verse a medianoche, cuando el esperado triunfo de Gulliver se produzca. Este mismo valor tiene en: «Juan (al Guarda que sale después que le ha mostrado la tumba de su abuelo y le ha permitido que se quede allí): *Adiós*. Y gracias» *(Los verdes*, 32), pues es consciente de que se verán a menudo, ya que los dos van a estar allí: uno vigilando el cementerio, el otro viviendo en él.

De acuerdo con el significado de despedida definitiva posee a veces un valor conclusivo, de cosa acabada, cuando no se refiere a la separación de los interlocutores, sino como remate del diálogo, yendo precedido de la conjunción copulativa y: «Paula (procurando convencer a su marido que en esta vida nada vale la pena): ... Bah, todos vivimos en casa ajena, Diego. De aquí y de allá vamos cogiendo pajas para el nido y de repente viene un viento... y adiós» (Noviembre, 256). Aunque algunos autores (1) utilizan dicha fórmula de despedida como saludo, equivaliendo a «hola», cuando dos individuos se encuentran, Antonio Gala no la utiliza nunca en esta función.

La invocación a la divinidad aparece puesta de manifiesto de forma más clara, y sentida como tal, en aquellos giros en que el término Dios no va unido a la preposición a, y por tanto, no se encuentra gramaticalizado: «Burgués (despidiéndose de A., después del embargo de los muebles): Dios la guarde. (Sale)» (El caracol, 161), que en otra situación, especialmente en ambiente religioso, puede ser utilizada como forma de saludo. Cuando la proximidad afectiva entre los hablantes es muy grande, se indica, de modo implícito, que la separación no es definitiva sino al contrario, que el tiempo que transcurrirá hasta que se vuelven a ver es relativamente corto: «Paula (después de coser el botón a Tomás se dispone a bajar a la bodega, donde están su marido y su madre): ¿Yo? A arrepentirme de haberme comido sola la naranja. Ya ves tú si soy tonta. Anda con Dios» (Noviembre, 272), donde el verbo de movimiento del giro indica que es el oyente el que se aleja. Pero no siempre ocurre esto sino que, debido a su abundante uso en la lengua hablada, han llegado a convertirse en fórmulas fijas sin que hagan referencia a la persona que marcha, pues puede utilizarla ésta para despedirse precisamente de la que permanece en el lugar: «Ana (que va a salir del cementerio sin aceptar la invitación de Juan de que se quede a vivir con él allí): Vaya usted con Dios» (Los verdes 43).

2) **Fórmulas que se refieren a la salud del oyente:** Frente al abundante empleo de fórmulas de despedida que aluden a la divinidad son escasas, tanto en la lengua hablada como en la obra de Gala, aquellas otras que hacen referencia a la salud del interlocutor: «Nina (que va a marchar a la estación, a ver si encuentra algún cliente): Bueno, yo sí que no puedo esperar, me voy. A mejorarse» (Los verdes, 26). Preferentemente se usa en situaciones en que el interlocutor está enfermo o en un trance difícil.

3) **Fórmulas de despedida que comportan una referencia temporal:** También son escasas en cuanto a la variedad de giros ya que predominan sólo dos: hasta mañana, hasta luego, éste último de uso más bien regional. Por esta razón nuestro autor emplea casi con exclusividad el primero: «Nina (al

Muchacho quien le ha entregado un billete extranjero para que se lo cambie): Descuida. Si puedo, te lo cambio. *Hasta mañana» (Los verdes,* 23). Esta construcción se diferencia de las vistas en que el hablante sabe, excepto imprevistos, que no volverá a hablar con su interlocutor hasta el día siguiente, de donde se deduce que, cuando se utiliza, el día vaya avanzado, esté anocheciendo o sea ya de noche: «Ana (que va a diario al cementerio y a quien Juan invita a que se quede con él): ... se lo agradezco, pero otro día, otro día. Adiós. - Juan: *Hasta mañana» (Los verdes,* 43). Se trata, además, de una fórmula propia entre personas que, en cierta medida, conviven gran parte del día por lo que existe familiaridad entre ellas.

(1) M. Seco registra casos en el teatro de Arniches, véase ob. cit. pág. 273.

D) LA AFECTIVIDAD

En su charla cotidiana el hablante adoba su expresión mediante una serie de recursos que coadyuban a que su comunicación sea más directa, exenta del formalismo y rigidez del lenguaje de los actos públicos donde queda aprisionado en unos moldes más o menos académicos. El español, por su carácter extrovertido, hace uso en abundancia en el habla coloquial de ellos. Algunos son de carácter netamente extralingüístico, como los gestos y la mímica, pero otros son lingüísticos.

De los tres aspectos del lenguaje que Karl Bühler distinguió –*síntoma o manifestación* del hablante, *actuación o apelación* sobre el interlocutor y *símbolo o representación* del contenido– son los dos primeros, y en particular el segundo, los que interesan ahora; ya que sobre el tercero –*lo que* dice el hablante, las significaciones de las palabras y las frases que éstas constituyen–, el individuo no tiene capacidad de modificación. La segunda de estas funciones, el que ciertas cualidades fónicas sean percibidas como síntomas manifestativos del sujeto (1), es el objeto de nuestra atención por ser la más pertinente para el significado de la proposición, debido a que mediante el tono con que se emite la alocución se expresa su intencionalidad.

Por ser la afectividad la característica más acusada de la lengua hablada se produce en todos los planos de la manifestación linguística, en especial en el fonético pero también en el léxico y en el sintáctico. Por ello, los diferentes recursos afectivos se pueden agrupar en tres niveles:

I) EN EL PLANO FONETICO

1) Pausas, puntos suspensivos.
2) Acotaciones relativas al acto de hablar.
3) Barras.

II) EN EL PLANO LEXICO

1) Por defecto:

1.a) Procedimientos elípticos (aféresis, apócope).
1.b) Enfasis y mímica:

1.b.1) Gestos físicos.
1.b.2) Gestos sonoros.

2) Por exceso:

    2.a) Expresiones realzadoras de afirmación y negación.

    2.b) Expresiones realzadoras de cantidad.

    2.c) La gradación afectiva.

    · 2.d) Otros medios de reforzar afectivamente una cualidad.

III) EN EL PLANO DE LA SINTAXIS

    1) Por exceso:

        1.1) La interrogación.

        1.2) La enumeración.

        1.3) La repetición.

    2) Por defecto: Economía expresiva:

        2.1) Elipsis impropias.

        2.2) Elipsis propias.

I) MEDIOS FONETICOS

1) De los aspectos fonéticos que intervienen en una manifestación lingüística sólo son registrables en la lengua escrita *las pausas* mediante una serie de signos de puntuación. La abundancia de curvas melódicas de un discurso sólo dispone para su representación gráfica de dos signos: la interrogación y la exclamación. El sistema de la puntuación –coma, punto, punto y coma, etc.– transcribe las pausas del habla vivida, sirviendo *los puntos suspensivos* para reflejar, en cierta medida, los estados de ánimo del hablante. Unas veces simbolizan la confusión en su mente, que se refleja además por no encontrar las palabras adecuadas para manifestar su idea: «Extraviada: ... Gulliver, hijo, ¿te das cuenta cómo no es culpa mía? Luego dicen ... Si es que...» (*El Sol,* 194); el azoramiento al saberse descubierto o por hallarse ante una situación imprevista; no obstante, se intenta dar una explicación airosa a la situación incómoda en que se encuentra: «Tomás: Es que se me ha caído un botón del uniforme. - Paula: ¿Y no pudiste esperar. - Tomás: Mujer ... las ordenanzas...» (*Noviembre,* 270); «Juan: Se lo agradezco, pero yo ... Y luego, el entrar y salir de esos sitios...» (*Los verdes,* 28); confusión ante una situación inesperada, en la que el hablante difícilmente logra hilvanar su discurso: «Lorenzo: Yo... creí que a esta hora ... no iba a haber nadie aquí ...» (*Los buenos,* 65); o debido a una fuerte impresión: «Hortensia: Ah, sí. Qué tonta, Lorenzo ...

(Evidentemente impresionada) No sabía que era usté tan ... alto» (*Los buenos,* 16). Ante una explicación embarazosa en la que al hablante le cuesta pronunciar las palabras exactas por un equivocado sentido de la decencia: «Manuel: Pero dormimos los cuatro en la misma alcoba. - Juan: ¡Vaya, qué incordio! - Manuel: Usted comprenderá que ... ¿eh? que ...» (*Los verdes,* 36); o bien se considera al oyente como partícipe de sus ideas y la mitad de las palabras huelgan: «Juan: ... y da tanta pereza cambiar de pronto de costumbres ... Las cosas de allá fuera ... Tú sabes: los empujones, la tristeza ... Nada vale la pena. Preferimos ...» (*Los verdes,* 81). Asimismo para manifestar la repetición insistente en la idea que le obsesiona sobre todo si carece de tiempo material para manifestarla. Es como si quisiese decirle todo a la vez y las palabras se agolpasen en su boca: «Justina (Camacha la amordaza): Háblale de mí ... Dile lo de mi hijo ... por qué maté a mi hijo ... Háblale de mí ... Háblale de mí ... Dile lo de mi hijo ...» (*Las cítaras,* 90). La emoción intensa de un personaje se representa por la intercalación de puntos suspensivos entre palabras o sílabas repetidas, como la mezcla de tristeza y alegría en una despedida entre madre e hijo: «Paula: Te vas al extranjero, Manuel, mi niño ... Manuel, mi niño ...» (*Noviembre,* 249), tristeza por la separación del hijo, y alegría porque va en busca de una vida mejor, en busca de una felicidad que en aquel pueblo no encontraría. O el abatimiento ante una desgracia irremediable: «Cleofás ¡Vuelve, Consuelito! ¡Espera ...! ¡Eso no! (Baja inmediatamente. Abatido. Mira a Hortensia) Se ha ... Se ha caído» (*Los buenos,* 72). Como forma de introducción del diálogo, dando pie a la intervención del interlocutor: «Diego: Estaba solo y ... - Paula: Y te mirabas para hacerte compañía, ¿no?» (*Noviembre,* 241). En otras ocasiones, como disculpa por haber realizado algo no debido: «Diego: Se partió [el cepillo de dientes]. Me distraje ...» (*Noviembre,* 242). O la indignación ante un recuerdo sumamente desagradable: «Cleofás: Mamá, que era tu consuegra. - Hortensia: Mi com ... pota ... era ...» (*Los buenos,* 26). En todos los casos citados, el espíritu del hablante está embargado por un estado de ánimo tan fuerte que las palabras difícilmente salen de su boca, a trompicones, necesitando apoyarse en lo que acaba de pronunciar para conseguir avanzar en su discurso.

Es frecuente que la modificación expresiva en la manifestación lingüística esté motivada por el deseo del hablante de resaltar sus palabras. La tendencia general de dichas modificaciones es la de hacer bien audibles todos los fonemas consonánticos de un vocablo lo que origina la deformación fonética de los más destacados. A pesar de que nuestro dramaturgo pone en boca de sus personajes una lengua de correcta pronunciación, esporádicamente desea que alguno cometa una incorrección fonética, como un elemento más de caracterización. El término que ha sufrido alguna modificación fonética incorrecta va colocado entre comillas para señalar tanto al director como al actor que ha de ser pronunciado de ese modo: «Hortensia: ... (Por una botella de vino) Aquí no bebemos ninguno, pero ahora me obliga el «prazticante» a tomar un vasito en las comidas» (*Los buenos,* 16); en lugar de una oclusiva velar [k] que es la pronunciación correcta, Doña Hortensia articula una fricativa interdental [Θ] por ser un sonido más suave.

Otra justificación tiene la de encerrar con las *comillas* determinadas frases o palabras de Monique, de origen francés, quien habla un castellano salpicado de expresiones francesas y con una pronunciación extranjerizante que denota su lugar de origen: «Monique: «Ah, *naturalmente*». Una mujer sólo es valiente cuando lo ha perdido todo» (*Los verdes,* 73), el adverbio entrecomillado ha de ser articulado con pronunciación francés, cerrando la [u]>[ü], la [r] en una [r] dorsal, y nasalizando la [ẽ].

2) En la lengua escrita de las piezas dramáticas *las acotaciones* tienen como misión indicar todo lo referente a una situación determinada, desde la posición y movimiento de los actores, sus gestos y forma de decir, a su estado de ánimo y las variaciones de éste que naturalmente influyen en la manera de declamar su parlamento. Las acotaciones relativas al acto de hablar de los personajes en escena son muy poco frecuentes en la obra de Antonio Gala, de acuerdo con su opinión de que la labor del dramaturgo finaliza cuando escribe la palabra «Telón», y el dar vida a los personajes en un escenario no es misión suya sino del director y los actores y de todo el personal complementario. De ahí, que no se inmiscuya en la manera de entonar cada parlamento sus personajes, y si en alguna ocasión lo hace es como reflejo del estado de ánimo de su criatura: «Z. tararea unas vagas notas, *con una voz áspera*» (*El caracol,* 164); Paula «*Da un grito*» (*Noviembre,* 232).

Por el contrario son muy abundantes las acotaciones relativas a los sentimientos y al estado psíquico de los personajes, que en gran medida son determinantes de la entonación del discurso. Así, en «*El caracol en el espejo*»: «La Niña, distraída, tararea una canción» (131) «Con asco» (139), «con cierta ternura» (148), «Urgiendo al joven» (158). En «*El sol en el hormiguero*»: «Misteriosa» (185), «Irónica» (185), «Exaltándose» (204), «Muy despectivo» (219), «Con mala intención» (243), «Tímidamente» (270). Pero de todos modos son mucho más frecuentes las referentes a los sentimientos del personaje, sin alusión a la declamación por parte del actor. En «*El caracol en el espejo*»: «Desalentado» (132), «Cariñoso» (138), «Distraída» (142), «Desconsoladamente» (150), «Tristemente» (153), «Paralizada, consciente de su ridículo, humillada» (156), etc. En «*El sol en el hormiguero*»: «Con gesto de sigilo» (182), «Algo más furioso» (202), «Cruzan despavoridas las damas» (203), «Disimulado» (209), «Que ha estado pensativa» (211), «Con espanto» (215), etc. En «*Noviembre y un poco de yerba*»: «Mientras acciona, pensativo» (237), «Gozosa» (248), «Desolado» (253), «Ante la auténtica depresión insólita de Diego, Paula está horrorizada» (258), «Tímidamente» (270). En «*Los verdes campos del Edén*»: «Volviendo la cara con enfado» (42), «Irresistiblemente asustada» (42); «Ana se ha ido quedando embobada, oyendo. Se le ha caído, sin que lo advierta, un paño que tenía en la mano» (50), «Entristecido» (65), «Con horror» (73). En «*Los buenos días perdidos*»: «Asombrada» (12), «Ilusionada» (13), «Triunfal» (16), «Arrepentido» (27), etc.

3) Cuando los pensamientos de los personajes van enlazados entre sí, de modo que desde diferentes perspectivas llegan a una misma conclusión, el autor los enmarca con unas *barras*. Dichos pensamientos emitidos con una voz de tono medio son claves para el posterior desarrollo de la acción, dado que constituyen verdaderos diálogos mentales entre los personajes: son un recurso para que los espectadores sigan su evolución psicológica y comprendan sus posteriores actos, como emanados de la actitud de cada uno de ellos. Estas barras vienen a ser como el «aparte» de otras ocasiones, y del que se diferencian por su mayor longitud y porque en éste, en el «aparte», sólo interviene un personaje que aclara o ironiza sobre lo dicho o realizado por otro sin que se produzca en ninguna ocasión ese diálogo mental entre dos, característico de lo comprendido entre barras. Gala utiliza este procedimiento en «*El caracol en el espejo*», pieza en la que en varias oportunidades se sirve de él. En la primera ocasión se especifica: «A.: /Esa música.../ (Lo que va entre barras es el pensamiento del personaje. *Se distingue por la entonación*)» (133); inmediatamente interviene Z. con el recuerdo de la misma música. Luego los pensamientos caminan paralelos alrededor de ese mismo recuerdo como dos lianas alrededor de un mismo tronco; ambos llegan a confluir en un mismo deseo que, al ser expresado con palabras, queda roto. En la escena de esta obra (p. 138) A. se siente fracasada en su vida y reflexiona sobre lo que fue y lo que pudo haber sido. Cada pensamiento suyo va precedido de una situación similar a la que evoca, como el «espejo» en que ha de mirarse. En primer lugar

su gusto por las diademas de flores cuando niña (138); a continuación su deseo de vivir sola, exenta de obligación alguna para con cualquier hombre (139), o haber quedado soltera (140). En todos los casos, en la situación precedente a su evocación, el protagonista de cada una de ellas (La Niña, Mujer Sola, y Solterona) se sienten inconformes con dicha situación que A. supone que había de agradarle. Al final de esta escena (141) llega Z. y de nuevo se inician los pensamientos paralelos, intercalándose entre ellos frases intrascendentes, como: «hola», «Qué cansado vengo», «¿Qué tal te encuentras tú? - Bien, Yo bien», etc. Frases con las que no se puede llegar a establecer una comunicación entre ellos y sí con sus pensamientos, pero que al no ser manifestados cada personaje va quedándose cada vez más aislado y más solo, más encerrado en sí mismo, como el caracol en su concha cuando se encuentra en un ambiente hostil.

II. EN EL PLANO LEXICO

1) Por defecto:

1.a) El hablante puede convertir su léxico, en la vertiente fónica, en más afectivo y familiar mediante el acortamiento del nombre por medio de la *aféresis* y la *apócope* (2).

1.a.1) En la obra de Antonio Gala ambos procedimientos son poco frecuentes y en la mayoría de las ocasiones son aplicados a *nombres propios,* como prueba de cariño y familiaridad.

La aféresis o elisión de la parte inicial del término en cuestión, se encuentra en un solo nombre propio: *Nina.* «Muchacho: Oye, *Nina,* llévate esto» (*Los verdes,* 23).

La apócope o corte de la parte final de la palabra, dentro de la rareza de su uso en la producción dramática de nuestro autor, es más frecuente que la aféresis. Unas veces su empleo responde a la familiaridad y confianza que existe entre los hablantes, dado su trato cotidiano. Así *Cleo* (< Cleofás): «Cleofás: Que entramos aquí desnudos y nos hemos puesto morados ... Lorenzo: Será en el adviento, *Cleo*» (*Los buenos,* 35), o bien entre madre e hijo. El nombre de la muñeca de Consuelito: *Marga* (< Margarita), «Consuelito: No estaba hablando sola. Hablaba con *Marga*» (*Los buenos,* 61). En ambos casos el factor predominante del corte es la relación amistosa con el interlocutor aunque el deseo de economía articulatoria pueda estar presente en el segundo ejemplo, debido a su longitud. Ahora bien, la economía no es un factor determinante del corte sino coadyuvante, puesto que la familiaridad es condición previa, sin la cual no se produce la apócope o la aféresis y sin embargo, éstas se dan sin que exista necesidad de economía como en el caso de *Cleo.*

En otros casos se origina una reducción del nombre por *contracción,* muy frecuente en la acepción familiar de algunos nombres propios. Así, el de *Luterio* por Eleuterio, en «*Los verdes...*», en el que se produce aféresis de la sílaba inicial E-, y crasis de la segunda, suprimiendo también la «e» del diptongo. Asimismo, el de *Lola* acepción popular y afectiva de Dolores: «Madre: ... Pero me preguntaba: «*Lola,* ¿qué harás con estas manos? ¿*Lola,* qué harás con esta boca? (*Noviembre,* 240).

Fenómeno relacionado con el que se acaba de tratar es el de la *anglinización* de un nombre propio, muy en boga en la actualidad, y que se logra mediante la elisión de la parte final del nombre español –apócope– y la adición de una -y final, frecuente en los nombres de origen inglés: «Mujer Sola (al Marinero): Yo estaba enamorada de un muchacho. Se llamaba *Roby*.» (*El caracol*, 165). Hortensia cuando inició su esplendorosa «carrera», ahora añorada, anglinizó su nombre: «Hortensia: también yo tengo historia como ella (mientras Lorenzo trabaja en la lápida). Empecé por ser *Horty*» (*Los buenos*, 54). En ambos casos, más que la afectividad interviene el prurito de la moda de poseer un nombre que suene a raro, a extranjero, semejante al de la gente famosa de la pantalla.

Propio de la gente del pueblo, y más aún entre los individuos del hampa, es el empleo de apodos o motes en lugar del nombre propio, que muchas veces llega a olvidarse por completo, desplazado por aquél. Dos características fundamentales distinguen al apodo: la familiaridad entre los que lo usan y el conocimiento del suceso que lo originó, siendo entendido sólo por los iniciados. En las zonas rurales de la Península está extendido el empleo de los apodos de carácter familiar, de manera que se transmiten de padres a hijos como auténticos apellidos, sólo conocidos por los del pueblo en cuestión. En la formación del apodo desempeña un papel importante el humor, que se va perdiendo por su constante repetición. Algunos de estos motes no tienen como intención primordial el encubrimiento sino la señalización de una característica física o moral de la persona a la que se aplica: «Paula: ¡Te pillé, Tomás, *patituerto!* No corras tanto que se te va a partir la pata de palo» (*Noviembre*, 263). Con el apodo también se suele aludir al oficio o profesión: «Vieja: ¿Por qué te llaman Juana, *la Verde?* - Extraviada (volviéndose): Por el color del traje» (*El sol*, 176). En ambos casos el apodo se encuentra precedido de nombre propio, por lo que aquél funciona como un sobrenombre para especificar aún más la persona a que se alude. Cuando el nombre propio no está presente, el apodo sólo puede ser sabido por el que conozca al sujeto a que se aplica: «Cleofás (recordando sus años de seminario): ... Si me subían de un curso a otro, es porque no cabía en las bancas. Siempre fui un badulaque. Al final me llamaban *"Papá Toro"*». (*Los buenos*, 41). Entre las gentes dedicadas al toreo se ha convertido en casi una regla llamar al matador por el gentilicio de su lugar de origen, sobre todo si es un pueblo o provincia andaluza: «Guarda: ¿Desorden? Con decirle a usted que la semana pasada, al Panteón de Hombres Ilustres, en vez de al Almirante Gorrechea se llevaron al *"Chiclanero"*» (*Los verdes*, 31).

Entre la gente de mal vivir el apodo es un requisito de trabajo, como medio de encubrir su identidad a los que no pertenecen a ese mundo, al mismo tiempo que calificador de su ocupación: «Hortensia (recordando sus viejos tiempos, durante la guerra civil...): Entonces me llamaron *la Negocia.* Hubo que hacer a pelo y a pluma» (*Los buenos,* 54).

1.a.2) Al contrario de lo que sucede con los nombres propios, que se apocopan debido a la familiaridad existente entre los hablantes, los *términos comunes* lo son principalmente por un deseo de economía articulatoria. Tal ocurre con los sustantivos que designan determinados objetos de tipo técnico como *radio, bici,* etc.: «Paula (indignada porque Diego no hace más que escuchar el transistor que ella le trajo): ... ¿Es esto vida desde que entró aquí esta cochina *radio?» (Noviembre,* 264), por *radiodifusión;* «Niña: ¿Me va a dejar dar una vuelta con tu *bici?* ... - Reina: ... Nodriza, que lleven a la cárcel mi *bicicleta» (El sol,* 214) este ejemplo sirve para constatar cómo nuestro autor es consciente en el uso apropiado del vocablo según la categoría social del personaje: La Niña utiliza la forma apocopada del término *bici,* propia del habla popular, y en especial, de la infantil. La Reina, persona mayor y de formación culta y lengua cuidada, utiliza la forma completa. La mayoría de los términos técnicos se hallan apocopados en la lengua popular, por ello con el empleo de uno en su forma completa se persiguen efectos humorísticos y de realce de la expresión: «Dueña (por el escándalo que organizan la Mujer 3.ª y su marido en presencia de Juan): ¿Vosotros creéis que por lo que pagáis tenéis derecho a este *cinemascope?» (Los verdes,* 19).

La apócope de *poli* para «policía» es característica entre la gente de mal vivir, casi como expresión argótica: «Hortensia (dando un papirotazo en la campana, que suena): Qué gorra más extraña lleva *la poli* ahora...» (*Los buenos,* 53), apropiada la utilización de la apócope por Hortensia, pues por su vida pasada ha de pensarse que no debía estar en muy buenas relaciones con la ley; de ahí una expresión propia de las gentes del hampa.

En ocasiones la apócope es tomada del lenguaje infantil, enmarcándola el autor entre comillas para indicar que es una forma poco frecuente en la lengua general, aunque sí entre los hablantes más jóvenes: «Hortensia: Esta es una de las tres caídas. (A Lorenzo tanteándolo) - Consuelito: Menos mal que está *"repe"» (Los buenos,* 22), por «repetida»; por la ingenuidad e infantilismo de Consuelito resulta complemente adecuada y caracterizadora de su psicología.

Con fines humorísticos y para dar relieve a la expresión se utiliza el término *«inri»*, también entre comillas en el texto: «Rey (refiriéndose a la situación que ha originado la llegada del gigante) ... Y para mayor *«inri»* ni siquiera le hará el gigante ningún daño [al pueblo]» (*El sol,* 193); el origen se debe a un cruce entre la apócope de «irritación» e «inri», siglas del letrero que Pilatos mandó colgar en el cuello de Cristo y clavar en la cruz. Por esta causa «inri» fue sinónimo de «cruz, sufrimiento, etc.», y por homofonía «irritación» se abrevió, igualándose a ella, favorecido por su significado análogo. Basándose en este juego de palabras se oye a diferentes hablantes expresiones como: «No me inrites...», «tenía una gran inritación», etc., que no se trata de confusión, sino de un efecto buscado conscientemente por el sujeto.

Cabe señalar asimismo la formación de palabras nuevas por apócope en determinadas zonas hispanoamericanas y que nuestro autor recoge y pone en boca de sus criaturas dramáticas siendo captado su sentido por el espectador, dado que por la situación y el contexto en que aparece no hay posibilidad de confusión. No se ha de olvidar a este respecto, que tanto en la creación o variación de palabras y de expresiones populares es donde se pone a prueba el instinto lingüístico de un escritor: «Paula: ... ¿Es esto vida desde que entró aquí esta cochina radio? Di, ¿es vida este *revolú?» (Noviembre,* 264), apócope de *revolución,* quizás con recuerdo de otro término de la misma raíz: *revuelo.*

Las crasis de palabras comunes que se producen en la lengua hablada, sobre todo cuando la alocución es muy rápida y sólo se atiende a los rasgos pertinentes de cada una, se producen principalmente en los grupos de preposiciones más adverbio: «Domingo: Que se me va *palante...» (Las cítaras,* 3); o cuando la misma preposición precede al adverbio antónimo: «Camacha: ... Me las echo *patrás* y puedo ponerme a pregonar alforjas» (*Cítaras,* 27). Es característica esta reducción en dicha preposición en el habla popular ya que su sentido permanece inalterado y el hablante tiende al menor esfuerzo y mayor rapidez en su discurso: «Estebanillo: ... ¡Que se va *pa* las flores!» (*Las cítaras,* 1).

1.b) **Enfasis y mímica:** El hablante español, dado su carácter extrovertido, hace abundante uso y abuso de la mímica en la conversación. Dicho uso varía entre los hablantes de unas regiones a otras y de una escala social a otra, siendo predominante entre el pueblo llano de la región andaluza.

Por medio de *los gestos* el hablante vuelca su psicología en la conversación, variando la abundancia de aquellos según su carácter. Con ellos refleja los cambios de estado de su ánimo, oscilando éste desde el acaloramiento exaltado al más profundo abatimiento, de acuerdo con los sucesivos momentos del diálogo, correspondiendo a los períodos de acaloramientos los gestos más enérgicos y una mayor abundancia. Por el contrario, disminuirán y serán más suaves a medida que su ánimo se vaya calmando, llegando a un casi imperceptible movimiento de hombros cuando el abatimiento ha hecho mella en él. De otro lado, el tono de voz del hablante se encuentra en relación directa con ellos, elevándose o disminuyendo según su energía. Se distinguen dos tipos:

1.b.1) Gestos físicos.
1.b.2) Gestos sonoros.

1.b.1) **Los gestos físicos:** Debido a que el gesto va unido al habla hay que considerar determinados procedimientos de ésta que son como los introductores de aquél, formando gesto y habla un todo en el marco del cual ambos fenómenos tienen su explicación.

1.b.1.a) El adverbio modal *así*.
1.b.1.b) Grados de deipsis con relación a las personas que intervienen en el diálogo:
–Mediante pronombres demostrativos.
–Mediante adverbios de lugar.

1.b.1.a) El adverbio modal *así* que significa «de esta manera», engloba todas las posibilidades de significación modal. Entre sus múltiples usos, merece mención especial el que va acompañado del gesto. La combinación de dicho adverbio con el gesto hace que el significado general de aquél quede concretado en una determinada dirección según la circunstancia, enriqueciendo su valor semántico con acepciones que no se captarían fácilmente si no fuese acompañado de la mímica. Por medio de este procedimiento se puede expresar *el tamaño o la medida* de cualquier objeto: «Consuelito: ... Si se parece usted a Jorgito, que era el hércules, y las tenía *así...*» *(Los buenos,* 15), el adverbio es una invitación a que el oyente mire hacia ella que, al mismo tiempo, están indicando por medio del gesto el tamaño de los bíceps –popularmente «bolas», de ahí el pronombre femenino *las*– del personaje con que compara a Lorenzo. En este caso, como en otros, nuestro autor da tanta importancia al gesto como al habla pues no concluye la frase sino que ésta permanece abierta por medio de los puntos suspensivos, indicando con ello que el gesto es la segunda parte de la frase y, por tanto, tan legítima para la comunicación como la parte oral. Para significar la idea de *tamaño* dicho adverbio también puede llevar un complemento determinativo, introducido por la preposición *de,* que concreta la medida del objeto en cuestión: «Dueña: ... ¿No ha visto ahí fuera un cartel *así de grande,* que dice: «La luna, comidas y camas» (*Los verdes,* 17), al mismo tiempo el personaje ha de abrir los brazos para mostrar plásticamente la medida del cartel de la entrada.

No obstante con este procedimiento no siempre se indica el tamaño del objeto de que se habla sino su *forma:* «Consuelito: ... Antes hacía pelucas. Pero me salían *así,* un poco raras de este lado» (*Los buenos,* 9), dicho adverbio resulta muy vago en esta función por lo que el hablante procura especificarlo a continuación. O bien, para significar *la aglomeración de gentes* en un lugar determinado: «Constanza: ... Que los patios están *así (junta los dedos de la mano derecha boca arriba)* de soldadesca» (*Anillos,* 97), la acotación subsiguiente al adverbio es de por sí aclaradora del gesto correspondiente con que ha de ir acompañado.

Este adverbio modal *así* se utiliza frecuentemente para especificar *acciones* mediante el gesto cuyo introductor es el adverbio: «Consuelito: ... Si yo fuese un ángel, ¿qué porras iba a hacer en esta casa? Levantaría el vuelo *así, así,* ... y me iría ...» (*Los buenos,* 15), imitando sobre sus palabras la acción de volar; la reiteración del adverbio indica la repetición sucesiva de dicha acción. En algunas ocasiones el acto que ha de imitar el personaje no sólo aparece introducido por el adverbio modal sino que el autor lo reitera en una acotación que no añade nada nuevo desde el punto de vista de la comunicación, puesto que aparecía claro su significado dentro del contexto de la frase: «Madre: Yo le lamía el vello del pecho. Como una vaca a su ternero *(hace el gesto de lamer) Así, así, así»* (*Noviembre,* 240), donde, como en el ejemplo anterior, la repetición del adverbio enumera las veces que se realiza el gesto a que se alude.

1.b.1.b) Grados de deipsis con relación a las personas que intervienen en el diálogo: Tanto *los pronombres demostrativos* como *los adverbios de lugar* pueden ser introductores de gestos para señalar la persona o cosa de que se habla. En esta función introductora predominan los pronombres demostrativos o adverbios referentes a la primera y segunda persona, o sea, las que aluden a seres u objetos presentes en el acto de hablar; por ello, el gesto es muy concreto y preciso como determinante del referente al que la intención del hablante se dirige.

La primera persona: Para designar un ser situado cerca de la persona que habla se emplea el pronombre demostrativo *este,* acompañado del gesto cuando es utilizado por el hablante en función sustantiva para presentar su interlocutor a una tercera persona próxima a ellos: «Burguesa: ... Y *éste* (Por el Burgués), cuando se va de viaje, lo que pide primero es la ensalada» (*El caracol,* 132), al mismo tiempo el hablante ha de señalar a la persona a que se refiere bien con un gesto de la mano o bien con un pequeño movimiento de cabeza que la especifique; la forma femenina del demostrativo: «Niño: ... Gulliver se tuvo que agachar para cogerla. Y a *ésta* (por la Niña, que lleva una rama con alguna flor en la mano) le dio una rama» (*El sol,* 214). El autor en cada ocasión que hace uso de este procedimiento para designar una tercera persona presente en el diálogo especifica a quién se alude con el demostrativo a fin de evitar posibles confusiones: «Hortensia: ... Como yo le digo a *éste (Por Cleofás. Le habla casi siempre a Lorenzo):* ¿Y tú por qué le hablas?» (*Los buenos,* 25-26); o se concreta el sujeto a que se refiere el demostrativo mediante uno de los atributos que lo caracterizan: «Jimena: ... Y *éste* que veis aquí, el de *«hasta la intimidad debe estar limpia»,* tuvo en un calabozo a su hermano García más de diecisiete años» (*Anillos,* 90). Si la persona u objeto a que alude el demostrativo es considerado como neutro, dada su no intervención en el diálogo, el demostrativo empleado es el de ese género: «Camacha: Con tu honra, no lo sé. Con *esto* (por el niño que tiene en brazos) sí» (*Las cítaras,* 52), uso característico entre las gentes del pueblo.

En vez del pronombre demostrativo se suele usar el adverbio de primera persona *aquí,* que posee asimismo función sustantiva: «Hortensia (a Lorenzo): Hablábamos de problemas caseros. Un descuido de *aquí*» (por Consuelito)» (*Los buenos,* 21), quizá con un cierto matiz peyorativo ya que se refiere a una persona presente y conocida por los dos interlocutores; el adverbio de lugar carece de otro determinante que no sea el del gesto alusivo implícito en la acotación. En las presentaciones dicho sentido peyorativo no existe: «Juan: Eso. Y los pájaros. (Haciendo las presentaciones) *Aquí,* esta señora. *Aquí* unos amigos» (*Los verdes,* 42); por una parte, el autor especifica claramente en la acotación que se trata de una presentación; y por otra, después de cada adverbio precisa a qué persona o personas se refiere mediante la aposición del vocativo correspondiente: «Consuelito (cuando notifica a Lorenzo que está embarazada de él): ... ¡Qué buen padre eres! (Toma la mano de él, se la lleva a su vientre) *Aquí tu padre.* Entérate, luego no te armes líos ... *Aquí tu hijo,* Lorenzo ...» (*Los buenos,* 59), donde la acotación determina el gesto del hablante, y los vocativos pospuestos al adverbio la persona a que éste se refiere.

En otras ocasiones, tanto el adverbio como el demostrativo de primera persona son empleados por el hablante no para referirse a otra persona que se encuentre presente en el acto de hablar, sino para *especificar partes de su propio cuerpo* en vez del posesivo *mío, mía.* Este procedimiento resulta más afectivo y económico para el hablante. El demostrativo puede o no ir acompañado del gesto; esto dependerá de las situaciones: «Madre: ... Pero me preguntaba: «Lola, ¿qué harás con *estas* manos? Lola, ¿qué harás con *esta* boca? ¿Quién te dará mordiscos en los pies por la noche?» (*Noviembre,* 240). El hablante determina las partes de su cuerpo mediante el demostrativo, realzando su significado al ponerlas en primer término ante el oyente.

Antonio Gala siente mayor preferencia por el uso del adverbio de primera persona *aquí* para designar las partes del cuerpo del propio hablante que por el pronombre demostrativo. Este gusto por el adverbio quizá tenga su justificación en que es una forma más afectiva y económica. Las partes del cuerpo que predominan con este tipo de designación son *la cara y cabeza* del hablante: «Paula (señalando *su mejilla*): Bésame *aquí*» (*Noviembre,* 251); «Rey (discutiendo con el Republicano sobre la llegada de Gulliver): ... Dios nos hubiera mandado a alguien a nuestra imagen. Que pudiera ponernos la boca *aquí* (en la *oreja*) y contarnos en voz baja su mensaje» (*El sol,* 201-202), en todos los casos las acotaciones determinan el lugar preciso al que el hablante se refiere cuando emplea el adverbio. Esto no ocurre siempre, pues cuando el contexto especifica la parte aludida no hay necesidad de acotación: «Consuelito (cuenta a Lorenzo cómo su madre se hizo pitonisa): ... Porque se ponía un turbante morado, mire usté, con un plumero *aquí* ...» (*Los buenos,* 11), queda claro que Consuelito se lleva la mano a la frente para indicar la localización del plumero en el turbante. Otra parte del cuerpo que es frecuentemente designada por este procedimiento es *el pecho y el corazón:* «Tomás: ... Y yo con mi «Detente» *aquí* (señala el pecho). Un corazón echando fuego» (*Noviembre,* 237), Tomás se refiere a una especie de escapulario que llevaba colgado del cuello cuando la guerra. O el *vientre* cuando se trata de una mujer embarazada: «Consuelito: ... Voy a decirte la sorpresita de antes. ¿Sabes dónde la guardo? (Señalándose *el vientre) Aquí»* (*Los buenos,* 59).

En casos concretos nuestro autor utiliza para referirse a alguna parte del cuerpo del hablante una perífrasis en la que no está presente ni el demostrativo ni el adverbio de primera persona, pero que *requiere un gesto* para que dicha construcción tenga sentido pleno: «Paula: ... Tenía yo dieciocho años. Sin cumplir. Dieciocho maravillas, que se dice muy pronto. Y una mata de albahaca *en semejante sitio* (se toca la cabeza) (*Noviembre,* 233), la acotación determina la parte del cuerpo del hablante, que quedaría sin especificar si la expresion no fuese acompañada del gesto correspondiente (3).

La segunda persona: Menos frecuente es el empleo del demostrativo de segunda persona, *ese, esa,* o del adverbio correspondiente *ahí,* para designar personas u objetos que se encuentren más o menos cerca del hablante, siempre más alejados que cuando se utiliza el demostrativo o el adverbio de primera. Puede desempeñar tanto *función sustantiva* como *adjetiva.*

a) *En función sustantiva:* Al igual que el de primera se escribe con acento ortográfico, ya que el acento fónico recae sobre él: «Consuelito (extrañada porque no ha visto a Lorenzo subir al campanario): Pero, ¿por dónde ha llegado usté al campanario? Si no hay más escalera que *ésa...*» (*Los buenos,* 9), con los puntos suspensivos se indica que la comunicación sigue, aunque no de forma oral sino física, mediante el gesto del hablante.

b) *En función adjetiva:* El demostrativo de segunda posee un valor de intensificación del matiz peyorativo del sustantivo a que determina: «Hortensia (que entrega poco dinero a Lorenzo y se lamenta del escaso negocio de la tómbola, idea de Consuelito): ... Vaya idea que tuvo la gazapona *esa* ...» (*Los buenos,* 47). Se suele usar el demostrativo de segunda persona cuando el hablante se refiere a una persona que no se encuentra presente en el momento de hablar y que es muy probable que el interlocutor no la conozca siquiera, pero a la que el hablante ya se ha referido, informando al oyente sobre ella: «Hortensia cuando se entera por una carta que su primo Sebas ha muerto en la mayor miseria): ... El escándalo que estará armando en el seno del Señor, el sinvergüenza *ese*» (*Los buenos,* 64); «Manuel (el día que conoce a Juan le cuenta la imposibilidad de estar a solas con su mujer: ... Y el hombre enseguida empieza a roncar, pero la tía *esa* ...» (*Los verdes,* 37). Es de resaltar el hecho de que, en los ejemplos citados, el demostrativo refuerza la idea peyorativa y despectiva, implícita en el sustantivo que le precede: *sinvergüenza, tía, gazapona.*

Cuando los demostrativos acompañan a sustantivos que significan objetos, instituciones, lugares, etc., no confieren un matiz peyorativo sino que dan una sensación de *imprecisión,* de *desconocimiento* real del objeto, aunque subjetivamente tanto el hablante como el oyente se hagan una vaga idea de él, representándoselo en su mente no como en realidad es, sino como cada uno de ellos cree que debe ser: «Burguesa: Con todo, ¿dónde deja usted el campo? Con *esas* huertas ...» (*El caracol,* 132), con idea de vaguedad, no alude a las «huertas» de un lugar preciso sino en general; al mismo tiempo, este demostrativo es, en cierta medida, enfático ya que pondera afectivamente el concepto que se tiene de «huerta»; énfasis reforzado por los puntos suspensivos que siguen al sustantivo. A veces sólo poseen un conocimiento de oídas del objeto de que se habla: «Muchacho: Echando la siesta. Como duerme bien de día en las bibliotecas *esas*» (*Los verdes,* 23), se refiere a Luterio, el único del grupo de mendigos que sabe leer y al que sólo permiten entrar en las bibliotecas; «Hortensia (preocupada también por el inminente cambio de párroco, pretende encontrar una solución a la situación en que se hallan): ... Vamos a reunirnos todos como en las cortes *esas* que hablan los periódicos» (*Los buenos,* 33). Ambos interlocutores han de imaginarse la institución en cuestión pues ninguno de ellos sabe cómo es realmente. Esto mismo sucede cuando se alude a algo que los hablantes pueden o no conocer pero que es presentado como conocido por todos: «Madre (al oírse unos aullidos aterradores): Son los perros del hospital de al lado. Los perros que tienen para hacer *esos* horribles experimentos» (*El caracol,* 149).

Cuando se designan *partes del cuerpo* del interlocutor se emplea el demostrativo de segunda persona en lugar del posesivo *tuyo, tuya:* «Paula: (animando a Diego a vivir, aunque sea metido en el agujero en que está): ... Tú, aquí, tan ricamente, pidiendo por *esa* boca» (*Noviembre,* 251), que puede o no ir acompañado de un leve gesto pero es más expresiva que si fuese precedida por el posesivo.

El pronombre neutro *eso* se refiere a acciones que no se sabe con exactitud en qué consisten o de las que da algún reparo hablar: «Olalla: ... «Vete a casa de Olalla y dile a *esa* judía que yo te mando para que te enseñe cómo se hace *eso* de dar la vida» (*Las cítaras,* 40).

La alternancia de uno y otro pronombre referido a seres, objetos o partes del cuerpo que están a una misma distancia, indica que el aludido por el demostrativo de segunda goza de un menor interés o simpatía para el hablante: «Jimena (a quien Minaya va a besar la mano derecha): No, *ésa* no ... Mejor *ésta* (le da la izquierda). *Ésta* no tiene anillos» (*Anillos,* 58), pues en ese instante Jimena preferiría no tener anillos ya que ellos simbolizan su matrimonio con el Cid y el fracaso de su amor por Minaya; de ahí el desprecio por la mano que le recuerda su infelicidad y la imposibilidad de lograr su amor.

Para determinar el lugar algo alejado del hablante y más próximo al oyente se utiliza el adverbio de segunda persona *ahí*: «Alcalde: Pero supongo que no irá usted a quedarse *ahí*, debajo de ese árbol, toda la vida, perdiendo su tiempo ...» (*Los verdes*, 11). En la obra dramática las acotaciones indican el gesto correspondiente que el personaje ha de hacer: «Olalla: Lo estoy viendo *ahí* ... (Señala con la barbilla)» (*Las cítaras*, 7).

La expresión *ahí la tienes* indica afectivamente un lugar próximo a los hablantes, designando en ocasiones un lugar en sentido figurado: «Solterona (envidiosa de la Joven, porque se entiende con el Joven, estando ya casada): Se hace la tonta y, anda, *ahí la tienes*» (*El caracol*, 168); «Paula (refiriéndose a su Madre): *Ahí la tienes*: como una chota» (*Noviembre*, 234).

Frente a la preponderancia del uso del adverbio de primera persona *aquí* sobre el demostrativo *este* para designar *las partes del cuerpo*, el adverbio de segunda *ahí* no es suceptible de ser empleado para indicar parte alguna del cuerpo del interlocutor. La explicación es sencilla: la necesidad de que dichos adverbios vayan acompañados de un gesto. Cuando el hablante se refiere a sí mismo puede señalar la parte de su cuerpo pero no así cuando se trata del interlocutor; esto puede ocurrir esporádicamente sólo cuando la situación lo permita.

Para **la tercera persona:** Con el adverbio *allí* se designa un lugar alejado de ambos interlocutores. La presencia o no del gesto depende de la situación pero siempre se señala un lugar preciso: «Mujer Sola (hablando con el Burgués con quien se entiende: ... Te imagino *allí*. Con tu mujer, en *tu casa*» (*El caracol*, 139), no se necesita la presencia del gesto acompañando al adverbio que, por otro lado, está perfectamente especificado por el aditamento o complemento de lugar «en tu casa». Este adverbio requiere el uso del gesto cuando el lugar puede verse desde donde ambos se hallan: «La Joven (distraída): *Allí* tienen su nido» (*El caracol*, 142).

Si el lugar de que se habla es menos preciso que el que se denota con *allí* se emplea el adverbio *allá*. Al igual que *allí* puede ir acompañado del gesto, que puede ser indicado en el texto por una acotación: «Niño (hablando de las hormigas): ... Corriendo, en fila, hacia *allá* (Señala el lado opuesto de la escena)» (*El Sol*, 175). Si indica procedencia va precedido de la preposición *de*: «Voz de Jimena»: ... *De más allá* del mar vienen nuevas riquezas a buscaros ...» (*Anillos*, 59). No obstante, el gesto del hablante puede o no producirse o ser muy vago: «Rey (por la Reina): *Allá* va por las calles, golpeando las puertas, despertando al pueblo con sus gritos» (*El sol*, 226); «Rey (habla con el Republicano sobre Gulliver): El podría destrozarnos sin moverse siquiera. Con estar *allá* arriba y sonreír» (*El sol*, 201).

En la frase adverbial *aquí y allá* (4) ambos adverbios poseen una significación conjunta basada en su contraste, significando «en lugares indeterminados esporádicamente»; han perdido, por tanto, la significación primitiva que cada uno de ellos tenía por separado: «Madre: ... De ahora en adelante, todas vuestras cosas estarán revueltas, *aquí y allá*, en las mismas maletas» (*El caracol*, 129).

1.b.2) **Gestos sonoros:** Los gestos sonoros consisten en la imitación del ruido propio de una acción o de una cosa en el vocablo que se forma para designarla. En este proceso el sonido es un «eco del sentido» y está en la base de las palabras de origen onomatopéyico, debido a que la estructura fonética de éstas se asemeja acústicamente al ruido de la acción a que se refieren. De esto se deduce que los gestos sonoros son la fase intermedia entre el ruido como tal y una palabra de procedencia onomatopéyica, siendo ésta la fase más perfeccionada de aquéllos. La utilización de la mímica sonora florece, sobre todo, en formas espontáneas y expresivas del lenguaje, como el habla popular o el habla de los niños. Pues «el gesto sonoro estimula la imaginación del oyente de un modo tan inmediato, que cree estar viviendo el incidente que le cuentan» (5).

Mediante este procedimiento se reproducen, de una manera más o menos aproximada, los ruidos producidos por objetos metálicos como las campanas: «Consuelito: ... y he oído las campanas ... Una cosita así, ya usté ve, una cosa de nada –*dindón, dindón*– era lo que yo estaba esperando» (*Los buenos*, 11), con alternancia vocálica, en primer lugar la de timbre agudo y después la de grave que es la norma en este tipo de expresiones acústicas. Para describir el sonido producido por un arma de fuego se emplea *pum*: «Rey: ... Pero sin insistir, ¿eh?, como el que no quiere la cosa. *Pum, pum,* y volver la cabeza al otro lado. Se lo llevó Pateta» (*El sol*, 219), donde el ruido producido por el disparo designa a éste por lo que se podría hablar de un caso de metonimia. *Pateta* es una denominación popular de «diablo, demonio». Junto a la afectividad y espontaneidad de estas formas juega también un papel primordial la economía expresiva, simbolizándose acciones humanas como las de mandato de silencio de una acumulación de sibilantes: «Paula (porque Diego ha oído los pasos de Tomás que se acerca): No puede ser. Lo he visto meterse en su garita. - Diego: *Ssss* (se oculta)» (*Noviembre*, 269); la grafía puede variar, pero siempre con sibilantes: «Lorenzo: *Ssssch.* No hagas ruido - Consuelito: *Ssh.* Es verdad. (*Los buenos*, 58). Para el efecto contrario, es decir, para reproducir la palabrería hueca y molesta de algunas personas se utiliza una acumulación de sonidos a base de labiales y líquidas y la vocal «a», sonidos que recuerdan el habla infantil: «Jimena: ... Los demás quisísteis el *bla-bla-bla,* y el yelmo, y la coraza y el poderío, y el gesto» (*Anillos*, 84); este mismo recurso es frecuente en la lengua popular como forma de rematar una enumeración exhaustiva, siendo el equivalente de «etcétera».

Si se quiere representar de manera concreta, por medio de ruidos, lo viejo y desvencijado se recurre a una aglomeración de sonidos guturales y vibrantes: «Luterio (comiendo con Juan en el cementerio): ... Los dos aquí sentados, tan naturales, comiendo ... y los demás inquilinos, *¡kjjr!* (hace gesto de cosa acabada)» (*Los verdes*, 45), en este caso gesto sonoro y físico se combinan, pues aquél requiere para su mejor comprensión el concurso de éste, especificado en la acotación.

En la comparación de una acción humana con la de un animal, ésta puede ser representada concretamente por el ruido característico que se produce en su realización, precisándose a continuación: «Paula (imaginándose el improbable regreso de sus tres hijos): ... Y los tres, como tres ratoncillos, *tris, tris, tris,* comiéndoselo todo» (*Noviembre*, 248). Incluso, se alude a un fenómeno de la naturaleza por medio del ruido de que va acompañado: la lluvia cuando cae en lugar seco: «Paula: Cuando caen las primeras gotas: *toc, toc* y revientan contra el polvo» (*Noviembre*, 253). O el acto de romper las olas por el ruido que forman: «Diego: ¿Cómo es el mar? - Paula: Yo no lo he visto. Será azul. Y un poco verde, me parece. Y hace *ras, ras, ras.*» (*Noviembre*, 254), la repetición del ruido refleja de forma plástica el avance y retroceso de las olas.En todos los casos considerados nuestro autor utiliza gestos sonoros creados por la lengua, algunos de los cuales pueden emplearse para representar otras acciones pero su significación en cada ocasión viene dada por el contexto. Así, *toc, toc,* puede simbolizar el acto de llamar a una puerta o algún golpe seco; *ras,* para la rotura de algún objeto, etc.

2) Por exceso:

2.a.) Expresiones realzadoras de la afirmación y la negación.

2.a.1) La afirmación

El hablante dispone para la afirmación, así como para la negación, de un repertorio de formas más o menos abundante. La gama de formas expresivas resulta muy variada, como lo es la de matices que van desde la afirmación –o la negación– categórica, manifestación e imposición de su voluntad, de su *yo*, o su adecuación a la del interlocutor o a las circunstancias del momento, pasando por el deseo de que su respuesta no resulte dura, por lo que tratará de suavizarla con otros medios lingüísticos, amén de la entonación. La forma afirmativa debe responder además, dentro de lo posible, a las sutilezas de la intención del hablante, a los recovecos de su pensamiento, a fin de que éstos sean captados por el interlocutor tal cual aquél los siente, o al menos de la forma más aproximada. Dado que el hablante español posee un carácter extrovertido, al que corresponde una lengua viva y chispeante, rica en los más inesperados giros, insólitos en cualquier otra y de difícil comprensión para un extranjero se impone una sistematización para englobar, desde el punto de vista semántico, todas esas formas de diferente expresión, señalando los matices que introducen unas respecto a otras. Los personajes dramáticos de Antonio Gala emplean una gran cantidad de ellas, todas en plena vigencia en la actualidad; incluso, algunas si no de creación propia, sí lo son en estos usos afirmativos o negativos, como sucede con ciertos refranes y modismos populares.

Para apreciar en su justo valor la variedad de las *formas afirmativas* en la creación dramática de nuestro autor, se pueden separar, grosso modo, dichas formas en dos grupos, según incluyan o no la partícula de afirmación *sí:*

1) Formas con la partícula afirmativa:

1.a) Con sentido afirmativo.

1.b) Acompañada de otros elementos oracionales.

1.c) Con sentido negativo por la ironía.

2) Formas en que se prescinde de la partícula de afirmación:

2.a) Repetición de lo dicho por el interlocutor.

a.1) Mediante la prosecución del aserto del interlocutor.

a.2) Mediante oracion interrogativa o exclamativa.

a.3) Mediante gradación comparativa.

2.b) Adjetivos, adverbios y locuciones adverbiales.

2.c) Otras perífrasis de afirmación.

1) **Formas con la partícula afirmativa:**

1.a) **Con sentido afirmativo:** Dicha partícula no es frecuente que aparezca sola en el habla conversacional, pues este caso responde más bien a un lenguaje seco y formalista o bien cohibido y retrahído que Gala utiliza para resaltar la inconmunicación entre los personajes: «Z.: ¿Vienes conmigo entonces? - A.: *Sí.* - Z.: ¿Vamos? - A.: *Sí.* - Z. (intentando llevársela): ¿Vamos? - A.: *Sí* (como conducidos por una fuerza irresistible, cada una sale por el lado contrario)». (*El caracol,* 136).

1.b) **La partícula afirmativa acompañada de otros elementos oracionales:** Es frecuente que vaya acompañada por un vocativo, como *hija, señor,* etc. Dicho apelativo, más que intensificar la afirmación, misión que está a cargo de la entonación en gran medida, lo que hace es «concretar» al interlocutor, evitándole la posibilidad de no darse por aludido, lo que en cierta forma es también un modo de intesificación: «Mujer 3.ª: Si usted no quiere... Dueña: *Sí, hija, sí.* Ya lo creo. Por ustedes. (*Los verdes,* 55); y cuando los amigos de Juan se encuentran con él celebrando la Nochevieja en el panteón, la casa de todos, Luterio recuerda las Nocheviejas de su infancia: «Luterio: ... Las Nocheviejas, Ana, las Nocheviejas todo el mundo acababa ronco de tanto gritar. - Ana: Ronco, *sí, señor.* En mi casa pasaba igual» (*Los verdes,* 62).

Otro medio de hacer resaltar el valor afirmativo de la partícula *sí* consiste en que ésta vaya precedida de la conjunción *que,* formándose un espejismo de repetición de la afirmación cuando en realidad es la primera vez que se afirma, realzándose mediante esta construcción el valor de *sí.* Este *que* depende del verbo «decir», elíptico en la mayoría de los casos, aunque su aparición no está descartada, como en: «Viejo (dispuesto a contrariarla): No, señora. Ha venido para todos. Para los altos y los bajos. Por eso no tiene la estatura de nadie. - Extraviada: Eso, *diga usted que sí» (El sol,* 210). Pero lo normal es que el verbo «decir» esté elíptico: El adolescente, al intentar arreglar el mecanismo para que la muñeca cierre los ojos, lo rompe, y pide perdón a la Niña: «Adolescente: Entonces, es que no me perdonas. - La Niña: ¡Qué *sí!* ¡Que perdonarte, *sí!» (El caracol,* 164). O cuando Luterio desea ardientemente cantar para sus amigos, allí en el panteón: «Luterio... Las cosas se hacen para los demás, ¿no es cierto? - Ana: *Que sí.* Que tiene usted razón.

Todo se hace para alguien» (*Los verdes,* 62). O bien, Lorenzo explicando a Doña Hortensia las razones por las que pidó el puesto de guardia para aquel lugar: «Lorenzo: ... Este Ayuntamiento me han dicho que es muy pacífico ..., y como aquí estaba Cleofás, pues... - Hortensia: *Que sí, hijo, que sí.* No faltaba más (*Los buenos,* 17).

1.c) **Con sentido negativo:** En algunas ocasiones la partícula afirmativa se encuentra repetida, pero impregnada de un matiz irónico que la convierten en su antítesis, es decir, que es una negación a lo dicho por el interlocutor, «Burguesa: ... Pero ¿no te das cuenta cómo te envidian tus amigas cuando te ven con la diadema? - La Niña: *Sí, sí.* Lo que hacen es reírse de mí» (*El caracol,* 137); la entonación un tanto relajada de dicha repetición y la oración subsiguiente que explica la verdadera actitud de las amigas de la Niña hacen que el sentido negativo de la forma afirmativa sea evidente.

2) **Formas de afirmación en que se prescinde de la partícula afirmativa:** El medio léxico de afirmación, cual es la partícula *sí,* puede ser sustituido por procedimientos de tipo sintáctico en los que juega especial papel la intención y la emotividad del emisor. Existe una gran riqueza de giros de este tipo en nuestra lengua, que Gala refleja en la forma de expresarse de sus personajes.

2.a) **Repetición de lo dicho por el interlocutor:** Es el más simple de dichos giros. Es un medio enfático de manifestar el acuerdo de la voluntad del hablante con la del oyente hasta el punto de emplear sus mismas palabras. No obstante, existen algunas variaciones en su elaboración, ya que puede consistir en una frase idéntica o bien sólo los elementos pertinentes de la misma: «Republicano: ¿Y ha llegado, por fin? - Reina: *Ha llegado*» (*El sol,* 197). O sólo se repiten aquellas palabras que se consideran más significativas: Una vez muerto el niño de A. y Z., el Padre trata de explicar su muerte: «Padre: Estaba tan *débil* el pobre. Un niño es una cosa tan indefensa. - Portero: Todos, *todos débiles.* Todos *indefensos*». (*El caracol,* 146). Lo mismo sucede en el pasaje en que Paula cuenta a Diego el aspecto del paisaje de fuera: «Diego: *Dijiste* que estaba todo lleno de pájaros. - *Lo dije,* pero no era verdad» (*Noviembre,* 245).

En ocasiones aunque se repiten las palabras del interlocutor como forma de asentimiento, se intercala entre ellas la partícula afirmativa con lo que esta construcción viene a ser una síntesis de los dos grupos generales que anteriormente se han establecido. Cuando Ana y Juan se quedan solos en el panteón con el propósito de esperar juntos el tránsito al Edén, Ana, anciana, pero mujer al cabo, adecenta su persona para causar buena impresión, cuando lleguen al lugar deseado: «Ana ... ¿Me pongo el velo? Yo creo que *hará bien*... - Juan: *Hará bien, sí*, póntelo» (*Los verdes*, 83).

a.1) *Repetición implícita mediante la prosecución del aserto del interlocutor:* Por otra parte, el hablante no siempre reproduce el enunciado emitido por su interlocutor sino que lo elide, si bien lo tiene presente en su mente y se adhiere a él. Las causas de esta elisión, aparte la economía y comodidad que juegan un importante papel en el habla coloquial, se debe al interés que aquél tiene para aclarar lo dicho por el interlocutor, bien sea para afirmarlo más rotundamente, bien para modificarlo en algún aspecto, pero siempre afirmando. El hablante considera la apostilla, que ha añadido al aserto precedente, de extrema importancia por lo que la omisión de las palabras del sujeto con el que habla sirven para realzar, para poner en primer término ante él, su propia consideración. En el pasaje en que el Rey y el Republicano dialogan: «Republicano: Nosotros también podemos, los unos a los·otros. - Rey: *Sin duda, pero menos*. Menos, más despacio». (*El sol*, 201). Y en la misma obra, más adelante: «Muchacha (que se ha puesto una flor en el pelo) ¿Estoy guapa? - Vieja: *Preciosa, pero* yo que tú me la ponía encima del estómago» (*El sol*, 214). El hablante se muestra de acuerdo con la opinión manifestada por su interlocutor, pero la modifica para intensificarla por lo general. Esta manera de asentir es frecuente en la producción dramática de Gala: «Tomás: Más cultura es lo que aquí hace falta. - Paula: *Eso*. Y muchísima paciencia» (*Noviembre*, 239). O la réplica introducida directamente por la conjunción *y:* «Tomás: Veinte representas tener. - Paula: *Y* los tengo, pero repetidos» (*Noviembre*, 234).

No es raro que, en otras ocasiones, esta coletilla que el hablante añade a lo que otro personaje acaba de decir a fin de incluir su propia opinión vaya precedida por la partícula afirmativa: «Burguesa: ... ¿Por dónde están ustedes hay tomates? - Madre: *Sí, pero* no son tan gordos como aquí» (*El caracol*, 132); Lorenzo, animando a Cleofás, que está preocupado por el cambio de párroco que parece inminente: «Lorenzo: Hay que tener confianza, Cleofás. - Cleofás: *Sí. Y* la conciencia limpia.» (*Los buenos*, 43). Variantes las dos de la construcción anterior.

En otros casos se produce una adecuación tal del pensamiento del hablante con el del interlocutor que se adueña del discurso de éste y lo continúa, sin necesidad de que vaya introducido por una fórmula afirmativa. A causa de la aparición de Gulliver, la Reina y el Republicano tienen oportunidad de conocerse personalmente y de enamorarse, surgiendo para ellos un nuevo amanecer: «Reina: Ha llegado. - Republicano: Estableciendo por sorpresa un orden nuevo. - Reina: Que a los de esa casa les parece un desorden terrible...» (*El sol*, 197). Ambos pensamientos están ensamblados tan perfectamente el uno en el otro que llegan a ser el mismo, pero emitido a medias por los dos enamorados. En otros pasajes sólo se está de acuerdo con una de las opiniones: «Cleofás: ... Y como en la actualidad no se pueden tocar ni el fútbol ni los toros, porque se hieren muchas susceptibilidades ... - Consuelito: Sobre todo los toros: hay cada marido ...» (*Los buenos*, 26). O bien, en respuesta de tipo afirmativo: «Tomás (asustado) ¿Tú crees que me echarían? - Paula: A patadas. Y que los inspectores no son cojos de guerra...» (*Noviembre*, 238). En este caso no se trata del acuerdo del hablante con un aserto previo de la persona con la que habla sino de una respuesta afirmativa a una pregunta de éste. Asimismo, cuando Juan baja por primera vez a Ana al panteón a fin de reanimarla de su mareo: «Ana: ... Qué bueno está. ¿No me emborracharé? - Juan: Sólo un poquito. Pero aquí no importa» (*Los verdes*, 48).

a.2) *Mediante oración interrogativa o exclamativa:* Otra modalidad de la afirmación mediante la repetición del enunciado consiste en transformar lo dicho por el interlocutor en una *oración interrogativa o exclamativa.* El hablante considera tan segura la idea manifestada que se extraña de que alguien la pueda poner en duda, extrañeza que le hace repetir el enunciado con la clara intención de afirmarlo de una manera más rotunda, disipando la posible objeción de su interlocutor. Cuando Lorenzo duda si conseguirá, por mediación de Doña Hortensia, un puesto en el Ministerio: «Lorenzo: Pero, ¿usted cree que eso saldrá? - Hortensia: ... *¿No ha de salir?* Allí tengo vara alta» (*Los buenos*, 48); el personaje femenino ha respondido a la pregunta del otro con una interrogación ficticia, cuya única finalidad es la de asegurar que lo que ha prometido se ha de cumplir. La afirmación mediante la interrogación irónica es intensificada por la adición de una frase que niegue una cualidad negativa de la mente humana: «Jimena: ... ¿Te acuerdas tú de San Pedro de Cardeña. - Constanza (mientras ordena la ropa): *¡No ha de acordarse! ¡Ni que fuese tonta!* (*Anillos*, 38).

Uno de los procedimientos más habituales para introducir oraciones interrogativas de este tipo es mediante el sintagma *¿cómo no?* Esta construcción de origen hispanoamericano está arraigada en la Península desde hace mucho tiempo, de modo que su uso frecuente ha conducido a que pueda ser empleada como pregunta elíptica sin necesidad de que aparezca toda la estructura originaria: «María: De cualquier forma las relaciones de vasallaje se rompieron. - Alfonso: *¿Cómo no?* Ya salió lo de siempre» (*Anillos,* 64). Si se afirma la propia opinión mediante la negación de una negación previa del interlocutor, se intercalan entre ambos elementos de esta expresión la partícula *que:* «Ordenancista: No vale nada, señora. Pino pintado. A.: *¿Cómo que no?* Eran de mis antepasados» (*El caracol,* 159); la presencia de la conjunción *que* presupone la omisión de un verbo de lengua.

Variante de esta interrogación ficticia es también *¿qué querías?,* que consiste en reiterar la propia opinión, reprochando al interlocutor su objeción o una afirmación hecha en tonos de incredulidad y extrañeza: «Olalla: La última sangre es negra. - Camacha: *¿Que querías?* El borbotón de un muerto es siempre negro» (*Las cítaras,* 18).

A veces el hablante se anticipa a una hipotética negación de su oyente rechazándola mediante la interrogación ficticia *¿por qué no?,* que refuerza su propia opinión de un modo más enérgico: «Jimena: ... Y hubiera sido bueno, complaciente, tierno *¿por qué no?,* hubiera sido cariñoso y amante» (*Anillos,* 92).

Interrogación ficticia precedida o seguida de partícula afirmativa: A pesar de que la interrogación ficticia es un medio de afirmación propio del habla popular y, por lo tanto, ella sólo se basta para este cometido, se encuentran casos en la obra de Gala, en que aparece precedida de una afirmación del tipo 1), con lo que el enunciado anterior queda afirmado por dos veces, fenómeno que, como ya se ha constatado en el apartado precedente, se produce con relativa frecuencia en el habla de los personajes de nuestro dramaturgo. Manuel quiere explicar a Juan la necesidad que tiene de estar a solas con su mujer, pero no sabe cómo expresarse y Juan lo saca del atolladero: «Manuel: Usted comprenderá que ... ¿eh? que... - Juan: *Que sí, ¿cómo no* he de comprender?» (*Los verdes,* 36). Otras veces la partícula afirmativa suele ir pospuesta a la interrogación ficticia. La primera intención de Juan a la llegada a la ciudad de su abuelo es la de buscar posada para quedarse: «Juan: Entonces, ¿tiene usted una habitación? - Dueña: *¿No he de tener? Sí, señor»* (*Los verdes,* 18).

Algunas formas fijas para la afirmación de tipo exclamativo: Fundamentalmente existen dos giros que se diferencian por la intervención o no de la voluntad del hablante en lo que afirma, siendo su aserto de conformidad a lo manifestado por el interlocutor o bien de aceptación resignada a lo dicho por él o ante unas determinadas circunstancias que le afectan y ante las cuales carece de posibilidad de reacción. En el primer caso, la afirmación afectiva está constituida por la perífrasis exclamativa *¡ya lo creo!*, con la que el hablante confirma su acuerdo con lo que dice o hace su interlocutor. En la fiesta de A. y Z. se habla sobre los tomates de antaño, considerados como mejores que los de la actualidad: «Burguesa: *Ya lo creo,* eso mismo le digo yo a éste» (*El caracol,* 132). O cuando Consuelito hace una exhibición de su habilidad de acróbata circense ante Lorenzo: «Consuelito: Le gusta, ¿no? - Lorenzo: *Yo lo creo.* Usted debía dedicarse» (*Los buenos,* 12).

Se intensifica la afirmación si dicha perífrasis exclamativa va precedida de la partícula afirmativa o bien por la repetición insistente de un verbo de entendimiento, anterior y posterior a la perífrasis: «Jimena: ...Toda la vida te estaría diciendo de lo que tengo ganas y no lo entenderías. - Alfonso: *Te entiendo,* sí, Jimena. *Ya lo creo que te entiendo*» (*Anillos,* 95). Como variante de esta construcción Gala utiliza otras cuyo valor semántico es similar. Lorenzo justifica el abandono de su vocación de campanero por la escasa paga: «Lorenzo: Está el arte tan mal remunerado. - Hortensia: *Ya se sabe:* todo es materia en el mundo en que vivimos» (*Los buenos,* 17). Los verbos que entran a formar parte de dichas perífrasis poseen un significado afín y ambos se refieren a la actividad de la mente.

Cuando la afirmación del hablante es la aceptación resignada de lo manifestado por su interlocutor o la constatación de una situación de la que no puede evadirse, la perífrasis exclamativa que denota su estado de ánimo es *¡a ver!*. Lo que se afirma por medio de esta construcción va en contra de su voluntad pero no dispone de medio alguno para eliminar las circunstancias que le impulsan a tener que aceptarlo. Lorenzo admira la desenvoltura de Consuelito en su labor de confeccionar estrellas de cartón: «Lorenzo: Trabaja usted muy de prisa. - Consuelito: *A ver,* la costumbre» (*Los buenos,* 9), pudiendo haber completado su exclamación con otra introducida por un *qué* exclamativo, del tipo *qué remedio;* o como en otro pasaje de esta misma obra con *qué vida:* «Hortensia: Eso es: todos somos hermanos, ¿y esas campanas? ¿Las abandona usted? - Lorenzo: *A ver, qué vida*» (*Los buenos,* 17); en estos casos, la voluntad del hablante juega un papel nulo; sólo le resta aceptar la situación tal cual se le presenta. Dicha perífrasis afectiva de afirmación introducida por *a ver* puede ir precedida de la partícula afirmativa, con lo que queda reforzada por la suma de ambos recursos: «Ana: Sola, *sí, señor* (pausa)

¡A ver qué va a hacer una!» (*Los verdes,* 39).

a.3) *Repetición con gradación comparativa:* Mediante este procedimiento se consigue una mayor intensificación de la cláusula afirmativa. Ahora bien esa gradación puede ser llevada a cabo por medios morfológicos o sintácticos.

a.3.1) Medios morfológicos: A base de un adjetivo en grado superlativo o bien de otra palabra que indique una intensificación respecto a la aseveración precedente. Por lo general, el término modificado es un adjetivo que alude al estado físico o psíquico del hablante. El procedimiento más simple consiste en reiterar el mismo adjetivo empleado por el interlocutor en grado superlativo: «Ana: ¿Y no estás *cansada?* - Nina: ¿Cansada yo? (cambiando de tono) *¡Cansadísima!» (Los verdes,* 72). No se suele repetir la frase precedente sino únicamente el término más significativo de la misma, sobre el que recae toda su carga semántica. Con ello se logra que la gradación comparativa quede en primer plano, ganando de este modo en eficacia expresiva: «Manuel: Pero dentro se está bien. (A María) ¿Tú *estás bien?* - María: ¿Y tú? - Manuel: *Fenómeno.* Desde que te conozco *estoy fenómeno». (Los verdes,* 71), pasaje éste en el que se aprecian dos afirmaciones: la primera, la de María que afirma al preguntar a Manuel. La afirmación de éste no puede ser más contundente, encabezándola por una gradación superlativa de *bien,* pues *fenómeno* se usa aquí como sinónimo de *óptimo, excelente;* y rematándola con la misma palabra, explicando su bienestar completo como resultado de su amor.

a.3.2) Medios sintácticos: La gradación afirmativa se realiza mediante una oración comparativa introducida por *como que,* habiéndose perdido su relación con una originaria oración principal en la que se encontraría el primer miembro de la comparación *tan.* De forma que la comparativa en usos afirmativos se considera independiente, y por lo tanto, es normal que aparezca sola: «Burgués: ... Porque había que ver los tomates de antes ... - Madre: ¡Uh!, *como que* parecían melones» (*El caracol,* 132), en principio habría que esperar en la respuesta de la Madre la primera parte de la comparación: «Madre: Eran *tan* gordos *como que* parecían melones». Con anterioridad a dicho pasaje: «Madre: Es que el tomate es muy socorrido. - Burguesa: *Como que* donde se ponga el tomate...» (*El caracol,* 132). En los dos casos se juega con el término «tomate» más en su acepción popular para designar «lío, barullo, tumulto» que en su significado de fruto hortícola, aunque éste se encuentra también presente para enmascarar de algún modo a aquél.

La especialización de la comparación para la afirmación ha sido tan intensa en el habla coloquial que puede aparecer el primer miembro de la misma en lugar del segundo, introducido por *tanto,* con el mismo valor afirmativo que éste: «Manuel: ... Y que parece feo, mire usted, andar así a escondidas teniendo derecho. - Juan: Y *tanto,* hijos. Decid que sí.» (*Los verdes,* 37); al estar elíptico el adjetivo *feo* que se esperaba, la forma apocopada *tan,* como primer término de comparación correspondiente a *como,* aparece en su forma plena.

2.b) **Adjetivos, adverbios y locuciones adverbiales:** El hablante también se vale de adjetivos y adverbios como medios lingüísticos para expresar la aseveración o confirmación de lo que el interlocutor haya preguntado o para reforzar su afirmación sobre algún hecho, dicho o cualquier otra circunstancia. Gala hace un uso frecuente de este procedimiento poniendo en boca de sus personajes respuestas afirmativas tan inesperadas como ingeniosas.

Entre los *adjetivos* es corriente el empleo de *claro:* A la llegada a la casa de A. y Z., el Padre y la Madre piden al Portero que los conduzca a donde ellos habitan; el Portero necesita saber primero los datos personales de los hijos, ya que son varios los recién llegados a la casa: «Portero: ¿Y es su única hija? - Madre: *Claro* está. Yo soy viuda. ¿Por qué?» (*El caracol,* 124). En cierta ocasión, la Extraviada manifiesta su deseo de casarse a lo que la Vieja irónicamente responde: «*Claro,* harta de brevas, te bajas de la higuera». (*El sol,* 196). Este adjetivo va seguido en ocasiones por la partícula afirmativa *sí,* precedida de *que,* con lo que se logra mayor énfasis en la afirmación. A causa de un desvanecimiento debido al frío Ana es cuidada y reavivada por Juan; ella se lo agradece: «Ana: ¡Qué bueno es usted! - Juan: *Claro que sí.* ¿Usted no sabía que yo era muy bueno?» (*Los verdes,* 47). O puede ir al final del período en lugar de al principio: «Luterio: ¿Tú no tienes ganas de cantar? - Juan: Hoy no. Pero te comprendo, *claro que sí*» (*Los verdes,* 61); esta colocación está motivada porque el hablante responde primero a la pregunta y a continuación da su opinión favorable sobre el deseo que éste le ha manifestado.

Adjetivo equivalente al anterior es *exacto* con el que se expresa pleno acuerdo con todo lo que se acaba de enunciar. Ante la llegada de Gulliver el Gobierno se encuentra en una situación delicada, ya que ha de tomar una decisión: «M. Exterior: Algo que no fuese muy comprometedor. - Jefe: *Exacto:* un edicto provisional de urgencia. Eso nos daría tiempo a meditar» (*El sol,* 202).

· Se emplea el adjetivo *seguro* en respuesta a una pregunta en la que se manifiesta dudas sobre un asunto determinado. Mediante este adjetivo adverbializado el hablante trata de tranquilizar a su interlocutor mostrando confianza en el propio pensamiento: «Ana: ...¿Usted cree que estaremos allí riéndonos, como antes de pasar tantas cosas? - Juan: *Sí, seguro*. En él todo el mundo es como debiera haber sido» (*Los verdes,* 51), afirmación que en este caso está reforzada por la partícula afirmativa previa.

Acaso el adjetivo más habitual en estos usos afirmativos sea *bueno,* bien en su grado positivo o en el comparativo *mejor* o bajo su forma adverbial *bien.* En su grado positivo manifiesta un escaso interés en lo que el interlocutor dice, afirmando por compromiso o cortesía, lo mismo que podría afirmar lo contrario si la persona con la que habla se lo propusiera. Juan, a quien la guerra destruyó su casa, no le interesa saber qué guerra fue: «Juan: Hablo de la guerra. - Alcalde: ¿De la del catorce? - Juan: *Bueno*». *(Los verdes,* 12). La repetición insistente de dicho adjetivo en usos afirmativos denota duda o vaguedad en la respuesta, que a veces puede estar muy próxima a la negación: «Jimena: ...yo pido tu permiso para casarme por segunda vez. - Alfonso: *Bueno, bueno, bueno* ...» *(Anillos,* 70).

Cuando el hablante utiliza el grado comparativo de dicho adjetivo *mejor,* considera la propuesta de su interlocutor de acuerdo con sus deseos o con su opinión aún cuando éste pretendiese molestarlo. La Burguesa castiga a la Niña, porque no quiere ponerse su diadema de flores: «Burguesa: Pues no hay paseo. - Niña: *Mejor.* Pero yo no me pongo la diadema.» (*El caracol,* 137). Diego al comprender que la vida que ha llevado no le ha pertenecido: «Diego: ... No estoy vivo ni muerto. Estoy como muerto, como vivo. (Situación con la que Paula está conforme y no desea que se produzca cambio alguno) - Paula: *Mejor.* Te queda la esperanza de estar pronto de una manera o de otra» (*Noviembre,* 257).

Valor similar a *bueno* posee su forma adverbializada *bien,* quizá con una mayor énfasis en la afirmación que cuando aparece el adjetivo en su grado positivo: «Alcalde: ... Y todos los caminos van a alguna parte ¿no? - Juan: *Bien,* en ese caso usted debe preguntarle al camino, no a mí» (*Los verdes,* 12).

Adverbios y locuciones adverbiales: Debido a la abundancia de términos adverbiales que pueden denotar la afirmación –pues abarca toda la gama de matices, desde una afirmación tímida, deseo de no llevar la contraria al interlocutor, simple desinterés en lo que éste propone o dice, hasta la afirmación más rotunda, imposición de propia voluntad–, se considerarán los más frecuentes en la obra de Antonio Gala, en la que aparece una serie de adverbios que son distintos según las circunstancias pero todos con el denominador común de afirmar en esa ocasión particular, no siendo su función principal ésta.

El adverbio *así* en su uso como medio de afirmación relega sus valores modales a un plano secundario: «Paula: ... No puedo más. Me voy a volver loca. - Diego (encantado): *Así, así.* Ya sabes que, por las mañanas, tenemos que pelearnos. Si no, luego no podríamos hacer las paces para dormir juntos» (*Noviembre,* 268).

El acuerdo con la actitud o las palabras de la persona con la que se habla se manifiesta mediante el adverbio *también:* «Diego: No sabe usted qué hacer, ¿no? (ella afirma) Yo *también» (Noviembre,* 261). En este ejemplo se constata que, si bien *también* sirve para adherirse a una afirmación del interlocutor, aunque ésta sea por medio del gesto, de la mímica, del mismo modo para adherirse a una negación previa se utiliza el adverbio *tampoco,* equivalente de *también* para la negación.

Afirmación leve, más bien el deseo de no contradecir al interlocutor denota el adverbio *ya* que generalmente aparece solo, sobreentendiéndose un verbo de entendimiento –*comprender, entender,* etc.–: «Paula: ¿Qué? - Diego: Que un conejo no dura nada. Lo dice el Kempis. - Paula: *Ya.» (Noviembre,* 243). Y al igual que la partícula afirmativa, de la que es su correlato entre los adverbios, tiene matiz irónico: «Guarda: ...Yo sigo aquí porque aquí estaban mi padre, mi abuelo y todos. Si no ... - Luterio: *Ya, ya,* la vocación» (*Los verdes,* 30).

El adverbio de lugar *ahí* indica el acuerdo más absoluto del hablante a lo dicho por su interlocutor: «Burgués: [Soy partidario] De la democracia bien entendida, claro. - Ordenancista: *Ahí, ahí, ahí» (El caracol,* 153), equivalente a «en eso estoy de acuerdo», «es lo que pienso», etc.; «M. Exterior: ¿Es ya hora de que preguntemos cuál es la opinión de su majestad? - Rey: *Ahí, ahí, ahí* quería yo que llegárais» (*El sol,* 218); mediante este adverbio de lugar el Rey manifiesta su conformidad y satisfacción por haberse llegado al punto de la conversación que le interesaba. Como se puede apreciar en estos ejemplos, el adverbio aparece repetido, intensificando la afirmación pues solo podría resultar ambiguo.

Se emplean en funciones afirmativas algunos de los adverbios en -*mente,* como *naturalmente*. En la respuesta del hablante, al igual que con la mayoría de las locuciones adverbiales, se sobreentiende el verbo que el interlocutor utilizó al efectuar su pregunta, ya que está de acuerdo con lo que éste le propone incluso antes de que se lo proponga y así manifiesta su adhesión como anterior. El Rey ha llamado al Republicano para pactar con él a fin de que éste intervenga ante Gulliver: «Republicano: Me temo que aquí se está empequeñeciendo lo terrible. - Rey: *Naturalmente.* Es nuestro deber ...» (*El sol*, 202). Paula atemoriza a Tomás con su Madre con la intención de que no se asome a la bodega por miedo a que descubra a Diego: «Tomás: Pero ¿muerde? - Paula: *Naturalmente.* Sobre todo, de día» (*Noviembre*, 270). Y también: «Hortensia: ¿A quién habrá salido este pazguato? - Lorenzo (riendo): A su padre, será. - Hortensia: *Naturalmente* que a su padre» (*Los buenos*, 54).

Variante de este adverbio es la forma neutra del adjetivo, *lo natural*, que en su origen es una oración con el verbo *ser*, donde dicho verbo está elidido: «Reina: ... Sus esposas están bien. Algo desmejoradas. - M. Interior: *Lo natural*: desde el momento en que se casa una mujer siempre empeora» (*El sol*, 215). Pero a diferencia de la construcción mediante el adverbio toda la proposición precedente se halla incluida en el artículo neutro *lo*.

Las locuciones o perífrasis adverbiales son más abundantes y variadas para los usos afirmativos que los adverbios y están constituidas por más de un miembro oracional. De valor semántico semejante a la construida sobre el adjetivo *natural* sustantivado mediante la anteposición del artículo neutro *lo* es *desde luego* que, como aquélla, indica que el hablante se ha adherido a la propuesta del interlocutor antes de que éste la formule, lo que convierte a esta clase de locuciones en una afirmación categórica. Por falta de comunicación A. y Z. se van separando cada vez más, y aunque sus deseos coincidan no fructifican pues no los manifiestan: «A.: Quisiera un poco más (desolada, le da la copa). - Z.: *Sí, desde luego*». (*El caracol*, 134), donde la partícula afirmativa que precede a dicha perífrasis refuerza su valor.

Sentido similar posee la locución *eso es,* en la que el demostrativo neutro engloba la propuesta y el verbo *ser* hace la función de la partícula afirmativa: Lorenzo y Hortensia son dos egoístas tal para cual, cada uno va a lo suyo, por eso se entienden: «Lorenzo: A sus órdenes. (Cómplice) Hoy por ti, mañana por mí... Hortensia: (Falsa) *Eso es*: Todos somos hermanos» (*Los buenos*, 17). O en el siguiente caso: «Diego: ... A nadie de quien tú puedas ser la sed y el vaso de agua. ¿No es eso? - Paula: *Eso es.* O no es eso, quizá. Pero quédate» (*Noviembre*,

280); Paula no quiere que Diego la abandone sino que se quede, aunque tenga que seguir dependiendo de ella como durante esos veintisiete años de postguerra. Si se encuentra solo el demostrativo hay necesidad de repetir no el verbo anterior sino el sustantivo que el hablante considera como más pertinente; nuestro autor a continuación de este tipo de afirmación coloca con mucha frecuencia los dos puntos que introducen la especificación de la afirmación contenida en el demostrativo. Juan opina, con fundamento, que Luterio está enamorado de Nina: «Nina: Si él va a sus bibliotecas es porque tiene frío. - Juan: *Eso:* por frío: es lo mismo» (*Los verdes,* 73). Cuando el hijo de A. y Z. muere se buscan hipotéticas causas de su fallecimiento: «Ordenancista: ¿De qué ha muerto el pequeño? ¿Quizá de una lesión cardíaca, algún soplo...? - Padre: *Eso,* de un soplo: al soplar las velas ...» (*El caracol,* 147).

Cuando el demostrativo va precedido de la preposición *por,* que denota casualidad, indica que la objeción puesta por el hablante es una razón que aboga en favor de la opinión de su interlocutor: «Soldado: ... Además Gulliver no existe. - Vendedor: *Por eso.* Tampoco existe la justicia y hay tribunales.» (*El sol,* 208); mediante esta locución el Vendedor afirma primero lo dicho por el Soldado para enseguida utilizar en provecho propio su afirmación y contradecir la opinión de éste.

También la preposición *por* es el primer miembro de la locución *por supuesto:* dicha construcción va precedida por una afirmación considerada superflua, pues se da «por sabida». Los padres de A. y Z. llegan a casa de éstos: «Portero: ...Les esperan. - Madre: *Por supuesto.* Todos los hijos esperan siempre a sus padres» (*El caracol,* 124).

De significado parecido al de las locuciones con el demostrativo neutro *eso* es *en efecto:* «Señora 1.ª: ¿Otra vez viuda, amiga mía? - Señora 2.ª: *En efecto»* (*El sol,* 208).

Con la perífrasis afirmativa *a su disposición,* el hablante no sólo está de acuerdo con su interlocutor sino que está dispuesto a poner en práctica lo que éste le sugiera: «Lorenzo: Ya te lo iré diciendo ... - Consuelito: *A su disposición.* Usté será feliz dentro de poco» (*Los buenos,* 39).

Con la construcción *con mucho gusto* se manifiesta un deseo ardiente de acceder a lo que se acaba de proponer. En la fiesta en casa de A. y Z.: «Madre (a los Burgueses): ¿Un canapé de tomate? - Burguesa: *Con mucho gusto»* (*El caracol,* 132). O bien el verbo *gustar* en presente: «Hortensia: ... Voy a llamarte de tú. Es más razonable, dado que vamos a ser tan buenos amigos. - Lorenzo: Si usted gusta ... - Hortensia: *Gusto, gusto» (Los buenos,* 33); a ello ha dado pie la respuesta de Lorenzo con una aceptación cortés de lo que la mujer le pedía. Se puede utilizar cualquier otro verbo que sea expresión de la voluntad como *querer, desear,* etc.

2.c) **Otras perífrasis de afirmación:** Ampliando el exámen de los procedimientos de afirmación al *campo de la sintaxis,* se puede constatar la presencia de oraciones cuya única finalidad es la de expresar el acuerdo con lo manifestado con anterioridad. Una de las construcciones más características de nuestro autor es la introducida por la conjunción *como* más verbo de voluntad o de lengua. Entre las formadas con un verbo de voluntad ya se ha señalado más arriba, al tratar de las locuciones adverbiales con el sustantivo *gusto,* la frecuencia con que el verbo derivado de esta misma raíz aparece en este tipo de giros afirmativos, similar a los que obedecen a este paradigma introducido por *como.* Tras su perorata sobre el orden el Ordenancista requiere del Marinero su opinión sobre el discurso: «Marinero: *Como* usted *guste...* Ya, ni el mar ...» *(El caracol,* 153), afirmación un tanto ambigua, ya que dicho personaje apenas si ha atendido a las palabras que el otro ha pronunciado. Sin embargo, es el verbo «querer» el más habitual entre los de voluntad para estas cláusulas afirmativas: «La Joven: Te tienes que cortar el pelo. - El Joven: *Como tú quieras» (El caracol,* 143). También: «Madre: ... Déjese de hablar solo. - Portero: *Como quiera,* señora, *como quiera» (El caracol,* 162); en este último caso más que una conformidad con la voluntad del interlocutor, el hablante manifiesta su aceptación resignada; este matiz viene dado en gran medida por la reiteración de la frase afirmativa.

Son muy abundantes los giros de este paradigma con verbo de lengua, casi siempre «decir»: «La Joven: ... lo que no me gustaría es que tuviese las dos cosas claras o las dos oscuras. El contraste es más fino. - El Joven: *Como tú digas» (El caracol,* 150). A veces, el *como* introductor es sustituido por el pronombre relativo neutro *lo que* que engloba la propuesta del sujeto con quien se habla: «Juan: Estás cansada de tanto ir y venir, de tanto dar vueltas sin ton ni son ¿eh?... - Ana: *Los que tú digas,* Juan» *(Los verdes,* 82). Mediante una oración de este tipo con verbo de voluntad o lengua, ya sea precedida de la conjunción *como* o del relativo neutro *lo que,* el hablante lo que hace es que su interlocutor tome la decisión que más desee, puesto que a él le es indiferente cuál sea, o reconoce que no tiene posibilidad de elección.

Otras construcciones con el verbo «decir»: *Eso digo yo,* en donde lo que se afirma es el pronombre demostrativo neutro que sintetiza la frase anterior que el hablante hace suya: «Madre: ¿Por qué? ¿Por qué? ¿Por qué? - Paula: (al verla, toda llena de lazos y cintas de colores). *Eso digo yo* ¡Ay cómo se ha puesto! (*Noviembre*, 239). También en: «Juan: Pero como nosotros no mandamos... - Ana: *Eso le digo yo*» (*Los verdes*, 40). Esta construcción no es óbice para que vaya intercalada la partícula afirmativa con lo que la afirmación queda reforzada: «Padre: *Eso digo yo, sí señor, ahí*» (*El caracol*, 153), donde hasta el adverbio de lugar *ahí* está cumpliendo función de aseveración.

Variante de esta construcción con *decir* es aquella en que el pronombre demostrativo va precedido de la preposición *por*: *por eso digo*. Mediante este giro el hablante se hace eco de una objeción de otra persona que interviene en el diálogo para apoyar una afirmación suya previa: «Burgués: No, mujer. Quizás sean extranjeras ... - Burguesa: *Por eso digo*. Porque para ser extranjeras hay que estar un poco ... (*El caracol*, 132).

Otra modalidad es el uso de dicho verbo en imperativo en una expresión de tipo exclamativo, mediante la cual el hablante da por conocido con anterioridad lo que su interlocutor ha afirmado: *dímelo a mí*. La voluntad de hablante aparece en primer término por la repetición del pronombre de primera persona, mientras que el pronombre *lo* recoge la afirmación precedente: «Cleofás: Sí, ..., pero los tiempos han cambiado. - Hortensia: *Dímelo a mí*. Los tiempos y nosotros» (*Los buenos*, 31).

Mediante el giro *Eso + sí + que + ser* la afirmación queda reforzada de un modo categórico ya que se especifica únicamente una de las opiniones expresada por alguno de los presentes con exclusión de todas las restantes: «Cleofás: ... Si no fuera por mí ... y por ti, por supuesto ... - Lorenzo: *Eso sí que es verdad*» (*Los buenos*, 51), este personaje se refiere con su aserto a lo dicho en último lugar por su amigo. Los Jóvenes se han besado en presencia de todos los demás: «Todos, menos Marinero y Mujer Sola: *Eso sí que* es una indecencia» (*El caracol*, 153).

Con el sustantivo *verdad* como núcleo semántico de la cláusula afirmativa el verbo suele ser el copulativo *ser*: «Diego (mirando alrededor): En eso no hace falta creer. - Paula: Es *verdad*. Somos tan pobres que no podemos ser demasiado malos» (*Noviembre*, 256). También puede aparecer bajo la forma interjectiva, precedido el sustantivo por la partícula exclamativa *qué*: *qué verdad*: «Cleofás: ... Entonces ¿qué me importa a quien sirva, si en todo caso he de llevar mi albarda?» (Está traduciendo del latín la fábula del asno, de Fedro) - Hortensia: *Qué verdad*» (*Los buenos,* 29).

Otra forma de afirmar es dándole la razón al interlocutor, cuando el hablante se siente identificado con su manera de pensar o de actuar. Dos Damas de la corte planean una campaña de «caridad» en favor de los pobres. «Dama 2.ª: Eso es más para señoras mayores, ¿no te parece? - Dama 1.ª: *Tienes razón*» (*El sol,* 180). O cuando el Rey coge «in fraganti» a los Ministros que están saqueando el palacio: «Rey (implacable): He dicho fuera. Pronto. - Jefe: *Tenéis razón* (salen cargados)» (*El sol,* 225). Este tipo de construcción es similar a la formada con el sustantivo *verdad;* con éste el verbo utilizado era el copulativo *ser* mientras que con *razón* es *tener.* Variante de esta perífrasis es *razón de más* que indica que lo manifestado por el oyente avala la propia opinión: «Jimena: Ya no sería la primera vez que me encerrases. - Alfonso: *Razón de más ...*» (*Anillos,* 93).

El adverbio *bien* precedido de *hacer* o *estar:* Con el verbo *hacer* la afirmación resulta más categórica. La Reina decide marchar con el pueblo en busca de otro país que todavía no esté contaminado: «Reina: He entendido lo que es tener un hijo. Es no querer morir. - Rey: *Haces bien*» (*El sol,* 225). Lo mismo sucede cuando Diego ha decidido salir: «Diego: ¿Y qué contestas? - Paula: Nada (acobardada) - Diego: *Haces muy bien.* Me voy.» (*Noviembre,* 278). La proposición *está bien* tiene un sentido afirmativo más leve, refiriéndose sobre todo a la aceptación de algo ya consumado: «Diego: ... Antes era a la fuerza, pero ahora he elegido. - Paula (después de un instante): *Está bien*» (*Noviembre,* 277). Este giro tiene un valor semántico parecido al de los tipos de *como* + verbo de voluntad o lengua.

Dependiendo del contexto o de la situación la afirmación va implícita en una frase hecha, en un refrán de la lengua, que muestra conformidad generalmente con alguna acción. Este modismo no posee una especialización para la afirmación sino que ésta le es conferida por la intencionalidad con que el hablante la pronuncia, favorecida por las circunstancias en que se produce: Juan, Luterio y Nina se disponen a comer en cementerio. «Juan: Al queso, al queso. - Luterio: *"El muerto al hoyo y el vivo al bollo"*» (*Los verdes,* 43); la oportunidad de este refrán viene como anillo al dedo, habida cuenta que los presentes se disponen a comer en un cementerio y sobre la tumba del abuelo de Juan. A veces un modismo de este tipo es empleado como remate de una afirmación previa con lo que además de intensificarla atrae sobre sí toda la fuerza de su aserto. Así, cuando Tomás hace como si le rozase un poco la bota en la pata de palo y le pone esparadrapo como a la otra, acción que agrada a Paula: «Paula (agachándose): Trae que te ayude, hombre. *Eso está muy bien. Así tiene que ser. "O jugamos todos o rompemos la baraja"*» *(Noviembre*, 237). A la llegada a la ciudad de su abuelo Juan busca posada donde quedarse: «Dueña: ... Porque desengáñese usté, a sus años, no se puede estar de acá para allá. Una casa honrada, a esperar la muerte. - Juan: Sí, señora. - Dueña: *"A buey viejo, cámbialo de pesebre y mudará el pellejo"*» *(Los verdes*, 18). Cleofás, preocupado por el cambio de párroco, pues don Remigio no tardará en morir, se lamenta, saliendo doña Hortensia, ingeniosa como siempre, con un conocido refrán que cuadra perfectamente en la situación: «Cleofás: ... Está incapaz. No pasa de este mes. - Hortensia: *"A cada cerdo le llega su San Martín"*» *(Los buenos*, 48).

Esta preferencia en la lengua coloquial de afirmar o remachar una aseveración mediante un refrán se explica por la credibilidad que goza entre el pueblo, y de la que procede su fuerza obligativa. El hablante, al utilizar este procedimiento, respalda su opinión con la del común de sus semejantes, entre los que incluye a su propio interlocutor, que creen en la verdad que encierra el proverbio o refrán en cuestión.

2.a.2) La negación.

La lengua conversacional cuenta como formas afectivas de negación con un registro más amplio que para la afirmación. Ello se debe fundamentalmente al acto psicológico de negar, puesto que al afirmar el hablante da su conformidad a lo dicho o hecho por su oyente, estando aquel únicamente atento a graduar la intensidad de su aserto. En la negación no sólo ha de estar pendiente del grado de intensidad de su negación, sino también ha de procurar evitar en lo posible la parte desagradable de su negativa o al menos que ésta sea presentada de forma «cortés», aunque categórica. Un rasgo característico de las formas de negación, en contraposición con las de afirmación, consiste en que en la mayoría de las construcciones está presente una partícula negativa: *ni, nada, nunca, jamás...* así como la mayor abundancia de formas de negación directa frente a las escasas afirmaciones de este tipo. Las formas de negación se agrupan en dos grandes apartados según presenten o no partículas negativas:

1) **Formas de negación directa:** presencia de alguna partícula negativa.

   a) Negación atenuada.

   b) Negación reforzada.

2) **Perífrasis afectivas de negación:** procedimiento sintáctico. No se requiere partícula negativa.

A caballo entre ambos grupos hay que situar un tercero: 1-2, ya que es una combinación de los dos señalados. Por un lado, presenta partícula negativa, como los del 1), y por otro, se trata de perífrasis negativas cuya idea léxica, aparte de en la partícula, radica en otros elementos de la frase que además la enfatizan.

1) **Formas de negación directa:**

   1.a) **Negación atenuada:**

      a.1) Partículas negativas: *no, ni, ...*

      a.2) Pronombres indefinidos.

      a.3) Adverbios.

      a.4) Verbos de pensamiento o temor + *que* + *no.*

   1.b) **Negación reforzada:**

      b.1) Ni siquiera, ni hablar, ni pensarlo, etc.

      b.2) Insistencia: *que* + partícula negativa.

1.a) Negación atenuada: No es que se trate de una negación atenuada sino de la ausencia de intensificación, de manera que la partícula negativa aparece aislada delante del elemento oracional que se niega.

a.1) *Partículas negativas aisladas:* Por ser un procedimiento común a todo tipo de hablas carece de importancia en la lengua coloquial, no presentando además las características de afectividad y humor propias de ésta. Ese es el motivo de que no sean objeto de nuestra atención. Por otra parte se reducen a un exiguo número de formas: *no, ni,* etc. «Marinero: Como usted guste... Ya, *ni* el mar...» (*El caracol,* 153).

a.2) *Pronombres indefinidos de negación:* Tampoco los pronombres indefinidos de negación son propios del habla popular sino del español en general por lo que caen fuera del campo acotado para el presente estudio. No obstante, es forzoso hacer alusión a ellos (6).

Ninguno, -a, son las formas masculina y femenina del plerema «negativo» para el género animado: «Reina: ¡Cuánta gentileza! *Ninguno* de los monárquicos ha podido encontrarlo» (*El sol*, 183). Cuando preceden a un sustantivo –en función adjetiva– presenta la forma apocopada *ningún:* «Paula: ¿Qué médico? - Diego: Uno. - Paula: Aquí no ha entrado *ningún* médico» (*Noviembre*, 251).

La forma para el género «animado» es *nadie*, pero se diferencia del anterior en que éste no distingue entre masculino y femenino. Tomás ve por primera y única vez a Diego, cuando éste acaba de fallecer a causa de su accidente: «Tomás: ... ¿Quién es ese hombre? - Paula: *¡Nadie!* ¡Este hombre no es *nadie! ¡Nadie!* ¡No vuelvas más! (*Noviembre*, 281).

La diferencia del pronombre indefinido *nada* con *nadie* es de género, ya que la primera es de género «inanimado» (6), por supuesto, no distingue entre masculino y femenino. Sirve para negar no sólo la cualidad de algo: «A.: [la cornucopia] Es de gran valor. Caoba. Las cornucopias ... - Ordenancista: No vale *nada*, señora. Pino pintado» (*El caracol*, 159), sino también la cantidad: «Diego: (Le quita la carta) Eso no lo dice. No dice casi *nada* de lo que has leído. Además, tú no sabes leer tan de prisa» (*Noviembre*, 245); puede negar, pues, tanto la parte cualitativa como la cuantitativa del asunto en cuestión. Cuando Lorenzo llega a la capilla de Santo Tomé, Consuelito está intranquila por la vida sin alicientes que lleva: «Consuelito: ... Aquí no puede pasar *nada de nada*. *Nada*. Por eso estoy nerviosa ...» (*Los buenos*, 11). También en: «Madre: A veces me pregunto si seré tonta. Porque no entiendo *nada*. *Nada*» (*El caracol*, 135). La reiteración constante de dicha forma negativa en ambos casos es un recurso que Gala utiliza para dejar bien claro la situación de vacío de sus personajes.

Nunca como «caso temporal» de la negación que puede aplicarse al período de tiempo que va desde el pasado al presente: «El Rey (en el discurso del aniversario de su coronación afirma, como siempre, que jamás el tiempo pasado fue tan halagüeño como el presente): *Nunca* el porvenir del pueblo se ha presentado tan halagador...» (*El sol*, 189); dicho caso temporal negativo es susceptible de proyección hacia el futuro: El Portero insta a los Invitados a que colaboren en la construcción de la casa, y ante la negativa de éstos, augura: «Me temo que, a este paso, la casa no se termine *nunca*» (*El caracol*, 125). También en: «Lázaro: Ya no te podré querer *nunca* de esa manera, Olalla...» (*Las cítaras*, 44). Este «caso temporal» de la negación requiere que le anteceda una partícula negativa, lo mismo que a *nada*. Cuando el verbo de la oración va en presente y se refiere a una acción repetida, este elemento de negación *nunca* no alude a una zona temporal determinada. Ante la intervención de la Niña en la conversación de los mayores, el «Burgués: Las niñas bien educadas no hablan *nunca*» *(El caracol, 130)*. En estos últimos ejemplos *nunca* intensifica la negación previa, sirviendo de gradación de la partícula *no* que antecede al verbo; si se elidiera el adverbio *nunca,* la frase perdería su carga afectiva.

A través del francés se introdujo en nuestra lengua un caso temporal de negación equivalente al anterior: *jamás,* que procede de una perífrasis más tardía que *nunca* en el latín vulgar y con sus mismos usos, si bien la j- denota procedencia del ocitánico antiguo: «Lázaro: Miles y miles de árboles muy juntos, donde *jamás* ningún hombre ha pisado» *(Las cítaras, 58).* Prueba de la equivalencia de ambos términos de negación es el hecho de que en algunas ocasiones se aglutinan para reforzar de un modo categórico su negativa: «Minaya: ... Yo, entonces, aquella mañana supe que no iba a ser *nunca jamás* otra cosa que el fiel enamorado de Jimena ...» *(Anillos, 55).*

a.3) *Adverbios:* Entre ellos destaca *tampoco* además de los temporales *nunca, jamás,* ya señalados. El adverbio *tampoco,* correlato del afirmativo *también,* indica que el hablante se solidariza con una repulsa anterior debido a que siempre va pospuesto a una negación previa. Diego y Paula recuerdan su primer encuentro, recién acabada la guerra: «Diego: No sabe usté qué hacer, ¿no? (ella niega con la cabeza) Yo *tampoco*» *(Noviembre, 261).* Luterio explica la causa por la que él va a las bibliotecas: «Luterio: ...¿para qué? Y yo, cuando empiezo a ver por las ventanas el cielo bien azul y las avispas, *tampoco*» *(Los verdes, 28).* Cleofás intenta descifrar sin resultado positivo la coplita que arrojaron en la iglesia y que alude a ellos: «Cleofás: No entiendo a lo que se puede referir. - Hortensia (con intención): Yo, *tampoco*» *(Los buenos, 49).* El advervio *tampoco* engloba no sólo la propia negativa del hablante sino que incluye la precedente de forma que se omite el verbo por no considerarse su presencia necesaria.

a.4) *Verbos de pensamiento o temor + que + no:* mediante este giro la negación es más leve, menos seca que una simple partícula: «Alcalde: Ea, ¿viene o no viene? - Juan: *Temo que no* me sea posible» *(Los verdes, 13).* Permite que se intercalen otros elementos de la oración entre sus miembros: «Portero: Me *temo que,* a este paso, la casa *no* se termine nunca» *(El caracol, 125);* o el hipérbaton de los elementos mediante la anteposición de la partícula negativa al verbo sin que el valor semántico del giro varíe fundamentalmente: «Ordenancista: *No creo que* una mujer que vive sola entienda mucho de transaciones comerciales» *(El caracol,* 126). Si el verbo que precede a la partícula *que* es de tipo afirmativo la negación es más rotunda: «Marinero: Le *aseguro que no,* era algo para dormir a un niño» *(El caracol,* 131).

1.b) **Negación reforzada:** El elemento de negación va acompañado de otro que lo intensifica, bien sea porque aluda a algo que carece de importancia o bien porque limite una acción a su mínima expresión.

b.1) *Ni siquiera, ni hablar, ni pensarlo,* etc. Todas estas locuciones negativas tienen en común el ir introducidas por la partícula copulativa de negación *ni,* que supone un enlace con lo anterior que queda negado. A la construcción *ni siquiera* le precede siempre otra cláusula negativa, ya sea explícita o implícitamente. Este giro niega hasta en su más mínima expresión al período anterior, dado que la oración o elementos oracionales que le siguen se refieren a algo insignificante, sin importancia. La Vendedora llora porque está despierta y porque el Marinero ha querido comprarle toda su mercancia; la explicación de su llanto nos la da el «Portero: Porque ahora está despierta y no tiene, además, nada que hacer. *Ni siquiera* vender una cerilla» *(El caracol,* 126); o cuando los niños discuten sobre qué serán cuando sean mayores: «Niña: Para lo que te sirve. *Ni siquiera* sabes qué serás cuando acabes de crecer...» *(El sol,* 174). A menudo el hablante se adelanta a una opinión divergente por lo que dicha negación posee matices afirmativos en relación a una aseveración manifestada con anterioridad: «Justina: A Alonso no se le ocurriría *ni siquiera* pensar que un hijo mío pudiera ser de otro» *(Las cítaras,* 46). Aunque ambos elementos, conjunción negativa *ni* y adverbio de cantidad *siquiera,* forman una unidad ello no impide que se puedan intercalar otros elementos oracionales: «Portero: ... A este paso la casa no se terminará nunca. Se muere el niño, subo, ni me miran. *Ni* un ladrillo *siquiera* ... No se cansan nunca de volver a empezar» *(El caracol,* 151). También: «Rey: ... Lo que yo os dije: nadie hay importante, *ni* Gulliver *siquiera.* Yo soy el primero en sentirme defraudado» *(El sol,* 223).

Esta fórmula negativa posee matices de comparación: el hablante minimiza de tal modo el objeto de su negación que, apenas, si le deja posibilidad alguna de realización. Ello resulta más patente cando el adverbio de cantidad es sustituido por un sustantivo que alude a algo pequeño o que posee escaso valor. El Niño habla de la corte, como si alguna vez hubiera estado en ella, pero su compañera de juegos niega toda validez a sus palabras: «Niña: Sí. Tú sabes de la corte lo que la corte de ti: *ni un pimiento» (El sol*, 177).

Negación categórica mediante la que se rechaza una propuesta es *ni hablar*: «La Joven (al Joven, que le ofrece un vaso): Más vino, *ni hablar,* que tú lo que quieres es ...» (*El caracol*, 133).

Construcción similar y del mismo significado negativo es *ni pensarlo*, aunque literalmente debería ser más rotunda que la anterior; la presencia del pronombre personal neutro concreta la negación única y exclusivamente en lo dicho por el interlocutor. Juan recomienda a sus amigos, excepto a Ana, que salgan del cementerio, pues la llegada de los guardias es inminente: «Juan: No te preocupes. Nos encontraremos más tarde. Un poco después. Cuando pase todo esto. - Nina: *Ni pensarlo» (Los verdes*, 80); «Ana: ... Me tengo que ir. - Juan: *Ni pensarlo*. Tome usted otro vasito» (*Los verdes*, 49).

b.2) *Negación insistente: que* + partícula negativa. Cuando la partícula negativa va precedida de la conjunción *que* la negación es más insistente, ya que aparece como repetida, sobreentendiéndose el verbo *decir* precediendo a la fórmula negativa. Su insistencia se ve clara en el siguiente ejemplo: «El de las flores: Bocadillos, bombones, caramelos. - Manuel: No. - El de las flores: La lotería de la suerte. - Manuel: *Que no*, hombre, *que no» (Los verdes*, 34). En otras ocasiones no es necesario sobreentender el verbo *decir*: «Juan: Sí. Eso pasa. Y es que aún no estamos hechos. - Ana: *Que no* estamos hechos, *que no*. Ni nos da tiempo a hacernos. Porque si nos diera tiempo ...» (*Los verdes*, 49), la repetición del verbo empleado especifica el campo semántico a que se refiere la negación. La partícula *que* indica que la negación que introduce es repetida, puesto que ya se ha negado alguna vez bien de forma elíptica, como en estos casos o bien enunciada previamente: «Mujer 3.ª: Ay, que me faltan y no me defiende. Este hombre a mí no me sirve. *¡Que no* me sirve!» (*Los verdes*, 20).

Cuando el *que* introductor va precedido de *eso sí* la negación queda reforzada sobremanera. El giro negativo *eso sí que no* es elíptico, debido que ha de tenerse presente el verbo o la idea general de la cláusula anterior que, por otra parte, está implícita en el pronombre demostrativo neutro cuando se refiere a toda la oración anterior: «Tomás: Esto te gusta, pécora. Que si no bien podías traspasar el negocio. - Paula: *Eso sí que no*. Aquí he nacido yo y aquí me quedo» (*Noviembre*, 236).

Dado el afán de claridad y de delimitar perfectamente su pensamiento es frecuente en la obra de Gala encontrar ocasiones en que la idea que se niega mediante esta fórmula, aparezca a continuación negada de nuevo para que no exista la menor posibilidad de equivocación, lo que en cierta forma no deja de ser una redundancia: «Muchacho: Una noche es una noche. Hoy hay que estar alegres. - Ana: *Eso sí que no. Alegre yo, no.* Antes la muerte» (*Los verdes,* 64). Si el antecedente al que se refiere el pronombre demostrativo no es una oración entera sino un sustantivo, dicho pronombre concierta en género y número con él, puesto que es su antecedente: «Nodriza: Ahí tienes a las otras dos locas. A *ésas sí que no* hay quien las aguante» (*El sol,* 212).

1.2) **Es un grupo de negación intermedio** entre los dos señalados: por un lado presenta partícula negativa como las formas pertenecientes al primero; y por otro, son verdaderas perífrasis negativas como las del segundo y cuya idea léxica, aparte de en la partícula, radica en otros elementos de la frase que la enfatizan. Atendiendo a la gradación intensificadora que ofrecen las diferentes fórmulas así como a los paradigmas que presentan cabe distinguir varios apartados:

1.2.a) Negación en correlación: *no ... ni, nadie ... ni, ni ... ni.*
1.2.b) Matiz peyorativo de la segunda negación respecto a la primera.
1.2.c) Negación mediante la ridiculización de lo manifestado por el interlocutor: *qué ... ni qué.*
1.2.d) Locución introducida por *ni que* + verbo en subjuntivo.

1.2.a) *Negación de correlación:* Construcciones con el paradigma *(nada) no ... ni:* ambas negaciones están en correlación, intensificando la segunda la negativa a la primera; a menudo ésta consiste en la repetición negada de algo dicho por el interlocutor. A. intenta justificar el retraso de su boda ante su Madre, que ésta no está dispuesta a consentir: «A.: Mira, mamá ... - Madre: *Ni* "mira, mama", *ni* historias» (*El caracol,* 134), gráficamente la repetición de las palabras del interlocutor van colocadas entre comillas. En la primera ocasión en que el Republicano se entrevista con el Rey: «Republicano: Y ahora, ¿qué oficio tienen? - Rey: Ahora *no* tenemos oficio. *Ni* beneficio» (*El sol,* 200), donde A. Gala aprovecha un modismo popular que se aplica a gente desocupada y que referido al máximo dirigente del país adquiere un fuerte sentido crítico. Nina no se quedaría en el cementerio de noche por nada del mundo: «Juan: Todo es irse acostumbrado, hija. - Nina: Ay, yo *no* podría acostumbrarme nunca. Prefiero una acera. O la estación. Yo aquí, *ni* muerta» (*Los verdes,* 43). Alguna vez se omite la partícula *ni* que introduce la segunda negación sin que por ello el sentido de la frase quede ambiguo: «Jefe: Qué contestón. Ya veo que en este reino *nadie* sabe dónde tiene su mano derecha». (*El sol,* 181), quizá la negación no aparece tan categórica, ya que todo el peso cae sobre el indefinido *nadie.* En otras ocasiones se produce una combinación de ambas variantes mediante la especificiación de los sujetos que se aluden con el indefinido aunque sea con un giro popular humorístico: «Jimena: Tu vida es sólo tuya. Que no te la destrocen. *Nadie. Ni rey ni roque...* » (*Anillos,* 39). Expresión esta última –*ni rey ni roque*– que en el caso presente viene originada por las circunstancias en que se produce, ya que Jimena se refiere con el primer miembro al rey Alfonso; en la lengua hablada la deformación que representa el segundo miembro respecto al primero, indica lo rotundo de la negación. De mismo modo, si se trata de una acusación injuriosa hecha sobre el hablante, éste rechaza una por una todas las partes de la misma con lo que su negativa resulta más enérgica que si mostrase su oposición de una manera global. Juan, al llegar a la ciudad de su abuelo, pasa por el mercado; allí unas mujeres le interrogan, formándose una opinión adversa de él: «Mujer 1.ª: ¡Ay, usted es un malvado! ¡Porque quien no vende, roba. De algo se ha de vivir! - Juan: Pues yo *ni* vendo *ni* robo» (*Los verdes,* 15).

Por lo general el segundo miembro de la negación representa una intensificación de la idea del primero, de ahí que quede reforzada cuando se compara con algo que resulte pequeño o de escaso valor. Si el hablante no encuentra término de comparación apropiado a su intención, puede valerse de modismos populares cuya única función es la de minimizar su propia negación: *ni poco ni mucho, ni mucho menos.* Mediante este tipo de expresiones se indica que lo negado se encuentra muy lejos de ser verdad. La Solterona está obsesionada con el recuerdo de que una vez estuvieron a punto de besarla en un vagón de tren: «Solterona: ... Ya se sabe: maderas y algún encaje no muy limpio. *No* era una casa, *no, ni mucho menos*» (*El caracol,* 130). Cuando doña Hortensia recrimina a Lorenzo por no secundarla en sus proyectos celestinescos: «Hortensia: ... lo que pasa es que tú *no* tienes vocación de chulo *ni muchísimo menos...*» (*Los buenos,* 47), donde el adjetivo *mucho* en grado superlativo intensifica la negación y la hace más afectiva. Dicho modismo requiere que le preceda siempre alguna de las partículas negativas. Variante de esta fórmula es la siguiente: «Rey: ... *No* soy un enano. ¡*No* me da la gana! *Ni* mi padre, *ni* mi abuelo, *ni* mi tatarabuelo lo han sido. Usted *no* ama a su pueblo si cree que es un pueblo de enanos. *Y mucho menos* si se lo hace creer» (*El sol,* 202), ambos miembros de la negación van unidos por la conjunción copulativa *y* en vez de la negativa *ni,* debido a que el segundo va seguido de una oración condicional; si ésta, junto con la condicional anterior, precediese al modismo, entonces quedaría en posición final e iría introducido por *ni:* «Usted si cree que es un pueblo de enanos, y si se lo hace creer *no* ama a su pueblo, *ni mucho menos.*» En otros casos, la negación es absoluta pero no hay una referencia directa a la proposición del interlocutor. El Rey no logra convencer al Republicano para que sea su aliado, fracaso que resume en una frase: «Rey: Ya me pareció que *no* nos pondríamos de acuerdo *ni* en la forma de saludar» (*El sol,* 202), con una clara gradación comparativa empequeñecedora de la idea expresada. Diego se lamenta de que sus hijos no lo quisieran. «Diego: A mí no me han querido nunca. Ninguno de los tres. Se fueron y *ni recuerdos* mandan» (*Noviembre,* 245). A pesar del mundo de apariencias en que vive, Cleofás reconoce que nadie se engaña con ellas: «Cleofás: No, no, y no. Llevamos muchos años viviendo de mentiras, que *no* nos creemos ya *ni nosotros*» *(Los buenos,* 36).

La alusión a la divinidad con sentido negativo hace que éste quede intensificado al máximo en expresiones: *no hay Dios que, ni Dios,* etc. La Madre se aprovisiona de todo alimento que encuentra, guardándolo en los bolsillos de su delantal: «Paula: ...Lleno de migas, que luego se mete en la pila y se forma un engrudo que *no hay Dios que lo quite*» (*Noviembre,* 250) modismo popular que es un refuerzo del indefinido *nadie.*

1.2.b) *Matiz peyorativo de la segunda negación respecto a la primera:* La segunda negación conlleva un matiz peyorativo o despectivo referido a lo dicho por el oyente. Así, en el clima de incomprensión y aislamiento de *«El caracol en el espejo»*: «Madre (interpela al Portero): *No* me interesan para nada sus escalofriantes historias. *Ni* sus ladrillos *ni sus paparruchas» (El caracol,* 162). O el Alcalde cuando interroga a Juan: «Alcalde: *No* me gustan los holgazanes. *Ni* los cataños, *ni las zarandajas esas» (Los verdes,* 11); donde el matiz peyorativo reside en el añadido del hablante –*zarandajas, paparruchas*– que realzan su negación.

1.2.c) *Negación mediante la ridiculización de lo manifestado por el interlocutor: qué ... ni qué:* El hablante, atento a lo que la persona con la que habla dice y en desacuerdo con ella, no sólo se limita a rechazarla de manera más o menos categórica sino que pretende ridiculizarla, con lo que obtiene, además, un mayor énfasis en su negación. A fin de alcanzar su propósito desglosa el enunciado del interlocutor y repite la palabra o palabras que mayor mella han causado en su mente, añadiéndole otra más exagerada e incongruente con el tema en cuestión. Con este giro su negación gana en énfasis e insistencia como producto por una parte de la ironía de que va coloreada y de otra, porque niega la palabra o las palabras más destacadas: «Jimena: ... ¿Es que no eres feliz con tu marido? - María: ¡*Qué* cosas tienes! *Qué* tendrá que ver un marido con mi entrecejo! ...*¿ni qué* es eso de ser feliz con el marido?» (*Anillos*, 38). El segundo término de la perífrasis negativa, el añadido por el hablante y que no está en el enunciado precedente, puede poseer un claro matiz ridiculizante o minimizador: Juan reanima a Ana y la reprende por la cantidad de tiempo que permanece allí fuera; ella manifiesta su deseo de morir: «Juan: Se va uste a matar. - Ana: No, señor. No caerá esa breva. - Juan: ¡*Qué* breva *ni qué narices!*» (*Los verdes*, 47), el hablante niega lo dicho por el otro, apoyándose en sus propias palabras pero introduciendo una intensificación; *narices*, como forma negativa, es variante humorística de *nada*, con la que tiene en común su primera sílaba, que es la que conlleva un mayor sentido de negación. Esta variante humorística, al igual que otras cuya primer sílaba es *na-*, como ¡*naranjas!*, tiene su origen en un debilitamiento del cuerpo fónico del indefinido *nada* > *náa* > *ná* en determinadas zonas del país, principalmente en Andalucía. Al ser consciente el hablante del escaso cuerpo fónico de *ná*, unido quizá a un deseo de evitar posibles confusiones con la negación *no*, que se usa en situaciones diferentes, procuraría alargar *na* mediante la adición de alguna coletilla a esta sílaba; para ello se aprovechó de palabras existentes en la lengua que empezaban por ella: *naranjas, narices*, etc. Pero no es necesario que la palabra intensificadora de la negación comience por dicha sílaba pues el habla posee una gran riqueza de formas que pueden ser empleadas en esta función: «Soldado (al vendedor): ¡La licencia! - Vendedor: *Qué* licencia *ni leñe*, si voy al cincuenta por ciento con el Rey» (*El sol*, 187), que es una negación eufemística de otra de tipo obsceno: *ni leche*.

1.2.d) *Locución introducida por* **ni que** + *verbo en subjuntivo:* Mediante esta fórmula se niega un enunciado sin necesidad de aludir a ninguno de los miembros, quedando sólo sugerido. La negación del hablante es tan categórica que, ni aún en el caso extremo que él pone, estaría de acuerdo con su oyente. La Extraviada se admira de que la Vieja le pida que le traiga su botella de aguardiente: «Extraviada: Señora, ¿pero usted no se da cuenta de que soy una fulana? - Vieja: *Ni que fuera idiota*, hija. Si no hay más que verte. Pero a mí, ¿qué me importa?». (*El sol*, 209), en la respuesta de la Vieja se sobreentiende lo dicho por la Extraviada: «Aunque fuera idiota, *me daría cuenta de que eres una fulana*».

2.–Perífrasis afectivas de negación.–Al igual que las perífrasis para la afirmación, se caracterizan por negar la cláusula anterior mediante un procedimiento sintáctico, no léxico, como en los casos en que la idea de negación está polarizada por una partícula negativa. Con este tipo de construcciones el hablante impregna de afectividad su propio discurso, su intencionalidad se hace más patente, su propia personalidad, en suma, queda transferida en sus palabras, todo lo cual eleva el valor emotivo de la conversación incluso hasta el apasionamiento.

Cabe mencionar diversos tipos de estas perífrasis, unas utilizadas constantemente por Antonio Gala, mientras que otras aparecen esporádicamente en su producción dramática:

2.a) Exclamación negativa: *qué* + sustantivo u oración.
2.b) Cláusulas desiderativas introducidas por *que*.
2.c) Expresión de mandato con el verbo en imperativo.
2.d) Interrogación irónica o festiva.
2.e) Giro humorístico.
2. f) *Antes, primero ...* + algo disparatado.
2.g) Otras perífrasis: *como si...*
2.h) Refranes en función negativa.

2.a) *Exclamación negativa:* Cuando dicho giro está constituido únicamente por *qué* + sustantivo la partícula interjectiva intensifica el campo semántico del sustantivo, que tiene un valor negativo por su significación (necedad, falta de verdad, etc.), todo ello referido a la proposición precedente. En la pensión Juan quiere saber si la habitación que el ofrece la Dueña tiene ventanas: «Juan: Pero, ¿a dónde? Porque la calle es muy estrecha. - Dueña: *Qué disparate* a la calle. *Qué porquería*. Con vistas a otra habitación» (*Los verdes,* 19), mediante estas expresiones despectivas la mujer rechaza el deseo sugerido por Juan. También: «Consuelito: ... ¿Te aburres conmigo, Lorenzo? - Lorenzo: *Qué disparate*. Estar contigo es distraído» (*Los buenos,* 58). Si la misma construcción es repetida, pero con sustantivos diferentes, la negación es enfática y rotunda sobre todo si uno de ellos es el sustantivo *mentira,* como en: «Diego: Lo deshaces de noche, Paula. Te he visto yo. [Se trata de un jersey que Paula está tejiendo] - Paula: ¡*Qué barbaridad*, Diego! ¡*Qué mentira más gorda!*»

(*Noviembre*, 259).

Cuando el *qué* antecede a una proposición prevalecen los valores interrogativos sobre los exclamativos, a diferencia de lo que sucede cuando determina a un sustantivo: «Consuelito: ... Esta muñeca se llama Marga. Le falta un ojo, pero lo tiene dentro (la sacude) ¿Lo oyes? *Tú qué vas a oír*» (*Los buenos*, 58). Por lo general esta forma de negación repite el verbo utilizado en la afirmación previa o en la interrogación con lo que la negativa adquiere tonos más categóricos: «Alonso: Anda, Camacha: ¡No metas la pata! - Camacha: ¡*Qué voy a meter yo*! (*Las cítara*, 27). La falta de diálogo y la incomunicación pesa sobre los personajes de «El caracol, ...», principalmente sobre A. y Z. «Z.: Pero, ¿te he dicho yo algo? ... - A.: ¿Tú? No. Decir tú. No me pasa nada. ¿*Que quieres* que me pase...? (*El caracol*, 142). Caso intermedio entre estos dos es aquél en que el sustantivo siguiente es *cosas*, en plural, con valor neutro: «María: ... Incluso te diría que sin amor se hace más fácilmente. - Constanza (saliendo): *Qué cosas* hay que oír» (*Anillos*, 44).

Ante un suceso constatado y sin solución al alcance de ninguno de los hablantes, se utiliza la fórmula interrogativa *¿qué le vamos a hacer?* en la que predomina el matiz de resignación. Cuando suenan las campanadas de medianoche que anuncian el año nuevo, Luterio tiene tiempo para comer sólo la mitad de las uvas, que Juan interpreta del siguiente modo: «Juan: *¿Qué le vamos a hacer?* Media suerte. Nada nuevo: calor, pero avispas. - Luterio: Está bien, no importa» (*Los verdes*, 69).

Para negar el conocimiento de algún suceso o el significado de algo se utiliza una exclamación de este tipo formada por *qué* más el pronombre personal de primera y el presente del verbo *saber*. El pronombre personal puede ir colocado al principio o al final de la locución pero no en medio: *yo qué sé* o *qué sé yo*. Doña Hortensia gusta de repetir un refrán de un amigo suyo cubano: «Hortensia: *Yo que sé*; pero lo decía mucho» (*Los buenos*, 18). El hablante no sólo refleja por este procedimiento el total desconocimiento de lo que se le pregunta sino también la perplejidad ante la pregunta que se le hace por disparatada o inesperada: «Diego: Y Dios, ¿cómo será? - Paula: Jesús, qué cosas. *¡Yo que sé!* ¿Crees tú que Dios anda por ahí arriba para que yo lo vea?» (*Noviembre*, 225). O bien, con el pronombre personal pospuesto: «Lázaro: ¿Qué rey? - Olalla: *¡Qué se yo!*, ¡uno! El que estuviera» (*Las cítaras*, 36). Si el sujeto de *saber* no es el pronombre de primera persona sino el de segunda o tercera, se pone en duda la certeza del conocimiento de aquél con quien se habla o de quien se habla. Por eso el verbo va en un tiempo de valor hipotético: «Justina: *Qué sabrás tú* del amor y del alma» (*Las cítaras*, 53). O bien en una forma perifrástica: «Lorenzo: Ellas a lo mejor sí lo saben. - Cleofás: *Qué han de saber*» (*Los buenos*, 51), pues desconoce la verdadera causa por la que su madre y su mujer está constantemente riñendo.

Mediante la fórmula de negación elíptica ¡*qué va!* se rechaza la idea propuesta: «Diego: ¿Fuiste con el hombre de arriba? - Paula (que ha ido por vino): *Qué va*. Yo sola» (*Noviembre*, 242). Incluso puede aparecer como forma de negación de la idea que va expuesta a continuación de modo similar a cualquier partícula negativa. La Dueña con el propósito de halagar a Juan: «Dueña: ... Usted ¿*qué va* a haber tenido la malísima pinta que tiene ahora?» (*Los verdes*, 20).

Cuando el antecedente del *que* no es una oración sino un sustantivo perteneciente al género animado, el *que* es sustituido por el pronombre interrogativo o exclamativo *quien*. El matiz irónico aparece en estos casos, puesto que la interrogación ficticia le confiere el sentido opuesto a lo que significa: «Jerónimo: Yo hace poco fui joven, señor. - Alfonso (bajo): *Quién* lo diría» (*Anillos*, 62). El *quien* en este uso equivale a *nadie*. El Portero indaga por el culpable de la muerte del Niño: «Portero: ¿Usted cree que nadie tiene la culpa? - Padre: ¿*Quién* va a tenerla? ¿*Quién* es responsable de que un niño se muera al soplar las velas del pastel de cumpleaños? (*El caracol*, 145).

En estas construcciones con la partícula *que* debería esperarse la introducción por medio del *cómo* interrogativo, perífrasis negativa esta última esporádica en la obra de Gala. En el funeral del niño muerto, la Niña, que aún desconoce la trágica idea de la muerte, oye llorar a un niño de otro piso y cree que es el que está allí delante de ella: «Niña: El niño está llorando. - Burguesa: Cállate, niña. - Burgués: ¿*Cómo* va a estar llorando, si se ha muerto? (*El caracol*, 148). Giro que es el paralelo a aquellos de afirmación que también iban introducidos por la partícula *cómo*. Tanto en unos como en otros hay que destacar el matiz irónico que los preside ya que los afirmativos adoptan una forma negativa por la presencia de *no*, mientras que los negativos carecen de ella presentando una forma afirmativa.

2.b) *Cláusulas desiderativas introducidas por* **que**: Las frases desiderativas poseen un carácter festivo y tono burlón a fin de dar un mayor énfasis a la opinión negativa del hablante sobre un tema o situación determinada; van introducidas por la conjunción *que* pues no dejan de ser proposiciones sustantivas cuyo verbo principal es uno de voluntad que se omite. Tienen el mismo valor semántico que una oración exclamativa introducida por la interjección *¡ojalá!* Por la carga de afectividad de que son portadoras son muy frecuentes en la lengua hablada. En la producción dramática de Gala predominan las expresiones *que lo zurzan, que le den morcilla,* sobre otras de este tipo. Con ocasión de la aparición de Gulliver se pone de manifiesto la cobardía del Rey y su absoluta despreocupación por la seguridad y el bienestar del pueblo: «Reina: ¿Y el pueblo? - Rey: *Que lo zurzan.* ¡Adentro! (cierran los balcones) (*El sol,* 190). Al final de la acción, Cleofás se rebela contra su madre y expone sus ideas sobre la vida, concluyendo: «Cleofás: ... Si la felicidad viene, bienvenida. Y, si no, *que la zurzan*». *(Los buenos,* 71). Ante una idea que no se comparte, se continúa para desacreditarla mediante la ironía de esta expresión: «Marinero: Tendríamos que ser igual que niños. Madre: Y el que no lo sea, *que lo zurzan,* ¿no?» (*El caracol,* 163).

La expresión *que le den morcilla* se encuentra reiteradamente en boca de las criaturas dramáticas de nuestro autor. La Vieja se niega a entrar en la cárcel cuando le corresponde su turno. «Vieja: Que sea, déjalo. No entro. *Que le den morcilla* a la cárcel...» (*El sol,* 207); la idea de repulsa aparece reforzada por la negación precedente que intensifica la de la perífrasis negativa. Paula, que no ha visto nunca el mar, explica a Diego cómo se lo imagina ella, pero no sabe qué decir y corta la conversación de esta manera: «Paula: ... Pero *que le den morcilla al mar.* Vamos a comer» (*Noviembre,* 254). Algo parecido sucede cuando Monique y Nina se aburren en un bar: «Nina: ... Venga. Vámonos. *Que le den morcilla* a la Noche vieja» (*Los verdes,* 59). Lo negado puede omitirse por haber sido dicho con anterioridad: «Justina: Sin embargo, Lázaro... - Hernando: *Que le den morcillas* a Lázaro» (*Las cítaras,* 48).

Otra expresión de este tipo es *que le frían dos huevos* que, acaso, originariamente tenga un sentido obsceno del que en la actualidad apenas si queda vestigio alguno. Después de la muerte de Dionisio nada puede sacar a la Madre de su ensimismamiento: «Madre: ... *Que le frían dos huevos* a todo lo demás. Ya no quiero saber nada de nada. Ni del día ni de la noche» (*Noviembre,* 254); la negativa absoluta introducida por la expresión optativa es desglosada para negar por partes adquiriendo unos grados de intensidad muy elevados.

Similar a ésta tanto en su forma como en su contenido es *que les den dos duros.* En ambas el numeral que precede al sustantivo es *dos.* Paula, enternecida después de revivir con Diego la llegada de éste, comprende que él ha dependido siempre de ella: «Paula (en la realidad ya): El descendente. No voy. Estoy mejor aquí. Tú me necesitas más que esos viajeros. Y si no, *que les den dos duros» (Noviembre,* 261); «Constanza (en un intento por levantar el deprimido ánimo de Jimena se compara a ella haciéndole ver que todavía es joven): ... Anda y *que le den dos duros* a los muertos ...» (*Anillos,* 36).

2.c) *Expresión de mandato con el verbo en imperativo:* Es uno de los recursos más frecuentes para enfatizar el desacuerdo con una opinión o con una circunstancia determinada. Adopta la forma de una orden tajante con el verbo en imperativo y forma afirmativa. Admite variación de construcción según el significado del verbo:

- Verbo de movimiento.
- Verbo apelativo o de lengua (insistir, decir, etc.).

En los giros construidos con un verbo de movimiento el valor negativo radica en el imperativo que indica un alejamiento respecto a lo manifestado por el interlocutor. Con el imperativo *¡quita!* o *¡quite usted!* se rechaza la aseveración de la persona con la que se habla y se le insta a que aparte ese pensamiento de su mente: «Juan: Ya sabía yo que empezaríais el año juntos. Y así lo terminaréis. - Luterio: *Quita de ahí,* hombre, *quita de ahí» (Los verdes,* 70); Gala, siguiendo la idea léxica del verbo, concretiza aún más al colocar detrás el adverbio de lugar que, por supuesto, se refiere a la afirmación previa de Juan y no a un lugar determinado.

¡Vete a hacer puñetas! negación afectiva que, además, denota el malestar del hablante por lo dicho o hecho por su interlocutor. Generalmente va entre signos de admiración. Diego, como si presintiera su muerte, decide cavar su propia tumba, idea que rechaza su mujer con toda energía: «Diego: ... He pensado, para que sea más fácil, cavar yo desde mañana la fosa en aquel rincón. - Paula: ¡Diego! *¡Vete a hacer puñetas! (Noviembre,* 258), que refleja la irritación que ha causado a Paula la propuesta de su marido; «hacer puñetas» tiene el significado de «masturbar», si bien el sustantivo «puñeta» significa en su origen «puño estrecho bordado con seda o lana negras, que usaban las mujeres en las camisas de mangas largas» (7).

Significado afín a este tipo de construcciones posee la locución popular *¡anda ya!,* por medio de la cual se rechaza alguna idea anterior pero sin enunciarla. El verbo también se encuentra en imperativo pero apenas queda vestigio de mandato y la idea léxica de movimiento del verbo se ha perdido al menos en su significado real de «andar, marchar», aunque se conserva parte de su significado de «apartar de la mente algo que no le conviene»; pero la expresión *anda ya* está tan lexicalizada para la negación que, incluso, éste último significado figurado también se ha perdido. La muñeca de la Niña no cierra los ojos porque tiene estropeado el mecanismo, el Adolescente se ofrece a arreglárselo: «La Niña: No. Es que no tiene sueño. - Adolescente: *Anda ya.* Dámelo, verás cómo te lo arreglo» (*El caracol,* 163).

Déjame: Forma con la que se niega el enunciado precedente o su parte más característica de manera semejante a las ya vistas con verbos de movimiento: «Alfonso: ... La patria está muy por encima de nosotros y de nuestros mendrugos. - Jimena: *¡Déjame a mi* de patrias! (*Anillos,* 91). Cuando la acción verbal no va referida al propio hablante sino al interlocutor, lo que se manifiesta por la presencia del pronombre de segunda persona en vez del de primera, el imperativo suele ir acompañado de un sustantivo de campo semántico negativo: A Hortensia, lo único que le importa es el ridículo papel que desempeña después de la marcha de Lorenzo con todos sus ahorros: «Cleofás: A mí lo que me pasa es lo que a todo el mundo: que no quiero quedarme sólo. - Hortensia: *Déjate de sandeces.* Yo sólo sé que tengo un pie en la tumba fría y se han reído de mí» (*Los buenos,* 69).

Con el mismo valor semántico y significante parecido es la construcción con *decir* precedido de la partícula *no,* ya que el sentido negativo de la expresión recae en gran medida sobre el mismo sustantivo, *sandeces.* Se diferencia en su construcción sintáctica debido a que en ésta el mandato adopta la forma negativa lo que implica que el verbo vaya en presente de subjuntivo: *no digas sandeces.* La Niña se niega a salir a la calle con la diadema de flores: «Niña: Pues mira que ponerse la diadema para luego morirse. - Burguesa: *No digas sandeces.* Nada tiene que ver una cosa con otra» (*El caracol,* 137).

Forma de negación semejante para rechazar una petición reiterada es la formada mediante el verbo *insistir* u otro de significado similar en presente de subjuntivo, precedido por el adverbio de negación *no:* «Portero: ... Con un ladrillo que pusiera cada uno ... Ahora que está tan de moda la solidaridad. - Madre: *No insista.* ¡Qué pesado!» (*El caracol,* 125). La curva melódica de la negativa puede oscilar desde la orden tajante al ruego más o menos cortés.

¡Baje Dios y lo vea! Es muy frecuente dicha invocación a la divinidad para manifestar la total disconformidad de la persona que habla con una situación

dada. Paula lamenta la vida sin esperanza que ella y su marido llevan en aquel agujero malsano donde ni un conejo siquiera puede subsistir: «Paula: ... Mecachi en diez, que si hay derecho a esto, *baje Dios y lo vea*» (*Noviembre*, 254), el verbo introductor de la invocación en imperativo para expresar un ruego ardiente, más que una orden.

2.d) *Interrogación irónica o festiva:* Con este procedimiento el hablante muestra su desacuerdo con el interlocutor ridiculizando su afirmación o su pregunta. Al no encontrar posada a causa de la carencia de dinero suficiente Juan decide acogerse a la Beneficencia, y por cortesía hace una pregunta hiriente para sus oyentes: «Juan: Buenas noches. ¿Ustedes también son incurables? - Muchacho: ¿Qué? ¿Qué tenemos cara de gente de Banca?» (*Los verdes,* 24). Más disparatada, y por tanto con más carga de reproche, es la interrogación ficticia siguiente: «Paula: Para vivir. - Diego: No. - Paula: ¿No? ¿De quién son mis tres hijos? ¿Del lucero del alba?» (*Noviembre,* 256). En ambos casos el reproche bajo la forma de interrogación van colocados detrás de una interrogación previa a la cual se refiere.

2.e) *Giro humorístico:* Es también un procedimiento afectivo de negación que consiste en ridiculizar algo manifestado en un parlamento precedente. Su utilización requiere una trabazón del diálogo de los personajes, posibilidad de réplica y contrarréplica entre ellos, estar inmersos en un ambiente. Todo ello conlleva una vivencia de la situación que implica el tener presente los pensamientos del otro personaje para responder en la forma adecuada a fin de llevarle por el sendero previamente trazado. De modo que el uso de este tipo de negación constituye uno de los medios que nos puede proporcionar la talla de un autor ya que se pone a prueba su ingenio y su sentido del humor: Paula está tricotando y a la pregunta de «Diego: ¿Para quién es ese jersey? - Paula: *Para el Nuncio de su Santidad* (sonríe)» (*Noviembre,* 257), esta respuesta revela el deseo de Paula de no hablar del tema, dando a entender a su marido que su regunta está de más. Situación parecida en este otro pasaje: «Paula: ... ¡Remoño, me pinché! - Tomás: ¿Es sangre eso? - Paula: *No. Es horchata de chufas*» (*Noviembre,* 271), mediante la negación primero y luego con el giro humorístico da a entender a Tomás la sinrazón de su pregunta. Además, el autor se hace eco de la sinonimia popular que en ocasiones se establece entre la sangre y la horchata, referida por lo general a una persona muy tranquila. Otras veces se compara lo dicho por el interlocutor con algo o alguien que para ese acto es negativo, destructivo: Juan quiere convencer a Nina y Luterio del amor secreto que ambos se profesan, y explica las chanzas y punzazos que Luterio le tira a ella como pruebas de su amor, con lo que la mujer no está de acuerdo: «Juan: Porque te quiere. - Nina: ¿Eso querer? *Como el oso, que te da una abrazo y te mata.» (Los verdes,* 72).

2.f) *Antes, primero ... + algo disparatado:* Construcción que esporádicamente aparece en la obra de nuestro autor y que está formada por un adverbio de tiempo con idea de anterioridad –*antes, primero, ...*– seguido de una propuesta incocebible, irrealizable o disparatada para dar a entender al interlocutor el absoluto desinterés, el rechazo categórico o la imposibilidad de llevar a efecto su propuesta. Ana no tiene el más mínimo deseo de estar alegre aunque sea Nochevieja: «Ana: Eso sí que no. Alegre yo, no. *Antes la muerte.* - Luterio: Antes, no, mujer: después. Si quiera un poco después» (*Los verdes,* 64). Este procedimiento está utilizado aquí como colofón de negaciones previas.

2.g) *Otras perífrasis de negación:* Una de las formas de mayor afectividad es aquella que adopta la forma de una oración condicional introducida por *si* y el verbo en pretérito imperfecto de subjuntivo; éste es, por lo general, de entendimiento: «Jimena: ... *Si tú supieras* qué mal huele cuando se pudre un ideal. *Si tú supieras* lo que es echar de más, Minaya» (*Anillos,* 48). Construcción ésta característica del habla popular con un claro sentido negativo pero intensificador del mismo.

Otra perífrasis negativa es la introducida por *como si* más verbo en imperfecto o pluscuamperfecto de subjuntivo; el mismo tiempo verbal colabora a dar la idea de irrealidad que toda negación lleva implícita. A. deplora la falta de comprensión de su marido para con ella: «A.: /*Como si se me hubiese puesto* por mi gusto este cuerpo, esta cara. No entiende nada, Dios mío .../» (*El caracol,* 142). Paula se mofa de Tomás por su manía de estar siempre de uniforme; él se defiende: «Tomás: Bueno, ¿y qué? ¿Molesto yo a alguien? - Paula: Por mí, *como si quieres* llegar a general, ya ves tú ...» (*Noviembre,* 233), ella soslaya el reproche de Tomás gracias a esta negación hiperbolizadora de sus anteriores palabras en las que alude al afán de ascenso de Tomás. Cuando Ana niega que hubiese estado desposada con su Antonio: «Juan: ... ¿Su marido? - Ana: *como si lo fuera* sí, señor» (*Los verdes,* 39), en este caso es un acierto estilístico el empleo de esta fórmula, pues más que negar está afirmando, dándonos a entender que, si bien no fue su marido ante las instituciones y la sociedad, sí lo fue de hecho y de derecho. Semejante es el valor del siguiente giro: «Estebanillo (entrando, al ver a Lázaro): Creí que estabas sola ... - Olalla (sin mirarlo): *Como si lo estuviera ...» (Las cítaras,* 39); es asimismo una negación atenuada con matices de afirmación.

Cuando sigue una negación a las partículas introductorias de esta fórmula, *como si + no,* el resultado es una afirmación. A. se encuentra cansada debido a su vida aburrida y anodina: «A.: /Y ahora, además, los jerseys de este niño. *Como si no* tuviera otra cosa que hacer/» (*El caracol,* 140). La Vieja, que está de vuelta de todo, expone su filosofía de la vida que no es otra que la del «carpe diem»: «Vieja: ... *Como si no* fuese hoy todo lo que tenemos» (*El sol,* 174).

Otra locución con este mismo valor está constituida por una oración copulativa que niega la veracidad de la cláusula anterior: «Diego (serio): *No es verdad.* Dijiste una vez que el trébol tenía siempre tres hojas» (*Noviembre,* 253); se usa este tipo de frase negativa cuando el hablante está completamente seguro de la certeza de lo que dice, si bien la negación resulta atenuada. Si desea que su negativa sea rotunda, entonces se vale del sustantivo *mentira* y la frase adopta forma afirmativa. Dicho sustantivo, además de negar lo afirmado por el interlocutor, pretende reprocharle su aseveración y herirlo bien porque lo dicho por él sea ofensivo para el hablante o bien porque éste considere que ha pretendido engañarle abusando de la confianza que había depositado en él. Como ejemplo de la primera alternativa: «Hortensia: ... A mí la muerte me emborracha. - Lorenzo: Y el orujo. - Hortensia: *Mentira.* No he bebido» (*Los buenos,* 56); este sustantivo podría ir entre signos de exclamación. Y ejemplo de la segunda nos la ofrece Diego quien no se cree el engaño de su mujer de que recibe carta de sus hijos: «Paula: ... Hoy escribe Manuel. - Diego: *Mentira podrida»* (*Noviembre,* 244), donde tanto la negación de la afirmación previa como el reproche están intensificados por la presencia del adjetivo verbal *podrida* con un fuerte matiz peyorativo.

Otro procedimiento consiste en poner en duda las facultades intelectuales del interlocutor para que se dé cuenta de lo disparatado de su proposición. Hortensia se adhiere al instante a la propuesta de Consuelito de instalar una tómbola de beneficencia, idea que no complace a su hijo: «Hortensia: ... Pero qué bien pensado. - Cleofás: *Habéis perdido la razón.» (Los buenos,* 38).

Otras veces se refuerza la negación con una coletilla ridiculizante para la afirmación de la persona con la que se habla como un medio categórico de rechazarla: «Camacha (a Olalla, quien afirma oír cantos de grillos y chicharras): ... En diciembre *no* hay grillos *ni* chicharras. *Figuraciones tuyas» (Las cítaras,* 9); en cierta medida, es un procedimiento análogo al anterior ya que, como él, alude a las deficientes facultades mentales del interlocutor.

Poseen un matiz humorístico e irónico aquellas expresiones formadas por el adjetivo *listo* precedido de *ir* o de *estar* en segunda persona: «Jimena: ... Eso es lo que queréis, ¿no es verdad? Pues *vais listas*» *(Anillos,* 84). Por lo general la negativa va referida a un deseo manifestado por el interlocutor bien sea de un modo claro o bien de una forma velada, como en este caso.

Una construcción eminentemente popular es la frase hecha *«tararí-que-te-vi»* y que nuestro autor recoge en dos ocasiones: «Jimena: En una palabra, si me caso otra vez para hacerme la cusqui, todos me bendecís y me acompañáis, llenos de gozo, al sacrificio. Ahora, si me caso por amor y por gusto, *"tararí-que-te-vi»*, ¿no es eso?» *(Anillos,* 88). Expresión negadora de lo manifestado con anterioridad con tonos de rotundidad puesto que, una vez producido lo que se manifiesta, no hay posibilidad de rectificación: «Paula: ... Ya ves tú ahora qué cartas. - Tomás: Yo te traía una (se la da) - Paula: ¿De quién es? - Tomás: Luego la lees. - Paula: Ya. *Tararí que te vi.*» *(Noviembre,* 234).

La manifestación de la propia voluntad referida a lo que no se desea puede expresarse mediante el verbo cuyo campo semántico es la negación, *negar,* seguido de un infinitivo como complemento. Al escucharse unos aullidos aterradores, los personajes intentan indagar la causa: «Marinero: Son los enfermos del hospital de al lado. Los moribundos. Se *niegan* a morir» *(El caracol,* 149); recurso éste que no es característico del habla coloquial sino de la lengua general, acaso más de la cuidada que de la conversacional. Su equivalencia vulgar es *no me da la gana,* que puede aparecer intensificada si se antepone al sustantivo el adjetivo *real.* El hablante expresa su voluntad de no realizar precisamente lo que su interlocutor le propone, ya que esta respuesta presupone una anterior incitación a una acción: «Cleofás: ... ¿Por qué no haces un jerseicito para el ropero de San Vicente? - Hortensia: Porque *no me da la gana*» *(Los buenos,* 27). Este modo tan descarado de dirigirse al oyente es debido a que el hablante se considera muy por encima de aquél y se encuentra molesto a causa de haber recibido una orden o un ruego enojoso de parte de quien le está subordinado.

2.h) *Refranes y modismos en función negativa:* Para concluir las perífrasis de negación cabe señalar algunos refranes y modismos del acervo popular que con su carga de ingenio y humor remachan una negación implícita o explícita con el peso de una máxima. Dichos giros populares, como ya se indicó al examinar su uso para la afirmación, no poseen como función originaria y primordial la negación de un enunciado anterior sino que ese valor negativo les viene conferido por la situación y el contexto en el que se produce. De ahí, que un mismo refrán pueda poseer valores afirmativos o negativos si las situaciones son diferentes, pues lo que hacen es rematar las palabras precedentes.

No está Noé para chubascos: Creación original de Gala siguiendo el paradigma de dichos propios de la lengua tales como «no está el horno para bollos» y otros. La forma utilizada por nuestro autor, al ser una actualización de otras ya existentes en la lengua y muy habituales en la conversación, posee mayor valor enfatizador. En las «cortes» reunidas por Doña Hortensia para tratar el próximo cambio de párroco, con lo que se descubriría las ventas de objetos del culto, Lorenzo propone marchar a otra parroquia, huir, idea que ella desecha: «Doña Hortensia: ... No nos iríamos lo bastante lejos. Y habría que hacer regalitos ... que distrajeran las memorias ... *No está Noé para chubascos*» *(Los buenos,* 36), pues no existe ya nada de valor que pueda regalar.

De significado y paradigma análogo es «*No está la Magdalena para tafetanes*», modismo localizado en algunas zonas de Andalucía. Ante la inminencia de que Gulliver sea proclamado rey, los Ministros proponen ir a entrevistarse con él, idea que no les aconseja el Rey: «Rey: Sí, para ofrecerles vuestros servicios. Os conozco. Pero quiero advertiros que *no está la Magdalena para tafetanes*» *(El Sol,* 217).

A la vejez, viruelas: Negación humorística y cargada de ironía. Expresión antigua en la lengua y muy utilizada en el habla: «María: Lo que está es más guapa que nunca. Se te ha puesto cara de niña. - Nina: *A la vejez, viruelas.* Lo que tú te extrañas es la pintura» *(Los verdes,* 72). Nina niega el aspecto que le atribuye María y le explica, a su vez, el origen de su confusión.

2.a.3) **Intensificación de una afirmación o de una negación por medio de la ironía:** Ha sido definida la ironía como «paradoja semántica humorística» (8) y consiste en una expresión que envuelve una aparente contradicción, pero su sentido es captado por el interlocutor, originando en él cierto regocijo al comprender el auténtico significado que el hablante quiere comunicarle, estableciéndose entre ambos una relación de simpatía, y por tanto, una participación más activa en el diálogo. El oyente ha de atender más a la intencionalidad del discurso que al significado real de éste. La regla por la que la ironía parece regirse es la *contradicción:* una frase o una palabra significan lo contrario de lo que expresan. Dado que la ironía puede ser expresada por una oración o por una palabra se distinguirán dos grupos:

a) Procedimiento sintáctico.
b) Procedimiento gramatical.

La diferencia entre ellos es de expresión, no de contenido.

a) *Procedimiento sintáctico:* Mediante el matiz irónico una expresión positiva en la forma posee un contenido negativo. Los huéspedes de la posada ruegan a la Dueña que les deje celebrar la Nochevieja: «Mujer 3.ª: Un día tan señalado, señor ... - Dueña: *Para señales estoy yo.* Cómo se nota la gente que no ha sufrido» (*Los verdes*, 53-54).

Otras expresiones irónicas muy frecuentes en la obra de Gala, con significado afirmativo o negativo según las situaciones, son las que tienen como núcleo el verbo *faltar* en imperfecto de indicativo. Cleofás da la razón a Consuelito, lo que irrita sobremanera a Doña Hortensia: «Hortensia: Eso, ponte de su lado. *Lo único que faltaba* para que se suba de una vez a la parra» (*Los buenos*, 32). Los del Juzgado embargan los muebles de la casa de A. y Z.; la mujer se va resignando a perderlo todo: «A.: Ya pueden llevárselo. Mirar hacia atrás da tortícolis. Y eso es *lo único que me faltaba*» (*El caracol*, 160). El adjetivo neutro *único* puede ser sustituido por una partícula negativa sin que su valor quede modificado: «Jimena: ... Yo soy Jimena Díaz y necesitas tú comer muchas sopas para llegarme siquiera a la cintura. ¡Pues *no faltaba más!*» (*Anillos*, 84).

Esta construcción admite también variante humorística gracias al añadido de un sustantivo que indica valor o precio, generalmente la unidad monetaria *duro: lo que faltaba para el duro.* Cleofás lee una supuesta carta del obispado, al mismo tiempo que anuncia el tan temido cambio de párroco: «Cleofás: ... quien tomará posesión de la parroquia el próximo sábado, día siete de los corrientes». - Hortensia: *Lo que faltaba para el duro.* Esto es el sálvese quien pueda» (*Los buenos*, 66).

Para realzar la magnitud de lo expresado según la opinión del propio sujeto se emplea el giro irónico mediante una proposición de relativo como *que no es moco de pavo*: «Jimena: ... a las niñas sólo les dio Zamora y Toro, con la condición, *que no es moco de pavo,* de que no se casasen en la vida» (*Anillos*, 89-90).

b) *Procedimiento gramatical:* La ironía en el lenguaje no limita su uso al terreno de la sintaxis sino que opera también con las diferentes partes gramaticales, en especial en *los adjetivos,* que constituyen un campo abonado. Al igual que sucede con la frases de sentido irónico el significado preciso de estos adjetivos, utilizados en función irónica, consiste en su significado figurado que es exactamente el opuesto que poseen en empleo normal. Así, el adjetivo *bueno* no califica al sustantivo a que acompaña con la idea de «excelencia, bondad», sino que designa alguna cualidad negativa. Ante un cumplido de Lorenzo, Consuelito pone más en duda su sentido de la vista que el del oído, y eso que ya sabe que él está más sordo que una tapia: «Lorenzo: Yo la veo muy guapa. - Consuelito: Pues del oído, no sé. Pero lo que es de la vista, anda usté *bueno» (Los buenos,* 11). Otro tanto sucede con el adjetivo *chica* con idea de «grande, enorme». Hortensia descubre a Lorenzo cuando éste intentaba quitar la lápida de la tumba de Doña Leonor: «Hortensia: Con razón veía yo la argamasa removida cuando venía de noche a removerla yo ... "Qué ratas tan amables", pensaba. ¡*Chicas* ratas!» (*Los buenos,* 53); la intencionalidad de Doña Hortensia queda de manifiesto pues le insulta llamándole «rata» en su acepción de «ladrón». Adjetivo de significado afín es *menudo* y que en función irónica significa lo contrario que en su uso habitual: «grande, enorme, mucho». Ahora bien, frente a este aparente sentido positivo que adquiere en este uso, su significado negativo, de idea de pequeñez y limitación, subyace soterradamente ya que califica a sustantivos de valor semántico negativo, que al ser realzados por el adjetivo irónico quedan intensificados en su idea negativa. El Niño se considera importante porque cuando acabe de crecer será «hombre». La Niña no opina que «eso» sea algo excelente: «El Niño: Sí lo sé: hombre. - Niña: *Menuda* porquería. Ni a una hormiga le gustaría ser eso» (*El sol,* 174), pensamiento muy pesimista el de la Niña sobre la humanidad. El Guarda no quiere en principio acceder al deseo de Juan de habitar el panteón de su abuelo por temor a ser despedido: «Guarda: Que no, que no. ¿No ve usted que yo tengo obligaciones? Lo descubren y me echan a perder la carrera. *Menuda* está hoy la cosa» (*Los verdes,* 30). Y al final de la acción, cuando los guardias se encaminan ya al cementerio para detener a los que habitan en un lugar para muertos, el Guarda avisa a Juan: «Guarda: ... ¿Qué has hecho, Juan? En *menudo* lío nos has metido a todos. Los guardias lo saben» (*Los verdes,* 79). Caso también parecido a estos lo encontramos cuando Consuelito besa apasionadamente a Lorenzo, encontrándose éste con la cara enjabonada y a medio afeitar; ella tiene una náusea que Lorenzo cree que se debe al jabón que habrá tragado: «Lorenzo: *Menudo* lavado de estómago te estás haciendo» (*Los buenos,* 44).

En determinados contextos dos adjetivos cuya acepción normal sea muy diferente pueden llegar a coincidir en su significado figurado, cuando son utilizados con matiz irónico. Tal ocurre con el adjetivo *valiente* y *menudo*, ambos con el significado figurado de «grande, enorme, mucho...». Consuelito encierra a su suegra en el retrete y la insta a que no golpee la puerta pues puede despertar a Cleofás y sorprenderla con Lorenzo: «Consuelito: Cállese usted, que va a despertar a su hijo y *valiente* disgusto se iba a llevar el ángel mío» (*Los buenos,* 57). Asimismo *nada* significa irónicamente la idea contraria a la suya habitual: «mucho, demasiado». El Rey asiste oculto a una escena de amor entre la Reina y el Republicano. «Republicano: ... Nuestros ojos se tienen que buscar en los ojos de todos. Reconocerse en ellos. - Rey: ¡No piden *nada* los amantes! ¡Qué egoísmo!» (*El sol,* 220), la exclamación del monarca significa «piden demasiado».

2.a.4) Formas de juramento y confirmación.

El tipo de expresiones englobadas en este apartado se podrían considerar como el grado superlativo de la aseveración, ya que su función consiste en *asegurar categóricamente* una cláusula, bien sea afirmativa o negativa. En la producción dramática de Antonio Gala esta clase de expresiones se reducen casi exclusivamente a las construidas con el verbo *jurar* aunque se adviertan variedades de giros. Las de mayor frecuencia son las que presentan el verbo escuetamente, sin ningún otro tipo de refuerzo. Unas veces como medio de rubricar categóricamente una afirmación; así ante la aparición de Gulliver algunos personajes creen que es un castigo del cielo por su pecados; por ello la Señora 2.ª confiesa sus culpas: «Señora 2.ª: Que no se acerque más. He tenido siete maridos, pero se han muerto solos. *Lo juro»* (*El sol,* 191). Añorando su pasada vida, Doña Hortensia admite que la presente es insoportable para ella: «Hortensia: ... Me transforme en esto: en Doña Hortensia. Pero estaba hasta más arriba del moño, *te lo juro»* (*Los buenos,* 54). O cuando en la Nochevieja Luterio siente unas irresistibles ganas de cantar: «Juan: Eso son caprichos. Si no fueran caprichos ... Luterio: *Te juro* que no lo son. Tengo la boca llena de cosas ahora mismo» (*Los verdes,* 60). Cuando el juramento se refiere a una creencia u opinión cuya certeza no se conoce con exactitud, el verbo se utiliza en un tiempo de valor hipotético: «Camacha: ¡Huy éste! Este se alegra de haber nacido. *Lo juraría yo...»* (*Las cítaras,* 21). Es tal la credibilidad que el pueblo confiere a las afirmaciones categóricas mediante juramento que, cuando necesita asegurarse que su interlocutor ha de cumplir la promesa que le ha hecho, le pide que lo jure. Entonces el verbo aparece en imperativo: «Olalla: *Júramelo*, Lázaro. Por lo que fuimos juntos, *júrame* que existe el paraíso» (*Las cítaras*, 95); la reiteración de la protagonista en su petición denota la importancia que da a una afirmación hecha en esas condiciones. Otras veces, se trata más bien de la promesa de realizar algo en un futuro más o menos lejano. Paula se irrita con Diego, pues éste ha comenzado ya a pensar en su muerte: «Paula: ... Pero si sigues así *te juro que* cojo a mi madre y me largo de aquí con viento fresco» (*Noviembre*, 258). Ante la inminente llegada de los guardias al cementerio Luterio se despide de Juan: «Luterio: No entiendo nada. Pero tú y yo nos veremos. Nos tendremos que ver en donde sea. Eso sí *te lo juro» (Los verdes*, 82). O bien: «Alonso: ... ¡A la casa! ¡A la casa! ¡*Te juro* que no vas a olvidarte de esta noche!» (*Las cítaras*, 85).

En otros casos la voluntad firme de cumplir una promesa se manifiesta en el lenguaje por el refuerzo de la idea verbal añadiéndole un complemento circunstancial que indique por lo que se jura; este complemento generalmente se refiere a un ser querido, como la madre, el padre o los hijos, o bien la divinidad o los santos. Diego y Paula simulan ir al casino, pero ella pone como condición previa la promesa por parte de él de jugar limpiamente: «Paula: No, que luego haces trampas en el dominó. - Diego: Te *juro* que no. - Paula: ¿Por tu padre? - Diego: *Por mi padre*. - Paula: Dilo todo junto. - Diego: *Te lo juro por mi padre*» (*Noviembre*, 258); dicho juramento aparece reproducido idéntica-mente al final de la obra (pág. 277), pero con los personajes cambiados ya que en esa ocasión es Diego el que insta a su mujer a jurar.

Por influjo de la religión, y como sustitución de los juramentos que invocan a la divinidad o a los santos, surgió la costumbre de jurar *por la cruz*, acompañado de un gesto consistente en cruzar los dedos índice y pulgar que representa gráficamente dicho signo religioso, al mismo tiempo que se lleva a los labios para besarlo. Esta costumbre llegó a generalizarse hasta tal punto que quedó del juramento sólo el motivo por el que se hacía suprimiéndose la primera parte de la fórmula: «Jimena: ... Fue el ápice de España. ¡Pero también yo soy España! (Besa los dedos en cruz) ¡*Por estas!*» (*Anillos*, 84); las declaraciones del personaje sobre la vida privada de su marido, el Cid, son tan increíbles para los que la escuchan, que se ve obligada a dar una prueba categórica de su certeza poniendo la cruz por testigo de la verdad que ha confesado; por otro lado, la acotación no deja lugar a dudas sobre el gesto con que acompaña sus palabras.

La importancia que se concede a este refuerzo del juramento, que alude al testigo o testigos de las aseveración, se pone de relieve por el hecho de que, en algunas ocasiones, aparece únicamente dicho complemento del verbo, siendo omitido éste sin que por ello la expresión sufra menoscabo alguno en su significado: Lorenzo duda que Doña Hortensia le entregue la mitad de la recaudación de la tómbola; ella le asegura que no lo engaña: «Hortensia: ... La mitad de lo que he sacado hoy de la tómbola. - Lorenzo: Ya será menos. - Hortensia: *Por mis muertos* ... cada día peor» (*Los buenos,* 47). El hecho de poner por testigos de un juramento a los difuntos de propio hablante es peculiar de la parte meridional de la Península, sobre todo en Andalucía. Este mismo juramento, en parte motivado por el lugar en que se pronuncia: «Luterio: Y, de usted para mí, por aquí no habrá usted alojado a más vecinos, ¿eh? - Guarda: *¡Por mis muertos* que no!» (*Los verdes,* 32).

Para suplir este juramento se dispone de otros medios como la *palabra de honor* en el que el testigo es el propio hablante. La credulidad en la «palabra de honor» depende, por tanto, de la seriedad y del respeto a que se ha hecho acreedor éste. El genitivo *de honor* puede variar cuando el que jura considera que alguno de los rasgos o atribuciones de su persona son detentadores de honor: «Alfonso: ... La viuda del Cid nunca –¿lo estás oyendo?– nunca ... *Es palabra de rey*» (*Anillos,* 96). Con la sustitución del sustantivo que denota una cualidad abstracta, como el honor, por otro especificador de una de las atribuciones del sujeto en cuestión y que implica a aquélla, se logra una mayor inmediatez y credibilidad pues se trata de algo real. Esta tendencia es muy característica de la lengua popular, que favorece siempre la concreción de lo abstracto y la materialización de lo inmaterial.

Ahora bien, el genitivo determinativo suele omitirse y en su lugar preceder el posesivo de primera persona al sustantivo *palabra* y no obstante el efecto de aseveración enérgica se mantiene. Esta variedad se encuentra en la obra de Gala con alguna frecuencia. El Guarda hace prometer a Juan que se habrán marchado todos cuando los guardias aparezcan en el cementerio: «Guarda: ¿Me das tu palabra? - Juan: *Te doy mi palabra,* hombre. Vete tranquilo» (*Los verdes,* 80). Se ha de señalar que al comienzo de la acción el Guarda no da su palabra sino que jura por sus muertos, en el ejemplo mencionado con anterioridad. Consciente o inconscientemente nuestro autor utiliza de modo acertado ambos procedimientos. En el primer caso, en el que el Guarda jura por sus muertos, se justifica porque es una persona de dudosa honorabilidad que por una exigua propina cede en el ejercicio de su deber y por ello, no es persona de fiar; entonces no puede recurrir a su palabra, que no tiene ya que se acaba de contradecir, por lo que necesita como testigo a otra persona y acude a los muertos que tiene allí presentes y por los que debe sentir un profundo respeto. En el segundo caso el autor opera con una situación inversa: Juan es una persona seria, respetable y formal, que cumple lo que promete. Por otra parte, no experimenta el más mínimo temor por los muertos pues lleva viviendo varios meses entre ellos, y pedirle una promesa en su nombre no tendría gran fuerza coercitiva sobre él.

A fin de reforzar algo enunciado previamente se utiliza *he dicho,* que tiene valor de repetición de una proposición ya expresada y que no se admite la menor réplica, porque la decisión está ya tomada; por lo tanto, equivale semánticamente a la anterior existiendo, incluso, una combinación de las dos expresiones: *¡He dicho mi última palabra!* Los Ministros, excepto el Jefe, antes de huir expolian el palacio; el Rey los sorprende dedicados a esta tarea y los expulsa: «Jefe (Mostrando sus manos vacías): Señor. Señor. - Rey (Implacable): *He dicho fuera.* Pronto». (*El sol,* 225). Descubiertos Ana y Juan en la tumba, son conminados por el Guardia a salir: «Guardia: ... *¡He dicho* que arriba!» (*Los verdes,* 84). En ambos casos, tiene el valor de una orden tajante y a pesar de la objeción de alguno de los presente el hablante se ratifica en lo manifestado.

2.b) Expresiones afectivas realzadoras de cantidad.

El lenguaje posee un valor emotivo, presente en cualquiera de sus manifestaciones, por medio del cual el hablante expresa sus sentimientos y actitudes. Para la exteriorización de la emotividad dispone de un inventario de formas que realzan afectivamente la cantidad o cantidades de las que está hablando, exagerándolas de tal modo que en ocasiones raya con la hipérbole o rebajándolas de forma que signifiquen la cantidad mínima posible.

2.b.1) Grandes cantidades.

a) Designaciones indirectas.

   a.1) Mediante los adjetivos *tanto, cuanto.*
   a.2) El *qué* interjectivo.
   a.3) La construcción *lo que* + verbo.
   a.4) Mediante artículo.
   a.5) Introducida por *cuidado.*

b) **Designaciones directas.**

b.1) Mediante sustantivos enfatizadores de la idea de *mucho*, como la mar, todo el mundo, el mundo entero, etc.

b.2) Con numerales.

b.3) De tiempo.

b.4) Grandes distancias.

b.5) De precio.

b.6) Mediante comparación.

a) **Designaciones indirectas:**

a.1) Mediante los adjetivos *tanto, cuanto:* Las construcciones introducidas por dichos adjetivos expresan no sólo la cantidad sino también la cualidad de una cosa: «Tomás: ... A mi edad ya no puede uno quitarse un uniforme. Han pasado *tantos años* ...» (*Noviembre,* 238); «Mujer Sola: ... *cuántas cosas* se hace con el nombre de amor ...» (*El caracol,* 139); «Señora 1.ª (a la 2.ª): Cielo, *¡Cuánto tiempo* sin verte!» (*El sol,* 186), las formas con *cuanto* poseen una valor exclamativo que coadyuvan a la intensificación de la idea de cantidad.

a.2) El *qué* interjectivo: Sentido análogo a las expresiones con *tanto* y *cuanto* poseen algunas frases interjectivas intorducidas por *qué,* manifestación directa de la sensación del sujeto ante hechos u objetos que considera de gran mangitud no sólo en cantidad sino, preferentemente, en cualidad. Bien determinando a *adjetivos:* «Paula: ... Señor, *qué bravo* se nos va a poner abril ...» *(Noviembre,* 231); «Juan: ¡Qué bonita es! ¿verdad?» (*Los verdes,* 37). O bien, precediendo a *sustantivos:* «Soldado 1.º: Ese gigante es un buen muchacho *¡Qué carnaval,* Dios mío, *qué carnaval!» (El sol,* 194); «Paula: ... Ay, *qué sofocación.* Ay, *qué sofocación!» (Noviembre,* 231).

a.3) La construcción *lo que* + verbo: Las expresiones introducidas por el relativo neutro *lo que* + verbo son proposiciones de objeto directo o implemento cuya oración principal se encuentra elidida; proposición que apela a la atención del interlocutor: «no sabes», «no te imaginas» + *lo que* ... «A.: /Pero *lo que pude* haber sido ... Los hombres se hubieran arrodillado a mi paso» (*El caracol,* 154); «Paula: ... *Lo que la gente inventa,* madre...» (*Noviembre,* 232); «Monique: ... No hay que desmayarse. *Lo que nos vamos* a divertir esta noche» (*Los verdes,* 58); *lo que* presenta el mismo significado de cantidad indeterminada que *cuanto,* y asimismo, mezclado con la idea de intensidad.

Este mismo valor enfático de cantidad poseen las construcciones en las que el relativo va precedido de una preposición *para lo que ... con lo que...* «Consuelito: ... ¿Por qué no me llamaste? *Con lo que* a mí me gusta ir al río» (*Los buenos*, 61); «Vieja: ... Y nadie va a oír el discurso del Rey. *Con lo que eso* era antes». (*El sol*, 177), que realzan más que la magnitud del hecho, la cualidad del suceso, intensificándolo emotivamente a grados muy elevados.

a.4) *Mediante artículo:* No obstante los casos considerados, en la obra dramática de Gala abundan expresiones más específicas de la lengua coloquial para la designación de grandes cantidades. Merecen especial atención las construcciones introducidas por el artículo, formas elípticas en las que se sobreentiende un término propio de cantidad: las introducidas por el artículo determinado *la, las;* o por el indeterminado: *un, una...*

El artículo *la* se refiere a un sustantivo de cantidad omitido como *porción, cantidad,* sin que por ello dicha idea sufra menoscabo en su énfasis de intensificación. Prueba de que se ha omitido un sustantivo que designa directamente la idea de cantidad es la preposición *de* que sigue al artículo: «Hortensia: ... *La de* trabajos que he tenido que hacer para pagarte tu seminario ...» (*Los buenos*, 31); «Hortensia (irónicamente, pues ha cogido a Lorenzo "in fraganti" intentando quitar la lápida de la tumba de Doña Leonor): ... *La de* pretextos que inventáis los hombres para caer en nuestros brazos...» (*Los buenos*, 53). Se trata de la elisión del término designador de cantidad motivado por la economía propia de la lengua hablada pero que deja su rastro en el artículo: «Jimena: ... *La de* veces que yo habré tenido celos de Babieca» (*Anillos*, 80).

Con el artículo indeterminado *un, una* también ha de sobreentenderse un sustantivo designador de cantidad en giros similares a los del artículo determinado: *una de.* Es tal la fuerza expresiva de esta construcción que la sola presencia del artículo indica una cantidad enorme, que el oyente ha de imaginarse ya que la frase queda incompleta: «Muchacho: Manuel, podríamos pegarle a la poli. Somos bastante ... - Manuel (a María): Salid vosotros ... Buena idea, macho. Les vamos a dar *una* ...» (*Los verdes*, 81), se puede sobreentender bien *una de porrazos* o bien *una paliza* enorme. Los puntos suspensivos en la grafía y una elevación del tono de voz en la lengua hablada significa que el hablante no da por terminada su afirmación sino que estimula al oyente a que la complete, imaginándose por sí mismo la mayor o menor magnitud de lo propuesto según sus intenciones. Cuando el artículo se utiliza para expresar una gran cantidad, referida a conceptos abstractos, se apela también a la imaginación del oyente haciéndole intuir la idea de lo infinito, intensificando su significación: «Nina: ... Arriba está el aire moviendo los árboles; tan solos. Tan altos y tan solos. ¡Da *un* frío verlos...!» (*Los verdes,* 71); «Ana (que al morir su Antonio quiso morir ella también): ... ¡Me daba *una* vergüenza no morirme...!» (*Los verdes,* 40).

a.5) Otra expresión afectiva de cantidad que se aplica generalmente a ideas abstractas es *cuidado,* como llamada de atención sobre lo que se va a decir a continuación, realzando de este modo la cantidad o la intensidad de lo expresado: «Luterio (que se encuentra con Juan en el cementerio, reflexionando sobre el sentido de la existencia de los hombres): *Cuidado* con las cosas que le da a uno por pensar en estos sitios» (*Los verdes,* 45); «Hortensia: ... *Cuidado* con el escándalo que forman los del cine ...» (*Los buenos,* 54); «Paula: ... Y *cuidado* que este pueblo vive de calumniar» (*Noviembre,* 235).

b) **Designaciones directas:**

El habla coloquial presenta un registro abundante y en continuo movimiento de giros, pues unos van perdiendo actualidad y son reemplazados por otros, que por ser más modernos triunfan en la lengua. La imaginación y la inventiva del hablante desempeñan un papel fundamental en la creación de estas locuciones donde el humor y la ironía suelen estar presentes con harta frecuencia.

b.1) Mediante sustantivos enfatizadores de la idea de *mucho:* Una de las expresiones más frecuentes es *la mar* para indicar una gran cantidad de objetos: «Hortensia: ... Con una sabanilla de altar, nos puede salir *un mar de* mantelerías monísimas» (*Los buenos,* 38); esta forma *un mar de* se considera menos popular que *la mar.* El giro más utilizado para aludir a una gran cantidad de personas es *todo el mundo:* «Burguesa: ... *Todo el mundo* sabe que a tu edad las niñas deben llevar en la cabeza una diadema de flores» (*El caracol,* 137); aún cuando el número de personas es más bien escaso: «Madre: ... Comprenderá usted que resultaría muy egoísta invitar *a todo el mundo* por el mismo motivo ...» (*El caracol,* 125); los invitados en casa de A. y Z. son sólo diez personas, o para indicar una gran cantidad de cosas: «Rey: ... Que ardan el palacio, la ciudad, los campos. No dejéis nada. Que arda *el mundo entero*» (*El sol,* 225), como resumen totalizador de una enumeración previa. Otros giros poseen más bien un sentido intensificador de una magnitud: «Paula: Para que no te desazonaras. Tú de cualquier cosita haces *un mundo»* *(Noviembre,* 267), con el significado de *«enormidad».*

Variante de esta construcción es otra locución familiar que sustituye el sustantivo por el término latino *quisque* que el hablante usa como sinónimo de «hombre»: «Jimena: ... Como si no supiese en España *todo quisque* que el Cid tenía muy buena puntería...» *(Anillos,* 80).

b.2) *Con numerales:* La perífrasis *cien veces,* en ocasiones *mil veces,* es una designación afectiva de cantidad: «Hortensia: He dicho *cien veces* que no quiero que me hable nadie» *(Los buenos,* 65); «Hernando: ... Te lo he dicho *cien veces:* esa es la razón» *(Las cítaras,* 46); que expresan la repetición de una advertencia.

Es muy frecuente el uso de los numerales para designar una cantidad muy elevada de los objetos de que se habla. Si se trata de una misma clase de objeto dicha idea se consigue con la simple repetición del numeral empleado, dando además la impresión de una proliferación incesante: «Lázaro: *Miles y miles* de árboles muy juntos, donde jamás ningún hombre ha pisado» *(Las cítaras,* 58). Si los objetos enumerados son de diferente categoría lo normal es que el numeral que precede a cada uno de ellos, también varíe: «Minaya: ... He matado *miles* de árabes ... he planeado *cientos de* batallas; he comido, como tú, *un millón* de veces ...» *(Anillos,* 55).

b.3) *De tiempo:* Para la idea de largo tiempo el hablante dispone de medios más o menos ingeniosos que la hiperbolizan. Con el significado de «siempre», aunque expresado de una manera enfática, se utiliza el sustantivo *eternidad,* y el adverbio en *-mente* derivado de él: *eternamente.* «Cleofás: Sí, Yo, madre, *eternamente* ... - Hortensia: Déjate de *eternidades* ...» *(Los buenos,* 30). Para este mismo concepto de un largo período temporal, y por influjo eclesiástico, se emplea la perífrasis *hasta el fin de los tiempos* que pertenece a un lenguaje más cuidado: «Jerónimo: España, que por él durará *hasta el fin de los tiempos,* no lo olvidará nunca» *(Anillos,* 29), expresión adecuada al personaje que la pronuncia ya que se trata de un obispo.

Para expresar la idea contraria a «siempre» se usa la locución adverbial *en mi vida,* mucho más afectiva que el impersonal *nunca,* dado que el hablante inserta en el giro la duración de su propia existencia: «Consuelito (que cuenta a Lorenzo un día de playa pasado por agua en compañía de sus padres): ... A la hora de comer, de repente, nos cayó el chaparrón más grande que he visto yo *en mi vida» (Los buenos,* 58); «Paula: ... *En mi vida* he visto un pueblo con más víctimas de guerra» (*Noviembre,* 232); el verbo en este tipo de construcciones es casi siempre *ver,* o algún verbo de sentido, en pretérito perfecto pues, aunque el tiempo cronológico transcurrido sea más o menos amplio, la secuencia temporal se halla inmersa en el presente.

Si se trata de un largo tiempo en sentido psicológico, aunque cronológicamente sólo sean unas horas, se utiliza la locución *las horas muertas:* «Juan (que encuentra a Ana aterida de frío sobre la tumba de su Antonio): No se puede estar en noviembre *las horas muertas* sentada aquí» (*Los verdes,* 47).

La locución *del año la pera* se refiere a un suceso ocurrido en un tiempo pretérito, nebuloso en la mente del hablante y del que apenas si se tiene conocimiento o recuerdo alguno: «Consuelito: Pues qué camisón más raro. Parece enteramente un traje de furcia *del año la pera» (Los buenos,* 56).

b.4) *Grandes distancias:* Para designar grandes distancias es habitual el uso de medidas de longitud como *legua,* o sustantivos que signifiquen algún accidente del terreno cuyas proporciones sean enormes, como *abismo.* En la obra de Antonio Gala estos giros referentes a grandes longitudes no aluden a dimensiones reales sino al alejamiento emocional del hablante respecto a la propuesta de su interlocutor: «Hortensia (por la preocupación y nerviosismo inusitado de Cleofás a causa del posible cambio de párroco, procura tranquilizarlo): ... Hay que aparentar más virtud de la que se tiene: de acuerdo. Pero de eso a no tener ni pan hay *un abismo» (Los buenos,* 30). En ocasiones son empleadas estas expresiones con sentido irónico: «Hortensia: ... Por mi aspecto usted comprenderá que yo no he vivido siempre así ... ¿o no? - Lorenzo: (Guasón) *A cien leguas,* señora» (*Los buenos,* 18), la acotación es clarificadora del matiz irónico.

Se invoca a la divinidad en algunas construcciones de este tipo cuando, psicológicamente para el hablante, la distancia es tan grande que no se imagina su término: *Dios sabe a dónde:* «Rey: ... Si empezamos a llamar a las cosas por su nombre entre nosotros, *Dios sabe a dónde* podríamos llegar» (*El sol,* 217).

b.5) *De precio:* Para las expresiones enfáticas de *precio* el inventario de fórmulas es más o menos amplio, según la situación y el estado de ánimo del personaje. Para encarecer su agradecimiento por un favor se utiliza *un millón de gracias:* «Lorenzo (agradecido ante la promesa de Doña Hortensia de influir sobre don Remigio para que lo nombre campanero oficial): Gracias, señora. Muchas gracias. *Un millón de gracias» (Los buenos,* 19), su agradecimiento viene, además, reforzado por la repetición en gradación de la palabra «gracias». El mismo valor enfático poseen otros numerales como *mil:* «mil gracias».

A veces se emplean fórmulas fijas a fin de realzar lo valioso de un objeto: *«el oro y el moro»:* «Cleofás (preocupado por las habladurías del pueblo sobre su "aprovechamiento" de la iglesia): Que hemos arramplado con *el oro y el moro» (Los buenos,* 35). Si se agrupan varios de estos recursos se revaloriza de tal modo el objeto de que se habla que acaba por ridiculizarlo, haciendo acto de presencia la ironía: «Alonso: ... Tenemos entendido que se *apalea allí el oro,* que en esa Nueva España *se atan los perros con longaniza,* como en jauja ...» *(Las cítaras,* 57). Se trata de un procedimiento mediante el cual, al exagerarse tanto el valor del objeto en cuestión, lo que se pretende es rebajarlo, buscando la incredulidad de los que escuchan. Lázaro responde más adelante a la ironía de Alonso con un reproche sobre la actuación de los españoles, jugando con los términos del modismo que éste había empleado: «Lázaro: ... españoles que, como dices tú, lo que pretenden es *apalear* allí *el oro* después de *haber apaleado el moro* aquí» *(Las cítaras,* 63).

b.6) Mediante *comparación:* Es otro de los procedimientos populares para intensificar la idea de cantidad. La mayor o menor originalidad del «tertio comparationis» depende de la inventiva del hablante, siendo fuente de recursos humorísticos: «Niño: Mirad. Ha sacado el pañuelo. Es tan *grande como la lona de un circo» (El sol,* 205). O bien, para realzar una acción propia o de otro personaje: «Nina: ... A la media hora estaba yo aquí *chillando como una loca* de tumba en tumba» *(Los verdes,* 44).

Para más detalle sobre las comparaciones véase el apartado *«La gradación afectiva»,* epígrafe *«La comparación»,* pág. 226.

La ingeniosidad del hablante crea giros en los que el humor se mezcla con una ironía más o menos cruda ya que se trata, por lo general, de poner de relieve cualidades negativas: «Juan: Este es un país pobre, ¿no? - Luterio: Sí. Pero de una pobreza *perfeccionada por el uso» (Los verdes,* 24).

Otras veces se aplica un refrán popular que alude al gran tamaño de algo como *meterse en camisa de once varas:* meterse en un asunto que le queda demasiado grande al interlocutor: «Paula: Tú te lo has buscado. ¿Quién te mandó *meterte en camisa de once varas?» (Noviembre*, 270).

Un modismo popular para lamentar la abundancia de personas o cosas, mayor que la deseada por el hablante, es la coletilla *éramos pocos y parió la abuela*, con claros tintes irónico-humorísticos: «Camacha: Que vendrá al mediodía. *Eramos pocos y parió la abuela» (Las cítaras*, 51), que alude a la llegada de alguien –Lázaro en este caso– cuya presencia no se desea porque puede empeorar la situación actual.

2.b.2) Pequeñas cantidades.

a) Para enfatizar exiguas cantidades o la idea de *nada*.
b) *Maldito, -a* + sustantivo.
c) Los numerales *dos, tres, cuatro*.
d) *No tiene* + *objeto*.
e) Magnitudes pequeñas.
f) Breve espacio de tiempo.

a) *Para enfatizar exiguas cantidades o la idea de* nada:

Procedimeinto comparativo para realzar pequeñas cantidades o la idea de «*nada»*, es utilizar como término de comparación un objeto de muy escaso valor; a pesar de su nimiedad refuerza el mismo concepto de «nada» que, realmente, posee menos valor que dicho objeto por muy isignificante que sea. Ahora bien, «en su calidad de abstrato, *nada* nunca puede surtir efecto de tanta eficacia como el nombrar cualquier objeto concreto de valor nulo con que se compare y que en la apreciación subjetiva del hablante significa menos que nada» (9). Ello es debido a lo estereotipado de su uso que le ha restado potencia expresiva, incluso , cuando está intensificada mediante su repetición: *nada de nada*. Pero recobra parte de su valor empequeñecedor si es actualizada por cualquier procedimiento, como su traducción a otro idioma, siempre que se mantenga claro su sentido. Gala lo hace al italiano: «Constanza: ... Mucha palabrería, mucha titiritaina, pero amor de verdad, *niente de niente» (Anillos*, 98), que deviene, además, en una negación absoluta.

El término de comparación son sustantivos que se refieren a objetos sin valor algunos de los cuales, a causa de su empleo reiterado, se han convertido en fórmulas fijas, precedidas siempre de una partícula negativa, la mayoría de la veces *ni* tales como: *ni un pimiento, ni pizca, ni pun, ni sombra*, etc. Así, para resaltar el escaso conocimiento de alguien sobre un suceso o tema determinado: «Niña: Sí. Tú sabes de la corte lo que la corte de ti: *ni un pimiento» (El sol,* 177). O para denotar el valor de los sentimientos personales cuando interviene la colectividad: «Alfonso: ... Porque el amor, tu amor, Jimena, al pueblo y a la Historia les importa *un pimiento» (Anillos,* 88), en esta forma afirmativa posee el mismo sentido minimizador que en la negativa cuando el sustantivo va precedido de la partícula *ni.* «Consuelito (que durante la noche se ve a escondidas con Lorenzo): ... A mí estas escenas de amor cuchicheadas no me gustan *ni pizca,* pero ya tendremos tiempo de gritar en Orleans...» *(Los buenos,* 57); «Lorenzo (respondiendo a Cleofás, que ha recordado los tiempos de seminario): Del segundo año, sí. Del latín, *ni pum» (Los buenos,* 27); *ni sombra* para degradar la situación presente de un personaje como medio de realzar por contraste su vida anterior: «Lorenzo: ... Esa altivez, esas manos ... - Hortensia: Usted sí que entiende ... Pero *ni sombra,* amigo mío, de lo que fueron ... *(Los buenos,* 18).

Nuestro autor utiliza otros sustantivos que se refieren a objetos de escaso valor, relacionados de alguna manera con el desarrollo de la acción: *ni una hormiga, ni una lechuga, ni los muertos,* etc. «Paula: ... Y de repente el bombardeo. No se quedó en pie *ni una lechuga» (Noviembre,* 233), Paula ha recordado morosamente la huerta que su Madre y ella habían plantado detrás de la casa. «Juan (apareciendo dentro de un panteón): ¡Ustedes! ¡Los novios! (Manuel y María se ponen de pie. Se abrazan. Ella grita) - Manuel: Ya *ni los muertos» (Los verdes,* 34), nadie los deja en paz, ni siquiera los que deben «descansar en paz», pues Manuel y María hasta este momento no conocían a Juan; «A.: ... No éramos necesarios. *Ni una hormiga* siquiera nos necesitaba» *(El caracol,* 169). Para expresar el buen comportamiento para con alguien cuando se está dolido por el escaso agradecimiento: «Paula: ... Nunca he tenido contigo *ni un mal modo,* Diego» *(Noviembre,* 258), Paula se ha disgustado con su marido a causa de la intención de éste de empezar a cavar su propia tumba; «Paula (enfurecida porque Tomás se ha asomado a su bodega y podía haber visto a Diego): ... Los de arriba, arriba. Los de abajo, abajo. ¿O es que no nos van a dejar ya *ni pudrirnos» (Noviembre,* 269). En otras ocasiones la expresión va teñida de cierto sentido irónico: «Jimena: ... gente de escaparate, que no tiene dulzura *ni a la hora de la cena» (Anillos,* 80).

Cuando la emoción embarga el ánimo de un personaje por un recuerdo entrañable para él se dispara en la enumeración de objetos de escaso valor precedidos de la conjunción *ni,* como medio de intensificar afectivamente la idea de «nada»: «Paula (que no pudo celebrar boda con Diego, recuerda la primera noche, comparándola con la noche de bodas, según las costumbres del lugar): ... Y los novios tienen que darles peladillas y dátiles. Aquí no hubo *ni una azufaifa, ni un piñonate, ni una peladilla*» (*Noviembre*, 259). Otros giros humorísticos para poner de relieve la idea de «nada»: «Adolescente: ... Podríamos ir por ahí a tomar un vaso de vino, digo yo. Aquí *no dan más que agua de borrajas*» (*El caracol*, 131).

Construcciones similares a las anteriores son las utilizadas con verbos de entendimiento o lengua: la partícula *ni* va colocada entre el verbo y el sustantivo, término de la comparación: «Dama 1.ª: ... Porque yo no tengo *ni la más remota idea*» (*El sol*, 179), el participio *remota* enfatiza la idea negativa, ya que el personaje ni siquiera piensa algo parecido. Es frecuente el uso del sustantivo *palabra*: «Solterona (siempre obsesionada con el tema del amor): ... Pero lo que es en la casa, nadie *entiende una palabra* de amor» (*El caracol*, 165). Es tan lógico y corriente el uso de «*palabra*» con verbos de «decir», que se puede elidir éste sin que varíe la idea: «Paula: ... Y ahí los tienes. *Ni media palabra*: muertos, muertísimos» (*Noviembre*, 257). Para realzar este concepto de «no decir absolutamente nada» la lengua dispone de algún modismo que el hablante utilizará según la situación –*ver, oír* y *callar*–, para advertir u ordenar silencio al interlocutor: «Hortensia (refiriéndose a Consuelito): ... Quédate ahí, y procura, como siempre, *ver, oír y callar*» (*Los buenos*, 33); dicho modismo se emplea sobre todo cuando la orden va dirigida a un niño de corta edad.

b) *Maldito, -a + sustantivo*: Para poner de relieve la escasa importancia de un objeto o el exiguo interés del hablante por algún hecho se dispone del giro *maldito, -a + sustantivo*: «Paula: Para leer las cartas de mis hijos, *maldita la falta* que me hace saber leer» (*Noviembre*, 245). Pudiendo sustituirse *maldito* por *vaya* en frases interjectivas con el mismo valor semántico de negación: «Cleofás (porque Consuelito ha comenzado a subir al campanario): ... Pero, ¿dónde vas? - Consuelito: A Orleans. - Hortensia (Malvada): ¡*Vaya caso que te hace!*» (*Los buenos*, 72); la expresión *maldito el caso* es también muy habitual en la lengua hablada.

c) *Los numerales dos, tres, cuatro*, cuando preceden al sustantivo que designa al objeto recalcan su escaso número o importancia. Si se trata de personas: *cuatro gatos, cuatro muertos de hambre*, etc. para significar «muy poca gente»: «Vieja: ... *Cuatro gatos* hay en la plaza. Y nadie va a oír el discurso del Rey» (*El sol*, 177); «Paula: Déjame en paz fregar las babas de *los cuatro muertos de hambre* que pasan por aquí» (*Noviembre*, 235). Abundan más los ejemplos referidos a objetos de escaso valor: «Hortensia: ... Y ahora, ¿qué? No puedo disfrutar *ni de cuatro vainadas* que se pudren de risa ahí en la iglesia» (*Los buenos*, 31); si se citan varios objetos, a cada uno de ellos le precederá un numeral distinto a fin de evitar la monotonía del diálogo: «Hortensia (entusiasmada por la propuesta de Consuelito de instalar una tómbola, en la que podrían rifar ...): Todo. Cualquier cosa, *los cuatro* doraditos que quedan en la iglesia, *dos o tres* muñecas, *cinco* cubos de basura» (*Los buenos*, 38). La idea de escasez implícita en el numeral se manifiesta explícitamente en alguna ocasión: «Hortensia (que se lamenta de poseer sólo lo indispensable para ir viviendo): ... Entonces ... nada. *Nada: cuatro* electrodomésticos. Y a plazos, vaya untentebonete» (*Los buenos*, 30).

d) *No tiene + objeto:* Para destacar la acusada pobreza de una persona se utilizan diferentes construcciones en la base de las cuales se encuentra el paradigma *no tiene + objeto,* que cada hablante varía según su imaginación: «Hortensia: ... Vivimos como todo el mundo. Como las personas decentes: *ni una peseta ahorrada*» (*Los buenos*, 30). «Hortensia: ... *Un muerto de hambre* de éstos, que pregunta por teléfono, nada menos, si puede venir a cortarse el pelo» (*Los buenos*, 18), se trata más bien de un aprecio sobre la valía personal de alguien que sobre su riqueza material. Variante de este giro es *mosquita muerta* que hace referencia al escaso espíritu, al menos aparente, del sujeto al que se aplica: «Jimena: Déjala. Esta *mosquita muerta,* desde pequeña, me ha tenido envidia» (*Anillos*, 83), Jimena se refiere a su hija María.

e) *Magnitudes pequeñas:* Entre los abundantes giros para encarecer magnitudes muy pequeñas destacan los formados con *un numeral* + el sustantivo *dedo,* como índice de lo exiguo: «Solterona: No debo beber más. A no ser que sea sólo *un dedo.* Y muy poquito a poco» (*El caracol*, 146). También para indicar la proximidad en sentido figurado: «Cleofrás: ... A *dos pasos* de la cárcel, y mira: insultándose sin saber por qué» (*Los buenos*, 51), el sustantivo *paso* tiene el mismo valor empequeñecedor que «*dedo*» en esta clase de construcciones. La perífrasis *tener a mano* indica también cercanía del objeto respecto al hablante: «Dama 1.ª: Pero quedan tan lejos ... Si los tuviera *más a mano.*» (*El sol*, 178).

f) *Breve espacio de tiempo:* El corto tiempo queda realzado de manera afectiva mediante la utilización de unidades temporales de escasa duración, en especial de *un segundo* o *un minuto*: «Diego: Con la bala que queda en el fusil que traje aquella noche. Podríamos subir sin ruido, muy despacio y *en un minuto* ...» (*Noviembre*, 256), Diego propone matar a Tomás como paso previo a su liberación. «Nina (a quien en principio le asustaba estar en el cementerio de noche): ... Ay, qué miedo. Yo me voy. A oscuras no me quedo aquí ni *un minuto*» (*Los verdes*, 43-44). Igualmente se emplea esta expresión para recalcar la repetición machacona de un hecho: «Paula: ... Estoy harta de oír *a cada minuto* el mismo ron con son» (*Noviembre*, 265), el sustantivo va precedido del pronombre distributivo *cada* para señalar lo incesante y reiterado de la acción hacia la que se muestra repulsa. Valor semejante posee *un segundo*, a pesar de que la fracción de tiempo que manifiesta es menor: «Constanza: ... Me espera. En *un segundo* voy, lo aviso callandito y que suba aquí a «departir» contigo...» (*Anillos*, 100). La locución *de aquí a nada* expresa el escaso margen de tiempo de que dispone el hablante para realizar su propósito o para que ocurra algún suceso ajeno a su voluntad: «Cleofás: ... La intención del obispo está bien clara: *de aquí a nada* nombrará nuevo párroco» (*Los buenos*, 34); «Consuelito: ... Pero *de aquí a nada*, hacer un Viacrucis ...» (*Los buenos*, 22), ya que Doña Hortensia acostumbra a pagar la cesta de la compra con una estación del Viacrucis, por lo que está diezmado. Equivalente es: *de un momento a otro*: «María: ... *De un momento a otro*, los almorávides estrecharán el cerco» (*Anillos*, 43). Giros estos que admiten variantes de otro tipo.

La simultaneidad de dos hechos queda expresada enfáticamente por medio de algunas perífrasis ya fosilizadas pero que no por ello han perdido su potencia intensificadora; con *es todo uno* se identifican en el tiempo ambos procesos: «Hortensia: ... Estoy tan desganada. Y el caso es que me siento a la mesa con apetito, pero ir comiendo e irlo perdiendo, *es todo uno*» (*Los buenos*, 16). La locución *de melón y tajada en mano* realza la impaciencia de una persona que ruega que su deseo sea realizado al instante: «Paula: Tú ya se sabe: eres *de melón y tajada en mano*» (*Noviembre*, 259).

Cuando se trata de un largo período de tiempo en sentido cronológico pero que psicológicamente parece más bien corto, debido a que se guarda un fresco recuerdo del suceso que se considera, se utiliza la perífrasis *parece ayer*: «Paula: Nadie sabe nada: fue la primera de la nuestra. Veintisiete años y *parece ayer*» (*Noviembre*, 260); por lo general dicha perífrasis va precedida de una indicación temporal exacta. Muy usual es la frase *cuatro días que vivimos* para poner de manifiesto la brevedad de la vida humana. Se emplea a modo de conclusión en consejos referidos a disfrutar del momento presente o para superar animosamente una situación contraria; se trata, en suma, del antiguo y moderno tema del «carpe diem»: «Consuelito: ... *Cuatro días que vivimos* y nos los tenemos que pasar bien "fotús" ...» (*Los buenos,* 12); el numeral *cuatro* antepuesto encarece la escasa duración de la vida.

2.c) La gradación afectiva (10)

Mediante la afijación afectiva se modifica la idea léxica de la palabra en una sola dimensión, que constituye a su vez la significación del afijo: intensidad fuerte, frente a intensidad débil. El campo semántico del término no es alterado en cuanto a su significación fundamental ni en su función, que permanecen invariables. La lengua dispone de otros afijos que cambian el valor semántico del vocablo al que se agregan, presentando una noción añadida a la expuesta en el lexema, de forma que la palabra originaria queda transformada en otra. Estos afijos son los denominados *significativos,* ya que en sí mismos llevan una significación propia, y que no serán tratados aquí al pertenecer a la lengua general y no al habla conversacional, afectiva. Nuestro objetivo lo constituyen aquellos afijos que intensifican lo significado en el término al cual se añaden o que manifiestan una apreciación afectiva del hablante ante el objeto expresado: los llamados *afijos afectivos* o *apreciativos* (11). El grupo de los afijos afectivos o apreciativos está formado por los prefijos, los sufijos diminutivos, aumentativos, despectivos y superlativos.

2.c.1) Los prefijos

Son los afijos que anteceden a la raíz o lexema. Poseen un valor intensificador similar al del superlativo orgánico -*ísimo,* por lo que Menéndez Pidal no duda en calificarlos como «superlativos hechos, no con sufijo, sino con prefijo» (12). Su frecuencia de utilización es mayor que la del sufijo, pues puede aplicarse a toda clase de palabras, incluso cuando éstas se encuentran ya intensificadas por otro apreciativo. Antonio Gala gusta poco de utilizar la afijación como procedimiento intensificador, de ahí la escasa variedad tanto de sufijos como de prefijos y el exiguo número de ejemplos.

El prefijo *re-* posee un carácter intensificador análogo al del superlativo del adjetivo, destacando la cualidad expresada: «Paula: ... Hay novias a las que preparan sus madres y las lavan *muy rebién* y les ponen agua de nardos en la pechera» (*Noviembre,* 259); *redicho* para calificar a un personaje que en alguna ocasión hable de forma más culta a la que se esperaría de su formación: «Hortensia: (Porque no le hacen caso) No sé de qué me habla este *redicho» (Los buenos,* 69); esta expresión se ha lexicalizado de tal modo que no se encuentra el participio «dicho» solo sino que va siempre precedido del prefijo *re-* apareciendo, además, sustantivado. También se encuentra en exclamaciones: «Paula: ¡Qué *redicho* eres! *(Noviembre,* 255).

Es muy utilizado en el habla popular para los nombres de parentesco, agregando la noción de alejamiento al nombre en cuestión. O sea, que al contrario de lo que sucedía con los adjetivos cuya significación quedaba intensificada, con los sustantivos de parentesco la debilitan, indicando una menor consanguinidad que cuando dicho nombre carece de él: «Camacha: ... y puedo demostrar que mucho antes de que alguno se partiera la pata, mis *retatarabuelos* comían cerdo» *(Las cítaras,* 50), que hace referencia a sus antepasados más lejanos. Al igual que: «Alonso: ...un *resobrino* mío se casó con una holandesa ...» *(Las cítaras,* 23), que alude a un sobrino de segundo o tercer grado.

El prefijo *requete-* no deja de ser un refuerzo del anterior, presentando sus mismos valores si bien intensificados: «Lorenzo: ¿Qué? Soy un poco duro de este oído. - Consuelito: (Congraciándose) Hace usted muy *requetebién» (Los buenos,* 8); «Constanza: ... Cuando tú te casaste, yo era *requeteviuda» (Anillos,* 32).

Rete- con significado similar a *requete-,* y como él, refuerzo de *re-:* «Marcos: (Triscón) Como la Francisca te vas a poner, *retegordona» (Las cítaras,* 27).

2.c.2) **Los sufijos**

Constituyen las formas más abundantes de modificación subjetiva del significado del vocablo al cual se unen.

Los aumentativos: La mayor parte de estos sufijos se unen a sustantivos más que a adjetivos. Añaden al valor léxico de la palabra la idea de magnitud grande o abundante, potenciando por otro lado la idea peyorativa.

-ón: Para la intensificación del valor semántico de la palabra a la que va unido: «Constanza (a Jimena, y refiriéndose a la valía del Cid): Todo ese *hombrón* para esta carne blanca» *(Anillos,* 35). Con cierto matiz peyorativo: «Jefe: Qué *contestón.* Ya veo que en este reino nadie sabe dónde tiene su mano derecha» *(El sol,* 181), intensificado además por el *qué* exclamativo»: «Paula:

¡*Cabezones!* (Suave) No peleemos hoy, Diego. Hoy se cumplen los años»
(*Noviembre,* 252); «Diego: Yo entraba todas las noches en su habitación ... -
Paula: ¿Quién era ese *zorrón* "desorejao"?» (*Noviembre,* 275), en este último
ejemplo el sustantivo ha variado su género a masculino al añadírsele el sufjio
aumentativo. O a la inversa, donde un sustantivo masculino adquiere el
género femenino al añadírsele el sufijo femenino *-ona* cuando se aplica a una
persona o animal de este género: «Hortensia: ... Cada día peor. Vaya idea que
tuvo la *gazapona* esa...» (*Los buenos,* 47). También hay intensificación negativa
en los casos siguientes pretendiendo herir al interlocutor: «Consuelito: Sí me
la he lavado porque tenía calor. - Hortensia: Y lo sigues teniendo, *calentona*»
(*Los buenos,* 46); «Consuelito: Por aquí, *borrachona*» (*Los buenos*). Si el sufijo
aumentativo va añadido a una palabra cuyo significado no sea negativo lo
presenta enfatizado, en algunos casos con tono afectivo y familiar: «Vieja:
¡Anda, *papona!* Eso es lo que te dice tu novio para no casarse» (*El sol,* 176).
«Paula: ... Y ya ves: soltera de guerra. ¡Ay!, que me muero. No quiero hablar.
Veintisiete años *solterona* de guerra» (*Noviembre,* 235), donde al ser repetida
la palabra *soltera* precedida de una indicación temporal que nos informa del
período que Paula lleva en ese estado, nuestro autor utiliza el aumentativo,
pues *soltera* es la que no se ha casado, pero que aún es joven y está a tiempo
de poder contraer matrimonio; pero este no es el caso del personaje, que ya es
de edad madura, no propicia para una boda. Este sufijo puede estar precedido
de un infijo que refuerza su idea intensificadora: «Extraviada: Ay *qué* vieja
más puercachona. Pero qué razón tiene» (*El sol,* 176), donde el efecto
despectivo del sufijo es acentuado por el infijo y por el adverbio *más* que le
precede. O bien, por la partícula admirativa *qué* enfatizadora del valor
semántico de la palabra a la que antecede: «Alonso: (Jactancioso) *Qué
celosonas* son estas mujeres...» (*Las cítaras,* 21), donde el tono afectivo y de
familiaridad predomina sobre cualquier otro.

El sufijo *-ote* posee más bien un sentido peyorativo no exento de la idea
de «grande», distanciándose el hablante afectivamente del objeto al que se
aplica, aunque sea un miembro de su propio cuerpo: «Paula: ... La locura
destapa los baúles, el cuarto oscuro que todos llevamos aquí, en la *cabezota* ...»
(*Noviembre,* 243). Otras veces, la misma palabra es usada como insulto, con
significado de «terco»: «Niño: Parece que van a salirse de la fila, pero siguen.
Las *cabezotas*» (*El sol,* 175). No siempre se utiliza dicho prefijo con sentido
peyorativo sino que pueden realzar una cualidad positiva: «Juan: ... Y muy
buena, ya lo sé. (A María, por Manuel) Y él también es *muy guapote*» (*Los*

verdes, 38), sintiéndose el hablante psicológicamente muy cerca de la persona a la que se aplica.

El sufijo *-azo* que participa en la formación de muchos nombres, cuya significación es la de «golpe dado con» el objeto a cuyo nombre se agrega (13): «Alonso: Trae la *escoba,* Justina, que a *escobazos* haré callar al viejo» (*Las cítaras,* 20); «Paula: ¡Que te doy un *tortazo!*» (*Noviembre,* 235), donde se pondera también la idea del sustantivo, como en: «Paula: Ahí la tiene: como una chota. A fuerza de *bombazos,* loca perdida» (*Noviembre,* 234). En ocasiones aparece mezclado el matiz peyorativo y el aumentativo: «Señora 2.ª: Por Dios. Qué ordinariez. Por lo menos podía ponerse sus *dedazos* debajo de la nariz» (*El sol,* 215). Usado con sentido enfático con intención ponderativa: «Hortensia: Y, además, ponemos a trabajar a las tías locas del ropero, que es lo que están deseando. Un *negociazo,* hijo» (*Los buenos,* 38); con varios epítetos acumulados, todos con sufijos realzadores del valor léxico: «Constanza: ... Pero te lo llevaste tú *solita,* avariciosa, *traidoraza, urracona...*» (*Anillos,* 35), donde hasta el diminutivo da una idea enfatizadora. Aplicado a nombres de personas o de parentesco destaca la bondad o tranquilidad del sujeto a que se alude: «Camacha: ... ¡Ay, qué *madraza* es una!» (*Las cítaras,* 84), realzado su valor intensificador por la partícula exclamativa *qué.*

Otros aumentativos son portadores de un constante matiz peyorativo - despectivo. Tal sucede con *-istrajo:* «Burguesa: Y el primero, ¿qué? No sé qué será. Estos *comistrajos ...*» (*El caracol,* 166), donde dicho sufijo apreciativo se ha convertido en parte en significativo, puesto que en esta palabra raíz y sufijo se encuentran soldados de tal modo que constituye una variante peyorativa del sustantivo «comida» más el sufijo despectivo *-istrajo,* que sólo pervive en formas independientes como la mencionada.

El sufijo *-acho* con sentido despectivo siempre: «Señora: 2.ª: Ni siquiera por curiosidad le está permitido a nuestra clase mirar donde mira el *populacho*» (*El sol,* 210), por lo general, el fonema palatal [ĉ] pone un matiz despectivo en el habla afectiva, cuando entra a formar parte de algunos de los procedimientos realzadores como los sufijos.

El mismo matiz despectivo - peyorativo posee *-uza,* que sólo se registra lexicalizado en *gentuza:* «Señora 1.ª: ¿Para qué tanto Gulliver? Podía haberse quedado donde estaba. Sólo ha conseguido mezclarnos con *gentuza.*» (*El Sol,* 210).

Esporádicamente nuestro autor explota la carga humorística de un sufijo como *-ute,* atribuido a un sustantivo gentilicio: «Nina: Me lo dio un *franchute.* Viene en una lata» (*Los verdes,* 43).

El sufijo *-ucio* es más bien una expresión de afecto y cariño con un mínimo matiz despectivo, en el único ejemplo que se registra en la producción dramática de Gala: «Cleofás: ... Consuelito es igual que yo: *tontucia»* (*Los buenos,* 42).

Los diminutivos: Junto a la idea de «pequeñez» o «escasez» intensifican afectivamente al término al que se unen. Si bien nuestro autor utiliza una reducida variedad de sufijos de este tipo, en especial *-ito, -in, -illo, -ico,* logra con ellos una multiplicidad de registros expresivos que hace de ellos su medio principal de modificación afectiva, por lo general con sentido positivo, aplicado a los epítetos.

El más frecuente de la serie es *-ito* cuya función principal es la *diminutiva,* agregando objetivamente la idea de «pequeño», «escaso» al vocablo a que se añade. Tal sucede cuando acompaña a sustantivos: «Guarda: ... Y ¿qué? Apenas una *casita,* una casa pequeña» (*Los verdes,* 30), donde la idea de «pequeñez» viene reforzada, aparte del diminutivo, por el adjetivo «pequeña», y la idea de «escasez» por el adverbio que antecede «apenas». «Consuelito: ... Una *cosita* así, ya usté ve, una cosa de nada –dindón, dindón– era lo que yo estaba esperando» (*Los buenos,* 11), en que la idea del diminutivo aparece reforzada al repetir de nuevo el sustantivo sin diminutivo pero acompañado del indefinido «nada». Lo más frecuente es que el diminutivo se baste sin necesidad de ningún otro tipo de refuerzo: «Solterona: ... Estas *cunitas* transformables son muy prácticas» (*El caracol,* 149); «Diego: ... Hay adelfas, y *piedrecitas,* y gusanos de luz» (*Noviembre,* 251); «Hortensia: ... Tendrá usté un *sueldecito.* Modesto, pero ...» (*Los buenos,* 19); el adjetivo *modesto* delimita la idea del diminutivo. «Consuelito: ... estas *conchitas* son de una vez que fuimos a comer a la playa» (*Los buenos,* 58); «Jimena: ... Bueno, por fin vamos a podernos tomar una *tacita* de café sin contar con la Historia» (*Anillos,* 47). Si se aplica a nombres de persona expresa la idea de pequeñez no en el sentido del tamaño, sino en el de la edad: «Mujer Sola: Qué linda. Parecerá una *pastorcita.* A sus años con cualquier cosa se parece una *pastorcita»* (*El caracol,* 138); «Ordenancista: Eres un bruto *jovencito»* (*El caracol,* 143). Con los nombres referentes a animales sucede lo mismo: «El joven: Los *cigüeñitos* se llaman garabatos» (*El caracol,* 143); «Paula: ... Hoy he traído una cosa. - Diego: Un *gazapito»* (*Noviembre,* 243); en ambos casos se trata de cría de animales: en el primero de cigüeña, en el segundo de conejos. Asimismo, en la modificación afectiva de un dicho popular en el que entra a formar parte un nombre de animal: «Jimena: ... ya no se juega a las separaciones: cada *ovejita* con su *parejita*...» *(Anillos,* 83-84), donde al variar uno de los elementos integrantes del modismo mediante el diminutivo, el otro experimenta idéntico cambio ya que se ha de mantener la rima paralelística que los caracteriza.

Con los sustantivos que indican parte de un todo, el diminutivo reduce aún más la extensión de esa parte: «Hortensia: ... Tengo en reserva alguna puertecita de cuarterones, algún *trocito* de retablo ...» *(Los buenos,* 38); «Paula: ... Al primero que me pedía un *traguito* de ojén» *(Noviembre,* 236); «Jimena: ... Dime tú a mí si no tengo derecho a un *puñadito* de vulgaridad» *(Anillos,* 78). Otras veces son sustantivos con idea de escasez los que reciben el diminutivo que, lógicamente, refuerza su significado: «Hortensia: ... A estas horas me han recetado un *dedito* de orujo» *(Los buenos,* 26); aparte del diminutivo, el vocablo puede ir acompañado de un modificante intensivo que aumenta la potencia expresiva del sufijo: «Niña: (Por la Reina) *¡Qué bajita* es!» *(El sol,* 213). Con un sustantivo que indica corto espacio de tiempo: «Juan: ... Pero conteste, Luterio, hijo. Un *momentito* sólo, ¿eh?» *(Los verdes,* 61); «Hortensia: ... y siempre listas a darte buenos duros por jugar un *ratito*» *(Los buenos,* 47). Incluso precedido del numeral *cuatro,* que expresa el resto de un conjunto más amplio, y por tanto, conlleva sentido diminutivo: «Hortensia: Todo. Cualquier cosa, los *cuatro doraditos* que quedan en la iglesia ...» *(Los buenos,* 47).

Como refuerzo expresivo de adjetivos, pronombres o adverbios que significas «pequeño», «poco». Con el adjetivo *poco*: «Marinero: (Tocando los muebles) De noche, los muebles crujen. Uno va a oscuras, entre ellos, tanteando un *poquito*» *(El caracol,* 159); «Reina: ... ¿No podremos edificar un *poquito* de vida con este material de derribo» *(El sol,* 184); «Paula: ... Pero tienes que limpiarlo un *poquito* ...» *(Noviembre,* 278); este mismo adjetivo con significado de «corto espacio de tiempo» se encuentra sustantivado: «Rey: ... Y yo apenas si he logrado trasponerme *un poquito* ...» *(El sol,* 199); «Portero: ... Y aúllan *un poquito.* Como los perros, nerviosos en las noches de luna ...» *(El caracol,* 162). Lo hallamos repetido, el primero de ellos en diminutivo, para indicar lentitud: «Solterona: ... A no ser que sea sólo un dedo. Y muy *poquito a poco.*» *(El caracol,* 146). Precedido del adverbio intensificador *muy,* que realza la escasez de lo expresado por la palabra a la que se refieren: «Jerónimo: Combatí junto al Cid en los cercos de Almenara y Murviedro.

Éramos *muy poquitos»* (*Anillos,* 62). El diminutivo destaca la individualidad que expresa el vocablo a que va unido: «Constanza: ... Lo único que no has dicho, es lo *uniquito* que tenías que decir» (*Anillos,* 98). En determinadas circunstancias el hablante desea disminuir ante el oyente la idea que manifiesta por lo que el diminutivo cumple función de atenuación: «Vendedor: Nada: recuerdos de Gulliver. Unas *estampitas,* unos *hilitos* de su casaca ...» (*El sol,* 208), el personaje rebaja el valor de su mercancia para evitar una posible multa; «Paula: ... Comiendo una naranja a este *solecito* de noviembre, cosiendo, cosiendo...» (*Noviembre,* 270); «Hombre: Pero podríamos celebrarlo entre nosotros, un *grupito* ...» (*Los verdes,* 54), reduciendo la idea de grupo a fin de ganarse la benevolencia de la Dueña y conseguir de ella el permiso para celebrar la Nochevieja; «Cleofás: ... Cuatro *duritos,* don Jenaro». (*Los buenos,* 25). Por deferencia hacia el oyente se atenúa la propia opinión para no herir posibles susceptibilidades: «Paula: Ay, cada día que vas siendo *mayorcito* te gusta más contradecirme ...» (*Noviembre,* 256). O bien, referente al aspecto físico: «Muchacha: ... se acabó el tiempo de las mujeres *gorditas* que comían dulces y esperaban al novio» (*El sol,* 178). Como expresión de modestia, cuando el hablante se refiere a su persona, estado físico o alguna pertenencia: «Juan: ... Y como heredé de mi abuelo esta *tierrita* de aquí, he decidido venirme a vivir con él» (*Los verdes,* 29); «Vieja: Yo, en esto, ni entro ni salgo. Estoy *malita»* (*El sol,* 207). O en el dicho popular alusivo a la buena salud de una persona después de haberse enumerado algunas calamidades que ha padecido: «Constanza: ... y mira como estoy: *vivita* y coleando ...» (*Anillos,* 36).

El diminutivo puede ser portador de un sentido irónico: «Señora 2.ª: Ahora salgo con éste, que está también muy enfermo (señala al *hombrecito* que la acompaña)» (*El sol,* 186); «Hortensia: ... No nos iríamos lo bastante lejos. Y habría que hacer *regalitos* ...» (*Los buenos,* 36); «Consuelito: ... Y ahora, la *campanita,* que no sé qué hace aquí» (*Los buenos,* 57). Cuando el uso del diminutivo se colorea con cierta matización irónica, el valor empequeñecedor propio del sufijo queda trastocado, como casi siempre que la ironía entra en juego, realzando de manera enfática la cualidad o el hecho expresado. Esta función *ponderativa* queda sujeta a la intencionalidad y a la circunstancia en que se produce llegando a poseer un verdadero *sentido superlativo* (14) cuando se trata de un adjetivo: «Guardia: ... Aquí están los pájaros. *Acurrucaditos.»* (*Los verdes,* 84); «Cleofás: Dentro de treinta años estarte *quietecita.* Como doña Leonor» (*Los buenos,* 68). Este sentido superlativo del diminutivo no es obstáculo para que le preceda en ocasiones el modificante intensivo *muy:* «Luterio: (A Juan) Y en cuanto abran, usted se viene conmigo a la hemeroteca municipal, que se está *muy calentito* ...» (*Los verdes,* 27); «Consuelito: ... Las estrellas son como las mulas: estériles. Tome usté ésta, que está *muy terminadita...*» (*Los buenos,* 9), ambos casos constituyen un incremento de grado respecto a los ejemplos anteriores. Si en lugar de determinar a adjetivos el diminutivo acompaña a *un sustantivo,* entonces equivale a un sufijo aumentativo: «Ordenancista: «Ha venido sustrayendo cinco duros semanales para invertirlos en lotería. Y esto durante quince años. Si los hubiera guardado, Tendrían ustedes ahora una *fortunita...*» (*El caracol,* 157).

Con un adjetivo de identidad el diminutivo enfatiza dicha idea hasta la exactitud: «Vieja: Como las hormigas, entonces. Estamos arreglados. *Igualito* que las hormigas» (*El sol,* 178). La idea de totalidad mezclada con la de ternura son resaltadas en los dos ejemplos siguientes: «Diego: Manuel. Tenía tres años. Y estaba un día *arropadito* con una manta» (*Noviembre,* 247); «Consuelito: ... Yo soy lo que hay encima *desnudito,* ¿me ves? (*Los buenos,* 57).

El diminutivo desempeña un papel puramente afectivo como expresión de *la emoción* del hablante, debido a que el contenido de la frase le atañe sentimentalmente: «Paula: ... Y don Rufino, el párroco, que daba su *paseíto* con un libro sin abrir, en el sobaco, ...» (*Noviembre,* 235); «Paula: ... Ni siquiera una taberna en una esquina, que es lo justo, como una *clientelita* normal ...» (*Noviembre,* 236); «Tomás: Ponerme un *esparadrapito*» (*Noviembre,* 236); «Juan: ... Yo me voy a dar mi *vueltecita* de todos los días» (*Los verdes,* 37); «Luterio: A ver, a ver (Abre la bolsa.) Polvorones ... *Velitas,* Ana, *velitas*» (*Los verdes,* 64); «Consuelito: Se fregaban con lejía y se quedaban con los nudos al aire. Como parientes *viejecitos*» (*Los buenos,* 21); «Consuelito: No es por el jabón. Después te diré una *cosita.* - Lorenzo: ¿Con qué *letrita,* odalisca?» (*Los buenos,* 44). La emoción se tiñe frecuentemente de ironía expresando, por lo general, una idea en cierta medida desagradable para el hablante: «Señora 1.ª: Hay que ver qué *semanita* de catarro, ¿eh?» (*El sol,* 215); «Nina: Jesús, qué *nochecita.* Venga. Vámonos» (*Los verdes,* 59); «Lorenzo: Vaya *nochecita* ...» (*Los buenos,* 57); «Paula: ...Claro, tú, con tu *destinito* aquí y tu uniforme...» (*Noviembre,* 238), Paula se mofa de la sobreestima en que Tomás se tiene a sí mismo. Otras veces, la idea expresada puede estar a caballo entre la pura emoción y la ironía: «Consuelito: ... Voy a decirte la *sorpresita* de antes. ¿Sabes dónde la guardo? (Señalándose el vientre) Aquí.» (*Los buenos,* 59), lo que para el hablante constituye la más noble emoción, para el oyente es una cruel ironía.

La efusión se produce cuando la emoción restringe la gama de sentimientos, centrándose en el afecto e intensificándolo. Dicho afecto intensivo va dirigido al oyente para lo cual se utiliza el diminutivo como determinante del vocativo que se refiere a él. Bien se trate de nombres propios: «Viejo: (A la gallina) *Ramoncita,* tú no le hagas caso» (*El Sol,* 188); «Hortensia: Espera un poco, *Lorencito,* hijo» (*Los buenos,* 67), en este segundo ejemplo se trata más bien de un escaso afecto que Hortensia ha de resaltar mediante el diminutivo y el segundo vocativo, *hijo,* a fin de ganarse la voluntad de Lorenzo para que acceda a llevarla consigo; bien se trate de nombres comunes: «Paula: Ea, ea, ea, *pobrecita.* Si es mentira, madre» (*Noviembre,* 240); «Ana: *Animalito.* Dámela. La ataré una cinta para que no la mueva» (*Los verdes,* 63); «Cleofás (porque Consuelito llora): No le hagas caso, *pobrecita*» (*Los buenos,* 32). También aparece el uso irónico del diminutivo en estos vocativos afectivos: «Vieja: (Con voz de falsete) Más respetuoso, dice el *lorito* real» (*El sol,* 175); «Vieja: (A la Extraviada) ¿Qué buscas, *ovejita* extraviada?» (*El sol,* 176); en el primer caso con una clara intención de herir al interlocutor, que en el segundo va mezclada con cierto tono afectuoso.

El diminutivo puede utilizarse como *incitación* o *estímulo* al oyente para que tome partido por lo que se le presenta por medio de esta expresión afectuosa: «Madre: Pues vaya usted a trabajar. A una *oficinita,* que es lo que le conviene» (*El caracol,* 167); «Luterio: ... Ea, amigo, ¿Nos dice usted cual es esa *tumbita?*» (*Los verdes,* 32). O que acepte lo que se le propone, presentándoselo bajo la forma diminutiva de la palabra que indica el objeto o la acción: «Diego: En las tabernas había rábanos y aceitunas ... - Paula: (Gozosa) ¡Lo adiviné! (Desenvolviendo un paquete hecho con un periódico) Aquí lo tienes: *rabanitos.* Ay, cómo crujen. Y *aceitunitas* verdes» (*Noviembre,* 248); «Juan: ... Ya que han sido todos tan amables, yo quisiera que tomaran un *cafetito* conmigo» (*Los verdes,* 26); «Juan: Ahora hay que tomar algo caliente. Pero, ¿qué? ¡Ah! vino. Un *vasito* de vino caliente y con azúcar» (*Los verdes,* 47); siempre se trata de hacer apetitoso un alimento o una bebida.

El diminutivo puede agregarse a algunas formas nominales del verbo, como el gerundio o el participio. En estos casos, posee un claro valor superlativo: «Constanza: ... lo aviso *callandito* y que suba aquí» (*Anillos,* 100).

El sufijo *-illo:* De valor semántico similar a *-ito,* pero con matices subjetivos en ocasiones diferentes; generalmente *-illo* es portador de una mayor afectividad. En la obra de Antonio Gala el empleo de este sufijo oscila, como el péndulo de un reloj, entre la atenuación, idea de pequeñez, propia de todo diminutivo, y la afectividad y el cariño. A veces, adquiere otras notas opuestas como la ponderación y el desprecio cuando el hablante colorea su frase con alguna pincelada de ironía.

Predomina la idea de *atenuación* cuando el sujeto pretende rebajar la importancia de lo que propone con la intención de que el interlocutor acepte su propuesta: «A.: Lo que usted me propone es una casa de tapado. - La Joven: ¡Ah, no! De *tapadillo* nada más, no se preocupe» (*El caracol*, 161); «Dueña: ... Pues por eso. Diez *durillos*, diez *durillos*, diez *durillos*. Ni uno más. Nada con su comida, diecisiete *durillos*, yo no soy una logrona» (*Los verdes*, 21), reforzada la idea de atenuación por las expresiones negativas. «Hortensia: ... antes fue la capilla de Santo Tomé, pero a fuerza de rogativas, fuimos consiguiendo de don Remigio alguna *ventajilla*» (*Los buenos*, 19); «Hortensia: Hijo, por cuatro *piropillos* que le haya echado a un chico que puede ser mi nieto ...» (*Los buenos*, 29), donde la intención empequeñecedora se encuentra enfatizada por el numeral «cuatro» que precede al diminutivo. «Olalla: ... ¿y el viejo Marcos? - Lázaro: Fue por su *ataucillo*» (*Las cítaras*, 91); «Manuel: Unas *cosillas* que hemos traído para esta noche» (*Los verdes*, 63). Esta intención atenuadora puede cumplir una función eufemística: «Ana: ... Como estoy en un puesto de flores en el mercado, las que llegan así, *peorcillas*, las guardo para mi Antonio» (*Los verdes*, 40). En el siguiente ejemplo el valor empequeñecedor del diminutivo queda restringido por la anteposición del adverbio *más* de significado opuesto: «Manuel: Algo *más cansadilla*. Esta misma tarde ...» (*Los verdes*, 65).

Ligada a la idea de atenuación se encuentra la de *afecto, cariño*: «Paula: ... Y los tres, como tres *ratoncillos*, tris, tris, tris, comiéndoselo todo» (*Noviembre*, 248); «Hortensia: ... Hasta después, cómplice, *Lorencillo*» (*Los buenos*, 39); «Alonso: (...Acariciando el cuello de Olalla) ¿No me quieres, *judiilla*, hoy que estás en mi casa?» (*Las cítaras*, 8). En algunas ocasiones el afecto va mezclado con la compasión por alguien a quien se considera más desdichado: «Luterio: Sólo falta Nina. Pero esta noche tendrá mucho trabajo la *pobrecilla*» (*Los verdes*, 63); «La Joven: *Pobrecillos*. Qué nombre tan feo» (*El caracol*, 143). Con nombres de objetos indica el aprecio que el hablante siente por dicho objeto: «Vieja: ... yo me voy a buscar mi *aguardientillo*» (*El sol*, 214); «Ana: ¿Quiere usted unas *florecillas* para su abuelo? (*Los verdes*, 11).

El sentido *ponderativo* no es frecuente; el diminutivo con este carácter intensificador está próximo al valor del aumentativo o del superlativo -ísimo: «Tomás: Sería un forastero. O tres forasteros. *Misteriosilla...*» *(Noviembre,* 235); «Paula: (Que ha estado atenta, reacciona) Tú sí que eres *pegajosillo...*» *(Noviembre,* 237).

En alguna ocasión se encuentra en la obra de Gala el diminutivo -*illo* cargado de cierto *matiz despectivo, peyorativo:* la ironía hace acto de presencia en este valor del sufijo: «Paula: ... Cómo. vas a entenderme con tanto *galoncillo* y tanto sombrero «colorao» y tanto botón en la guerrera» *(Noviembre,* 272), ella se está burlando del gusto de Tomás por los uniformes. El sentido irónico-despectivo se halla, además, apuntalado por el «tanto» precedente, y que se repite después.

Determinando a algunas de las formas nominales del verbo posee bien un valor superlativo, similar al del sufijo -*ito* en estos usos, o bien un sentido atenuador de su idea léxica: «Marcos: *Cayendillo, cayendillo.* ¡Más bien ...!» *(Las cítaras,* 19).

En la lengua común el sufijo -*i* se usa para los mismos valores que los anteriores. Idea de afecto en: «Padre: Ah, *pillines* ... con que ordenando vuestro nido, ¿eh?» *(El caracol,* 129). El valor nocional en: «Paula: ...he comprado boquerones y piononos y vino y coñá. Verás qué *festolín.*» *(Noviembre,* 241). Con sentido ponderativo: «Lorenzo: ¿Ese don Jenaro es mudo? - Hortensia: Mudo no. Es un *poquitín* hijo de la gran no sé qué» *(Los buenos,* 25).

El sufijo -*uelo* aplicado a un nombre que se refiere a persona puede tener un valor afectivo o despectivo, según la intención del hablante y la situación en que se produce; así, los tonos peyorativos predominan sobre los afectivos en «Camacha: Se descolgó el *cojuelo,* míralo» *(Las cítaras,* 66). A pesar de su escaso uso los valores diminutivos prevalecen también en este sufijo: «Jerónimo: ... Nació en una *aldeuela* ...» *(Anillos,* 30).

El sufijo -*ico* es hoy exclusivamente regional (zona aragonesa, Navarra, Granada y Murcia). En la producción dramática de Antonio Gala aparece sobre todo en *«Las cítaras...»,* en su primera escena en un intento del autor de reflejar el habla popular de Almedina (Ciudad Real), a donde acudió para presenciar una matanza de cerdo: «Camacha: ... A Olalla que en la *toquillica* le salpicó la sangre ...» *(Las cítaras,* 18); pudiendo ir precedido de un cuantificador: «Mariveinte: (Por el cerdo) ... He visto en el corral al de dos meses, *más bonitico» (Las cítaras,* 10); y la expresión tan popular para indicar la inmediatez de una acción o suceso, como *en cuantico* en lugar de *enseguida:* «Camacha: ... Pero a este paso *en cuantico* se me queda preñada» (*Las cítaras,* 24).

El superlativo: El único sufijo del superlativo en nuestra lengua es *-ísimo,* de tardía aparición y de procedencia culta y eclesiástica se fue extendiendo a todos los estratos de la lengua, no siendo ya considerado como erudito. Al contrario, debido a una mayor expresividad que el superlativo formado por *muy* + adjetivo se ha convertido en coloquial. Su papel principal consiste en intensificar y realzar la cualidad a que se refiere el adjetivo, función que aparece clara cuando le precede el mismo adjetivo en grado positivo: «Paula: ... Ni media palabra: *muertos, muertísimos (Noviembre,* 257); «Monique: Ecoutte: ¿estoy *mona?* - Nina: *Monísima» (Los verdes,* 58); «Hortensia: ... Te lo advierto: yo, cuando soy *mala* soy *malísima» (Los buenos,* 46), en todos los ejemplos el hablante es consciente de un aumento de grado.

En la obra de Antonio Gala la mayor parte de los adjetivos intensificados por el superlativo orgánico se refieren al aspecto de las personas, bien sea en un *sentido físico* positivo: *monísimo (El caracol,* 146), *bellísima (Noviembre,* 245), *guapísimo (Los buenos,* 45); *feísima (El sol,* 174); bien sea al aspecto espiritual de la persona, polarizado por los adjetivos *bueno* y *malo* para destacar lo positivo o lo negativo respectivamente: *buenísima (El sol,* 180), *malísimo,-a (Noviembre,* 246; *Los verdes,* 20; *Los buenos,* 46). Adjetivos que aluden a estados en que se encuentra una persona: *cansadísima (Los verdes,* 72), *sonambulísima (Los buenos,* 76). Otros aspectos: *clericalísimo (Los buenos,* 25), *devotísimo (Los buenos,* 37), *calmadísima (Anillos,* 88), etc.

La vitalidad de este sufijo en la lengua hablada se confirma al ser aplicado a palabras que no suelen llevarlo, como: *sonambulísima, clericalísima,* etc. Incluso se utiliza en tratamiento a personas de la realeza: «Jefe: *Serenísima* majestad...» (*El sol,* 219). Igualmente se aplica a muchos adverbios, en especial a *poco y mucho,* o sea, a los de cantidad: *poquísimo (El sol,* 219), *muchísimo (Noviembre,* 239, 264; *Los verdes,* 19, 58; *Los buenos,* 13, etc.). Este adverbio puede preceder a otro, intensificándolo: «Paula: ... ¿Es que tú eres jefe de estación ni *muchísimo menos?» (Noviembre,* 232); o bien a un adjetivo en grado comparativo: «Paula: ... Y tener una esperanza de algo es siempre *muchísimo mejor* que conseguirlo» (*Noviembre,* 257).

No obstante, el adjetivo superlativo *-ísimo* puede ser a su vez realzado mediante un modificante intensivo: *qué feísima:* «Paula: ... Y *qué feísima* se pone la gente cuando viaja en los trenes correo...» (*Noviembre*, 36).

2.c.3) La comparación

El pueblo como colectividad posee una forma de conocimiento primaria, pues su aprehensión intelectual se realiza a través de los sentidos. Consecuentemente, vierte en la conversación su manera de pensar, experiencias, deseos y demás vivencias anímicas, por la misma vía sensorial, materializando conceptos, abstracciones, etc. Una persona poco cultivada no gusta de lucubraciones mentales, sino que prefiere expresarse mediante la concreción de lo abstracto y la materialización de lo inmaterial. Este fenómeno explica que la lengua de una determinada zona sea rica en términos que designen los intereses de las gentes que la habitan. Intereses de índole muy variada, que abarcan desde su medio principal de vida (agricultura, ganadería, etc.) a la flora y fauna de la región así como al clima preponderante en la misma. Todos estos intereses y ambientes les proporcionará analogías para la descripción de otras experiencias. Ello justifica que el hablante, cuando desea manifestar sus estados anímicos o calificar la manera de ser de un semejante o cualquier suceso cuyas causas escapen a su comprensión, sea propenso a compararlo con algún objeto real, tangible.

Este procedimiento de expresión es muy enriquecedor del acervo lingüístico popular, ya que cuando uno de los símiles empleados triunfa entre la colectividad, se lexicaliza de tal modo que el término comparado llega a elidirse, expresando el comparante no el objeto real al que originariamente se refería sino el concepto con el que se comparaba. Por ejemplo: «Paula: Leche, porque está *como una cabra* ...» (*Noviembre*, 242), Paula quiere decir que su madre está «completamente loca»; en principio la comparación era: «porque está *tan loca como una cabra*», pero el segundo término de *la comparación se lexicalizó* pasando a designar la idea de «locura» sin que sea necesaria explicitarla.

Dado que las comparaciones populares se construyen con un segundo término que alude a algún objeto de la realidad, conocido por todos, por lo que no suponen un esfuerzo intelectual por parte del oyente para su inmediata comprensión, se pueden calificar como *comparaciones primarias o de primer grado,* por oposición a las comparaciones y demás imágenes de la lengua literaria, por ser éstas fruto de una mente cultivada, que busca relaciones inéditas, no sólo entre seres diferentes de la naturaleza sino entre abstracciones, deseos y demás vivencias anímicas. Si se establece un parentesco entre ambos tipos de comparaciones, las de origen popular pueden ser consideradas como los padres de la metáfora cultivada, ya que ésta no habría nacido si aquéllas no hubiesen existido previamente. Los caracteres de los personajes de Antonio Gala se conocen por lo que dicen, puesto que mediante su lenguaje cargado de afectividad exteriorizan su forma de pensar así como sus apetencias. Por ello, en la obra de nuestro dramaturgo florecen las comparaciones como en campo abonado.

Los diversos tipos de comparación se pueden distribuir en cuatro grupos principales (15):

I) Ambos términos de la comparación poseen la cualidad en un mismo grado. Las pertenecientes a este tipo siguen al paradigma: *tan... como, ... como.*

II) El primer término de la comparación posee la cualidad en más alto grado que el segundo. El paradigma es: *...más ... que.*

III) El segundo término aparece como convertido del primero. Según el paradigma: *...hecho un...*

IV) Ambos términos de la comparación aparecen identificados. El paradigma tipo: *...es...*

Ahora bien, las comparaciones populares que permanecen en el caudal fijo de la lengua es relativamente pequeño, pues «solamente persisten aquellas en las que, al omitirse el verdadero adjetivo, el término de comparación ha llegado a convertirse en exponente de la cualidad en cuestión» (16).

TIPO I: Paradigma *tan ... como.*

Estas comparaciones se consideran como sinónimas a las del tipo II, al no representar las formas de este grupo un refuerzo respecto al primero. No obstante, como señala Beinhauer, existe una diferencia fundamental entre ambos grupos, ya que en el primero puede faltar el adjetivo sin que por ello pierda parte de la idea léxica, que permanece íntegra en el sintagma *como* + término de comparación; fenómeno que no puede darse en el tipo segundo, pues el adjetivo ha de estar siempre presente.

Las comparaciones del tipo I en la obra de Gala tienen como común denominador la ausencia del adjetivo, lo que origina un habla viva, ágil, en la que el hablante no se detiene en buscar el adjetivo correspondiente a la cualidad que desea expresar sino que presenta directamente el término de comparación, con lo que el oyente comprende lo que aquél le comunica. A fin de sistematizar los ejemplos registrados en la producción dramática de nuestro autor, se subdividirán en varios grupos, según el término de comparación designe a:

a) Animales.
b) Vegetales.
c) Objetos de la naturaleza.
d) Acciones.

a) *Animales:* Al igual que con los insultos tomados del reino animal, con las comparaciones de esta clase el hablante pretende degradar la dignidad de la persona. El rebajamiento de las cualidades humanas a base de su equiparación con la que se considera característica de un animal determinado suele tener como finalidad la caricaturización de cualquiera de ellas. Para expresar la «insensatez o la locura» el término de comparación más frecuente es *la cabra,* seguido de la *chota,* debido a lo asustadizo e ilógico del comportamiento de dichos animales: «Reina: ... No se para a pensar que acaso lo que sucede es que estoy *como una cabra» (El sol,* 183). «Hortensia: ¿A ti? Y pensábamos que don Remigio estaba *como una cabra» (Los buenos,* 66). Este término de comparación está lexicalizado en tal medida que todo hablante lo considera como sinónimo de «locura», idea implícita que en alguna ocasión aparece como conclusión de una proposición en la que está presente la comparación: «Paula: Leche, porque está *como una cabra,* ¿o es que no te has enterado en veintisiete años? Aquí todos estamos *locos» (Noviembre,* 242). Existe en el habla popular la variante humorística estás *como una cabra en un garaje,* que más que referirse a la idea de locura designa de modo festivo el «despiste o torpeza» del interlocutor. En este empleo, es también frecuente la sustitución de *cabra* por *pulpo.*

Para la expresión de la idea de «locura», «idiotez» el nombre del animal puede variar, sin que el valor léxico de la comparación se altere lo más mínimo: «Paula: Ahí la tienes: *como una chota.* A fuerza de bombazos, *loca perdida» (Noviembre,* 234). Significado similar posee la expresión *como una pava,* para calificar a una persona que realiza una acción sin ton ni son y repetida machaconamente: «Paula: Mañana y noche, *como una pava,* del caño al coro» (*Noviembre,* 232); esta expresión conlleva la idea de estupidez, imbecilidad. Para aludir a un trabajo penoso o a un cargamento excesivo el término de comparación es un animal de carga: burro, caballo, etc. o el que los designa a todos en conjunto, *animal:* «Paula: Vengo *como una burra* y encima con prisas ...» (*Noviembre,* 231), pues viene de realizar la compra en el pueblo y trae bastante peso.

El «cordero, borrego, oveja» se ha considerado como prototipo de la sumisión y la inocencia desde la antigüedad: «Hortensia: Pero con el consentimiento de don Remigio, ¿eh? Para decirnos que sí, él siempre ha tenido la mente muy clara. Es *como un borrego» (Los buenos,* 34), el habla popular de Doña Hortensia, no obstante sus ínfulas de persona «muy venida a menos», se pone de manifiesto cuando se acalora; a pesar de ello el uso en este caso de «borrego» en lugar de «cordero», que corrige Cleofás, es acertado por parte del autor, ya que el primero conlleva una nota peyorativa que cuadra mejor para la calificación de la situación del cura en manos de esta mujer: «sumisión, pero estúpida».

Otros nombres de animales pueden ser usados con intención únicamente *descriptiva* de una cualidad humana careciendo del matiz peyorativo de los vistos. Matiz que, si se presenta, lo hace en grado muy leve, mezclado con el descriptivo: «Manuel: ... pero la tía esa ... (María le golpea con el codo) Bueno lo que sea, está toda la noche *como un mochuelo,* con los ojos redondos, sin dejar de mirarnos» (*Los verdes,* 37); el habla conversacional prefiere utilizar en primer término la comparación como medio más directo para que el oyente comprenda instantáneamente la idea del hablante; una vez que el oyente ya se ha representado en su mente dicha cualidad mediante la comparación, el hablante puede redondearla a través de otros aditivos referentes a la misma: «con los ojos redondos, sin dejar de mirarnos».

La idea de «zalamero, pegajoso» es equiparada a la fidelidad del *perro,* de ahí que dicho animal entre a formar parte como segundo miembro de la comparación: «Paula: ... No hace un año que arrugó el hocico y ya estás, *como un perro,* detrás de las faldas» (*Noviembre,* 234); el autor se basa en el dicho: «...eres como un perro faldero», para calificar a la persona que sigue a otra a cualquier sitio que vaya sin abandonarla ni un momento. El *perro* es un animal frecuente como término de comparación para calificar acciones humanas: «Portero: ... Y aúllan un poquito. *Como los perros,* nerviosos en las noches de luna» (*El caracol,* 162); «Luterio: ... Pero ya no es lo mismo. Cantar fuera, debajo de la luna, *como un perro.* Porque, la verdad, siempre se canta para alguien ...» (*Los verdes,* 62), que expresan el miedo a la soledad y el desvalimiento de la persona humana, patente en ambos ejemplos en «las noches de luna», y «debajo de la luna». Pero no todo ha de ser pesimismo: «Luterio: ... En la vida hay de todo. Hay el sol, que se te cae encima *como un perro* y te lame» (*Los verdes,* 45).

Un insecto tan insignificante como la *hormiga* ha sido tomado desde siempre como modelo del deseo de vivir y hacendosidad, como ejemplo de la lucha por la vida: «Rey: Allá va, pequeñita, a pie negra *como una hormiga,* emperrada en la vida ...» (*El sol,* 226).

La vida un tanto alegre y sin preocupaciones: «Lorenzo: Aquí no eres feliz. - Consuelito: Lo fui cuando iba por los pueblos, pegando saltos *como las monas» (Los buenos,* 39). Esta comparación es muy frecuente entre las gentes del pueblo y usada con alguna profusión por Gala: «Jimena: ... Que me suba a las murallas dando saltos *como una mona* y agarre una insolación» (*Anillos,* 46). En ocasiones se sustituye el término de comparación por el de *titiritera* que el pueblo asocia con las *monas* por su agilidad en los ejercicios físicos y porque, en las antiguas compañías circenses nómadas, persona y animal alternaban y colaboraban en las mismas exhibiciones, sin lugar fijo donde dormir: «Alfonso: (por Jimena) ... durmiendo *como una titiritera* en los pajares, haciendo cucamonas a los reyes taifas ...» (*Anillos,* 69).

La cualidad de algún objeto o persona se niega por medio de la comparación con un animal que también carece de ella: «Consuelito: ... Las estrellas son *como los mulos:* estériles» (*Los buenos,* 9).

La forma de alguna parte del cuerpo humano o de algo se compara con un animal o una parte de él por el parecido entre ambos términos que entran en la comparación: «Luterio: (A Ana) Tengo aquí *como un buche.* Mire usted, *como un pájaro* puesto aquí» (*Los buenos,* 60). Asimismo, las acciones humanas se comparan con las de los animales; como la acción de comer vorazmente: «Paula: ... y los tres, *como tres ratoncillos,* tris, tris, tris, comiéndoselo todo» (*Noviembre,* 247-248), donde la repetición del numeral contribuye a poner de relieve la identificación de los dos términos de la comparación. O por el lugar en que suelen vivir refugiados animal y hombre: «Nina: (Imitándolo) ¡Mueran las bibliotecas, mueran las bibliotecas! Por seis meses. Luego, adentro otra vez. *Como las ratas» (Los verdes,* 72). La expresión «rata de biblioteca» se aplica al estudioso que consulta una gran cantidad de libros, preferentemente raros y antiguos. Es indudable que Nina debe tener presente en su mente, aunque de forma inconsciente, este modismo. La acción cariñosa hacia otra persona se equipara a la de la vaca para con su cría: «Madre: Yo le lamía el vello del pecho. *Como una vaca* a su ternero» (*Noviembre*, 240); incluso cuando la acción cariñosa es perjudicial para el que la recibe: «Nina: ¿Eso querer? Ya. *Como el oso*, que te da un abrazo y te mata» (*Los verdes*, 72). La posibilidad de una muerte injustificada de muchos animales o porque se consideren dañinos para el hombre: «Paula: ... Te hubieran podido matar arriba, *como a un tordo*, antes de que te entregaras. O después, sin consentirte dar explicaciones. *Como un alacrán* debajo de la piedra donde vive.» (*Noviembre*, 280). El autor constata lo inofensivo de un animal y la agresividad del otro; «Alfonso: ... A los sueños, *como a los alacranes* para acabar con ellos es preciso quemarlos» (*Anillos*, 107).

El nexo de comparación *como* puede ser sustituido por otro de significante diferente, pero de valor léxico idéntico: *lo mismo que*. El término de comparación continúa siendo un animal: «Madre: ... Me mordisqueabas los bordes de los pies. Auj, auj: *lo mismo que un cachorro*» (*Noviembre*, 239), que identifica una acción humana con la de la cría de un animal, probablemente el perro. Incluso el adjetivo *mismo* puede ir determinado por el sufijo diminutivo, realzando la afectividad de la comparación: «Camacha: ... Que goce en ti, de abajo arriba, *lo mismito que un cerdo* en un dorcajo» (*Las cítaras*, 53-54).

Otro nexo equivalente es *igual que:* «Cleofás: ... Se llama así y lo es: mi Consuelito. (Serio) Lo que me gusta es verla escarchando estrellas, mientras yo limpio los dorados. Es *igual que un pajarito*» (*Los buenos*, 42), calificando de manera afectiva la bondad y cariño de su mujer.

Estos dos últimos nexos de comparación poseen, como se ha dicho, el mismo valor léxico que *como* pero su valor gramatical es diferente, puesto que no admiten ninguno de los dos elementos del primer término de la comparación —ni *tan* ni el adjetivo–; no cabe la construcción: *tan bondadosa igual que un pajarito*». Predomina pues el poder identificador sobre el evocador con estos nexos comparadores.

b) *Vegetales:* Las comparaciones cuyo segundo miembro es un nombre de planta son predominantemente descriptivas con escaso sentido afectivo o peyorativo. La similitud entre ambos términos puede recaer en el aspecto: «Republicano: Pero ¿no veis que todo, en torno vuestro, aquí es sólo forma, reverencia, *como una nuez vacía*?» (*El sol*, 201). La rugosidad del rostro o los ojos ajados tienen también su correlato: «Constanza: (describiendo su físico para levantar el decaído ánimo de Jimena) ... Hecha una facha, con la cara igual que un estropajo, medio calva, los ojos *como dos ciruelas* pasas ...» (*Anillos*, 36). El melón para realzar el volúmen: «Mujer 1.ª: ... ¿Usted ha visto el mercado cómo está esta mañana? ¿De pavipollos con pechugas *gordas como melones*?» (*Los verdes*, 15). O el color característico de un fruto con el momentáneo de una persona: «Manuel: ... Pero a ella le da vergüenza. Mírela usted, *colorada como un tomate*» (*Los verdes*, 37). En ambos ejemplos el ajdetivo se encuentra presente *gordas, colorada*, en contra de lo que es lo habitual en Gala en las comparaciones de este paradigma en que suele prescindir de él. Lo mismo en: «Camacha: ... Cuando te dio beata y te pusiste *verde como una acelga* ... y en tres noches te hubiera puesto *lo mismo que una rosa* ...» (*Las cítaras*, 53), dos comparaciones seguidas con alternancia de paradigma para evitar la lentitud de la reiteración. Para designar a la persona dormilona se utiliza *como ceporro*: «Rey: Miradlos, durmiendo *como ceporros*» (*El sol*, 199); *ceporro* es la cepa vieja y seca; en sentido figurado «hombre rudo» (17).

El mismo grado de cualidad entre los dos términos de comparación presenta el nexo *parece*, que presupone *tan* + adjetivo, real o elidido, en el primer miembro. Generalmente se emplea para aludir al aspecto de una persona: «Solterona: Tiene unas trenzas que *parecen dos ristras de ajos*» (*El caracol*, 156); «Madre: ... Y si no, otro novio. Dentro de un año vas a *parecer un racimo de pasas*» (*El caracol*, 135).

c) *Fenómenos y objetos de la naturaleza*: Idéntica función descriptiva poseen algunos fenómenos de la naturaleza para exponer acciones o cualidades humanas. Entre los términos de comparación tiene primacía *el sol* en la obra de Antonio Gala. Así la asistencia indiscriminada a cualquier persona, como el astro rey luce para todos: «Paula: ... ¡Hala!, a todos, *como el sol*» (*Noviembre*, 236); o la excelencia de algo muy querido como los hijos: «Paula: No lloro. Yo no lloro. No tengo motivos. Tengo tres hijos *como tres soles*» (*Noviembre*, 250); como alguien que trae alegría por el simple hecho de llegar: «Consuelito: ... Si ha entrado usté aquí *como el rayo del sol* por el cristal» (*Los buenos*, 15). Le sigue el agua o la lluvia: «Reina: ¡Ah, yo no soy monárquica! Las reinas nunca lo somos. Sería una redundancia. *Como llover encima del mar*» (*El sol*, 183); o se asemeja la longitud de una ciudad con la de un río: «Voz de Jimena: ... desde el alcázar veis desbordar y extenderse *como un río dorado* la ciudad de Valencia» (*Anillos,* 58).

En otros casos el término de comparación son *objetos fabricados* por el hombre. Para expresar un tamaño mayor que el normal: «Niño: Mirad. Ha sacado el pañuelo. Es *tan grande como la lona de un circo*» (*El sol,* 205), una de las escasas ocasiones en que nuestro autor utiliza el paradigma completo de este Tipo I: *tan ... como.* A veces, con tono festivo e intención humorística: «Paula: Una M *como el sombrero de un picador:* eso es lo que te voy a dar» (*Noviembre,* 232).

La alusión al aspecto de una persona por relación a algún objeto que posee una determinada característica muy marcada: «Dama 1.ª: ... Hay días que llega la hora de comer y no me he pintado. Yo, que a las diez de la mañana he estado siempre *como un coche*» (*El sol,* 179). O la sordera agudizada: «Consuelito: A usté lo que le pasa es que está *como una tapia*» (*Los buenos,* 9), es «es estar completamente sordo». El ardor y la viveza de los ojos con el fuego que parecen despedir: «Olalla: ... Una noche me dijiste que tenía *los ojos como brasas*» (*Las cítaras,* 91). «Diego: (Incorporándose) A Dionisio le pagaron veinte tiros, uno detrás de otro. Lo dejaron *como un pingo,* con las patas abiertas» (*Noviembre,* 265); aquí *pingo* con sentido de «muñeco de trapo» (18). Con repetición del numeral para una mayor identificación entre los dos términos comparados, recurso muy frecuente en la lengua popular y en el habla de los personajes dramáticos de nuestro autor: «Paula: ... Son hermosos los tres. *Tres hombres,* Diego, *como tres castillos*» (*Noviembre,* 247). El color de un objeto raro por otro conocido por todos: «Esteban: (Al contemplar la esmeralda que Lázaro muestra) Es *como una botella verde*» (*Las cítaras,* 59). La separación imposible de superar es equiparada a la presencia de un arma cortante y mortífera: «Minaya: ... y estará entre nosotros, hasta el final *como una espada fría* ...» (*Anillos,* 103).

Con el nexo comparativo *igual que* en sustitución de *como;* así para calificar la actitud predicadora y aconsejadora de alguna persona: «Paula: Eres *igual que un fraile* en un sermón» (*Noviembre,* 254). O la comparación en forma de oración condicional con *como si:* «Consuelito: (Cuenta su sueño a Lorenzo) ... Va andando de pie, marcando el paso ... *Como si fuesen aspas de molino*» (*Los buenos,* 13).

La intención hiperbolizadora y humorística de estos ejemplos, cuyo término de comparación es un objeto, queda patente. El hablante tiene ante sí un amplio campo donde elegir el que considera más adecuado para realizar la cualidad que quiere exponer ante el oyente. En esta elección juega papel primordial el ingenio y la vivacidad de cada autor.

Comparaciones de este Tipo I en que el término de comparación es un *ente real o de ficción* que se considera ejemplar para designar una cualidad o una situación determinada: «Rey: ... Esas largas comedias en que, a cada minuto, uno se tropieza con símbolos feroces, *como Caperucita con el lobo...*» *(El sol,* 174); «Z./Va pasando el tiempo y nos deja sin niños. Se los va llevando, *como el flautista de Hamelin/*» *(El caracol,* 147). O los sacados de las Sagradas Escrituras, como el muy popular: «Paula: ... No iba a quedarme con mis tres hijos en las manos, *como las llagas de Nuestro Señor*» *(Noviembre,* 243); o la cita bíblica: «Una voz: Amante a su marido *como* Araque, prudente *como* Rebeca, fiel y longeva *como* Sara ...» *(El caracol,* 160), que aparece asimismo en boca de Cleofás, pronunciada en latín, en «*Los buenos...*». Otro ente de ficción popular es: *don Tello:* «Paula: ... Lo que ocurre es que estás *como don Tello*» *(Noviembre,* 268). O un cargo, profesión o institución de la vida civil: «Dueña: ... Usted me da su dinerito y yo le atiendo *como a un príncipe*» *(Los verdes,* 18); profesión: «Lorenzo: ... Luego he ido tocando las campanas. Por los pueblos sobre todo ... - Consuelito: *Como los maletillas.* ¡Qué dolor de hijo!» *(Los buenos,* 14); institución: «Hortensia: ... Vamos a reunirnos todos *como en las cortes esas* que hablan los periódicos» *(Los buenos,* 33); «Cleofás: ... Sabe Dios si no nos quedaremos en la calle *como titiriteros* ...» *(Los buenos,* 43), ya comentado al tratar de los nombres de animales –cuando el término es el sustantivo *mona*–; «Niño: Por aquí va. Por aquí. *Como una procesión*» *(El sol,* 175).

d) *Una acción:* Es frecuente que nuestro autor busque como término de comparación no un ente individual sino una *acción* que considera como prototipo de la manera de ser o de actuar de algún personaje, siendo este segundo miembro una oración entera, no una palabra. Para una más fácil comprensión se va a distribuir este grupo de comparaciones, como ya se ha hecho con anterioridad, según el nexo que introduce el término comparativo.

La partícula *como* es más bien rara, sobre todo si tenemos en cuenta la frecuencia de su uso en los casos precedentes: «Dama 1.ª: ... Cada noche es una sangría. *Como encerrarse en una jaula* con tigres» *(El sol,* 123); «Rey: *Como la reina arrastra a todo* el enjambre en busca de una nueva colmena» *(El sol,* 225). La inoportunidad de la actuación de un personaje respecto a una colectividad es asemejada a la pesadez excesiva de algo en relación a la base que lo sostiene: «Alfonso: ... El Cid ha sido un lujo que le llegó a Castilla demasiado temprano. *Como poner una cúpula* incomparable cuando apenas están echados los cimientos» (*Los anillos*, 67). La conformidad con una petición que se considera fuera de lugar pero que el concederla no supone ningún esfuerzo para el sujeto: «Hernando: ... Dale lo que te pide y que se calle, *como se le da a un perro que ladra una piedra y él la muerde creyendo que es pan duro*» (*Las cítaras*, 49). Algunas de estas comparaciones son de origen literario, tomadas de alguna obra cumbre de nuestra literatura, como el Poema de Mio Cid: «Jerónimo: ... Doña Jimena, viuda y fiel, que separó de él *como se arranca la uña de la carne*» (*Anillos*, 30).

Mediante el nexo *igual que*: «Consuelito: ... Pero de aquí a nada, hacer un Viacrucis en esta iglesia va a ser *igual que ir en el talgo*, que no para en ninguna estación» (*Los buenos*, 22); «Cleofás: Por Marga no quise despertarte esta mañana. La tenías *abrazada igual que a una niña chica*» (*Los buenos*, 61).

La introducción del término de comparación por *como si* formando una oración condicional cuyo carácter hipotético, como señala Beinhauer, abre de par en par no sólo las puertas del humor sino también las de la ironía. El verbo de la condicional va en subjuntivo, especialmente en imperfecto o pluscuamperfecto: «Rey: ... Y todos se saludan al cruzarse debajo de las piernas de Gulliver: *como si se guardasen* un secreto común» (*El sol*, 206); «Cleofás: (Que viene de llevar a don Remigio a su casa) ... Dice que por qué tiene que predicar a horas fijas, *como si fuese un cómico*» (*Los buenos*, 48); «Paula: ¡Huy!, el uniforme. *Como si a mí me da por vestirme* de buzo» (*Noviembre*, 232); «Tomás: (que aprecia tanto su pierna de madera como la sana) ... Y, de cuando en cuando, hago *como si me doliera*» (*Noviembre*, 237); «Cleofás: Bien claro se dice en la ceremonia de la boda. - Hortensia: *Como si* los novios *estuviesen* en ese momento para enterarse de lo que se les dice» (*Los buenos*, 32); «Paula: *Como si* algún tren *necesitase* para pasar que tú le echaras las barreras» (*Noviembre*, 231). Admitiendo, incluso, otra comparación con ella, si bien con paradigma diferente: «Hernando: *Como si* España *pudiera* resurgir, *igual que* un fénix de sus propias cenizas» (*Las cítaras*, 66).

La mayoría de estas comparaciones introducidas por *como si* llevan implícito un sentido negativo, que es incrementado si van seguidas de una partícula negativa, indicando entonces ausencia de acción: «Paula: (Responde a Diego sobre la idea que tiene de Dios) Tan grande, que ya es *como si no existiera*» (*Noviembre*, 255). Con otras partículas negativas: «Marinero: He visto el mar y *como si nada» (El caracol,* 151). Forma afirmativa pero sentido negativo, equivalente a la anterior, posee la expresión *«como si tal cosa»:* «Diego: (Que la noche anterior había escuchado por el transistor la noticia del indulto) ... volver, ¿te enteras? Con los demás, *como si tal cosa,* y comprarte un sombrero azul» *(Noviembre,* 273). Tras la muerte de Gulliver, los presos salieron de la cárcel pues ya no había ninguna razón para permanecer allí: «Dama 1.ª: ... Todo quedó vacío y silencioso, *como si nunca hubiera habido* nadie» *(El sol,* 224).

Cuando *la ironía* hace acto de presencia, la oración condicional negativa adquiere un claro *matiz positivo,* de afirmación, llegando a intensificar la acción que gramaticalmente se niega. Diego y Paula recuerdan el día en que el último de sus hijos, Manuel, emigró al extranjero: «Diego: Estaba lloviendo *como si no hubiera llovido* nunca. Con una mala uva ...» *(Noviembre,* 249); «A. (cerrada ya casi por completo en sí misma): /Y ahora, además, los jerseys de este niño. *Como si no tuviera* otra cosa que hacer» *(El caracol,* 140). El oyente capta sin ninguna dificultad el sentido afirmativo de la expresión con significante de negación: «Jimena: ... *Como si no supiese* en España todo quisque que el Cid tenía muy buena puntería» (Anillos, 80). Estas formas fueron tratadas al estudiar las formas afectivas de afirmación y negación.

Si el término de comparación va introducido por *como quien* la frase comparativa posee un valor netamente adverbial: «Cleofás: ... Lo español que es todo esto: nos hartamos primero de darnos puñetazos y después, *como quien* no ha hecho nada, nos sentamos y nos ponemos a soñar el mejor de los mundos» *(Los buenos,* 71), equivalente a la perífrasis adverbial «con la mayor naturalidad»; «Mujer sola: ... Sí, te he echado mucho de menos. (*Como quien* piensa en otra cosa) Te imagino allí...» *(El caracol,* 139), es decir, «indiferente, distraída». El pronombre relativo *quien* puede estar sustituido por su equivalente *que,* precedido del artículo, que designa a personas: «Consuelito (que desea marchar a Orleans con Lorenzo): Sí, pero necesito decir a todo el mundo que te quiero. No quererte a escondidas *como el que* roba peras» *(Los buenos,* 46).

Sólo queda por reseñar, como perteneciente a este Tipo I, aquellos casos en que el término comparativo lo constituye una oración final, campo abierto para que la imaginación del dramaturgo retoce a sus anchas con salidas ingeniosas y centelleantes, en las que el humor y la ironía brillan casi siempre: «Paula: ... Tampoco debías tú tener unas piernas *como para* tirar cohetes»

(*Noviembre,* 235), por «no debían ser muy ligeras»; «Rey: Mejor. No están las arcas del Tesoro *como para* costear el lujo de dos republicanos» (*El sol,* 181), «están tan pobres que ni siquiera se pueden pagar dos sueldos»; «Dueña: (no permite en principio la celebración de la Nochevieja por economía): ... Y luego, que ¿cómo iba yo a celebrar la Nochevieja con lo carísimo que está todo? *Como para* ponerles una comida extraordinaria, vamos» (*Los verdes,* 54). El verbo de la oración final va siempre en infinitivo, como se puede constatar en los ejemplos citados: «Constanza: ... Aunque tampoco me creo que lo quieras *tanto como para tirarlo* todo por la borda, pero en fin...» (*Anillos,* 98), el personaje no cree que su oyente se encuentre en una situación límite, que le haga renunciar a todo lo que posee con el fin de lograr su propósito. Por otra parte, presenta el paradigma completo: *tanto como.*

TIPO II: Paradigma *más ... que*: Las comparaciones de este segundo grupo son equivalentes a las del I ya que presentan el mismo grado de intensificación, si bien se consideran más modernas y, por lo tanto, de mayor vitalidad. Si en las primeras el primer término de la comparación, el adjetivo, era de aparición poco frecuente, en las del tipo II ocurre lo contrario: el adjetivo casi siempre está presente mientras que el segundo miembro puede elidirse quedando la frase sin terminar, lo que no significa que la comparación pierda parte de su fuerza intensificadora. Tal falta de conclusión de la comparación se hace consciente en la lengua hablada por una elevación del tono, finalizando la cláusula de forma ascendente; en la lengua escrita se representa por puntos suspensivos: «Consuelito: ... y hasta que no terminábamos el postre, no me dejaba comerme la sopa de mi padre, que estaba ya *más fría* ...» *(Los buenos,* 11), «que el hielo, la nieve, el mármol ... o cualquier otro objeto que tenga como una característica fundamental el ser frío». Como siempre, la gracia, ingeniosidad, humor o ironía del término de comparación depende de la agilidad mental del hablante para establecer relaciones entre los diversos objetos, buscando el ángulo idóneo a su intención así como el del ambiente afectivo y familiar de la situación. Gala gusta menos de este tipo de comparaciones que las del grupo primero, quizá, porque considere a éstas de mayor claridad, y por ello, como el mejor medio de expresión de su pensamiento.

El paradigma de este tipo es *más ... que,* y el más utilizado por nuestro autor, unas veces en expresiones populares ya fosilizadas, pero que conservan no sólo todo su valor afectivo sino también su valor intensificador. Para indicar la quietud total: «Tomás (que cuenta cómo fue herido en la pierna durante la guerra): ... y me quedé allí mismo *más plantado que un pino*» (*Noviembre*, 237); o cómo fueron abandonadas por su padre Consuelito y su madre: «Consuelito: ... y aquí nos quedamos. Mi madre y yo, se entiende; *más plantadas que un pino*» (*Los buenos*, 11). La esbeltez de una persona: «Tomás: Como cuando te conocí *más derecha que un huso*, que daba gloria verte» (*Noviembre*, 234). Con cierto matiz humorístico, para afirmar la carencia de graduación de Tomás, cuando llegó de la guerra: «Paula: ... Y cuando llegaste hace veintiséis años eras un soldado *más raso que una noche de agosto*» (*Noviembre*, 232), jugando con la doble acepción popular del adjetivo. Construcción empleada también para destacar el carácter benévolo o la simpatía hacia alguna persona: «Hortensia: ... Y tú que estás *más liso con ella que la pata un romano*» (*Los buenos*, 46). Para expresar alguna cualidad en grado absoluto basta con colocar como término de comparación algo enorme, por encima de lo cual no exista nada más para el hablante: «Paula: ... Cada mañana, mi mata de albahaca, y a servir. *Más contenta que el mundo*» (*Noviembre*, 236); o si dicha cualidad no se ha poseído hasta ese momento en tan alto grado, como segundo miembro de comparación se pone el adverbio temporal de negación *nunca*: «María: Lo que estás es *más guapa que nunca*» (*Los verdes*, 72); «M. Interior: (Herido) La mujer de su majestad también ha sufrido su nefasta influencia. *Está más loca que nunca*» (*El sol*, 218).

En la conversación, al estar entrelazado el diálogo de los personajes, el hablante en ocasiones forma una comparación sobre algún adjetivo dicho por el interlocutor, y sin necesidad que lo repita pues se siente solidario con él, surgiendo la comparación por las palabras combinadas de ambos sujetos. Un personaje puede iniciar una comparación y dejarla inconclusa por no encontrar en ese momento un término apropiado que intensifique la cualidad expresada; pero la retoma posteriormente para completarla con alguna circunstancia que la realce: Madre: ... yo no he visto un marido con la sangre *más gorda* [... ...] Si tendría la sangre gorda, *que se quedaba dormido* antes de terminar» (*El caracol*, 140).

Variante de este paradigma es la construcción mediante el comparativo de *bueno, mejor,* en lugar del cuantificador *más* seguido del adverbio *bien*: «Hortensia: Esta es su cama. Aquí dormirá usted *mejor que en la gloria* ...» (*Los buenos*, 19).

Son escasas en la producción dramática de Gala las comparaciones incompletas, donde el segundo término está omitido: «Consuelito: ... Y me pintaba. Con el colorado, los carrillos. Con el azul, los ojos. Estaba *más bonita* ...» (*Los buenos,* 58), se podría completar «que una muñeca»; «Hortensia: Pues sí que a ti se te podía quitar nada, lucero: *muerta más sosa ...*» (*Los buenos,* 56). En ambas comparaciones se siente el adjetivo como intensificado ya que se han gramaticalizado sin mengua de la potencia de realce que presentan las formas plenas. Puede llegar a faltar incluso el adverbio *más* pero entonces el refuerzo enfático viene dado por la anteposición del artículo indeterminado al adjetivo. Por el contrario es muy raro que esté elidido el primer término de la comparación. Ello sucede cuando se trata de un símil conocido por todos y ya estereotipado por un abundante uso, de manera que basta con que aparezca el segundo miembro para que sea comprendido su significado completo: «Constanza: ... para estos pechos, *que ni los de Santa Agueda ...*» (*Anillos,* 35), donde la elisión del adjetivo, implica la del primer miembro del paradigma *más.*

TIPO III: Paradigma *... hecho un ...*: El hablante transforma la persona o cosa objeto de su comparación en el término de la misma. El nexo de unión entre los dos miembros del símil es el participio *hecho.* Semánticamente poseen un valor afín al de las construcciones del tipo I con *como,* siendo su valor plástico quizás algo superior. Existe una diferencia fundamental entre las comparaciones de este grupo y las de los dos anteriores: la cualidad que se intensifica no es esencial del objeto de comparación sino accidental. Se califica a alguna persona, animal o cosa, que presenta una cualidad o aspecto momentáneo no intrínseco a su naturaleza y que desaparecerá cuando desaparezca la circunstancia que lo ha originado paragonándolo a otro al que se le atribuye dicha característica como representativa. De este modo, la cualidad pasajera del sujeto de la comparación queda realzada al máximo pues lo que en él es accidental ha quedado relacionado con la característica de otro ser que la posee, si no esencial, sí como definidora de su aspecto o de algún rasgo de su naturaleza: «Hortensia: ... Qué maravilla, dejar este claustro y volver a poner piso como está mandado ... - Lorenzo: Ay, Hortensia, qué *jaca está usted hecha» (Los buenos,* 48), «jaca» con el sentido de persona que lleva una vida alegre y despreocupada, y un tanto alocada.

Estas comparaciones de *hecho* + sustantivo poseen el valor de un adjetivo, ya que *hecho* «se funde con el sustantivo en una fórmula sintáctica

fija, con el significado de un adjetivo afectivamente reforzado» (19): «Paula: ...
Me ofrecieron la cantina, sí, señor, pero esto era lo mío: mi polvo, mis
escombros, los hierros de mi cama *hechos un churro* ...» *(Noviembre,* 234),
comparación equivalente al adjetivo reforzado: «completamente retorcidos».
Se pueden emplear en esta construcción los mismos términos de comparación
de los tipos I y II.

TIPO IV: Paradigma ... *es* ...: Son comparaciones de identificación que
constan únicamente del «tertio comparationis», sin adjetivo que indique la
cualidad que se intensifica por medio de la equiparación con un ser que la
posee o al que se le atribuye como característica propia. El sujeto de la misma
es el interlocutor. Representan un avance respecto a los grupos anteriores ya
que la identificación es más expresiva y enfatizadora. Por otra parte, al elidir
el primer miembro, constituye una forma más simple y directa de habla,
generadora de muchos significados traslaticios de sustantivos o adjetivos que
al ser utilizados constantemente como ejemplificadores de una cualidad
determinada acaban por especializarse para designarla, siempre que la
intención del hablante y las circunstancias apunten en ese sentido. Este
método tiene repercusiones semánticas puesto que constituye uno de los
procedimientos principales del cambio semántico y del enriquecimiento
léxico. El significado traslaticio de una palabra procede del estado de ánimo
del que habla y su repetición frecuente produce el incremento semántico del
sustantivo para designar una cualidad, o sea, adquiere el valor de un adjetivo.

Esta clase de comparaciones se suelen utilizar a manera de insulto para
realzar una cualidad negativa del interlocutor, generalmente identificándolo
con un animal: «Diego: *Eres un bicho,* Paula» *(Noviembre,* 267), con el
significado de «persona de malas intenciones», por lo que es corriente que
vaya acompañado del adjetivo *malo: bicho malo, mal bicho.* La palabra *animal*
puede tener un significado parecido al de *bicho.* Gala lo emplea para definir al
sujeto, no como insulto propiamente dicho aunque sí existe una degradación
de valores: «Luterio: ... yo *soy un animal,* pero animal doméstico. *El hombre es
un animal doméstico» (Los verdes,* 60). Para realzar la mansedumbre y
cobardía: «Paula: ... *Eres un cabestro,* Diego. *Y un calzonazos y un gallina»
(Noviembre,* 258), Paula trata de hacer reaccionar a Diego, insultándolo;
«cabestro» es el buey manso que suele llevar cencerro y sirve de guía en las
toradas, y traslaticiamente se aplica al hombre sin voluntad, del que se hace lo

que se quiere; asímismo, «calzonazos» dícese del «hombre muy flojo y condescendiente», y «gallina» de la persona cobarde, pusilánine y tímida (20). Sin embargo, acompañado del adjetivo *clueca* alude a la madre muy encariñada de sus hijos, a los que protege hasta que son mayores, como hace ese ave con sus polluelos: «Jimena: ... Mi vocación es de *gallina clueca:* mi casa, mis hijos ...», y continuando con este símil, Jimena describe su matrimonio y los hijos con términos adecuados a él: «... Me casaron con *un águila. Tres polluelos* tuve: pollos de águila» (*Anillos,* 79), no siendo ya necesario que aparezca el nexo de comparación puesto que el primer término está omitido. Otros nombres de animales: «Señora 1.ª: Y yo, ¿qué soy entonces? - Vieja: Usted es lo que parece: *un avestruz sin cola*» (*El sol,* 210), con el significado de persona desgarbada y presumida, sin tener además de qué –por el añadido *sin cola,* que intensifica aún más la cualidad negativa implícita en «avestruz»– actualizando el sintagma popular *pájarito sin cola.*

No es imprescindible que el término de comparación sea el nombre de un animal sino que puede ser un vegetal o un objeto cualquiera: «Hortensia: ... Claro que con un marido como éste, que *es un azucenón de* mayo, vaya usted a saber» (*Los buenos,* 26), con el significado de poco sagaz, inocente, sin mancha, reforzada esta idea por aparecer en aumentativo; el sentido traslaticio de inocente, limpio, tiene su origen en el color blanco de esta flor que ha sido tomada como un símbolo de la pureza.

En este uso peyorativo puede faltar el nexo de la comparación identificativa *es,* intensificándose el sentido despectivo: «Paula: Si tú fueras el único, antes muerta. Con ese *bote de pimiento morrón* encima de la calva ...» (*Noviembre,* 232), refiriéndose al gorro de color rojo de Tomás.

No siempre es el insulto el fin de la identificación ya que más frecuentemente tiende a dar una mayor plasticidad y expresividad a la lengua. En algunos casos, el humor está presente por lo inesperado de la comparación: «Vieja: Si eso es un hombre, *el mar es una sopa de pescado*» (*El sol,* 190), comparación original de nuestro autor con fuerte sabor popular. «Hortensia: ... Tenemos la iglesia de flores que *es un pensil, un vergel.* Todo en plástico» (*Los buenos,* 21), donde el humor salpicado de ironía no surge de la comparación misma, que en sí puede ser poética, sino por la apostilla final «Todo en plástico», que nos arroja de golpe la materialidad que reina en un lugar sagrado y en la delicada belleza de una flor, pero de plástico. «Paula: ... Te crees que *eres el ombligo del mundo* ... » (*Noviembre,* 231), aplicado a la persona que tiene ínfulas de grandeza; en este caso se trata de Tomás, que cree que si no echa las barreras al tren se altera el orden del universo. O en los dichos de honda raigambre popular que nuestro autor gusta tanto de poner en boca de sus personajes: «Paula: ... Eran machos, ¿no? Si tienes *yeguas,* guárdalas. Si tienes *potros,* suéltalos. (Ríe la Madre) Yo les dije: "Al agua, *patos,* que sabéis nadar"» (*Noviembre,* 243), refiriéndose a la marcha de sus hijos y justificándose.

Antonio Gala muestra especial preferencia por comparar la vida con la escritura: «Alfonso: ... Todos nosotros *somos comas, puntos y aparte, puntos y seguido* en este vago relato de la Historia» (*Anillos,* 67). Otras veces actualiza símiles muy repetidos y usados en todos los países desde sus primeras manifestaciones literarias, como es el del «camino de la vida»: «Minaya: ... tú y yo *hemos sido siempre dos ruedas paralelas,* hechas para girar, una cerca de otra, sin coincidir jamás» (*Anillos,* 102).

Cualquiera de los dos términos de la comparación puede ser una abstracción, siendo el otro concreto. Así, el segundo puede ser un sentimiento humano: «Alonso: ... *la guerra es la alegría* de los hombres ... (*Las cítaras,* 61). O a la inversa: «Jimena: ... *Dios* es para vosotros un contable que paga, parsimoniosamente, a denario por barba» (*Anillos,* 92).

La ironía aparece en expresiones en las que se produce el contraste entre lo que el hablante dice y su intención, procurando ridiculizar al interlocutor: «Extraviada: ... Los hombres no importan. - Vieja: Claro, como para ti *son sólo herramientas de trabajo*» (*El sol,* 210). El humor puede ser originado por lo hiperbólico de la identificación: «Paula: ... ¡Ay, cómo se ha puesto! ¿Esto es una madre? *¡Esto es una mercería!*» (*Noviembre,* 239), porque ha encontrado a la Madre toda llena de cintas. Otras veces el humor surge del contraste entre la acepción figurada de una palabra y su significado habitual: «Cleofás: (Carraspea, señala alrededor) Antes de todo esto, *el párroco,* más que párroco, *era un pastor.* - Hortensia: *Si don Remigio era pastor o perito agrónomo,* no nos interesa ahora» (*Los buenos,* 34).

Para realzar el aprecio hacia un personaje se le identifica con alguna personalidad histórica del campo de las ciencias, de las letras, del arte..., después de haber sido comparado con otro personaje de la obra: «Hortensia (refiriéndose al párroco): ... Comparado con el obispo, *es Ramón y Cajal*» (*Los buenos,* 66). Este mismo procedimiento identificador se emplea para destacar alguna cualidad negativa de un personaje: «Hortensia: ... *Este hijo mío es un*

San Luis, pero Gonzaga» (*Los buenos,* 26); para intensificar el concepto de poco avispado, de corta inteligencia, que tiene de Cleofás, lo compara con este santo cuya virtud principal fue la inocencia. Esta cualidad, que Hortensia considera en sentido negativo al aplicar a su hijo, es potenciada al máximo debido a la disociación del nombre completo del santo por la conjunción adversativa *pero,* introductora de una objeción; es como si dijera: «un San Luis, y *encima (para colmo)* Gonzaga».

Se encuentran algunos casos en los que no hay comparación propiamente dicha, pues no aparece ninguno de los esquemas comparativos citados sino que bajo una forma indirecta una palabra alude a una persona o personas, atribuyéndole cualidades no humanas, especialmente de animales, y por ello, negadoras de algunas específicas del ser humano: «Paula: ... Un tiro, dos tiros, veintisiete tiros, y volviste *la grupa, ¿*no es eso?» (*Noviembre,* 237), la «grupa»: «anca del caballo, o de cualquier otro animal de monta». O bien, por el lugar donde viven: «Paula: ... Es necesario cambiar de *madriguera*» (*Noviembre,* 280), madriguera «cueva donde habitan ciertos animales, especialmente alimañas». Debido a su uso frecuente algunos vocablos han perdido su alusión a animales: «Rey: ... *emperrado* en la vida» (*El sol,* 226). Casos que representan diferentes tipos y grados de metáforas, susceptibles de ser clasificadas de acuerdo con su forma, con su naturaleza o con los sujetos de los mismas.

2.c.4) **Otros medios de reforzar afectivamente una cualidad.** Se trata de expresiones muy diferentes entre sí cuya función es semejante: la de intensificar afectivamente una cualidad. Los principales procedimientos son:

a) Genitivo objetivo.
b) Adjetivos reforzados por adverbios.
c) Intensificación por el sintagma *pero que.*
d) Oración relativa o consecutiva.
e) Sustantivos coordinados.
f) Los adjetivos *bueno* y *malo.*
g) Otros giros.

a) *El genitivo objetivo:* Expresión formada por un sustantivo precedido de la preposición *de.* En cuanto a su función y significado equivale a un adjetivo, que se refiere a una cualidad del sustantivo al que acompaña, el cual puede o no estar expreso. La cualidad a que alude se halla intensificada a causa del significado ponderativo del sustantivo de dicha construcción. Ya sea para destacar una cualidad positiva: «Monique: Pues tú también. Ese gorrito te cae *de maravilla» (Los verdes,* 58); ya sea una cualidad negativa, con fuerte tono peyorativo: «Burguesa: Todo anda manga por hombro. Vaya pensión *de mala muerte» (El caracol,* 167). Cuando se enumera una serie de cualidades de alguna persona o cosa y no se encuentra en el momento otra palabra con qué seguir la enumeración, se cierra con un *de todo,* como resumen de aquellas cualidades que le quedan aún por relatar: «Hortensia: Querría yo saber quién fue tu padre. - Consuelito: Pues un hombre muy culto, y muy vivido y muy *de todo» (Los buenos,* 21).

El genitivo objetivo está constituido a veces por una frase hecha con un claro significado intensificador de la idea expresada por la palabra a la que determina ya sea en sentido positivo, ya en negativo: «Constanza: ... Tú no eres una enamorada, hija mía: tú eres una cabezota *de aquí te espero» (Anillos,* 98), cuyo valor enfatizador viene preparado por la negación precedente que contrasta con la afirmación subsiguiente de la cual dicho cliché es un refuerzo. La locución *de capirote* es una expresión popular para realzar la idea de «tontura o necedad»: «Paula: ... Esto es lo que se saca de ser decentes. O tontas *de capirote,* que es lo mismo» (*Noviembre,* 243). Nuestro autor utiliza en ocasiones un refrán o dicho popular que sea expresión intensificada de alguna cualidad, lo recrea mediante la dislocación de sus miembros y los aplica por separado a personas o cosas diferentes pero relacionadas entre sí. De este modo, un dicho popular que debido a su constante empleo está ya osificado, convertido en mero cliché, cobra nueva vitalidad y fuerza expresiva. Tal sucede con el modismo popular *miel sobre hojuelas* para indicar originariamente «algo de un sabor muy dulce» y luego «cualquier cualidad o suceso agradable en grado sumo»: «Cleofás: Parece una coplita o algo así. (Lee) La sacristana es *de hojuelas* y el campanero, *de miel ...» (Los buenos,* 49).

b) *Adjetivos reforzados por adverbios:* Se trata en especial de los adverbios acabados en *-mente,* y en algún caso del adverbio *bien.* Ambos tipos de adverbios preceden al adjetivo que rigen, intensificándolo afectivamente de manera semejante a como lo haría cualquiera de los procedimientos ya considerados. El más utilizado en esta función es *completamente,* que es el que se ha especializado gracias a su significado más amplio y aplicable como refuerzo a cualquier adjetivo: «Adolescente: ... Y para eso está *completamente loca» (El caracol,* 131); «Portero: ... Ya estás *completamente sola» (El caracol,* 170); «Rey: ... Claro que para eso hay que estar *completamente seguro» (El sol,* 200); «Ana: ... y luego él dijo muy bajito: está *completamente torcida» (Los verdes,* 67). De utilización más rara es *absolutamente,* de significado parecido, pero de carácter culto, de ahí que el pueblo lo emplee esporádicamente sobre todo si quiere dar a sus palabras un aire de solemnidad al afirmar o prometer algo: «Consuelito: ... ¿Es que has perdido el habla? - Lorenzo: Sí, he perdido *absolutamente* todo el habla» (*Los buenos,* 59); «Padre: ... En cuanto a su fisonomía es *absolutamente normal» (El caracol,* 124).

Aunque la función de estos adverbios es poner de relieve la cualidad indicada por el adjetivo, algunas veces lo que hacen es limitarla al ir precedidos por una partícula negativa: «Jefe: ... Nuestros ojos *no* están *suficientemente afinados» (El sol,* 224); «Madre: A condición de haceros a la idea de *no* ser *excesivamente distintos» (El caracol,* 129). Determinadas construcciones de este tipo suelen formar clichés, fórmulas fijas, al acompañar ciertos adverbios a adjetivos cuya significación es similar, por lo que dicho adjetivo parece estar reforzado doblemente: «Marinero: Se acaba de ir otra persona que me ha dicho *exectamente igual» (El caracol,* 149).

Como ya se ha indicado en la obra de Gala abundan los adverbios utilizados por las gentes cultas y con escasa frecuencia por el pueblo. Son más propios de la lengua escrita que de la hablada. De *sumo* se ha formado el adverbio *sumamente:* «Dama 2.ª: Eso es que tienes la vida *sumamente vacía» (El sol,* 179); «Dama 2.ª: Luego la denunció. El vive ahora, al parecer, *sumamente tranquilo» (El sol,* 212). Del adjetivo *alto* se origina el adverbio *altamente* para poner de relieve una cualidad: «Rey: ... me resultan *altamente inmorales» (El sol,* 174); «Rey: He ahí, por fin, una declaración *altamente constitucional» (El sol).* Estos últimos adverbios de carácter culto son utilizados en obras en las que el elemento intelectual está muy presente, como en *«El sol...»,* y en *«El caracol...».* Además, no está puestos en boca de la gente llana del pueblo sino en personas de escala social muy elevada: El Rey, la Reina, damas de la corte, etc. Por el contrario, en una pieza de habla eminentemente popular, como *Noviembre y un poco de yerba,* cuyos personajes son gentes sencillas, de cultura elemental, no se encuentra ni un solo caso de adverbio más o menos cultista. Este fenómeno indica que Antonio Gala es un autor muy preocupado por el lenguaje, así como poseedor de un fino instinto por todo lo popular.

c) *Introducido por el sintagma* **pero qué**: Ante una posible objeción el hablante refuerza por este procedimiento una idea manifestada con anterioridad: «Paula: ... Hay que estar muy en cueros, Tomás, *pero que muy en cueros,* para enterarse de algo» *(Noviembre,* 272). Incluso, se realza una cualidad que previamente se encuentra ya en grado superlativo no sólo por medio del sufijo *-ísimo* sino también por un *qué* ponderativo que le precede: «Paula: ... Y *qué feísima* se pone la gente cuando viaja en los tres correo. Será la carbonilla o yo no sé, *pero qué fea* se pone» *(Noviembre,* 236).

Este sintagma se ha lexicalizado de tal forma para realzar la idea expresada por la palabra o palabras que le siguen que no es necesario que éstas le precedan, sino que puede aparecer a principio de frase, refiriéndose bien a adjetivos: «Hortensia: *Pero qué gracioso* es este hombre» *(Los buenos,* 29); «Niña: *Pero qué desgraciado.* Me das una pena ...» *(El sol,* 177); reforzando a *bien* y *mal:* «Hortensia: *Pero qué bien* pensado» *(Los buenos,* 38); «Cleofás: *Pero qué mal* os lleváis» *(Los buenos,* 50). O a sustantivos: «Paula: ... ¡*Pero qué manías* de grandeza! y cuanto más viejos, más pellejo» *(Noviembre,* 232); «Extraviada: Ay qué vieja más puercachona. *Pero qué razón* tiene» *(El sol,* 176); «Paula: ¡*Pero qué hombres* más guarros, Virgen!» *(Noviembre,* 235).

Otro giro similar en cuanto a su valor enfatizador es el introducido por *pues mira que,* en el que además se reclama la atención del interlocutor por el verbo de sentido que va intercalado entre ambas partículas: «María: (Fría) No te entiendo, mamá. - Constanza: *Pues mira que* está claro...» *(Anillos,* 39).

d) *Oración relativa o consecutiva:* Estas frases son origen de especiales efectos de comicidad, pues la cualidad se intensifica de tal manera que raya los límites de lo hiperbólico. El sujeto agente de estas oraciones es el sustantivo al que se refiere la cualidad expresada por el adjetivo: «Hortensia: ... Por cierto, que a pesar de estar tarumba tiene *un hambre que se come los quiries ...» (Los buenos,* 30); esta construcción «comerse los quiries» para indicar una apetito voraz es empleada frecuentemente por el pueblo, pero al utilizarla nuestro autor aplicándola a un cura la revitaliza y da actualidad, coloreándola al mismo tiempo de tintes del mejor humor. «Vieja: ... No volvían hasta el lunes. *Borrachos que daba gloria verlos» (El sol,* 176). Si el sustantivo *gloria,* de significado positivo, es sustituido por otro de signo contrario, como *pena,* el valor intensificador de la expresión, también cambia: «Jimena: ... Recuerdo el chaparrón que nos cogió a las puertas de Burgos ... Tú me prestaste tu sombrero y *se quedó que daba pena verlo» (Anillos,* 57).

¡Vaya con Dios!: Frecuente como forma de saludo, especialmente en las zonas rurales, expresa en determinadas circunstancias de manera enfática un realce afectivo de lo que se acaba de decir: «Hortensia: ... Para saber andar por alfombras hay que haberse hecho pis encima de ellas, y yo me he hecho cada pis, *que ¡vaya con Dios!» (Los buenos,* 21), al personaje no se lo ocurre en ese momento ninguna perífrasis adecuada a su idea, y recurre a esta muletilla para salir del paso pues cumple dicha función intensificadora.

e) *Sustantivos coordinados:* Con relativa frecuencia se encuentran tanto en la lengua hablada como en la escrita sustantivos coordinados, el primero de los cuales funciona como epíteto del segundo. En la obra de nuestro autor aparecen algunos ejemplos diseminados y esporádicos: «Paula: ... ¿Es esto vida desde que entró aquí esta *cochina radio?» (Noviembre,* 264). «Dama 1.ª: (Volviendo a su *«populachismo»)* No entiendo una *cochina palabra» (El sol,* 213). O el sustantivo *puerca* de significado semejante y que alude al mismo animal, pero que en función adjetiva denota el desprecio y el asco del hablante hacia el concepto expresado por la palabra a que acompaña: «Estebanillo: (Estrechándola) Te quiero a ti. - Olalla: Quita esas *puercas manos» (Las cítaras,* 43).

Por lo general, se trata de nombres de animales cuya cualidad característica resulta repugnante al ser aplicada al hombre: «Justina: Toda mi vida he estado a merced tuya, dependiendo de tu sonrisa de *perra judía» (Las cítaras,* 87).

Más interesante es la ponderación de la excelencia de un objeto mediante la repetición del sustantivo que lo designa apareciendo como duplicado. En la producción dramática de Antonio Gala no se encuentran ejemplos en los que ambos sustantivos estén en aposición sino unidos por el verbo «ser»: «Consuelito: En Orleans *las estrellas son de estrella*» *(Los buenos,* 70), destacando la autenticidad de todo lo existente en esa ciudad idílica en la que hasta las estrellas son verdaderas, no de cartón como las que ella escarcha durante todo el año. «Adolescente: (cruel) Los reyes son los padres. - Niña: Bueno, ¿y qué? Pero *la muñeca es la muñeca*» *(El caracol,* 167), a pesar de la falsedad de la existencia de los Reyes Magos, la muñeca es algo real y auténtico que ella tiene en sus brazos.

f) *Los adjetivos* «**bueno**» *y* «**malo**» que conservan la forma orgánica del comparativo latino, suelen aparecer como una gradación a fin de poner de relieve la cualidad positiva o negativa de dos cosas o ideas que tienen alguna relación entre sí. El primer miembro de esta gradación va precedido del adjetivo en grado positivo *bueno* o *malo* –si se refiere a un verbo, los adverbios *bien, mal,* que van pospuestos–, mientras que el segundo lo es por el comparativo orgánico del adjetivo respectivo: *mejor* y *peor.* Los ejemplos de *bueno - mejor* son más bien escasos: «Hortensia: La gente con dinero siempre ha sido lo mismo: vive *bien,* pero lo que es morir ... muere *mejor*» *(Los buenos,* 19), refiriéndose a la tumba de Doña Leonor. Dicha sucesión de gradación aparece presente en un nombre propio compuesto, cuyo segundo miembro es este adjetivo en su grado positivo: *Nochebuena:* «Camacha: ¡Fiesta! ¡Haya fiesta! ¡Que en vez de *Nochebuena* sea *Nochemejor*»*!*» *(Las cítaras,* 83), en que un personaje popular no duda en introducir variación a un nombre propio, buscando una mayor expresividad que denote su estado de ánimo.

En cuanto a la gradación negativa de *malo - peor* aparece un ejemplo característico del habla popular: el uso de un refrán que refuerza aún más, si cabe, la idea negativa, debido a la autoridad que sobre el pueblo posee el aserto: «Consuelito (refiriéndose a lo que impulsó a Lorenzo a entrar en el seminario: no quería ser farero): Pues salió usted de *Málaga* y se metió en *Malagón*» *(Los buenos,* 14), juego de palabras originado gracias a estar constituido el primer miembro de la gradación por el nombre de una ciudad, cuyas dos primeras sílabas tienen la misma forma que el adjetivo femenino *mala,* y al tener que ser el segundo miembro un nombre propio, a fin de seguir el paralelismo con el primero, aquel aparece intensificado por medio del sufijo aumentativo *-ón,* pues no hay posibilidad de utilizar el comparativo orgánico. Por otra parte, dicho aumentativo no recae sobre el elemento del nombre propio que tiene significante de adjetivo, sino sobre el segundo que nada tiene que ver con él. En la lengua coloquial existe una expresión afín pero donde tiene cabida la gradación por medio del comparativo orgánico: «Saliste de *Guatemala* y te metiste en *Guatepeor*», quizá porque son las dos sílabas finales del nombre propio -*mala* las que coinciden con el adjetivo femenino.

Nuestro autor recoge una construcción más moderna que las anteriores, que consiste en una combinación de los dos adjetivos, *bueno* y *malo,* este último en la forma del comparativo orgánico por ser el segundo miembro de la gradación. Esta locución, muy de moda hoy, remoza los viejos clichés combinándolos, por lo que su vitalidad y fuerza expresiva es muy superior. Se utiliza en frases que tienen tanto de advertencia como de amenaza: «Hortensia: ... Te lo advierto: yo, cuando soy *mala* soy *malísima;* pero cuando soy *buena,* soy *peor» (Los buenos,* 46), con una primera gradación a base del sufijo -*ísimo,* que luego es tomada como referencia para la segunda, donde el comparativo orgánico *peor* no se refiere a *mala* sino a su superlativo *malísima,* por lo que se puede afirmar que *peor,* en estas construcciones, es comparativo de un superlativo *malísima;* de ahí su extraordinaria fuerza enfática.

g) *Otros giros* posen un alto valor superlativo pero no se acomodan a ninguno de los esquemas considerados. Un primer grupo lo formarían aquellas construcciones en las que el hablante alude a la divinidad como el máximo modelo de perfección, y por tanto, intensifica su propio aserto de manera absoluta: «Vieja: ... Mejor es que aprendáis a reíros fuerte y a besar *como Dios manda» (El sol,* 178). O refiriéndose a una persona o cualquier otro objeto, a fin de destacar su bondad: «Camacha (hablando a Justina de su hijo): ... *El es como Dios manda» (Las cítaras,* 54). El uso frecuente de esta fórmula ha originado que la alusión a la divinidad pueda faltar, pero su fuerza enfática no ha disminuido por ello: «Hortensia: ... Qué maravilla, dejar este claustro y volver a poner piso *como está mandado ...» (Los buenos,* 48). De igual modo, la expresión *bien lo sabe Dios* posee gran potencia realzadora para enfatizar la idea manifestada: «A.: Y te sentaste en el banco, *bien lo sabe Dios» (El caracol,* 141); en cierta medida dicha fórmula podría considerarse como una modalidad de juramento, ya que se pone a la divinidad por testigo de lo que se afirma.

La locución *hay que ver* precede a la palabra o frase a que se refiere: «Consuelito: ... Ahora, *hay que ver* lo bien que toca usté» (*Los buenos,* 9); esta construcción resalta el aspecto agradable o feo del objeto o de la persona de quien se habla: «Marcos: ... Y sus cejas en arco, *que hay que ver*».

Otro procedimiento de este tipo de refuerzo, muy en boga en la lengua hablada, consiste en el uso del participio *muerto* + *de* + *sustantivo*: «Nina: ... Siéntese usted, buen hombre. (Juan va a hacerlo) Viene usté *muerto de cansancio*» *(Los verdes,* 26); «Nina: ... Luterio, estoy *muerta de curiosidad* por ver lo de don Juan» *(Los verdes,* 41).

III. MEDIOS AFECTIVOS DE INTENSIFICACION EN EL PLANO DE LA SINTAXIS

Los principales fenómenos sintácticos de potenciación afectiva, como los *del plano léxico*, pueden ser tanto por exceso como por defecto de medios lingüísticos:

1) **Por exceso:**

    1.1. Interrogación.

    1.2. Enumeración.

    1.3. Repetición.

2) **Por defecto:**

    2.1. Elipsis aparentes.

    2.2. Elipsis auténticas.

1) **Por exceso:**

1.1.–**Interrogación:** Entre las diferentes funciones de la frase interrogativa una de las más destacadas es *la aseveración,* mediante la cual se pretende no sólo reforzar la propia opinión sino que se procura hacer partícipe al interlocutor de la propuesta, interesándolo en ella por medio de la pregunta. De este modo el oyente, de sujeto pasivo de la conversación hasta ese momento se convierte en activo, reaccionando con una respuesta, con lo que dicha proposición queda aceptada por ambos personajes. Fonéticamente la entonación ascendente de la pregunta hace que ésta aparezca como apremiante e inconclusa. La mayor parte de estas interrogaciones retóricas para la aseveración van introducidas por el pronombre interrogativo *qué.* Unas veces con claro tono pesimista ante la imposibilidad de realizar algún otro propósito; el verbo utilizado es *hacer:* «Portero (explica el porqué del llanto de la Vendedora): Dormía, ¿comprende usted?, y ahora lo han despertado. *¿Qué otra cosa puede hacer?» (El caracol,* 125); o la resignación ante esa imposibilidad para actuar: «Z.: *¿Qué podía hacer yo? ¿Qué puede hacer un pobre hombre?»* (*El caracol,* 135); o conformidad ante el hecho consumado: «Luterio: (A Juan) Yo no he podido comer más que seis. - Juan: *¿qué le vamos a hacer?* Media suerte» (*Los verdes,* 69); o entre signos de exclamación por haberse convertido en frase interjectiva: «Cleofás (refiriéndose a Consuelito): Sí que es buena la pobre, sí. *¡Qué le vamos a hacer!» (Los buenos,* 26). O bien justifican la propia actuación ya pasada: «Olalla: ... *¿Qué querías que hiciera,*

Lázaro: dímelo?» (*Las cítaras*, 37).

Otros giros de este tipo, interrogativos o exclamativos, afirman al mismo tiempo que reprochan al interlocutor una pregunta o una aseveración previa con la que el hablante está en desacuerdo: «Jimena: ... ¿Es que no eres feliz con tu marido? - María: *¡Qué cosas tienes! ¡Qué tendrá que ver* un marido con mi entrecejo» (*Anillos*, 38). Algunas de estas construcciones, dada su generalización y frecuencia en la lengua hablada, se van gastando, perdiendo elementos de la frase, de manera que ésta aparece elíptica y sin necesidad de signos de interrogación o de interjección: «Hortensia: ... ¿y esas campanas? ¿Las abandona usted? - Lorenzo: A ver *qué vida*» (*Los buenos*, 17), como sinónimo de *¿qué remedio?*, significando «¿qué otra cosa puedo hacer?», pero echando la culpa a las circunstancias, a la vida.

Cuando el hablante se refiere a algo dicho por su interlocutor se halla presente en la frase interrogativa el verbo *decir*, lo mismo que *hacer* cuando se aludía a la actuación: «Madre: Mi marido nunca supo estar a la altura de las circunstancias. - Padre: *¿Qué me dice* usted a mí? Nadie sabe estarlo» (*El caracol*, 134); «Tomás: El ascendente trae hoy una hora y media. - Paula: *¿Qué me vas a decir?* Ya sé yo que ascender es mucho más difícil» (*Noviembre*, 272), el hablante considera que la afirmación del interlocutor es tan verdadera que parece de perogrullo.

La interrogación con el verbo *querer* como expresión de satisfacción por poseer todo lo que se anhela: «Paula: ... Y tengo a mi madre, aunque sea turulata. *¿Qué puedo querer más?*» (*Noviembre*, 250). Pero si se desea algo que está lejos del alcance del interlocutor, el verbo *querer* va en pretérito imperfecto de subjuntivo, modo desiderativo e irreal, *¡qué más quisiera!*, en forma exclamativa: «Paula: ... pero que muy en cueros, para enterarse de algo. - Tomás: (ademán de desnudarse) *¡Qué más quisiera yo!*» (*Noviembre*, 272); o bien, sin necesidad de ir entre signos de admiración, manteniendo íntegra toda su fuerza expresiva: «Lorenzo: Si compro dos, ¿criarían de aquí a diciembre? - Consuelito: No, no señor; *qué más quisiera yo*». (*Los buenos*, 9); incluso enlazada esta expresión desiderativa a una oración que especifica el deseo del hablante o del oyente: «Paula: *Qué más quisiera yo* que ser una niña ahora» (*Noviembre*, 241); «Consuelito: *Qué más quisiera usted* que me subiese a la parra, para que me cayera luego y me escachifollase» (*Los buenos*, 32), pues ha tomado en sentido literal la expresión «subirse a la parra», cuyo significado figurado es el de «engreírse».

Cuando el antecedente a que se refiere el pronombre interrogativo es una persona, entonces la frase interrogativa va introducida por el pronombre *quien:* «Portero: ¿Usted cree que nadie tiene la culpa? - Padre: ¿*Quién* va a tenerla?» (*El caracol,* 145). O si se trata de un lugar va introducida por el caso locativo del interrogativo: *dónde.* «Ana: Después de oír esas cosas, ¿*dónde podría ir?» (Los verdes,* 51). Asimismo introducida por la partícula modal *cómo* cuando la pregunta afirmativa se refiere al aspecto o a la conducta de alguien: «Jimena: Naturalmente. ¿*Cómo te crees* que somos las mujeres?» (*Anillos,* 52).

En otras circunstancias la interrogación expresa más bien la sorpresa y la duda ante un aserto o un hecho que, aunque quizá esperado y deseado, no por ello menos imprevisto y sorprendente. Este tipo de interrogación cumple además otra misión fundamental: la de dar tiempo al hablante a reponerse de su sorpresa y ordenar mientras tanto las ideas confusas de su mente: Diego, que había salido con intención de entregarse, regresa porque su presencia es indiferente a los demás, «Paula (corre a buscarlo, sorprendida de su regreso, pues creía que Diego la abandonaría): ¿*Estás aquí? ¿Estás aquí? ¿eres tú?» (Noviembre,* 279). Cuando el hablante duda si ha oído bien: «Señora 1.ª (a causa de un insulto de la Vieja): ¿*Has oído?* Esta es la guerra de clases» (*El sol,* 210); o ante una acción inesperada e incomprensible del interlocutor: «Paula (sorprendida porque Tomás se va a colocar un esparadrapo en la pierna de palo y va a brindar por ella): ¡Ah! Pero ¿bebe sola? ¿*Qué haces?» (Noviembre,* 236). O la sorpresa mezclada con la duda de Olalla ante la súbita aparición de Lázaro, a pesar de que está realizando ritos supersticiosos para verlo: «Olalla: (Un grito. Se levanta) ¿*Quién eres?* ¡El forastero! ¿*Qué haces aquí?» (Las cítaras,* 30). Ante un suceso inaudito la sorpresa va mezclada a otras emociones como el miedo y el hablante arroja un torrente de preguntas a su interlocutor, sin que éste tenga tiempo para responder a ninguna: «Rey (después que el gigante ha depositado a la Reina sobre el balcón del palacio): ¿*Estás bien? ¿Qué te ha hecho? ¿Qué te ha dicho? ¿Qué cara tiene?» (El sol,* 192).

La indignación o el enojo son mucho más enérgicos y afectivos si se manifiestan por medio de una interrogación: «Hortensia: ... Ya me extrañaba a mí esa murga de Orleans ... ¿*Qué has hecho?* ¡Imbécil!» (*Los buenos,* 70), el reproche queda reforzado por el insulto. El origen del enfado pueden ser unas palabras previas del interlocutor: «Marinero: ¿Usted ha visto el mar? - Solterona: ¿El mar? ¿*Qué tiene que ver el mar* con todo esto?» (*El caracol,* 141); «Consuelito: ... (Cleofás va a acariciarla) No me toques. - Hortensia: ¿*Cómo que no te toque* tu marido? Hará lo que le salga del traste, ¿no?» (*Los buenos,* 31).

En todas estas expresiones junto a la indignación del hablante se aprecia un tono de reproche a su interlocutor por algo que ha dicho o hecho: «Jimena: ... Cerremos el paréntesis. Tachémoslo. No ha existido. Olvidado. - María: *¿qué estás diciendo?*» *(Anillos,* 69). O la indignación del hablante la dirige a sí mismo por no estar de acuerdo con su propia conducta: «Nina: (Con horror) ... *¿Casarme yo con ese hombre?* (Con desaliento) *¿Yo, cómo me voy a casar con nadie, mujer?*» *(Los verdes,* 73), a la indignación sobreviene el abatimiento; ambos estados de ánimos, además, quedan claramente indicados por las respectivas acotaciones.

1.2. La enumeración: La manera de razonar de las gentes sencillas queda de manifiesto en habla coloquial cuando relata sucesos o enumera objetos, ya que lo hace con abundancia de detalles y de modo profuso. Una comunicación de este tipo supone menos esfuerzo que tener que sintetizar en una frase todos los elementos presentes en su mente, pues en dicha síntesis han de permanecer los elementos o rasgos que son pertinentes a su comunicación. La expresión detallada de todos los pasos del proceso mental del hablante hacen que dicha locución sea menos objetiva y racional, y por tanto, mucho más subjetiva. De ahí que posea una gran riqueza de giros en la lengua afectiva, sintiendo un gusto especial por las enumeraciones como uno de los medios de expresión más gráfico. Los principales giros son:

1.2.a.–Para sujetos o lugares hipotéticos o no especificados.
1.2.b.–Reproducción del diálogo.
1.2.c.–Enumeración en gradación.
1.2.d.–Enumeración abierta.
1.2.e.–Fórmula resumidora para concluir la enumeración.
1.2.f.–Fórmula resumidora al comienzo y al final de la enumeración.

1.2.a.–Para sujetos o lugares hipotéticos o no especificados: Cuando se ha de designar a personas más o menos desconocidas para los hablantes, o bien si se trata de personas en sentido no concreto, general, a modo de ejemplo, pero que es necesario hacer una distinción entre ellas, el habla coloquial dispone de unas formas de origen árabe que diferencian dichos sujetos hipotéticos: *fulano, zutano, merengano* y *perengano.* En la producción dramática de nuestro autor encontramos un ejemplo de esta clase de designación anónima de una persona: «Juan: ... Cuando se ve a alguien feliz, la gente se alegra y dice: «*Fulano* es feliz» *(Los verdes,* 50). Distinto uso y significado posee como nombre común, en especial en su forma femenina:

fulana: «ramera»: «Extraviada: Señora, ¿pero usted no se da cuenta de que soy *una fulana?» (El sol,* 209), en este uso va precedido del artículo indeterminado.

Si en vez de persona se trata de diversos *lugares* cuyo emplazamiento se desconoce o no interesa, sino que se pretende dar la ida de lo desordenado y tumultuoso, se utilizan *los adverbios demostrativos:* «Guarda: ... ¡Qué vergüenza! Las familias mezcladas, los matrimonios separados, los hijos solos. Hoy *aquí,* mañana *allí,* con los muertos siempre de un sitio para otro» (*Los verdes,* 31), dichos adverbios de lugar suelen ir dispuestos en forma de gradación, empezando por el que indica el lugar más próximo: «Olalla: ... ¡No hay paraíso, no! Ni *aquí,* ni *allí,* ni en *ningún otro sitio» (Las cítaras,* 73).

1.2.b.–**Reproducción del diálogo:** En ocasiones el hablante necesita reproducir un discurso pero resume parte de él, ya sea porque no considere la parte resumida como pertinente o porque no se acuerde con exactitud de la totalidad del mismo a causa del tiempo transcurrido: «Paula (que recuerda el ambiente de la estación antes de la guerra): ... Y un personal tan fino: «Por favor, un café; por favor, un mostachón de aquellos; por favor, *esta* pieza, *esta* pieza y *esa* pieza» (*Noviembre,* 233), tras enumerar los pedidos más corrientes, luego sólo le interesa dar a entender que en aquella época se vendía mucho, sin necesidad de especificar el género de la mercancía. Si el diálogo que se reproduce está aún fresco en la mente del hablante, lo repite íntegramente con las mismas palabras: «Soldado 1.º (después del saqueo de la casas de los ricos, aprovechando el desconcierto y el miedo de éstos por la venida de Gulliver): Me dice el Republicano: «Ambrosio». Y yo le dije: «¿Qué?» Y dice: «Que no cojas de la bodega más de lo necesario». Y yo le dije: «A la orden». Y me dice: «Está bien». Y eso es lo que he hecho, ¿que no?» (*El sol,* 195); cada pregunta y respuesta va precedida del verbo *«decir»,* lo que convierte la repetición del discurso en más gráfica.

El diálogo adopta la *forma indirecta* mediante la anteposición de la conjunción *que,* cuando se pretende dar un resumen de diferentes argumentos o diálogos: «Cleofás (preocupado por las habladurías de las gentes del pueblo sobre la administración de la parroquia): ... Se comenta, mamá. Se dice por las calles, en las tabernas, en los mostradores, en los descansos del cine ... - Hortensia: Pero ¿quéeee? - Cleofás: *Que* nos merendamos la parroquia. *Que* entramos aquí desnudos y nos hemos puesto morados ...» (*Los buenos,* 35). Otras veces el hablante se considera intérprete de otro personaje, y por tanto, lo dicho por él ha de ser vertido de manera indirecta, puesto que no se pueden reproducir las palabras exactas: «Republicano (como intermediario entre Gulliver y el pueblo): Calmaos y escuchad. (El viento) *Dice que* no temamos. *Que* se aproximará muy delicadamente. *Que* todos tengáis fe. *Que* ha venido a ayudarnos» (*El sol*, 191). Frecuentemente las diferentes partes de una enumeración son introducidas por *que si*, sin que este *si* presente un matiz dubitativo pues es distributivo: «Cleofás: Doña Rosa, Soledad la del cabo, Remedios la lechera, todos ... *Que si* don Remigio es un fantoche en nuestras manos. *Que si* tú lo tienes agarrado por todas partes ...» (*Los buenos*, 35). El *si* puede aparecer como forma introductoria de los diferentes miembros de la enumeración sin la presencia de *que*, y con su mismo valor completivo: «Madre: ... *Si* pasado mañana va a terminar la guerra. *Si* ya no es necesario que se muera nadie. *Si* ya no serviría ...» (*Noviembre*, 240), la Madre de Paula está obsesionada con los días finales de la guerra, puesto que fue a última hora cuando mataron a Dionisio.

1.2.c.–**Enumeración en gradación:** La finalidad de una enumeración es, muchas veces, intensificar una idea común a la que se refieren todos sus miembros. El hablante descarga una lluvia de términos colocados en gradación, de manera que cada uno refuerza lo expresado por el anterior, llegándose a alcanzar un clímax de extraordinario énfasis: «Z. (que no conoce a los invitados que acuden a su casa): Pero ¿de dónde salen? - Padre: *De cualquier parte, de todas partes. De fuera, de dentro*» (*El caracol*, 129); «Rey (que ordena al Jefe la lectura de un edicto por el que se declara inexistente a Gulliver): ... Léelo *por las calles, por las plazas, en todas las esquinas*» (*El sol*, 204), el último miembro precedido del adjetivo *todas* intensifica la enumeración. «Tomás (relatando las ventajas que Paula tendría si aceptase casarse con él): Si tú quisieras, *tu casa, tu buena cama, tu no hacer nada, tu manicomio para tu madre, tu de todo*» (*Noviembre*, 271), el último miembro remata con gran fuerza expresiva las restantes partes que han sido enumeradas, como manifiesto de su voluntad de satisfacer cualquier otra necesidad o capricho de ella. Además, la repetición del posesivo *tu* incrementa el valor de pertenencia y el valor enfático, como en: «Dueña: ... Antes de la guerra, mi armario empotrado, mis dos colchones, mi mantequilla en el desayuno, mi reputación: *de todo, de todo*» (*Los verdes*, 18) la idea totalizadora es intensificada por la repetición de *todo*.

1.2.d.–**Enumeración abierta:** La enumeración puede permanecer abierta mediante una elevación del tono de voz o gráficamente por medio de los puntos suspensivos; de este modo se invita al interlocutor que la prosiga con los elementos que juzgue más adecuados a la circunstancia presente o bien porque el hablante no encuentre en ese momento ningún otro miembro que añadir a los precedentes: «Nina (a quien le da mucho miedo permanecer en el cementerio): ... Yo necesito *el ruido y la gente,* y *el humo,* y *las calles llenas,* y el *«no me empuje usted»,* y *el cachondeo...» (Los verdes,* 44); «Lorenzo: ... No hay vocación. Ahora tocan las campanas *carboneros, fontaneros, albañiles, bomberos ...» (Los buenos,* 17). El hablante puede dar a entender que podría proseguir su relación con muchos más objetos que los que cita: «Jimena: ... Joyas son *la corona de la reina, los diamantes de las princesas, el anillo del arzobispo y otras bisuterías ...» (Anillos,* 37), quedando abierta la enumeración a pesar de que el último miembro va introducido por un *y* conclusivo. Los puntos suspensivos desempeñan una función intensificadora similar a la del *todo* conclusivo de los ejemplos anteriores, ya que en realidad lo que el hablante hace es dejar abiertas las puertas al interlocutor para que añada todo lo que guste.

1.2.e.–**Fórmula resumidora:** En muchas ocasiones el hablante termina su enumeración dando su impresión sobre lo dicho mediante una fórmula resumidora: *todo eso, en total:* «Dueña: Ah, y, eso sí, los impuestos. Servicio, lujo, arbitrios –aquí hay muchos arbitrios: ¡los ladrones!–, entradas, estancia, salidas, sobornos. *Todo eso* es cuenta del cliente» (*Los verdes,* 21). O se apostilla la enumeración con una frase ingeniosa, cuyo sujeto es *todo* que engloba los diferentes miembros de la misma: «Rey: ... Terremotos, naufragios, fenómenos de la naturaleza, ruiseñores: *todo* acaba en una cosa tan sencilla como ponerle a uno los cuernos» (*El sol,* 198). O se califica lo anterior como tonterías o estupideces habituales en los hombres: *las pamplinas de siempre:* «Rey (que al principio de la obra o de la segunda parte se convierte en el «deus ex machina» del autor, para desvelar algo del significado de la farsa): ... Algunos [los personajes] os serán simpáticos. La Reina, sobre todo. Es natural: mujer, débil, más tarde enamorada: *las pamplinas de siempre»* (*El sol,* 173).

1.2.f.–**Fórmulas resumidoras al comienzo y al final de la enumeración:** El resumen de la enumeración aparece antes que ésta, encontrándose el orden lógico invertido: «Vieja: ... ¡Qué hombres aquellos! Había *para todas:* para las mujeres de su casa y para las demás. Hasta para las viejas y las feas» (*El sol,* 175); «Diego: ... Me crujen *todas las coyunturas* (Desperazándose) Las rodillas, los codos, la cintura ...» (*Noviembre,* 264), enumera sólo algunas de las coyunturas, por eso deja abierta su relación. O la enumeración de las lacras que se oponen a la felicidad del hombre: «Lázaro: ... Dejad aquí *todo* lo que os tortura: el hambre, la pobreza, el temor a la herejía, el afán de ser algo, las espadas ...» (*Las cítaras,* 81). La especificación del *todo* precedente, mediante la enumeración de las partes que lo integran, suele ir seguido de los dos puntos que dan paso a ésta. Si se trata de un lugar, los diferentes sitios aparecen previamente resumidos por un adverbio demostrativo: «Jefe: ... Ah, las moscas. Tardaban. Vienen de *allí,* seguro. De sus ojos, de sus heridas, de los agujeros de su nariz, que ya estarán rezumando» (*El sol,* 224).

Cuando la oración posee sentido negativo el término sintetizador de la enumeración que la precede es el adverbio de negación *nada,* antónimo de *todo:* «María: ... El amor no es necesario para *nada* importante. Mantener una casa, un hombre, un reino, tener un heredero... todo eso puede hacerse sin amor» (*Anillos,* 44).

El resumen de la enumeración puede quedar expresado por partida doble: una antes de comenzar la enumeración y otra como remate de la misma: «Diego (cuyo máximo anhelo, lógicamente, es poder vivir arriba, fuera del agujero en que reside): ... Arriba está *todo:* el sol, la luna, las bocas, los trajes nuevos, el trabajo; *todo, todo, todo,* ...» (*Noviembre,* 251); «Luterio (que recuerda una procesión del Corpus, cuando niño): ... Y olía *todo junto:* la cera, y el romero y la juncia que echaban en la calle. *Todo junto ...*» (*Los verdes,* 67); en ambos ejemplos, la primera fórmula de recapitulación va seguida de los dos puntos para dar paso a la especificación de los miembros de la enumeración; y asimismo, la segunda fórmula que la remata queda abierta por los puntos suspensivos, que expresan la emoción que embarga al hablante y no una posible continuación de la enumeración, como sucedía en los casos vistos anteriormente. «Hortensia: ... Porque, eso sí, tenemos *de todo,* oiga usted... Nuestra olla exprés, nuestro frigider, nuestra lavadora-secadora, nuestro *de todo*» (*Los buenos,* 21), la repetición del posesivo *nuestro* con todos y cada uno de los miembros de la enumeración refuerzan el enlace de dependencia entre sí y con respecto a un todo, y a la fórmula conclusiva con respecto a ellos.

Si el término que sintetiza una serie de acciones alude al estado físico o anímico de una persona puede ser un adjetivo diferente a *todo* o *nada:* «Constanza: ... *Muerta* vengo ... Sube, baja, vuelve a subir, pregunta en las cocinas, que es donde saben todo antes de que el Estado Mayor decida nada ... *¡Muerta!*» (*Anillos,* 75). El término *muerta* introduciendo y rematando la enumeración resume el resultado de todas las actividades que han conducido a ese estado de cansancio en que se encuentra.

1.3.–La repetición: Este procedimiento es otra de las válvulas de escape de los sentimientos y emociones de que dispone el hablante, de exteriorizar de manera afectiva su «yo» más íntimo y sus intenciones, buscando siempre la mayor claridad de expresión a fin de que su interlocutor o interlocutores alcancen una perfecta comprensión de su voluntad. En la pluma de nuestro autor se convierten, además, en un auténtico recurso estilístico, haciendo abundante uso de él, como medio idóneo para expresar muy diferentes matices que van desde la insistencia a la ponderación de una cualidad, pasando por la orden tajante.

Las principales *funciones* de la repetición son:

1.3.a) De llamada.
1.3.b) De mandato.
1.3.c) Reflejar estados anímicos.
1.3.d) Ponderación de una cualidad o circunstancia.
1.3.e) Insistencia.
1.3.f) Fórmulas sintácticas fijas.

1.3.a) De llamada: El hablante puede repetir oraciones enteras o bien palabras aisladas, como cuando llama a otro personaje: «Tomás: *¡Paula!* (Pausa) *¡Paula!*» (*Noviembre,* 232), o como reconvención más o menos cariñosa o insulto: «Madre: *Niños, niños.* (Pausa. Con otro tono) *¡Adúlteros, adúlteros!*» (*Noviembre,* 262), el paso de la reprimenda por alguna travesura infantil al insulto fuerte va acompañado por un cambio de tono de voz, de más suave a más agrio.

1.3.b) De mandato: La repetición afectiva es muy frecuente cuando se ordena algo. Dicho mandato puede ir expresado por:

– imperativo
– infinitivo
– o precedido del verbo *decir.*

– Por imperativo: Cuando la orden es afirmativa: «Ordenancista: (Urgiendo al Joven) *Escriba.* Más de prisa. *Escriba. Escriba*» (*El caracol,* 158), este personaje, prototipo de determinados funcionarios está tan absorbido por la letra de la ley que incluso las órdenes las da por triplicado: *escriba, escriba, escriba.* Lo normal es que dicho imperativo sea repetido una vez: «Niño (refiriéndose a las hormigas): ... *¡Míralas, míralas!* Corriendo, en fila, hacia allá» (*El sol*, 175); la orden puede tener un matiz irónico, y por tanto, de reprimenda más o menos afectuosa: «Hernando: Tú, *cita, cita* el Antiguo testamento y un día la Inquisición te pondrá una cruz verde» (*Las cítaras*, 50), con un claro tono conminatorio para que no aluda a las Escrituras so pena de caer en herejía y ser procesado por el Santo Oficio.

Entre ambos imperativos se suele intercalar una palabra: unas veces es un vocativo, como apelación al oyente al que va dirigido el mandato: «Viejo: ¿Puede sostenerme a Ramoncita mientras me ato el zapato? (Lo hacen. A la gallina) *Espera*, hija, *espera*» (*El sol*, 188); otras, una interjección o locución interjectiva que refuerza el contenido del imperativo: «Vieja: ... (A la Extraviada tirándole las suyas –las flores–) *Toma* más, anda, *toma*. Yo me voy a casa a buscar mi aguardientillo» (*El sol*, 214); «Paula: (que se ha cansado de la indecisión de Diego) ... Sal a la calle. *Vive*, so leñe, *vive*» (*Noviembre*, 248). En ocasiones, más que de un mandato se trata de un ruego (21): ello depende de la situación y del tono de voz: «Jimena: Vamos *sentáos, sentáos*, estáis en vuestra cárcel» (*Anillos*, 86). Si la orden es negativa el verbo aparece en presente de subjuntivo, que es el tiempo propio de las expresiones prohibitivas: «La Niña (acuna a una muñeca que lleva en los brazos): *No tengas miedo*, ea, *no tengas miedo*. Ya no me vuelvo a ir» (*El caracol*, 148). Cuando el hablante pone un especial énfasis en la orden dada y desea que ésta sea cumplida en el momento, al repetirla silabea el segundo imperativo para que quede bien clara, con lo que el valor de la repetición se multiplica: «Hortensia: *Detente*. Titiritera, saltibanqui. ¡Guarra! *¡De-ten-te!*» (*Los buenos*, 15), gráficamente las sílabas se separan por medio de un guión.

Idea de repetición de la orden dada posee la locución adverbial *de una vez* que va pospuesta al imperativo. Esta construcción se diferencia de las anteriores en que realmente no ha habido previamente otra orden y por ello, no existe repetición gramatical: «Burgués: *Cállate de una vez* (la niña lo mira y desaparece corriendo)» (*El caracol*, 148).

– También puede aparecer en infinitivo: «Nina: ... Pero soy tan desgraciada, que ni siquiera se me nota. - Luterio: *Sin exagerar*, hija, *sin exagerar*» (*Los verdes*, 26).

– Modo similar de poner de relieve la expresión de mandato es que ésta, en la repetición, vaya introducida por el verbo *decir*: «A.: (Paralizada, consciente de su ridículo, humillada) *Fuera. Fuera* de esta casa. Todos *fuera*, *he dicho» (El caracol,* 156). Cuando el verbo *decir* precede a la orden, ésta va introducida por la conjunción *que:* «Paula: *¡Calla!* (Da fichas) El seis doble ... - Diego: Con tu madre ahí, nadie puede creerse que esto sea el casino. - Paula: *¡Te he dicho que te calles!» (Noviembre,* 259); «Guardia (cuando encuentra a Ana y Juan acurrucados en el panteón, ya medio asfixiados): ... ¡Venga, *arriba!* No intenten resistirse. (Les amenaza con una pistola) *¡He dicho que arriba!» (Los verdes,* 84). La orden al ser una reiteración de otra precedente adquiere mayor fuerza obligatoria: «Alonso: (Sarcástico) Más de uno está en las Indias ... *He dicho que cerréis» (Las cítaras,* 2).

El verbo *decir* se elide en muchas ocasiones y la repetición sigue siendo introducida por la conjunción *que:* «Mujer 3.ª (porque su marido no la defiende de las acusaciones de la Dueña de la posada): ... Este hombre a mí *no me sirve. ¡Que no me sirve!» (Los verdes,* 20); «Hortensia (que hace como que quiere seguir a Lorenzo y espera que su hijo le implore que se quede, como medio de asumir de nuevo su autoridad, muy quebrantada por el engaño de que ha sido objeto): Pues yo no tengo miedo, no soy débil. *¡Me voy!* (Espera que la detenga su hijo) *¡Que me voy!» (Los buenos,* 70); «Alcalde (Preocupado por la importancia que tiene esa Nochevieja para él): ... Todas las autoridades. Y los niños corriendo por toda la casa. *Que me pierdes.* Concha. *Que me pierdes» (Los verdes,* 52); «Justina: *¡Que él se salve! ¡Que él se salve!» (Las cítaras,* 90).

1.3.c) **Reflejar estados anímicos:** Ya se ha indicado cómo Antonio Gala gusta sobremanera de que sus criaturas insistan en lo dicho como medio de reflejar los estados de ánimo por los que atraviesan, como el miedo, la alegría, la sumisión, el abatimiento, etc. Cuando una palabra o grupo de palabras son repetidas de manera inconsciente y mecánica se pone de manifiesto el nerviosismo del hablante, que no acierta a hilvanar su pensamiento necesitando repetir algunas que sirvan como soportes donde apoyarse para proseguir su discurso: «A. (Que baila una estúpida danza, sin que los demás personajes le hagan el menor caso): ... Yo *no sé bailar. Si no sé.* Estoy improvisando. Un poco *de ritmo y nada más,* ¿eh? *el ritmo y nada más» (El caracol,* 155).

Esta preferencia por la repetición de palabras para destacar el estado de ánimo de un personaje responde también a un deseo estilístico de nuestro autor de perfeccionar la frase de aquél, de redondear lo dicho por él, iniciándola y acabándola con las mismas palabras, elaboradas con una simetría perfecta. Para expresar el sentimiento *del miedo* recurre a este tipo de procedimiento: «Z.: (Con voz de niño) *Tengo miedo, mamá. Mamá tengo mucho mie...* (Lo ha gritado mirando a A)» (*El caracol,* 169). El sentimiento contrario, *la alegría,* es realzado también por medio de la repetición, como si embargara enteramente el ánimo del hablante que sólo tiene palabras para manifestar su contento: «Lorenzo (que sospecha que Doña Hortensia tiene algo de valor en su baúl y desea robarlo) Podríamos descerrajarlo ... si hubiera algo de valor, nos íbamos antes a Orleans. - Consuelito: *¡No la quiere, qué bien, no la quiere!» (Los buenos,* 46). Como expresión de *sumisión* a una orden: «Madre: Déjese de hablar solo. - Portero: *Como quiera,* señora; *como quiera*» (*El caracol,* 162). O del *abatimiento* del que ha sufrido fracaso tras fracaso en la vida, ante un nuevo revés: «Paula (pues Diego le ha dicho que ha oído por el transistor la proclamación de la amnistía para todos los que habían participado en la guerra): Pero ¿de cuál? Que siempre estáis pensando que no hubo más guerra que la vuestra. - Diego: (Cortando) Eso, ya no lo sé. (Triste) *No hay remedio, no hay remedio» (Noviembre,* 274).

1.3.d) **Ponderación de una cualidad o una circunstancia:** Dos grupos según la partícula introductoria sea *qué* o *cómo.*

– Mediante el *qué* interjectivo: si se trata de un objeto o persona calificado por un adjetivo, basta con la repetición de dicho adjetivo: «Cleofás: ... *Qué hermoso* es el latín, *qué hermoso* es Fedro. - Hortensia: *Qué hermoso* es Lorenzo» (*Los buenos,* 29), el último miembro queda realzado por los dos anteriores que le preparan el camino; además, el efecto intensificador principal de éste viene dado al constrastar una persona concreta y actual con un concepto abstracto –la lengua latina– y con una persona no real, en cierto sentido abstracta ya que se refiere a su obra, y que ha dejado de existir hace muchos siglos. Puede tratarse del estado físico en que se encuentra el sujeto: «Paula: (Entra arriba y deja sobre el mostrador la gran bolsa que trae en la mano) Ay, *qué sofocación.* Ay, *qué sofocación.* Ay, *qué sofocación*» (*Noviembre,* 231). O bien, para ponderar las dimensiones de un objeto: «Novio: *Verás qué luna. Verás qué barbaridad de luna» (El sol,* 196) en la repetición la ponderación del objeto es reforzada por el sustantivo *barbaridad* como designador de gran cantidad. Por otra parte, en todos los casos considerados la potencia realzadora ha quedado enfatizada por la anteposición de la partícula interjectiva *¡qué!.*

– *Mediante cómo:* la idea ponderativa aparece mezclada a veces con la admiración hacia alguna persona o cosa: «Cleofás (que discursea mientras afeita a un cliente): ... Italia es un país que ha perdido la fe en sí mismo porque ha perdido la fe en la verdad. *¿Cierto,* don Jenaro, *cierto?* (Afirmación) - Doña Hortensia: *Cómo habla,* Dios mío, *cómo habla* ...» (*Los buenos,* 24); o bien, la añoranza de una época anterior, introducida por el adverbio interrogativo *dónde:* «Jimena: *Dónde habrá ido a parar* aquella canción ... *Dónde habrá ido a parar* aquella noche ...» (*Anillos,* 54), la repetición del adverbio interrogativo enfatiza la añoranza y la lejanía de la felicidad perdida.

1.3.e) **Insistencia:** La repetición con finalidad de *insistencia* tiene como misión dejar bien patente la opinión del hablante, y que ésta sea comprendida sin la menor duda por el interlocutor o interlocutores: «Hortensia (Lorenzo, descubierta sus maquinaciones, acaba de marchar ante la insinuación de Cleofás): ... Deténlo, Cleofás. *Se lleva nuestro dinero. Se lo lleva todo.* - Cleofás: Cálmate, mamá. Te duele la cabeza. - Hortensia: *Se lo he dado yo. Yo se lo he dado* ...» (*Los buenos,* 67), la misma idea es repetida insistentemente por Doña Hortensia por cuatro veces, aunque varía la forma de expresión. Incluso, el hablante afirma expresamente su insistencia en la repetición para que su idea quede clara: «Voz del Alcalde: ... Una administración consciente. Y para ello, un sólo medio: *no me cansaré de repetirlo: estadística, estadística, estadística»* (*Los verdes,* 76).

La función de insistencia y la de ponderación suelen ir parejas en una repetición, siendo difícil separar una de la otra: «Paula: ... Siempre lo mismo: *Qué sed tengo, qué sed tengo, qué sed tengo.* Te dan agua. ¿Vas a estarte tranquilo? Pues, no: *qué sed tenía, qué sed tenía, qué sed tenía»* (*Noviembre,* 245), la ponderación se halla claramente especificada por la partícula interjectiva *¡qué!.* La insistencia en una idea mediante la repetición reiterada de un adjetivo: «A.: Ahora estoy *sola.* Nadie está tan *solo.* Me miro las manos a ver si me ha crecido verdina de lo *sola* que estoy. Y él también está *solo.* Huele a humedad cuando anochece. Pero ni él ni yo estamos nunca juntos a *solas.* Ni siquiera podemos estarlo. Y ni siquiera sabemos por qué. Nadie está *tan solo»* (*El caracol,* 136), posee tal fuerza expresiva esta repetición continuada que la idea de soledad llega a hacerse casi un objeto consistente, real, al que se viera presente en la escena.

La acción obstinada de una persona, animal o cosa queda manifestada de forma plástica por la repetición del verbo que la designa: «Niño (se refiere a las hormigas): ... Chocan y *siguen.* Se paran y *siguen.* Parece que van a salirse de la fila, pero *siguen.* Las cabezotas» (*El sol,* 175). Otras veces, la repetición tiene como objetivo la expresión plástica de la reiteración de una acción o de un fenómeno: «Rey: ... Y en nuestros campos, en tiempo de cosecha, *crecen y crecen* sin *cesar* las flores» (*El sol,* 189); «Paula: ¿Qué se suele? - Diego: *Trabajar, descansar, trabajar, descansar, trabajar...*» *(Noviembre,* 274), es el círculo cerrado de las actividades de un hombre que no tiene ninguna aspiración.

La repetición insistente puede ser utilizada como medio de reprender al interlocutor por una pregunta cuya respuesta ya ha sido dada, y por lo tanto, huelga; no se pretende, pues, aclarar nada: «Dueña (irritada por la pregunta de Juan de si tiene cama): Sí, señor. *Comidas y camas, comidas y camas.* ¿No ha visto usted ahí fuera un cartel así de grande, que dice: "La luna, *comidas y camas".* Pues ya está. *Comidas y camas» (Los verdes,* 17).

O destaca el estado anímico del personaje mediante la repetición de uno de los términos de una enumeración: «Olalla: Lo que yo he visto, sí. *Penas.* Dolor y *penas.* Soledad y *penas* ... Lo que tú me dejaste» *(Las cítaras,* 32), que es al mismo tiempo un reproche al amante por su abandono.

La repetición mecánica de una interrogación puede obedecer a diferentes causas: a que el hablante se encuentre ofuscado ante un hecho inesperado e inexplicable para él: «Reina (cuando traen el cadáver del Republicano): ¡No! (Se retira de la ventana. Se oye un grito, hasta que aparece en escena) *¿Por qué? ¿Por qué? ¿Por qué?» (El sol,* 223), su dolor es tan grande que la repetición machacona de la pregunta es un desahogo para su espíritu. La repetición de la pregunta del interlocutor puede ser un recurso del hablante, sorprendido por ella, para ganar tiempo a fin de pensar lo que ha de responder: «Diego: *¿Por qué* no pone mi nombre en el sobre? - Paula: (Acorralada) *¿Por qué? ¿Por qué? ¿Qué quieres? ¿Que sepan que vive un hombre aquí y te trinquen?» (Noviembre,* 244), la idea de sorpresa ante una pregunta inesperada viene dada además por la acotación: «acorralada». O bien se repiten las palabras del interlocutor para recordar al mismo tiempo que piensa la respuesta que ha de dar: «Diego: ... Dijiste una vez que el trébol tenía siempre tres hojas. El día *que bajaste* uno de cuatro porque *traía suerte.* ¿No te acuerdas ya? *Hace muchos años* ... - Paula: *Hace muchos años,* ¿no? *Traía suerte* ¿no? y *lo bajé* ¿no?» *(Noviembre,* 253).

1.3.f) **Fórmulas sintácticas fijas:** La lengua posee algunas fórmulas sintácticas fijas como medio de afirmación y delimitación del significado de lo expresado en primer término. Las principales son:

1.3.f.1) Reiteración del mismo término.

1.3.f.2) Reiteración con numeral.

1.3.f.3) Adjetivos indefinidos correlativos.

1.3.f.4) Imperativos gerundiales.

1.3.f.5) Retomar el hilo del diálogo.

1.3.f.6) Trabazón de las partes del discurso.

1.3.f.7) Juego de palabras.

1.3.f.1) *Reiteración del mismo término:* El concepto expresado por el hablante se enfatiza mediante su reiteración: «Dueña: ¿Qué no tiene usted? *¿Dinero?* - Juan: *Dinero, dinero,* sí tengo» (*Los verdes,* 21), Juan se ciñe al significado literal de la palabra, aunque teme que el dinero que tiene no sea suficiente para poder quedar en la pensión; «Juan (Asomando la cabeza) ¿Necesitas cantar *muy alto?* - Luterio: *Muy alto, muy alto,* no. Pero a media voz ...» (*Los verdes,* 61). En esta clase de construcciones el primer elemento –*dinero, muy alto*– «aparece colocado en el foco de nuestra atención, y luego afirmado como un hecho por una determinada persona, en un determinado tiempo» (22). «Luterio: ... Cuando la vida *se acabó, se acabó.* ¿O tú crees que cerramos los ojos y, de pronto, el calor?» (*Los verdes,* 45), «donde la idea de la acción está expresada dos veces, la segunda de ellas desde el punto de vista del resultado» (23).

La idea de identidad se consigue también de forma afectiva mediante la repetición de la misma palabra alcanzado una mayor plasticidad: «Muchacho (dispuesto a celebrar lo mejor posible la Nochevieja): *Una noche* es *una noche.* Hoy hay que estar alegres» (*Los verdes,* 64); «Voz de Jimena: ... cerrar los ojos y pensar en aquel mar de Asturias, anterior a la boda, cuando *yo* era aún *yo*» (*Anillos,* 60).

1.3.f.2) *Reiteración con numeral:* Ya se trató al estudiar las comparaciones del poder de identificación entre ambos términos de la misma que tenía la *repetición del numeral* delante de cada uno de ellos: «Paula: No lloro. Yo no lloro. No tengo motivos. Tengo *tres* hijos como *tres* soles» (*Noviembre,* 250); «Jimena: ... Me casaron con un águila. *Tres* polluelos tuve: pollos de águila *los tres...*» (*Anillos,* 79). O para indicar la agrupación de diferentes objetos: «A.: ... Los lagos están hechos para que las personas paseen, *de dos en dos,* por sus orillas» (*El caracol,* 138).

1.3.f.3) *Adjetivos indefinidos correlativos:* Para expresar la abundancia progresiva del mismo objeto o lo incesante de una acción: «Paula: Habrá muchas mujeres ahora mismo en el mundo cosiendo como yo. *Una puntada, otra puntada ...»* (*Noviembre,* 271), la idea de reiteración de la misma acción permanece abierta, representada gráficamente por los puntos suspensivos y en la lengua hablada por una elevación del tono de voz, lo que constituye una invitación al oyente a que la prosiga él mentalmente haciéndole copartícipe de su idea.

1.3.f.4) *Imperativos gerundiales:* Consisten en la repetición de dos imperativos unidos por la conjunción *que* + pronombre personal, respondiendo a un paradigma del siguiente tipo: *imperativo + que + pronombre personal* (segunda o tercera persona) + *imperativo*. El valor de esta perífrasis mediante imperativos es el de gerundio, que resulta menos afectiva.

Más moderna es la construcción de *y + imperativo* de *dar* y pronombre personal de tercera en sustitución de la anterior y derivada de ella, con un claro sentido irónico: *¡Y dale!:* «Juan: Pero, señora, yo lo que quería era una habitación. - Dueña: (Interrumpiéndole) *¡Y dale!* Una habitación, naturalmente» (*Los verdes,* 21) la Dueña está molesta por la insistencia de Juan en pedir repetidas veces una habitación. Dicho giro no deja de ser interjectivo, definiéndolo el Diccionario de Modismos como «Interjección familiar con que censuramos la pesadez de una cosa, que por su repetición o por la insistencia con que se hace o dice nos molesta y enoja» (24): «Marcos: ¡Disimule, señora! - Fray: *¡Y dale!»* (*Las cítaras,* 26), al clérigo le ha empezado a enojar la insistencia del anciano comunero en confundirlo y tratarlo como a mujer.

Un valor similar para expresar la repetición de una misma acción en el pasado posee la perífrasis mediante el verbo *venir* en presente de subjuntivo seguido del infinitivo de *dar* y el pronombre personal de tercera: *Venga darle,* con el significado de «darle una y otra vez, constantemente»: «Extraviada: ... A mi madre, cuando se murió, no le faltó de nada. Ni una gaseosa. Tenía tanta sed ... Y yo, *venga darle* gaseosa. En cuanto abría los ojos, *una gaseosa»* (*El sol,* 209), reforzada esta perífrasis por la repetición del objeto que se daba, *gaseosa.* Variante humorística de las construcciónes de imperativo gerundial con el verbo *dar* es *dale que te pego,* donde gramaticalmente no existe repetición pero expresa con más fuerza, si cabe, la reiteración de una acción pues al ser más moderna no se ha desgastado aún y su potencia expresiva sigue intacta: «Olalla: ... Nos pasamos la noche *dale que te pego* , me entiendes: yo no invento palabras» (*Las cítaras,* 36), este personaje pretende despertar por todos los medios los celos de Lázaro aunque sea recordando la noche en que fue violada por un soldado.

1.3.f.5) *Retomar el hilo del diálogo:* Recurso que imita la lengua más o menos retórica y académica de los discursos públicos, cuando se intercala un inciso a modo de ruego o de aclaración; este inciso suele ir seguido de las mismas palabras que le preceden, como medio de recoger el hilo de la exposición: «Cleofás (mientras corta el pelo a don Jenaro, realiza sus pinitos de oratoria): ... y como aquella cabra de la mitología nominada Amaltea, *puede amamantar,* si se me permite la expresión, *puede amamantar* otra vez mundos» (*Los buenos,* 25). En el habla popular dicha repetición adquiere tonos de insistencia así como de llamada a la atención del interlocutor: «Camacha: ... Lo que pasa es que *quién se muere,* dime tú a mí, hija mía, *quién se muere* sin un buen traje negro» (*Las cítaras,* 55).

1.3.f.6) *Trabazón de las partes del relato:* Procedimiento equivalente en el habla coloquial al anterior en la lengua culta. El hablante se apoya en determinadas palabras de su relato para ir desarrollándolo. Nuestro autor hace abundante uso de él en la supuesta carta de Manuel a su madre (*Noviembre,* 244), auténtico modelo de mensaje de una persona de escasa o nula cultura que relata lugares y costumbres nuevos para ella. Después de un encabezamiento que es clásico en las cartas familiares de las gentes sencillas, de tal manera que ya está codificado, y que es el siguiente: «Querida madre: Me alegraré que, al recibo de ésta, te encuentres bien, en unión de la abuela, que te da tantos disgustos ...» (*Noviembre,* 244). El inicio de la carta propiamente dicha se realiza mediante el verbo *saber* en futuro, *sabrás,* para comunicar a continuación la primera noticia que es, ¿cómo no?, hablar del tiempo que hace en el lugar donde el remitente se encuentra, al parecer Alemania: «*Sabrás* que aquí hace frío». Dicho futuro se encuentra a caballlo entre la expresión de *obligación* de conocer la noticia, y la expresión de *probabilidad* de que el interlocutor, en este caso el receptor de la masiva, la conozca ya a través de otras informaciones y en el presente lo que hace es recordarla. Las otras noticias van también introducidas por este futuro: «*Sabrás* que me he mudado cerca de una estación ... *Sabrás* que aquí no se estilan los chorizos ni los melones ... *Sabrás* que aquí lo que más hace es frío y llueve ... (de nuevo repite la misma noticia, cosa que hará también con las restantes a lo largo de toda la carta, quizás un poco impulsado porque ha de llenar el papel y tiene escasas noticias que dar) ... *Yo estoy muy contento. Ahora estoy sin trabajo* y por eso te escribo, porque cuando entre a trabajar otra vez ya no podré. Yo es que *estoy muy contento.* A lo mejor *no se encuentra trabajo ... Sabrás* que *aquí hay mucho porvenir y llueve mucho ...* Lo que *hay es mucho porvenir,* madre». El remate de la carta es asimismo el típicamente popular: «... Sin más se despide de ti tu hijo que te quiere y que lo es, Manuel. Da a padre un abrazo muy fuerte» (*Noviembre,* 244-245).

1.3.f.7) *Juego de palabras:* Nuestro autor se vale también de la repetición como recurso para el juego de palabras, mediante la colocación próxima de vocablos fonéticamente muy parecidos, casi idénticos, pero de significado diferente, originando la chispa de humor que mantenga viva la atención del espectador: «Nina: ... A la media hora estaba yo aquí chillando como una loca *de tumba en tumba.* - Luterio: Y por ahí *de tumbo en tumbo:* casi igual» (*Los verdes,* 44).

2) Por defecto: economia expresiva

Los esquemas lingüísticos del español hablado, como el de toda lengua viva, están modificándose sin cesar, ya que han de responder a las necesidades concretas de la colectividad en un momento determinado. Estas alteraciones lingüísticas son debidas a un deseo de dar mayor vitalidad y potencia intensificadora a construcciones ya desgastadas, unas veces por medio de la acumulación de procedimientos idiomáticos de realce, como los vistos; otras, mediante la síntesis de lo que se ha de manifestar reduciendo la comunicación a sus elementos esenciales. Según la naturaleza de los procedimientos elípiticos se pueden distinguir dos grupos:

2.1) Elipsis aparentes.
2.2) Elipsis auténticas.

2.1) Elipsis aparentes:

2.1.a) Modismos y refranes.
2.1.b) Emotividad y afectividad.

2.1.a) El hablante no procura revitalizar una construcción desgastada a base de modificaciones lingüísticas sino que, al ser conocida, se limita a enunciar una parte de la misma: esto sucede en especial con **los modismos y refranes.** Con ello se consigue un doble efecto: de un lado, se evita el enojo del oyente por tener que oír algo muy conocido; y de otro, al dejar la frase incompleta se hace una llamada a su atención, sacándolo de su pasividad y obligándole a continuar la locución al menos en su mente, con lo que se logra hacerlo partícipe del discurso. Antonio Gala atento a reflejar no sólo los problemas, aspiraciones, defectos, etc. de la sociedad española sino también la lengua de la misma se hace eco de este medio de expresión en el habla de sus personajes dramáticos. Así, algunos refranes o modismos populares aparecen enunciados de forma incompleta pues su sentido es conocido por todos: «Mendigo 1.º: (A Muchacho, que toca la armónica) Niño *con la música ... «(Los verdes,* 21), se sobreentiende: *a otra parte;* «Mujer 3.ª (intentando convencer a la Dueña de la pensión que les deje celebrar la Nochevieja): Un día tan señalado, señora. *Y una vez al año...» (Los verdes,* 53), se ha de sobreentender: *no hace daño;* modismo que se emplea para la justificación de una acción que se realiza de manera esporádica. En otras ocasiones el esbozo de un dicho popular se emplea a título de conclusión de un acto ya realizado: «M. Exterior (Refiriéndose a las baterías): Las otras se vendieron como chatarra hace dos años. - Rey: ¿A quién? - M. Exterior: A un contratista de obras. - Rey: Sí, pero ¿quien lo era entonces? - M. Exterior: Me parece que yo, majestad. - Rey: Ya, como siempre: *Juan Palomo» (El sol,* 219), sobreentendio: *yo me lo guiso, yo me lo como,* que se dice de la persona que todo se lo hace sola en beneficio propio.

Cuando en una obra determinada una frase aparece reiteradamente en boca del mismo personaje en diversas situaciones acaba por convertirse en una muletilla conocida tanto por el resto de los personajes como por el espectador, por lo que su repetición íntegra no es necesaria: «Solterona: ... Sepa usted que una noche, durante un largo viaje ...» *(El caracol,* 151), es el recuerdo obsesivo de esta mujer. La omisión de parte del mismo posee efecto diferente al de los refranes y modismos, dado que no se trata que el oyente participe del mismo sino que se pretende señalar precisamente lo contrario: la soledad e incomunicación de los personajes entre sí. La Solterona, consciente de que nadie le hace el menor caso y fatigada de repetir su recuerdo, se desalienta y lo deja sin concluir; no lo hace, pues, porque sus oyentes sigan su pensamiento sino por todo lo contrario: porque nadie atiende a lo que es tan importante para ella.

2.1.b) **Emotividad y afectividad:** Muchas veces *las fuertes emociones* impiden al hablante completar la frase y no acierta con las palabras que ha de decir. La nostalgia de sucesos agradables, más fuerte cuanto más imposibilitado se halla el hablante de revivirlos de nuevo: «Paula (se siente celosa, porque Diego ha recordado cómo celebraba la Nochebuena antes de la guerra): ¿Quienes no podíais? ¿quienes hacíais la digestión? - Diego: Yo y otra gente ...

Tú no los conoces ... Antes, en otro sitio ...» (*Noviembre*, 267). Otras veces, la nostalgia va mezclada con la ilusión cuando existe una posibilidad de que el hecho se produzca de nuevo: «Diego (cogiendo un trozo de periódico en el que iban envueltas unas aceitunas que Paula le ha traído): Del año pasado ... (Con ilusión) Dámelo. Al principio me traías periódicos ...» (*Noviembre*, 248). O el azoramiento y timidez al hacer una pregunta delicada: «Paula (dice a Diego que su madre desde que se quedó viuda no volvió a conocer ningún otro hombre) ... Tenía yo tres años. No levantó más los ojos del suelo. - Diego: (Lo duda por la obsesión de la Madre de recordar unas relaciones amorosas con un tal Dionisio) Entonces, ¿por qué? ... (*Noviembre*, 242), se ha de suponer, y así lo entiende Paula, que por qué cuenta de una manera tan viva los supuestos amores con Dionisio. La frase queda también incompleta cuando el nerviosismo invade al hablante al tener que dar alguna explicación muy embarazosa, en especial, cuando se refiere a relaciones íntimas: «Manuel (que ha explicado a Juan que él y su mujer duermen en la misma habitación que sus suegros): Usted comprenderá que ... ¿eh? que ...» (*Los verdes*, 36); «Olalla (recordando su amor con Lázaro): ... pero te exigí antes palabras de marido para que no creyeras ... Tú no te acordarás ...» (*Las cítaras*, 32). O la manifestación de pena y alegría, mezcladas en una despedida: pena por dejar a seres queridos o amigos, y alegría porque se va a partir hacia un lugar anhelado: «Juan: ... No, le habímos prometido a Ana que iríamos a otro sitio. Y da tanta pereza cambiar de pronto de costumbres ... Las cosas allá fuera ... Tú sabes: los empujones, la tristeza... Nada vale la pena. Preferimos ...» (*Los verdes*, 81). También la deferencia y cortesía del hablante ante una situación tensa entre otros personajes para apartarse de la misma: «Constanza: (Que ha terminado de recoger los papeles) Estos son asuntos privados ... No quisiera... Si no me mandan nada ...» (*Anillos*, 86), ante el cariz que va tomando la discusión entre Jimena y su hija María, la vieja dama de compañía prefiere abandonar la estancia.

A veces el hablante impregna de tanta *afectividad* su discurso, volcando su estado de ánimo en lo que dice, que se elide el verbo de la oración principal: «Dueña (después de la discusión con Mujer 3.ª, en presencia de Juan): ... Yo no admito más que gente decente. La que no lo sea, *una sobretasa»; (Los verdes*, 20), se sobreentiende el verbo «pagar»: «paga una sobretasa». «Extraviada (aludiendo a los cuidados que tuvo para con su madre moribunda): ... En cuanto abría los ojos, *una gaseosa» (El sol*, 209), se elide «le daba»; «Minaya: ... Y entre los dos, *el Cid*. Como siempre, Jimena» (*Anillos*, 57), se omite el verbo «estar». En frases condicionales cuyo verbo va en tiempo irreal en la principal no lo presenta, dando una impresión atemporal a toda la oración: «Tomás: ¡Qué sabrás tú de hombres! - Paula: Si fueras el único, *antes muerta*» *(Noviembre,* 232); si el verbo de la apódosis estuviera en presente en vez de condicional indicaría también un grado de afectividad aunque menor que el del ejemplo citado: «*prefiero* estar muerta». El elemento que subsiste de la oración principal puede ser un adverbio: «Mujer 3.ª: Lo que me tengas que decir, *aquí*» *(Los verdes,* 19), el verbo de la apódosis es el mismo que el de la prótasis, cuyo resultado expresa.

Como un grado de mayor afectividad se pueden considerar aquellas construcciones que carecen de apódosis, pues la conclusión de la subordinada va implícita en ella misma, y por tanto, su presencia huelga: «Tomás: Un héroe. Yo fui un héroe. - Paula: Porque no tendrías más remedio. Bernardinas a mí. Ya con el tiro dentro ...» *(Noviembre,* 237), se sobreentiende: «qué ibas a hacer», o «qué remedio», etc., los puntos suspensivos indican que la oración ha de ser completada por el oyente; «Ana (en el cementerio, intentando animar a Nina): Las cosas. Aquí hemos de venir, queramos o no. - Nina: Lo que es venir yo ... A mí como no me traigan ...» *(Los verdes,* 42), sobreentendido: «no vengo»; «Hortensia (explicando a Lorenzo que Consuelito está loca o, al menos, eso cree ella): ... La sobrellevamos, la sobrellevamos, pero hay días ... Cuando cambia el tiempo se pone ...» *(Los buenos,* 16), el oyente debe completar «que no hay quien la aguante» o similar; «Mariveinte: (Al cerdo) Muérete, total ya ...» *(Las cítaras,* 10), que refleja el pensamiento del personaje «ya no hay quien te salve», «te has de morir, tardes un poco más o no», etc.

El verbo del *imperativo afectivo* se suele encontrar elidido. La explicación es la misma que la de todas estas expresiones elípticas: la viveza de la representación del objeto que hace evitar elementos que no se refieren directamente a él sino que son más bien especificadores de la idea del mismo. Este tipo de imperativo afectivo será tratado con más detenimiento en el apartado final *«Expresiones de ruego y mandato».* Baste citar aquí algunos casos a título de ejemplo. En todos ellos el modo imperativo falta y su idea queda expresada bien por un infinitivo: «Vieja (se dirige a la Muchacha): Tú, a *vomitar,* que es lo tuyo, niña» *(El sol,* 211); o bien por un sustantivo: «Padre: Sí, pañuelos, sí desaparecen. - Madre: Pues a *la calle, a la calle*» *(El caracol,* 167), la orden queda reforzada por la repetición del sustantivo.

Las frases que expresan un deseo llevan el verbo en forma impersonal en subjuntivo: «Paula (celebrando con Tomás el aniversario de la cojera de éste): ... *Que sea* por muchos años, hombre» (*Noviembre*, 235). Dicho esquema queda modificado con la presencia de un sustantivo que sea portador de un valor semántico desiderativo como «suerte»: «Señora 2.ª: ... Ahora salgo con éste, que está también muy enfermo (Señala al hombrecito que la acompaña). - Señora 1.ª: *¡Qué suerte tener* ese ojo clínico! (*El sol*, 186), o puede ir introducida por la interjección desiderativa *ojalá*: «Jerónimo: ... *Ojalá* todos lo encontremos!» (*Anillos*, 31).

2.2) Elipsis auténticas:

El uso de la elipsis responde a un deseo de economía en la expresión, pues en el habla coloquial se tiende a establecer una comunicación rápida y directa con el interlocutor, eliminándose lo ya conocido o lo que no sea necesario para tal fin. Esta es la causa de la elipsis en el lenguaje corriente ya que, según Bally (25), procede de «cierta pereza intelectual, un deseo de llegar al fin de toda manifestación lingüística, el mutuo entendimiento con el esfuerzo mínimo». Para otros autores, tales como G. Galichet, o K. Vossler, la elipsis sólo tiene justificación estilística en la lengua literaria. De acuerdo con los elementos oracionales omitidos se distinguen:

2.2.a) Omisión del sustantivo:

2.2.a.1) La elisión propia.
2.2.a.2) La elisión impropia.

2.2.b) Omisión del verbo:

2.2.b.1) Oraciones negativas.
2.2.b.2) Oraciones interrogativas.
2.2.b.3) Oraciones comparativas o consecutivas.
2.2.b.4) Elisión del verbo de lengua.

2.2.c) Otras.

2.2.a) **Omisión de sustantivos:** La experiencia lingüística ha constatado que las palabras que suelen aparecer juntas formando clichés o frases hechas se influyen semánticamente entre sí. De tal modo ello es cierto que cuando se omite una de ellas a causa de un deseo de economía expresiva, su significado es transferido a la que permanece, abarcando ella sola todo el campo semántico que poseía la expresión originaria. Esta transferencia se produce tanto en el plano semántico como en el gramatical, ya que el término presente llega a adquirir la categoría gramatical del elidido. La mayor parte de las elipsis más habituales en la lengua popular se han convertido en formas sintácticas fijas y no son sentidas como elípticas.

Se distinguen entre *la supresión propia y la impropia* (26). En la primera se agruparán aquellos casos en que se omite uno de los vocablos y no deja en su lugar un representante al lado del que permanece. Y la calificada como «impropia» en la que un pronombre, generalmente el femenino *la, las,* sustituye al término suprimido.

2.2.a.1) **La elisión propia:** Según estén unidos los miembros del sintagma originario:

- Sustantivos + adjetivos.
- Nombres de color.
- Nombres de trenes, músicos.
- De precio.
- De tiempo.
- Sustantivo + *de* + sustantivo: los dos miembros del sintagma originario están unidos por la preposición *de.*

– **Sustantivos + adjetivos:** Es muy frecuente la elipsis del sustantivo en sintagmas sustantivo + adjetivo: como ya se ha dicho, tanto el valor semántico como la categoría gramatical del sustantivo son traspasados al adjetivo que es el término que permanece.

– En la lengua popular dicha supresión es habitual con los nombres de color, que van calificados por un adjetivo que especifica su gama o su intensidad: «Consuelito (Contando su sueño): ... Sale una niña delante de muchos soldados vestidos de *celeste» (Los buenos,* 12), se sobreentiende el nombre del color, *azul.* A veces el adjetivo posee un valor enfático de la cualidad del sustantivo elidido. Tal ocurre con *la negra* que se refiere a *suerte,* con el significado de «mala suerte»: «Rey (preocupado por la situación del país a causa de la llegada de Gulliver): ... A esto se llama, en lenguaje político, tener *la negra» (El sol,* 193), expresión completamente semantizada, de forma que el adjetivo sustantivado se siente como sinónimo de la expresión completa; «Lorenzo: Y a usté, ¿le adivinó su madre el porvenir? - Consuelito: Huy, con los de la familia no daba *una,* fíjese.» (*Los buenos,* 11), se ha de sobreentender «vez», aludiendo a las adivinanzas de su madre; esta expresión a menudo lleva el añadido humorístico «en el clavo» con el sentido de que «nada le sale bien».

Para indicar también la «suerte» del personaje se emplea *la china,* por reminiscencias del juego de niños que consiste en esconder una piedrecita en la mano y el que la acierta le toca desempeñar la parte más desagradable del juego: «Alfonso: ... Y a mí me tocó *la china* de que el Cid "ocurriera" en mi reinado» (*Anillos,* 64), de ahí que sea sinónimo también de «mala suerte».

– Suele permanecer el artículo del sustantivo desaparecido delante del adjetivo que lo determina, con lo que éste queda sustantivado. Tal sucede cuando se designa *un tren* por el determinativo que especifica su clase o su dirección. Donde, lógicamente, se encuentran dichos determinativos en la obra dramática de A. Gala es en *«Noviembre y un poco de yerba»* cuya acción transcurre en la cantina de un apeadero. Las dos categorías de trenes que se citan son *el expreso* y el *rápido:* «Paula: Haber ido tú. - Tomás: ¿Y quién le echaba las barreras *al rápido?» (Noviembre,* 231); «Paula (que recuerda los años de su juventud): ... Me ponía en el andén y paraba *los expresos* que no tenían que parar» (*Noviembre,* 233). El tren *talgo* tampoco se detiene en la mayoría de las estaciones, por ello lo utiliza nuestro autor con fines humorísticos y mucho ingenio, jugando con dos de las acepciones semánticas de *estación:* la del tren y la del Viacrucis: «Consuelito: ... Pero de aquí a nada, hacer un Viacrucis en esta iglesia va a ser igual que ir en *el talgo,* que no para en ninguna estación» (*Los buenos,* 22). Según la dirección del tren, sólo dos determinativos de tipo general: *ascendente* y *descendente.* Ello se explica porque la localización de *«Noviembre y un poco de yerba»* es poco precisa dentro de la geografía española: se deduce por el clima y algunos aspectos de la fauna y flora que debe ser un lugar cualquiera del Sur de la Península. Por esta imprecisión buscada, nuestro autor no indica lugar ni destino ni de procedencia del tren, sino uno que sube y otro que baja que, por otra parte, le sirve para compararlo con la vida de las personas que viven en el apeadero: «Paula: Eso. Y muchísima paciencia. (Pito del tren) *El ascendente» (Noviembre,* 239); «Tomás: *El ascendente* trae hoy una hora y media» (*Noviembre,* 272); «Diego: ... Cada día más solos, pero menos despiertos. (Pita un tren) - Paula: (En la realidad ya) *El descendente.* No voy» (*Noviembre,* 261). En todos los casos citados ha de sobreentenderse el sustantivo *tren* entre el artículo y el adjetivo que lo determina; en algunas ocasiones se halla especificado en la acotación precedente.

– De manera similar en el lenguaje profesional de los *músicos,* cada uno de ellos es designado por el nombre del instrumento que toca. Se trata más bien de un fenómeno de metonimia que podría calificarse como una de las formas de omisión: «Dueña (describiéndole a Juan la habitación que le pinta como inmejorable): ... En la habitación que yo le voy a ofrecer no viven más que dos músicos. Gente fina. *Un clarinete* y un *contrabajo*» (*Los verdes*, 20).

– Los que profesan en religión son denominados frecuentemente por el nombre genérico de la orden, del monasterio o por el cargo que ocupan dentro de él: «Lázaro: Quizás vos sepáis más. Las Indias se gobiernan desde *Guadalupe. Los jerónimos* sois los ministros de Indias» (*Las cítaras*, 69), donde se ha suprimido: «monasterio» y «frailes» respectivamente; «Camacha: ... Doce nóminas me dio no hará ni un mes *la priora de las Bernardas*» (*Las cítaras*, 50), de igual modo, se han omitido dos sustantivos: «la madre» y «las monjas».

– *De precio:* Para la expresión de pequeñas cantidades de *dinero*, sobre todo cuando son fracciones de moneda que se conocen como «calderilla», se denominan por medio del adjetivo *suelto*, omitiéndose el sustantivo *dinero:* «Luterio (quien procura convencer al guarda del cementerio más que con razones con una propina para que permita que Juan pueda quedar a vivir en el panteón de su abuelo): ... Yo, a este amigo, lo hubiera metido en mi casa. Pero no me cabe. (A Juan) Dame ese *suelto* que tienes por ahí» (*Los verdes*, 32). Para denominar el precio de un objeto basta con la expresión del numeral que designa la cantidad de dinero, elidiéndose el sustantivo *peseta:* «Consuelito (respondiendo a la pregunta de Lorenzo sobre el destino de las estrellas que confecciona): No, señor. Para el público en general. Las más grandes a *doce*. Las otras a *tres*» (*Los buenos*, 8). Para designación de «dinero en general» cada vez es más raro el empleo de *cuarto,* antigua moneda española de cobre, entre personas del pueblo, en particular de las zonas rurales, donde antaño era muy corriente dicha designación. En la obra de A. Gala la encontramos en una ocasión, precisamente en su primera obra: «Luterio (una vez que ha convencido al guarda por la propina para que Juan se quede en el panteón): ... Hay que saber con quién se juega uno *los cuartos.*» (*Los verdes*, 32).

– En la expresión de *tiempo* es corriente elidir el sustantivo que lo designa de manera general, sobre todo en oraciones exclamativas que aluden a una larga duración o período transcurrido al menos psicológicamente para el hablante: «Rey (una vez eliminado Gulliver): La victoria. ¡*Cuánto* se ha hecho esperar!» (*El sol*, 223), en el adjetivo de cantidad va implícita la idea de tiempo.

Equivalente de la construcción temporal *cuando* + verbo *ser* + sustantivo es *de* + *sustantivo,* más afectiva y próxima al oyente: «Consuelito (contando a Lorenzo sus aspiraciones y sueños, nada más conocerlo): ... Yo, *de chica,* quería ser cigüeña» (*Los buenos*, 10); «Jimena: Sin enterarme. Por lo visto, eso del «deleite carnal» que nos decían *de chicas* era solo para hombres ...» (*Anillos*, 78).

– **Sustantivo + de + sustantivo:** Es habitual también la omisión del nombre de la cosa en los sintagmas formados por un sustantivo seguido de otro o de un adverbio, pero unidos por la preposición *de*, con lo que el segundo miembro funciona como un adjetivo del primero. Suprimido el primer sustantivo permanece, no obstante, el artículo como reflejo de su elisión sustantivando al mismo tiempo al segundo miembro que en la expresión originaria, como se ha dicho, estaba adjetivado: «Cleofás (prestando oídos a las murmuraciones de las gentes sobre la administración de la parroquia, cita algunos nombres de mujer, las principales comadres del lugar): Doña Rufa, Soledad *la del cabo*, Remedios la lechera, todos ...» (*Los buenos*, 35), se ha de completar: *la mujer* (del cabo); «Paula: ... Y el traje negro se lo compraste a Concha *la del concejal* que murió en acto de servicio» (*Noviembre*, 233); «Jimena: ... Al rey se lo escribí: ya estaba harta de que me llamaran «*la del marido* envidiado» (*Anillos*, 80). La misma construcción se emplea cuando se evita la repetición de una palabra mencionada previamente a fin de eliminar un lastre innecesario en el desarrollo del diálogo y de la acción: «Paula: (porque Diego se pone un esparadrapo en la pata de palo) ... ¡Si te lo estás poniendo en *la de palo*» (*Noviembre*, 236).

Cuando el segundo miembro de este sintagma es *un adverbio* casi siempre es uno de lugar, que al desaparecer el sustantivo a que se refiere, queda sustantivado: «Diego (que ha oído pasos): *El de arriba*. El guarda. Te has dejado abierta la trampilla» (*Noviembre*, 268) sobreentendiéndose *el hombre* (de arriba).

La capacidad de elisión de la lengua hablada es extraordinaria, permitiendo en una frase varias omisiones sin que por ello la comunicación sufra menoscabo: «Paula: ... A todos nos dejó cojos *la inclemente*. A cada cual, de una pierna. A ti, *de la derecha*. A mí, *de la de en medio*» (*Noviembre*, 235); las dos primeras omisiones pertenecen al primer tipo: sustantivo más adjetivo, el artículo precede inmediatamente al adjetivo; la tercera pertenece al presente según el paradigma sustantivo + de + sustantivo o adverbio: el artículo precede a la preposición *de:* «*la* de en medio».

2.2.a.2) **La elisión impropia:** deja como representante del término suprimido el pronombre femenino *la, las,* ya que el vocablo elidido era un sustantivo femenino, que en muchas ocasiones es sentido como una especie de neutro, calificado como «femenino neutro» por L. Spitzer, para quien es «un neutro más íntimo y más familiar que el expresado por la verdadera forma neutra (*lo*)» (27). Estas expresiones se diferencian de las consideradas más arriba en que gramaticalmente el sustituto del sustantivo elidido es un pronombre y en aquéllas era el artículo; y por tanto, desde el punto de vista sintáctico, dicho pronombre determina a un verbo y no a un adjetivo como en las otras. En relación a la abundancia de este género de construcciones en la lengua hablada española, en la obra de nuestro autor dichos giros escasean: «A. (roto ya todo tipo de relación con su marido, solos en medio de la gente): /... Ya, ya. Llega, se acurruca y ahí se *las den todas*»/ *(El caracol,* 142), aludiendo el pronombre a «dificultades, malas noticias» o cualquier otro término de significado negativo; la expresión tiene el sentido de «permanecer despreocupado e inmutable ante circunstancias difíciles» y aquí es utilizada como remate de una enumeración en gradación diminutiva; «Paula: ... Tú vas de negro porque te sale del níspero. A mí me *la vas a dar...*» *(Noviembre,* 232), refiriéndose a «mentira, bolas» en lenguaje popular. La expresión *«te sale del níspero»,* propia de Gala, aunque de factura popular pese a lo raro del vocablo, con el significado de «te da la gana». Nuestro autor crea dicha expresión a partir de otras populares, tales como: «te sale de las narices, de la cabeza, etc.».

En algunos casos se halla presente el vocablo a que alude el pronombre porque la situación o el contexto apuntan en una dirección determinada. Más frecuentemente el término elidido no aparece muy claro dada la vaguedad de su significación; ello no significa obstáculo alguno para la comprensión de la frase en todo su sentido: «Alonso: Anda, Camacha: ¡No metas la pata! - Camacha: ¡Qué voy a meter yo! Mi difunto Camacho era quien *la metía*» *(Las cítaras,* 27), donde este personaje confiere a su expresión un sentido obsceno, apoyándose en el significado del verbo «meter» relativo al acto sexual.

2.2.b) **La omisión del verbo** es movitada por la afectividad con que el hablante colorea su discurso, de modo que la atención del oyente se centra sobre los elementos nominales de la oración, quedando en segundo término la realización de la acción como tal. Es, pues, una forma de hablar muy impresionista, en la que el sujeto con breves pinceladas establece una comunicación directa y subjetiva con su interlocutor sin necesidad de recurrir a una construcción sintáctica más rígida y objetiva y, por ende, menos apropiada para alcanzar una comunicación familiar e íntima. Las oraciones que más fácilmente se prestan a la omisión del verbo son:

2.2.b.1) Oraciones negativas:

- *no, que no,*
- *como si + nada, no*
- *si no, por si + verbo*

2.2.b.2) Oraciones interrogativas:

- el interrogativo *¿qué?*
- *bueno ¿y qué?, ¿a qué?*
- *¿cuánto?*

2.2.b.3) Oraciones consecutivas o comparativas elípticas:

- *que ya, ya,* el distributivo *cada.*
- comparativas: *tan, más, una, de...*

2.2.b.4) Elisión de un verbo de lengua:

- *la verdad, verdaderamente, ¿no?*

2.2.b.1) **Oraciones negativas:** La elisión del verbo se produce con relativa frecuencia en *las oraciones negativas,* en las que la partícula puede aparecer sola o introducida por otras, sobreentendiéndose el verbo que no está en presente y que suele ser el el la de precedente. Aunque la lengua española posee un caudal rico en este tipo de construcciones, Antonio Gala utiliza casi exclusivamente la introducida por *si no* en la mayoría de los casos, en alguna ocasión la constituida por la partícula negativa sola *no,* y esporádicamente alguna que otra variedad, quedando muchas de ellas sin ser empleadas por nuestro autor, tales como: *sino + que, como si no...*

– Con la *partícula negativa* constituyendo ella *sola* oración, con lo que todo el significado de la frase recae sobre la negación: «Mujer 3.ª (que discute con su marido en presencia de la Dueña de la pensión y Juan): ... O traes "monises" o te aguantas con lo que sea. Pero más palizas, *no» (Los verdes,* 19), sobreentendiéndose «no te las permito» donde la oración negativa está yuxtapuesta a la precedente; lo mismo sucede con la siguiente aunque la negación se encuentre en primer lugar: «Niña: Como si tú fueras lo más grande que hay. - Niño: *No,* pero estoy creciendo (*El sol,* 174). La elisión del verbo en respuesta es muy frecuente ya que se sobreentiende el de la pregunta: «Minaya: (Con voz ronca por la emoción) ¿Tú crees que soy cobarde yo, Jimena? - Jimena: Con los moros, *no...» (Anillos,* 49). En lugar de la partícula negativa, puede aparecer otro elemento de negación, como el caso temporal *nunca* o el indefinido *nada:* «Olalla: (Enternecida de nuevo) Si me hubieses dejado un hijo por lo menos. Alguien que tuviera que sentirse orgulloso de mí. Pero, *nada» (Las cítaras,* 38).

– Más corriente es que la oración negativa esté subordinada a una principal, por lo que la partícula negativa va precedida por alguna conjunción que la une a ella: «Cleofás (respondiendo a una pregunta un tanto indiscreta de Lorenzo sobre las relaciones íntimas con su mujer): Por lo general estamos muy cansados. Y *cuando no,* ya sabes: eso dura tan poco...» (*Los buenos,* 43).

– Oraciones introducidas por *que no,* dependientes de un verbo de opinión: «Luterio (comiendo con Juan en el cementerio, por las pepitas de la naranja que tiene intención de sembrar): ¿Tú crees que prenderán? - Juan: Yo *creo que no,* pero a lo mejor ...» (*Los verdes,* 46), sobreentendiéndose el verbo de la pregunta: «que no prenderán»; «Hortensia (entablando conversación con Lorenzo nada más conocerlo): ... Ya ha visto usted qué barrio: todos ateos. Y los *que no,* como si lo fueran, porque no dan limosna a la parroquia» (*Los buenos,* 16).

– Oración negativa introducida por *como si + nada:* «Marinero (una vez logrado el sueño de su vida, se encuentra desilusionado): He visto el mar y *como si nada» (El caracol,* 151), se ha de sobreentender el verbo precedente: «como si no lo hubiera visto», con el sentido de «me quedado igual que antes».

– Las proposiciones de sentido negativo que predominan en la obra de nuestro autor, como se ha indicado, son *las condicionales.* Gala las usa una y otra vez en una proporción del setenta y cinco por ciento en el conjunto de las frases negativas que se prestan a la elisión del verbo. Dada la abundancia de ejemplos recopilados, se citará uno de cada pieza: «Madre (discutiendo con A. sobre el color del jersey que está tejiendo): ... Y los jerseys los llevan para nosotros. *Si no,* con un buen papel de periódico ...» (*El caracol,* 139); «Soldado: Schss. Gulliver no existe. - Vieja: ¡Ay, por supuesto que existe! *Si no,* ¿a santo de qué estoy yo presa?» (*El sol,* 208); «Diego: Entonces estoy paseando. Tengo que pasear. *Si no,* ya sabes que se me duermen las piernas» (*Noviembre,* 251); «Luterio (recordando su niñez): ... Y luego se iban pero volvían. Y *si no,* salíamos otra vez y traíamos más» (*Los verdes,* 67); «Hortensia (ordenando a Cleofás que se ponga en pie para hablar, como en las «cortes»): ... A las cosas hay que darles importancia: *si no,* no se las cree nadie» (*Los buenos,* 34); «Jimena: ... Pero, de alguna forma, esta pena deberá serle útil a alguien: *si no,* no habría derecho ...» (*Anillos,* 108); «Fray: Se conoce que el Buen Pastor no tenía rabadán que le mandara. *Si no,* no hubiera ido...» (*Las cítaras,* 77). En todos estos casos el verbo omitido es el de la oración precedente, que es de la que depende la condicional negativa elíptica. Otras veces el verbo suprimido es otro, tratándose entonces de una frase iniciada que queda incompleta cuyo sentido es patente por el contexto. Suelen ir colocadas al final del período y las partículas condicional y negativa van seguidas de puntos suspensivos, indicadores de que la oración está incompleta, dándole al mismo tiempo un matiz enfático, intensificador de la idea negativa a que se alude: «Guarda (justificando su ocupación): ... yo sigo aquí porque aquí estaban mi padre, mi abuelo y todos. *Si no ...» (Los verdes,* 30), que se ha de completar con: «qué iba a aguantar aquí, ya me habría ido muy lejos, etc.»; «Solterona: ... No debo beber más. (La Madre va a apartarse) A no ser que sea sólo un dedo, y muy poquito a poco. (Le sirve) Porque tengo sed, *si no...» (El caracol,* 146-147).

– Otro caso diferente es el de la partícula *sino,* introductoria de una adversativa. Este tipo de frases son propensas a la elisión del verbo, con lo que el peso semántico de toda la construcción recae en la idea negativa que se expresa, quedando de este modo intensificada al ser presentada al oyente en primer término: «A. (a causa del embargo de los muebles encuentra unas cartas de Z. cuando eran novios, y las lee): «Algún día no te acompañaré más a tu casa, *sino* a la mía» (*El caracol,* 159).

– Las construcciones introducidas *por si + verbo,* son calificadas por M. Seco (28) como oraciones *«finales hipotéticas,* pues en ellas la finalidad está subordinada al cumplimiento de una condición ... Son oraciones elípticas: el elemento final, expresado con *por (=para),* lleva implícito el sentido del elemento condicional, introducido por *si;* pero ese sentido final implícito es de signo contrario al del sentido condicional explícito». Y el mismo autor califica la expresión *por si acaso* como frase adverbial ya que omite todo verbo, con lo que el hablante indica su desconfianza ante un posible acontecimiento. En alguna ocasión Antonio Gala hace uso de este tipo de frase adverbial: «Extraviada (intentando captar algún cliente entre los del ejército): Oiga, teniente, ¿usted cree que habrá guerra? - Soldado: Lo que usted mande, señorita. - Extraviada: Pues protéjame usted, *por si acaso» (El sol,* 188). Como variante humorística es frecuente en el habla coloquial la frase adverbial *«por si las moscas»,* para indicar la prevención del hablante ante posibles sucesos desagradables para él: «Hortensia (ofendida porque Cleofás había tenido escondidos algunos candelabros): Pues no sé a qué venía esa desconfianza ...

¿Para qué quiere nadie un candelabro? A ver (Toma uno) - Cleofás: *Por si las moscas ...» (Los buenos,* 64). El probable origen de esta locución está en la expresión popular «andar –o estar– con la mosca detrás de la oreja» para calificar a la persona prevenida y desconfiada ante una circunstancia. De ahí que en este tipo de construcciones la palabra «mosca» se haya convertido como la designadora de la desconfianza y prevención del sujeto.

2.2.b.2) **Oraciones interrogativas:** El hecho de que este tipo de construcciones, junto con las negativas, sean las que con mayor frecuencia permiten la omisión del verbo se debe a que son las dos en las que el hablante pone más carga afectiva, debido que al negar o preguntar está muy atento a lo que ha dicho o va a decir su interlocutor por lo que elimina aquellos elementos que considera superfluos para la comprensión. De este modo el diálogo gana en fuerza expresiva al quedar ante la atención del oyente lo esencial de la idea que se quiere comunicar, pues el concepto, la negación o la interrogación puras, aparecen desnudas de cualquier otro artificio expresivo, ya que importa más la idea en sí que el desarrollo de la misma. Antonio Gala es un dramaturgo que utiliza constantemente a lo largo de su producción dramática estos procedimientos elípticos, lo que supone un perfecto encadenamiento de habla y réplica en los diálogos de sus personajes. Los parlamentos surgen espontáneos y convincentes, sin que en ningún momento parezcan forzados en una u otra dirección por el autor. En las frase de tipo interrogativo emplea una mayor riqueza de giros que en las condicionales y la proporción de omisión de verbo es mucho más elevada. Estas frases van introducidas con mucha frecuencia por un *¿qué?*, presuponiendo la elisión de un verbo auxiliar: *ser* o *haber:* «Hortensia (que ha cogido juntos a Lorenzo y a Consuelito): Ya lo veo, ya. Y tú, *qué:* ¿te estabas lavando la cara?» (*Los buenos,* 46); «Luterio (que desea ardientemente cantar esa noche, al llegar Juan que había salido a pedir permiso al Guarda): ¿Y *qué,* Juan? ¿*Qué?» (Los verdes,* 65); la repetición del interrogativo denota la impaciencia del hablante; «A... /¿Y *qué* que los demás estén también solos? Eso no arregla demasiadas cosas» (*El caracol,* 136).

Precedido el pronombre interrogativo del adverbio temporal *ahora,* sirve para ponderar una situación pasada por relación al momento presente, no muy halagüeño para el hablante: «Cleofás: ... Ibamos a subir al altar de Dios, Lorenzo. Y *ahora* ¿*qué*? Como no sea por la puerta de servicio» (*Los buenos,* 28). La conclusión que el hablante saca del momento presente es siempre pesimista: «Hortensia: ... La de trabajos que he tenido que hacer para pagarte tu seminario ... *Y ahora ¿qué?* No puedo disfrutar ni de cuatro vainadas que se pudren de risa ahí en la iglesia» (*Los buenos,* 31). La perspectiva que se presenta al sujeto es siempre poco favorable, porque además se halla desconcertado sin saber qué decisión ha de tomar para mejorarla: «Olalla: Yo era una niña .. Y ahora *¿qué?...*» (*Las cítaras,* 32). Pero es más corriente que el verbo omitido en una oración interrogativa introducida por *qué* sea el que le precede y cuya repetición casi seguida podría causar fastidio al oyente y en la representación teatral originar cansancio al espectador con la consiguiente falta de atención. Generalmente el *qué* interrogativo va precedido por una preposición introductoria: «Tomás: (Avanzado la mano) ¿Por qué no probamos? - Paula: *¿A qué?* ¿A estarnos quietos?» (*Noviembre,* 217); «Juan (una vez que ha bajado a Ana, aterida de frío, al panteón): Ahora hay que tomar algo caliente. Pero, *¿qué?* ¡Ah!, vino» (*Los verdes,* 47), sobreentendiéndose: «¿qué tomamos?»; «La Niña (por la muñeca): También dice: «Tengo sueño». Dice dieciocho cosas distintas. - Adolescente: Y *¿para qué?* Antes sólo decían «papá» y «mamá» (*El caracol,* 167), elidido el verbo «decir» que, por otro lado, está repetido por los dos personajes, pero cuyas repeticiones son necesarias; no así la de la interrogación, por eso se elide, ganando con ello ligereza la frase. Este verbo se suprime cuando el hablante no ha oído o entendido bien lo que su interlocutor ha dicho, presentándose solo el *¿qué?*: «Consuelito (refiriéndose a las estrellas que está escarchando): Son para la que viene. - Lorenzo: (Que está algo sordo) *¿Qué?* Yo soy un poco duro de este oído» (*Los buenos,* 8); en la lengua hablada la -é se alarga y el tono de voz se eleva: quéeee.

– El pronombre interrogativo seguido del demostrativo de cualidad o cantidad *tal,* se ha convertido en una fórmula fija como pregunta por la salud o por la situación presente. Por medio de ella se espera una respuesta favorable. Se halla tan generalizada como pregunta por la salud, que puede originar un equívoco cuando se requiere la opinión del oyente sobre lo dicho o hecho por el hablante. En Gala encontramos este curioso caso: «Ordenancista (al finalizar su perorata sobre la política agraria): ... y una distribución más equitativa de los ingresos. (Respiran todos. Al Padre) *¿qué tal?* - Padre: Yo bien. *¿Y usted?*» (*El caracol,* 152), el Ordenancista pregunta la opinión del Padre sobre el discurso, no por su salud. Cuando se muestra interés por la salud o por el estado actual de una persona, se omite el verbo «encontrar o estar»: «Hortensia (sorprendiendo a Lorenzo, cuando se disponía a quitar la lápida de la tumba de Doña Leonor): *¿Qué tal,* vida? - Lorenzo: (Asustado esta vez por Hortensia) ¡Jesús!» (*Los buenos,* 53).

– La fórmula elíptica *bueno ¿y qué?* supone por un lado una afirmación implícita en el adjetivo; por otro, no se da mucha importancia a esta aseveración. Se ha de sobreentender después del interrogativo el verbo «importar, interesar» o cualquier otro sinónimo. La oración completa sería «Bueno, ¿y qué me importa?»: «Adolescente: (Cruel) Los Reyes son los padres. La Niña: *Bueno, ¿y qué?* Pero la muñeca es la muñeca» (*El caracol,* 167). «Paula (refiriéndose a las falsas graduaciones que Tomás se atribuye): ... Lo que la gente inventa, madre ... - Tomás: *Bueno, ¿y qué?* Molesto yo a alguien?» (*Noviembre,* 232).

El uso frecuente de dicha fórmula ha producido su desgaste, siendo en ocasiones suprimido el adjetivo con lo que la aseveración a lo expresado se halla implícita en la propia fórmula interrogativa elíptica, enlazándose ésta íntimamente con las palabras precedentes del otro personaje: «Madre: ... Tres hijos tuviste. Los tres se te fueron. Paula: *¿Y qué?* Estoy contenta de tener mi sangre por ahí repartida» (*Noviembre,* 243); «Hortensia (dispuesta, como siempre, a resolver ella sola las dificultades): ... No te preocupes de nada, Cleofás, que aquí tienes a tu madre. - Cleofás: *¿Y qué?* - Hortensia: ¿Cómo que *"y qué"? Que aquí la tienes»* (*Los buenos,* 32), Doña Hortensia ha captado el tono despectivo de Cleofás, lo que la ofende y hace preguntar a su vez qué quiere decir, no porque no lo haya entendido sino porque desea una rectificación; «Olalla: (Provocativa) *¿Y qué?* Así es la vida...» (*Las cítaras,* 22). Esta construcción interrogativa en la que el pronombre *qué* va precedido por una partícula de enlace posee matices de negación, ya que son como un reproche al interlocutor por una objeción previa de éste.

–.Se ha explicado la fórmula *¿a qué?* por la afición española a las apuestas (29), omitiéndose el verbo «apostar» o la perífrasis «cuánto va a ...», que estarían en el origen de la expresión elíptica, pero que el frecuente uso ha hecho que se fuera desgastando y perdiendo algunos elementos no necesarios para su comprensión. Esta pérdida de elementos, especialmente del verbo, no comporta una disminución de significado, sino al contrario: la idea expresada queda intensificada al ser presentada en primer término, desnuda de todo artificio expresivo. En alguna ocasión nuestro autor utiliza la construcción originaria en la que el verbo sigue al pronombre interrogativo, confirmando que es el deseo de apuesta el origen de este tipo de giros interrogativos: «Niño (sabiendo ya lo que el Rey va a decir en el discurso de aniversario de la coronación, porque siempre es el mismo): Si siempre dice lo mismo. ¿*Qué te apuestas* que empieza con lo del porvenir luminoso?» (*El sol*, 179). La fórmula elíptica es usada por nuestro autor preferentemente a modo de afirmación afectiva, como remate del hablante a lo que acaba de decir al mismo tiempo que procura captar la voluntad del oyente: «Paula: ... Yo soy lo único que tienes, *¿a que sí?*» *(Noviembre*, 280); «Mujer 1.ª (en el mercado, intentando adivinar la profesión de Juan, sin darle oportunidad a éste para que se explique): ... ¡Usted va con una batea llena de anillos de bombillitas! *¿a que sí?*» (*Los verdes*, 15); el hablante, como en la fórmula para interesarse por la salud *¿qué tal?*, espera una respuesta favorable, afirmativa: «Hortensia (dispuesta a montar una tómbola en la calle, para lo que le conviene contar con el apoyo de la autoridad, representada por Lorenzo): ... Tú como encargado de mantener el orden te haces cargo, *¿a qué sí?*» (*Los buenos*, 38).

– Para preguntar sobre *el precio* de un producto o de un objeto, en la lengua hablada basta con el pronombre interrogativo de cantidad *cuánto* sin necesidad de que un verbo de valor le siga: «Mujer 1.ª: ...¿Tú qué has comprado? - Mujer 2.ª: Berza. - Mujer 1.ª: Lo mismo que yo. *¿A cuánto?*» (*Los verdes*, 15).

2.2.b.3) **Oraciones consecutivas o comparativas:** Una serie de oraciones presuponen a continuación una consecutiva o comparativa para que la idea expresada por la principal alcance su significado pleno. Dicha oración consecutiva o comparativa no llega a explicitarse, porque el hablante carga de tal afectividad e intensidad el concepto de la principal que no encuentra una consecuencia o un término de comparación adecuado a esa intensificación. Este tipo de construcciones se pueden clasificar como ponderación de una cualidad o de un hecho por elisión de uno de los miembros. Estos giros de la lengua coloquial son tan frecuentes que han acabado por lexicalizarse, por lo que rara vez el hablante los siente como elípticos, al conseguir lo que pretendía: el énfasis de la idea expresada. En el teatro de Gala se registra la mayoría de estas construcciones. A veces, la *oración consecutiva* queda sólo esbozada, con lo que la intensidad de lo enunciado en la principal queda patente: «Consuelito (muy segura de sí misma desde la llegada de Lorenzo): ... Pero lo que es a la presente, tengo yo una seguridad en mi propia valía, *que ya, ya...*» (*Los buenos*, 50), la oración consecutiva sólo consta de conjunción y partícula adverbial repetida, como intensificadora de lo manifestado con anterioridad y pronunciada enfáticamente con una -á muy abierta y acentuada. El hablante suele acompañarse del gesto, consistente en el balanceo de una mano arriba y abajo a la altura del pecho y con el brazo perpendicular al mismo y casi pegado al cuerpo: «Hortensia: En eso la Iglesia es la primera. Con tantas facilidades, ha organizado unas rebajas de saldo, *que ya, ya...*» *(Los buenos,* 28), los puntos suspensivos, más que representar que la oración se siente como elíptica, indican una elevación del tono en la lengua hablada que enfatiza la partícula *ya.*

En vez de la partícula *ya, ya* repetida, la oración consecutiva elíptica puede estar representada por una exclamación que refuerza lo expresado: «Hortensia (con su lamento de persona venida a menos): ... Para saber andar por alfombras hay que haberse hecho pis encima de ellas, y yo me he hecho cada pis, *que ¡vaya con Dios!*» *(Los buenos,* 21).

– En la lengua popular el pronombre distributivo *cada,* que funciona como adjetivo, posee valor ponderativo, determinando explícita o implícitamente una oración subordinada consecutiva: «Paula (recordando los tiempos de su juventud, antes de la guerra): ... Con la fresca, en verano –día sí, día no–, nos hacíamos *cada piriñaca...*» *(Noviembre,* 233) el adjetivo refuerza la idea manifestada por el sustantivo, a continuación del cual se esperaría una oración consecutiva, representada gráficamente por los puntos suspensivos; dicha oración está sobreentendida pero no por ello la fuerza intensificadora del pronombre queda menoscabada: «Luterio (pregunta a María sobre su embarazo): Ya ve usted. ¿Y se mueve ya? - María: No para. Tira *cada* patada...» *(Los verdes,* 66). Nuestro autor utiliza a veces dicho procedimiento para conseguir un mayor efecto humorístico en las palabras de algún personaje, pues al estar simplemente sugerida la oración consecutiva cada oyente sacará su propia conclusión, siguiendo el camino abierto por el pronombre distributivo: «Cleofás (justificando su monólogo con don Jenaro, mientras le cortaba el pelo): ... Y como en la actualidad no se pueden tocar ni el fútbol ni los toros, porque se hieren muchas susceptibilidades ...» - Consuelito: Sobre todo en los toros: hay *cada* marido ...» *(Los buenos,* 26).

Dicho pronombre puede encontrarse en frase interjectiva, como ponderación del valor semántico del sustantivo a que precede, no siendo necesario sobreentender una oración consecutiva: «María (que por una costumbre supersticiosa coloca castañas debajo de la almohada para que la criatura que va a tener sea niño): ¡Yo me doy *cada* susto con las dichosas castañas!» *(Los verdes,* 67).

– **En oraciones de tipo comparativo** para intensificar una cualidad la lengua coloquial hace abundante uso de la elipsis de su segundo miembro. Originariamente ello fue debido a que el hablante, en el preciso momento de su alocución, no encontraba el «tertio comparationis» adecuado al objeto comparado. Al generalizarse esta modalidad de comparación elíptica se fue lexicalizando para realzar una cualidad, como si la comparación estuviese en su forma plena. Ahora bien, la elisión del término de comparación se produjo en los dos primeros tipos de comparación vistos: los introducidos por *tan* y *más*.

– En el habla son más frecuentes las comparaciones con *más* porque son equivalentes a las de *tan*, pero más modernas. Esto no es así en la obra de Gala, donde predominan las formas con *tan*, acaso porque las sienta más expresivas. Son muy abundantes en una pieza tan conceptual como es *«El caracol en el espejo».* «Madre: ... Porque hay algunas que con nada que se pongan están *tan cursis...» (El caracol,* 153); «A. (porque le embargan los muebles a causa de la deuda contraída por Z. al jugar a la lotería con dinero que no era suyo): ¿Qué has hecho? - Z.: Estabas *tan cansada ...» (El caracol,* 157), al mismo tiempo vale como procedimiento estilístico, que refleja el hundimiento moral del personaje y la carencia de diálogo entre los protagonistas a causa de la muralla de incomprensión que se levanta entre ellos. En ocasiones el oyente se siente influido por las palabras del hablante y emplea una construcción semejante: «Señora 2.ª: Y es que soy *tan casadera ...* - Señora 1.ª: No. ¡Es que eres *tan avariciosa ...!» (El sol,* 186), donde la intensificación de la cualidad es tal, que equivale a un superlativo, quedando la idea de comparación en un segundo término. Esta intensificación de tipo superlativo ocurre en la mayoría de los casos: «Paula: Te bajé tu trigal. No has dicho nada. - Diego: Ha crecido *tan poco...» (Noviembre,* 259); «Nina: Y mucho paro forzoso, hijo. Porque hoy se torea *tan mal...» (Los verdes,* 25). En la mayoría de los casos se podría sobreentender una oración consecutiva en vez de comparativa ya que, por lo general, sólo se busca la ponderación de la cualidad expresada por medio de este procedimiento elíptico, ya lexicalizado y generalizado en la lengua hablada y, por tanto, tan legítimo como cualquier otro.

– Como se ha indicado, nuestro autor utiliza más esporádicamente la intensificación del epíteto por medio de la construcción elíptica que responde al paradigma del segundo grupo de la comparación, o sea, la introducida por *más:* «Diego (recordando sus años de joven, anteriores a la guerra): Lo pasábamos *más bien...» (Noviembre,* 274). Si aparecen los dos términos de la comparación, la oración principal puede quedar elíptica: «Hernando: Pues, hija, *más* en cristiano *que* te lo estoy diciendo...» (*Las cítaras,* 49), se ha de sobreentender: «es ya imposible», «no te lo puedo decir».

Equivalentes a estos dos procedimientos elípticos de ponderación,originados de los dos primeros tipos de comparación, se usa otro a base del *artículo indeterminado* y que presupone, a continuación del sustantivo al que se refiere, una oración consecutiva. Esta construcción ha sido tachada de galicismo por algunos autores pero otros, como M. Seco, la explican «por un cruce entre la fórmula exclamativa *es (está) de* + adjetivo ... y oraciones no exclamativas como "es de una fineza y de una sagacidad estupendas" (Azorin)» (30). Este tipo de construcciones ya fueron señaladas al tratar de la expresión de *«Grandes cantidades»*. Nuestro autor utiliza este procedimiento intensificador casi con la misma frecuencia que el introducido por el adjetivo cuantitativo *tan:* «Paula (simulando con Diego que van a un baile): Espera que me arregle un poco, que estoy hecha *una facha...*» (Noviembre, 274), podría completarse con una oración consecutiva semejante a «que parezco...»; «Nina (aceptando también la invitación de Juan de ir a tomar café): ...Qué alegría no ir hoy a la estación. A estas horas da *una pena...*» (*Los verdes,* 28), implícita una consecutiva que especifique el resultado de la principal*: «que dan ganas de llorar»; «Lorenzo (riéndose de Consuelito, porque va con un vestido de una de las «santas mujeres» y con el turbante de pitonisa de su madre): Si no me burlo. Es que tienes *una pinta* ...» (*Los buenos,* 44), elíptica una consecutiva similar a las anteriores*: «que pareces una...». Dicha oración consecutiva aparece en alguna ocasión esbozada por la presencia de la conjunción *que* a la que siguen los puntos suspensivos: «Paula: (Por la Madre) Deben ser los primeros calores. Esta noche vamos a tener zipizape, porque ha habido *un bochorno que...*» (Noviembre, 259).

También valor enfático posee la preposición *de* seguida de adjetivo: «Dueña: ... Viven un empleado y su familia. Y la tienen *de bonita...» (Los verdes,* 19); se elide una oración comparativa introducida por *como* o una consecutiva. Al tratarse del realce de una cualidad expresada por un adjetivo éste queda intensificado en grado superlativo.

2.2.b.4) **Elisión del verbo de lengua:** La omisión se produce cuando en la frase se encuentra un elemento, bien sea un sustantivo o un adverbio, cuya presencia presupone la del verbo *decir*. Por tanto, si éste se suprime, queda implícito en el elemento que se mantiene, ganando de esta manera la frase vivacidad y agilidad. Esto sucede cuando el sustantivo *verdad* se encuentra aislado entre comas: «Luterio (explicando el deseo de cantar allí dentro para sus amigos): ... Cantar fuera, debajo de la luna, como un perro. Porque, *la verdad*, siempre se canta para alguien ...» (*Los verdes*, 62), se ha de completar «sea dicha»; «Alonso: ... Y la holandesa, buenas carnes sí que tenía, *la verdad*, salió ahí a dar de cuerpo ...» (*Las cítaras*, 23). O bien, con el adverbio derivado de este sustantivo, *verdaderamente*, u otro de significación similar: «Burgués: Y qué conversación. *Verdaderamente* en la capital hay mucho señorío» (*El caracol*, 132), se ha de sobreentender un gerundio «hablando».

En oraciones interrogativas el sustantivo va precedido de la preposición *de:* «Paula: Tu copa. - Tomás: Ponte tu otra. - Paula: *¿De verdad?» (Noviembre*, 234), omitido el verbo «decir».

La expresión *¿no es verdad?* rara vez se encuentra en su forma plena; es muy corriente que esté reducida en uno de sus dos elementos: bien el sustantivo, bien la negación. Antonio Gala emplea con mucha frecuencia ambos tipos, ya que muchas veces un personaje siente la necesidad de contar con la opinión favorable de otro para proseguir su parlamento: «Madre: Podríamos decir tantas cosas ... Pero no vamos a hacerlo, *¿verdad?» (El caracol*, 123); «Reina: ... Dijo que el pueblo espera en mí, *¿verdad? (El sol*, 184), aludiendo a la conversación que había mantenido con el Republicano; «Diego: A nadie que dependa tanto de tí *¿verdad?* Eso es lo que quieres decir» (*Noviembre*, 280); «Juan: (describiendo a sus amigos el panorama del cementerio a la puesta del sol): ... Y por las tardes, se va poniendo todo tan bonito, de color naranja o morado. *¿Verdad*, señora?» (*Los verdes*, 41); «Hortensia: ... (A Lorenzo) Creo que estarás conforme conmigo en todo, *¿verdad?* En todo» (*Los buenos*, 38); «Jimena: Qué bonito, *¿verdad? (Anillos*, 39). Es también un recurso del hablante para hacer participar al oyente de una forma más directa en el diálogo.

En otros muchos casos la expresión *¿no es verdad?* se encuentra en su forma elíptica representada por el adverbio de negación y no por el sustantivo. Este tipo de elisión es tan frecuente en la obra de Gala como el anterior. Los ejemplos son muy abundantes: «Juan (hablando por primera vez con los Mendigos) Este es un país pobre, *¿no?» (Los verdes*, 24); «Diego: Estaba solo y... - Paula: Te mirabas para hacerte compañía, *¿no?» (Noviembre*, 241); «Dama 1.ª: ... Siempre van de gris o de pardo. Es el color de pobre, *¿no?» (El sol*, 179). Cuando el personaje duda, tiene valor de pregunta más que de afirmación: «Mariveinte: ... Está vivo. Ha perdido el color, pero está vivo, *¿no?» (Las* *cítaras,* 10), esta muchacha no está completamente segura de que el cerdo esté muerto del todo, porque aún tiene algunos espasmos. El hablante busca con este *¿no?* interrogativo la conformidad del interlocutor y por eso cuando no obtiene respuesta, ya sea oral o por medio del gesto, insiste en su pregunta: «El Joven: También nosotros tendremos el nuestro [nido]. Y un niño dentro *¿no?* (Pausa) *¿No?» (El caracol,* 142).

Equivalente de éstas es la partícula *¿eh?* como interrogación: «Manuel (que ha llegado al panteón mientras Juan se encontraba fuera en busca del Guarda): Frío, *¿eh?,* Juan» *(Los verdes,* 65); «Hortensia (levantada ya la lápida de la tumba de Doña Leonor): Huy, la condesa, qué manera de hundirse. Está deshecha, *¿eh?» (Los buenos,* 55); en ambos casos se podría sustituir por *¿verdad?* o *¿no?*

2.2.c) Otras omisiones frecuentes:

– Con la forma elíptica introducida por el adverbio demostrativo de lugar *allá,* seguido de un pronombre personal que indica la persona a la que se refiere el hablante, éste expresa despreocupación por la opinión o la situación de su interlocutor con el sentido de «no es asunto mío», «me tiene sin cuidado». El giro es elíptico, puesto que entre el adverbio *allí* y el pronombre personal se ha omitido una expresión verbal del tipo: «se las arregle, se las componga, se las ingenie», y otras de significación parecida: «Madre (dando los datos personales de su hija al Portero): ... En cuanto al pelo, siempre le he dicho que no me gusta el tinte que usa: *allá ella» (El caracol,* 124). Queda de manifiesto la intención del hablante de no discutir sobre un asunto que no le va ni le viene; «Tomás: Pues yo no me quito [el uniforme]. - Paula: *Allá tú.* Pero así lo que pareces es un cura nuevo con la boina de requeté» *(Noviembre,* 238). Se deduce que, aunque el hablante no tiene el más mínimo interés en discutir, su opinión es contraria a la de su interlocutor.

– El adverbio *bien* es omitido en situaciones en las que se recaba la opinión afirmativa del oyente para una propuesta; lógicamente esto sucede en oraciones interrogativas, en las que el verbo es *parecer:* «Dama 1.ª: Oye, también podríamos organizar una liga antialcohólica. - Dama 2.ª: Eso es más para señoras mayores, *¿no te parece?» (El sol,* 180). El mismo valor tiene el verbo *hacer* en esta clase de giros en los que el adverbio *bien* está elidido: «Juan (la primera tarde que invitó a María y a Manuel a bajar a su panteón): *¿Os hace* un poco de café? Estaba haciéndomelo yo. Sentaros.» *(Los verdes,* 35). O bien, en oraciones condicionales introducidas por la partícula *sí:* «María:

Hablemos de otra cosa, mamá, *si te parece* ...» (*Anillos,* 40), los puntos suspensivos dejan abierta la puerta a la respuesta del oyente por lo que en cierta medida posee un valor interrogativo.

También se refuerza la propia opinión mediante la fórmula elíptica constituida por el adverbio de negación *no* y el verbo *creer* en forma personal. Es un procedimiento por medio del cual el hablante se anticipa a posibles objeciones que el interlocutor pueda hacerle. Es elíptica esta fórmula, porque hay que completarla con *que no + concepto verbal* (31): «Dueña (comentando cómo alguno se aprovecha en la misa para tocarla): Ay, pero nunca pasan de las pantorrillas. *No creas,* hija» (*Los verdes,* 55). Puede preceder a la aseveración previniendo al oyente u oyentes que lo que se va a decir, por poco creíble que parezca, es completamente cierto: «A. (en un arrebato de locura cree que es una gran actriz): ... Ah, *no crean, no crean:* un estreno es siempre peligroso.» (*El caracol,* 154), por otra parte, su repetición refuerza la certeza de lo que se dice a continuación. El verbo *creer* puede ser sustituido por otro de entendimiento como *figurarse, imaginarse* o uno de lengua, sin que por ello varíe el valor semántico del giro: «Dama 1.ª (proyectando con Dama 2.ª obras de caridad que les sirva como distracción en su aburrida vida): ... Sobre todo a ellas. Porque *no me digas,* para unos estampaditos ya tendrán» (*El sol,* 179).

El fenómeno de la elisión es uno de los principales recursos lingüísticos que permiten considerar en su verdadera dimensión la trabazón de los diálogos de los personajes en la producción dramática de Antonio Gala. Las palabras pronunciadas por uno de ellos son omitidas por innecesarias por el otro, evitándose al mismo tiempo repeticiones enojosas que entorpercerían el diálogo y le harían perder vivacidad y agilidad. A veces no se trata de omisiones propiamente dichas, sino más bien de construcciones que se apartan de la norma establecida al no contar con todos sus elementos. Ello puede ser debido a la emoción que embargue el ánimo del hablante o a la afectividad, factores que impiden hablar de manera lógica y normativa. Estos elementos que no están presentes en una frase de tipo impresionista, no son elípticos puesto que la oración está construida de manera subjetiva, no lógica, y por tanto, no responde a un paradigma básico en el que sus distintos miembros fueran necesarios para la comunicación.

En cuanto a las elipsis propiamente tales, en las que el elemento omitido se encontraba en la frase originaria y era sentido como imprescindible en la construcción gramatical de la misma, nuestro autor no emplea en abundancia la supresión de sustantivos. Entre este tipo de elisiones son más frecuentes las calificadas como *propias,* en las que el sustantivo desaparecido no deja ningún vestigio. No obstante, Gala se atiene a formas muy extendidas de la lengua hablada, algunas ya tan estereotipadas que no son consideradas como elípticas, como la denominación de los trenes por el determinativo correspondientes: *el correo, el expreso, el talgo,* etc.

Las omisiones calificadas como *impropias,* aquellas que dejan el pronombre femenino como representante suyo al lado de los elementos no suprimidos, son muy escasas en las piezas dramáticas de nuestro autor. Los casos registrados tienen como verbo de la oración a *dar,* frecuentísimo en este tipo de giros. La esporádica presencia de las elisiones impropias tiene su explicación en su peculiar estilo. Su forma de escribir teatro es impresionista. Al hacer hablar a un personaje coloca en primer término la palabra o palabras que sintetizan su idea; luego el resto del parlamento es dar vueltas en forma de espiral sobre ella, siendo cada vez de menor diámetro si la idea base era vaga y necesitase ir hacia la esencia de la misma por un movimiento de reducción; si el concepto originario es muy concreto, las espirales se irán ampliando a fin de dar cabida a conceptos más generales que lo expliquen o expliquen otras situaciones. Por lo tanto es muy frecuente que en cada espiral el término que designe a dicha idea sea repetido; de ahí que las elipsis impropias sólo tengan lugar en réplicas cortas que se adaptan a modismos del habla popular.

Es precisamente este estilo impresionista de Antonio Gala el que explica la supresión del *verbo,* en un intento de centrar la atención del oyente sobre los elementos nominales de la oración, interesándole más la idea en sí que su realización. Las oraciones que se prestan a una omisión del verbo, sin peligro de que la comunicación sufra alteración alguna, son *las negativas,* y las que eliden la oración son las *consecutivas o comparativas* y, sobre todo, las *interrogativas.* Estas son las más abundantes no sólo por el número de casos registrados sino también por su variedad. Entre las negativas predominan las condicionales introducidas por *si no,* seguidas de las finales hipotéticas. Las que llevan implícita una consecutiva o comparativa está más igualadas pues, además, en muchos casos es difícil, por no decir imposible, determinar si la oración elidida es de una u otra clase dado que las dos posibilidades son factibles.

(1) Véase Emilio Alarcos, «Fonología Española», págs. 31, 32.

(2) Véase Manuel Seco, «Arniches y el habla de Madrid», pág. 229.

(3) La albahaca es una planta aromática que se cultiva en los jardines, con tallos ramosos y velludos. Gala la utiliza metafóricamente para designar la belleza del pelo de Paula cuando era joven.

(4) Véase Manuel Seco, «Diccionario de dudas de la lengua española».

(5) Véase Beinhauer, ob. cit., pág. 302.

(6) Véase «Gramática estructural», E. Alarcos, págs. 65 y 93.

(7) Gabriel María Vergara Martín, «Voces segovianas», en Rev. de Dialectología y Tradiciones Populares, II, 1946, cuaderno 4.º; Beinhauer, ob. cit., pág. 88, n.º 106.

(8) García de Diego, «Lingüística», pág. 353.

(9) Véase W. Beinhaer, ob. cit., pág. 206.

(10) Utiliza la denominación «gradación afectiva», porque se refiere al contenido de los sufijos o cualquier otro tipo de morfemas que varíen subjetivamente el significado de la palabra en cuestión, bien sea intensificándolo o bien debilitándolo.

(11) Se utiliza la terminología de Manuel Seco, «Gramática esencial del español», pág. 187.

(12) Menéndez Pidal, «Gramática histórica», pág. 221.

(13) Véase W. Beinhauer, ob. cit., pág. 218, y Seco «Arniches y el habla de Madrid», pág. 88.

(14) Amado Alonso, «Noción, emoción, acción y fantasía en los diminutivos», ob. cit., pág. 95, y Beinhauer, ob. cit. pág. 238, n.º 121.

(15) Véase W. Beinhauer, «Español coloquial», pág. 248.

(16) Véase W. Beinhauer, ob. cit., pág. 249.

(17) Algunas otras acepciones similares recoge M. Seco, en «Arniches y el habla de Madrid», pág. 321.

(18) M. Seco señala otras acepciones de esta palabra: «Mujer de mala conducta» y «ropa femenina de poco precio», «Arniches ...», pág. 465; con este significado está relacionada nuestra acepción.

(19) Véase Beinhauer, ob. cit., pág. 264.

(20) Según el Diccionario de la Real Academia.

(21) Para la expresiones de ruego y mandato en la lengua coloquial, véase más adelante, pág. el último capítulo.

(22) Spitzer, cito por Beinhauer, pág. 295.

(23) Véase Beinhauer, ob. cit., pág. 296.

(24) Caballero, Ramón, «Diccionario de Modismos», Madrid, 1905.

(25) Véase M. Seco: «Arniches y el habla de Madrid», pág. 193.

(26) Véase M. Seco, ob. cit., pág. 193.

(27) Véase Beinhauer, ob. cit., pág. 319.

(28) Véase M. Seco, «Diccionario de dudas de la lengua española».

(29) Véase Beinhauer, ob. cit., pág. 326.

(30) M. Seco, «Diccionario de dudas de la lengua española», véase un.

(31) Véase Beinhauer, ob. cit. 328.

E) PERIFRASIS VERBALES DENOTADORAS DE LA PERSPECTIVA TEMPORAL DEL PRESENTE

Antes de iniciar el estudio de las construcciones que la lengua ha creado para reflejar, de una manera adecuada a como la siente el hablante, la perspectiva temporal sustituyendo en determinadas ocasiones los viejos paradigmas del verbo por giros de estructura perifrástica, se ha de delimitar el campo de estudio, especificando el material objeto del mismo y el punto de vista desde el que ha de enfocarse.

En *la acotación de los límites* se van a considerar aquellas *perífrasis,* en las cuales el verbo en forma personal es *un verbo de movimiento* o, incluso algunos *de reposo y posición,* seguido de una *forma no personal:* infinitivo, participio o gerundio. Se trata, por tanto, de un punto de vista en que morfología y sintaxis se entrecruzan, dejando a un lado el aspecto semasialógico de la perífrasis pues, aunque en ocasiones se produzcan cambios de significado, específicos de la combinación y en los cuales se funden en un todo único los significados de sus componentes, se prescindirá de esta faceta de contenido para centrar el análisis exclusivamente en la perspectiva temporal a que las mismas hacen referencia. Condición indispensable para que puedan funcionar como paradigmas temporales, análogos a los tradicionales de la lengua, es *su completa y total gramaticalización: el verbo de movimiento* pierde su valor léxico y desempeña una *función* meramente *formal:* la de expresar las categorías gramaticales de la perífrasis puesto que la forma no personal –infinitivo, gerundio y participio– es incapaz, por su propia estructura, de cumplir con tales exigencias y es en dicha *forma no personal* donde radica *el valor semántico* de la nueva estructura de modo que sin su presencia la comunicación no se produce.

Pero ambos elementos se fusionan en un todo en el que pierden sus características específicas en beneficio de un significado global, en el que se presentan matices diferentes a los que cada uno de ellos pudiera tener por separado. Asimismo hay que destacar dos facetas que se deducen de estas construcciones, referidas a cada uno de sus elementos integrantes:

a) La tendencia del hablante, reflejada por la lengua, a representarse gran cantidad de actividades y de sucesos en movimiento interno, determinando la unidad del giro, ya que en su valor expresivo restan algunos elementos representacionales de movimiento.

b) El carácter verbal de las formas no personales: del infinitivo, participio y gerundio.

Estas perífrasis son sentidas como tales, puesto que no admiten las formas compuestas del verbo en forma personal.

Es difícil acotar la perspectiva temporal de una forma verbal: *el presente.* Ello se debe a que el devenir del tiempo no presenta límites precisos y eso sin contar con el llamado tiempo psicológico, pues ya Jespersen, al tratar del *inclusive time,* señaló la fusión de la idea de presente con la de pasado, la de un pretérito con la de antepretérito, y la de futuro con la de antefuturo en una misma forma verbal (1). Así, según el tiempo del verbo de movimiento –presente, imperfecto o futuro– se concretará la realización del suceso en una determinada zona temporal aunque con un denominador común: la no conclusión del mismo que procede del *aspecto «imperfectivo» de la perífrasis.* Con otras palabras: lo que se va a considerar es *la expansión del presente tradicional en las tres líneas del tiempo:* pasado, presente y futuro.

En resumen y utilizando la terminología tradicional podría decirse que *el verbo de movimiento es la desinencia,* ya que es el portador de los morfemas verbales, mientras que *la forma no personal podría ser considerada como la raíz,* que conlleva el núcleo léxico de la expresión pero que necesita de otro elemento para funcionar como sintagma verbal.

El presente de indicativo es, sin duda, el tiempo más complejo para la expresión del tiempo, a causa de que puede aplicarse a sucesos ocurridos en cualquiera de las tres zonas temporales si el hablante considera que el acontecimiento o estado anímico a que se refiere está comprendido en el momento en que se habla, no siendo necesario para ello su simultaneidad con el acto de la palabra. O sea, que el presente tiene una parte de futuro y otra de pasado. Es lo que Jespersen sistematizó de una manera estructuralista al estudiar lo que el llamó el *inclusive time.* Por otro lado, Alarcos siguiendo las doctrinas de la escuela de Copehague, lo considera como forma simple *irremotospectiva,* al no indicar tiempo realizado, e *improspectiva,* ya que tampoco alude a la virtualidad del tiempo. En cuanto al *aspecto* si bien algunos autores, como H. Weinrich (2), hayan negado su existencia como morfema verbal, el presente es imperfectivo como toda forma simple, aunque no del mismo modo que el imperfecto. Concepto fundamental para encasillar algunas de las perífrasis que se van a estudiar ya sea dentro del presente ya sea en el perfecto.

Antes de pasar a considerar la expansión del presente tanto hacia el pasado como hacia el futuro, se ilustrará con algunos ejemplos espigados en la obra de Antonio Gala cómo este trasvase temporal en uno u otro sentido se ha producido y se produce en la forma tradicional de presente, por lo que las construcciones perifrásticas no añaden nada nuevo en este sentido sino que únicamente remozan las viejas fórmulas en cuanto a su expresión. Así, un hecho reiterado es comunicado por medio del *presente,* calificado por algunos autores como *habitual,* abarcando tanto un período del pasado como del futuro: «Burgués (a Mujer Sola con la que mantiene relaciones secretas): *Yo engaño* contigo a mi mujer dos veces por semana ...» (*El caracol,* 139). En ocasiones el tiempo psicológico está patente en una comunicación cuando se produce el contraste entre el presente y el pretérito perfecto, imperfectivo frente a perfectivo, acción no acabada frente a ya acabada aunque inmersa aún en la perspectiva del presente: «Mujer Sola (mostrando el mar): ¿Lo ve? - Marinero (Pausa): Sí. Lo veo. *Lo he visto» (El caracol,* 151), empleado este contraste como un recurso estilístico por Gala: el personaje ha soñado durante toda su vida con ver el mar, lo ha idealizado de tal modo que cuando, por fin, lo ve en la realidad, sin esperarlo, sin estar preparado para ese momento, queda defraudado. Lingüísticamente, esta desilusión del personaje es reflejada por el contraste de tiempos: el presente indica el acto concreto de ver el mar; pero se opera en su ánimo un estado de decepción que, emocionalmente, da por terminado un acto que había de causarle placer; es decir, traslada al pasado un hecho que aún está viviendo al intervenir el tiempo psicológico con cuya óptica el hablante lo percibe.

Asimismo para la expresión de *un acontecimiento que ha de ocurrir* después de la comunicación se emplea el presente, ya que dicho momento se considera como comprendido en la zona temporal actual: «Tomás: Yo te traía una carta (Se la da).- Paula: ¿De quién es? - Tomás: *Luego* la *lees» (Noviembre,* 234), el adverbio de tiempo *luego* , un tanto impreciso en la especificación del momento, se opone al *ahora* del presente, aludiendo a un tiempo venidero pero ligado al actual: «Lorenzo (por zafarse del acoso a que le tiene sometido doña Hortensia, busca una disculpa para salir de allí): Y yo tengo que ponerme el uniforme. Lo siento, pero *a las ocho entro* de retén» (*Los buenos,* 27), ha de pasar cierto tiempo para que ocurra lo que ha dicho, y sin embargo lo considera comprendido en el momento actual al incluirlo en una unidad de tiempo superior: el día. Por esta misma razón, y por la proyección de futuro que tiene toda expresión de ruego o mandato, de realizar algo con posterioridad a su enunciación, es frecuente el uso del presente en esta función, como se verá más adelante. Algunos gramáticos lo califican «presente de obligación».

Si bien una misión privativa de los tiempos irreales son *las fórmulas de conjeturas,* en algunas ocasiones aparece el presente de indicativo en sustitución de ellos: «Vieja: ... Y no beba usted más, abuelo; lo que le *vendría* bien *es* un buen puchero de jengibre» (*El sol,* 195), en lugar del potencial *sería* que es el que habría de esperarse como anuncia el verbo *vendría* que le precede, produciéndose la no concordancia temporal; «Hortensia: ... (Por la botella) Me llevo esto por si *refresca* o por si *conviene* convidar a alguien» (*Los buenos,* 50), verbos que habrían de ir en imperfecto de subjuntivo en vez de en presente de indicativo por hallarse en la prótasis de un período hipotético de posibilidad o conjetura: «Vieja: (a la Muchacha, porque se aproxima el momento de entrar en la cárcel y ella va a ir a su casa a por su aguardiente): Contesta tú por mí cuando pasen lista. Y *si preguntan,* que ya *vuelvo*» (*El sol,* 209); «Tomás (enunciando una verdad válida para la idiosincrasia española): ... Tenemos que estar solos. Si nos *atacan* de fuera, *nos juntamos*» (*Noviembre,* 238), justificado también el empleo del presente porque, a pesar de la estructura condicional, se manifiesta un hecho repetido, cayendo de esta manera en lo que algunos califican como presente habitual. Este es el caso del siguiente ejemplo: «Cleofás: (por Lorenzo que, una vez descubierto, ha huido llevándose los ahorros de la familia y dejando embarazada a Consuelito): ... Los arribistas *siempre* son así: pescan a río revuelto. *Si cambia* la corriente *se mudan* de chaqueta» (*Los buenos,* 70), la presencia del adverbio de tiempo *siempre* desliga la frase de toda referencia temporal, presentándola como algo que ha ocurrido y puede ocurrir en cualquier momento. En otras ocasiones se trata de un hecho que puede ocurrir en el porvenir: «Muchacho (que ha dado a Nina un billete extranjero para que se lo cambie): ... No te lo vayan a quitar, que hay muy mala gente. - Nina: Descuida. *Si puedo,* te lo *cambio*» (*Los verdes,* 23).

Se ha de destacar la invasión del presente para los usos que tradicionalmente estaban encomendados al futuro en evidente retroceso en la lengua hablada, pues aparte de los casos examinados, quedan por ver aquellos empleados en las expresiones de ruego y mandato y los que están constituidos por varios elementos, o sea, las perífrasis verbales, en especial *ir* + infinitivo con valor de intencionalidad. Además se debe resaltar en la obra de Gala la frecuencia con que aparece dicho tiempo en condicionales de futuro, frente a su ausencia en el mismo tipo de oraciones referidas al pasado en las que el valor hipotético es mayor. Ello está motivado por la acción de las obras que se desarrolla a partir de un momento dado, avanzado en el tiempo; pero produciéndose en ocasiones retrocesos a tiempos pretéritos a modo de recuerdos que pueden explicar la situación presente.

Perífrasis denotadoras de la expansión del presente hacia el futuro y hacia el pasado: Para que posean este valor es necesario su total gramaticalización; y el hecho de que consten de dos elementos diferenciados, cada uno de ellos cumpliendo una misión específica, podría inducirnos a deducir que el verbo de movimiento o de situación es el portador de las categorías gramaticales de la expresión, mientras que la forma no personal sería la que llevara el valor léxico de la misma. Sin embargo, se trata de un fenómeno mucho más complejo ya que el carácter perfectivo o imperfectivo del primer miembro influye en la determinación del *modo de acción* de la expresión; y por su parte, el segundo apunta también en la misma dirección: refiriéndose o no al término de la acción. De manera que, si bien es frecuente que ambos elementos se refieren o no a la conclusión del proceso, en algunos casos pueden entrar en colisión al aludir uno al resultado de la acción y el otro no como sucede, por ejemplo, en la perífrasis formada por *acabar de* + *infinitivo,* en la que predomina el valor perfectivo del primero sobre el imperfectivo del segundo, por lo que hay que incluirla en una zona temporal dentro del presente o pasado próximo y que indique su fin: *el pretérito perfecto.* Es decir, que el verbo en forma personal, aunque está especializado en estas construcciones para expresar los morfemas verbales de la misma, no obstante su significación propia matiza el valor perfectivo o imperfectivo del segundo elemento, aportando un vestigio de su valor semántico: idea de movimiento o de posición. Así, cuando van seguidos de *participio,* los verbos *ir, llevar, venir* y *estar* funcionan como auxiliares intransitivos para manifestar la conclusión de una acción en perífrasis perfectivas. Por el contrario, *andar* por su significado durativo de movimiento confiere más bien un carácter imperfectivo a la expresión. Sin embargo, si determinan a *un gerundio o a un infinitivo,* debido a la relación temporal de estas formas que no indican término del proceso, poseen por lo general un carácter imperfectivo o durativo las primeras mientras que las de infinitivo, por no referirse a la cuestión del término, es suceptible de poseer valores muy diversos, la mayoría de carácter durativo pero también, como se ha señalado en las perífrasis de *acabar de + infinitivo,* algunas de ellas poseen un valor perfectivo, conclusivo. De esto se deduce que las formas no personales, que tienen como misión fundamental ser las portadoras de la idea semántica de la perífrasis, poseen como función secundaria derivada de su categoría gramatical el establecer una referencia en relación al tiempo del proceso.

Teniendo en cuenta los valores de las formas no personales en relación con el término de la acción y que puede variar su carácter perfectivo o imperfectivo en sentido contrario, se agruparán dichas construcciones recogidas en la obra de Gala según el verbo en forma personal: *ir, venir, llevar, acabar de* y *estar,* que contribuyen a que la acción a la cual alude la forma no personal sea presentada por el hablante de una manera más plástica y expresiva.

I. **EL VERBO IR:** Funcionando como auxiliar intransitivo en estas perífrasis se encuentra totalmente gramaticalizado, aunque reste algo de su valor semántico propio de movimiento; es susceptible, además, de ser empleado como auxiliar para cualquiera de las tres clases de formas no personales: infinitivo, gerundio y participio. Debido a la referencia o no al término del proceso que dichas formas llevan implícitas y por el significado del verbo *ir,* que indica que se está ejecutando, aún cuando se haya cumplido ya una parte del mismo −en las construcciones con participio−, son muy abundantes la perífrasis con las otras dos formas: infinitivo y gerundio, especialmente con la primera por tener un sentido neutro respecto al límite de la acción.

1) **Ir + infinitivo:** Son las expresiones más frecuentes en la obra de Gala para manifestar el hablante su *intención* de realizar lo manifestado a continuación o en tiempo posterior pero siempre ligado al momento de la palabra. Ello se explica, como ya se señaló al comienzo de este apartado, por la ausencia de referencia temporal del presente, pudiendo extenderse a cualquiera de las zonas; de ahí su proyección de futuro. Para expresar dicha proyección por medio de una perífrasis con *ir* el miembro significativo de la misma ha de ser *el infinitivo,* porque no habiendo comenzado aún el proceso

presenta *un valor progresivo,* una perspectiva de realización.

a) Cuando se trata de un hecho a realizar por el propio hablante posee *un matiz de intencionalidad* o propósito de cumplir lo que acaba de comunicar. Es tan claro el valor de futuro de esta perífrasis, pero de un futuro unido al presente, que en ocasiones la misma idea es expresada alternativamente con el verbo en futuro y con la construcción a base de *ir,* la cual añade a la idea de futuro la de la intencionalidad y la de acercamiento al presente: «Juan: ... (A Luterio) Yo tengo mi proyecto. Ya *le contaré. Se lo voy a contar» (Los verdes,* 28); estilísticamente nuestro autor refleja la rápida evolución psicológica de simpatía del protagonista hacia su interlocutor mediante la repetición de la misma idea bajo una estructura diferente. Sin embargo, son más abundantes los casos en que se expresa la intencionalidad del hablante: «Paula (a la que Tomás le ha regalado una hermosa naranja): ... Tengo hambre. *Voy a comerme* la naranja *ahora mismo,* yo sola» *(Noviembre,* 270). Cuando el contexto es aclarador, y en la escena el actor ejecuta lo que dice, no es necesario que se aluda al tiempo cuando éste es el presente: «Dama 1.ª (al final de la obra, los cortesanos expolian el palacio real antes de huir): *Voy a llevarme* este jarrón. Aquí no serviría y me gustaba tanto ...» *(El sol,* 225).

Cuando el deseo del hablante ha de cumplirse en tiempo posterior, sin relación alguna con el momento presente, suele haber una referencia que lo especifique: «Cleofás (intentando convencer a Consuelito de que nada ha cambiado, que todo sigue igual): ... *Mañana vamos a coger* una mesa y una escoba y *hacemos* zafarrancho ¿quieres?» *(Los buenos,* 62), la primera oración con el verbo de movimiento en presente condiciona en cierta medida el de la segunda, el cual se esperaría que estuviese en futuro. Si predomina el valor de intencionalidad de la perífrasis no es necesario que se aluda al tiempo en que el sujeto ha de poner en práctica su voluntad; puede tratarse de un momento más o menos próximo: «Hortensia (deseando intimar con Lorenzo para lo cual es conveniente suprimir todo tratamiento de respeto): ... *Voy a llamarte* de tu. Es más razonable dando que *vamos a ser* tan buenos amigos» *(Los buenos,* 33), en donde en la primera construcción predomina el matiz de intencionalidad, mientras que en la segunda se produce ya cierto equilibrio con la idea de futuro; «Viejo (porque durante la noche en la cárcel, la Vieja le roba los huevos de su gallina): Aprovechada vieja traga huevos. A Gulliver se lo *voy a contar» (El sol,* 209), en que la intencionalidad de comunicar al gigante la mala acción del otro personaje ha de ser inminente. Otras veces, el momento de cumplir el hablante su proyecto es visto como lejano o incluso hipotético:

«Paula (a fin de distraer a su marido y tener una esperanza para poder seguir viviendo en aquel agujero, le promete ir a divertirse, celebrando una comida con manjares que no hayan probado nunca): *Vamos a ir* a un sitio que yo sé y *vamos a comer* ... gambas con gabardina» (*Noviembre*, 258). Asimismo, puede desempeñar esta perífrasis funciones propias de presente, como la manifestación de un hecho repetido o habitual: «Madre (advirtiendo a su hija de la escasa vida amorosa en el matrimonio): ...Y cuando *vas a abrir* la puerta, ya los oyes roncar» (*El caracol*, 141).

b) Si el personaje manifiesta no la propia intención sino la del interlocutor, indica más bien la disposición de éste a hacer algo en un momento más o menos inmediato: «Señora 1.ª (por la Extraviada que ha pedido fuego al Republicano, a modo de estratagema para entablar conversación con él): ¡Hay que ver qué grosería! *Va a fumar* delante de los Reyes» (*El sol*, 187), en tercera persona, ya que se trata de la mera exposición de un hecho que alguien está a punto de realizar. En segunda si el hablante se dirige al oyente, refiriéndose a algún asunto que afecta a él solo o a ambos: «Alfonso (a Jimena que se dispone a contar muchas de las acciones del monarca respecto a sus hermanos) Seguro que *vas a empezar* a contar enredos familiares; es una de tus tontas manías» (*Anillos*, 89). Lo mismo ocurre cuando es un suceso o un hecho en el que el hablante no interviene sino que se comporta como simple espectador de lo que pasa a su alrededor. A causa del carácter progresivo de la perífrasis tanto por el verbo de movimiento como por el infinitivo se utiliza para anunciar algo que va a suceder. La idea de tiempo puede ser más o menos abstracta aunque siempre referida a una zona próxima al presente: «Republicano (a la Reina): ... Esos que esperan. Para ellos *va a amanecer* la libertad» (*El sol*, 220); «Alonso (a Lázaro que le ha roto la vara de alcalde con la que ha pegado al viejo Marcos): Estos dos trozos te *van a atravesar*, Lázaro Ayala» (*Las cítaras*, 86). Pero es más frecuente que se aluda al período de tiempo que sigue a la locución y, por tanto, dentro del período temporal actual: «La Niña: (porque su muñeca no cierra los ojos y a la que el Muchacho se ha ofrecido arreglársela): ... Ten cuidado. (Al muñeco) Papá te *va a dormir*» (*El caracol*, 164); «Rey (que en determinados momentos de la acción explica a los espectadores el significado simbólico de la misma): ... Bueno, *el momento ha llegado. Va a comenzar* una extraña maniobra: el relevo de presos» (*El sol*, 207). Cuando el hablante no conoce con exactitud el instante en que se producirá lo que manifiesta, pero supone que ha de ser pronto, emplea la locución temporal *de un momento a otro* para determinar a la perífrasis:

«Guarda (pidiendo a Juan y a sus amigos que abandonen el cementerio, porque han sido descubiertos): ... Los guardias lo saben. *Van a venir* a registrar. Lo saben todo. *Van a venir de un momento a otro» (Los verdes,* 79), en que el nerviosismo e inquietud así como el apremio queda reflejado por la repetición insistente de la idea que le obsesiona: la de que los guardias van a acudir a inspeccionar el lugar.

Por ir implícita ya en la perífrasis la noción de un tiempo próximo al presente huelga toda otra indicación temporal, a no ser para reforzar la idea de inmediatez. Sin embargo, es necesaria cuando el período de tiempo en el que ha de suceder lo que se comunica no es inmediato al acto de hablar sino ya desligado de la zona temporal del presente: «Madre (loca de amor, está obsesionada por la muerte de un tal Dionisio, días antes de finalizar la guerra): ... Si *pasado mañana va a terminar* la guerra» (*Noviembre,* 240). Cuando se trata de algo que afecta al hablante ya que es el sujeto pasivo de la idea expresada por el infinitivo, el verbo de movimiento va en primera persona: «Solterona (que va a descubrir al Marinero su gran secreto: que ella es virgen): Sé que si se lo digo *voy a desmerecer* ante sus ojos» (*El caracol,* 140), en donde el valor de la perífrasis, su ausencia de intencionalidad viene condicionada por la idea léxica del infinitivo. Una vez más el significado del verbo, en esta ocasión de la forma no personal, determina el sentido de toda la construcción.

c) Si el hablante se refiere a *tiempo pasado,* en vez del presente, para el verbo de movimiento se emplea *el imperfecto,* en el que perdura su valor de indicación de una acción pasada pero no concluida. Algunos gramáticos han definido el imperfecto como «presente del pasado»: «Cleofás (añorando los años de seminario): ... *Íbamos a subir* al altar de Dios, Lorenzo» (*Los buenos,* 28), donde también reside el matiz de intencionalidad que esta construcción conlleva pero en tiempo pretérito; «Madre (previniendo a su hija de las dificultades del embarazo): Cuando tú *ibas a nacer* caí por una escalera» (*El caracol,* 139); «Minaya (recordando la primera vez que vio a Jimena, cuando ella iba a casarse con Rodrigo Díaz): ... Que toda mi vida *iba a consistir* en llegar el segundo ...» (*Anillos,* 55); en este caso tiene valor de futuro en el pasado o futuro irreal. De la noción de no conclusión de un hecho pasado, inherente a todo imperfecto, se pasa en estos giros a la idea de iniciación de dicho acontecimiento; es decir, que se refiere a un momento anterior al que alude el imperfecto.

Con el verbo *ir* en *perfecto simple* las construcciones son esporádicas tanto en la lengua hablada como en la obra teatral de Gala. Ello se debe a que dicho tiempo indica el término del proceso comunicado, idea que choca con la de intencionalidad implícita en la perífrasis, que queda prácticamente anulada: «Nina (narrando algo sucedido en aquella ciudad): ... El otro día un conocido mío *fue a morirse,* en señal de protesta, en el salón de sesiones del Ayuntamiento» (*Los verdes,* 27); la gramaticalización de la perífrasis es escasa porque, como se ha señalado, la noción de la misma y la del tiempo del verbo en forma personal se excluyen mutamente. Por eso también el valor léxico de la idea de movimiento se halla presente con gran fuerza, no es un vago recuerdo de dicha idea como en los casos de gramaticalización.

d) Asimismo para *la zona temporal del futuro* aparecen casos con el verbo de movimiento en este tiempo, a pesar de que la perífrasis en presente posee en sí esa noción: «Juan (debido a la necesidad imperiosa que Luterio tiene de cantar aquella noche): Bueno, bueno. *Iré a ver* al guarda. *Le contaré* lo que hay» (*Los verdes,* 61), el uso de *iré* en lugar de *voy,* que se esperaría, se explica porque el hablante ha de actuar en cierta forma, si no en contra de su voluntad, sí un poco en desacuerdo con ella, y considera la acción a emprender como alejada en su aprecio aunque haya de realizarla enseguida. Es decir, lo mismo que con el presente se expresa el interés del hablante en un proceso dado, con el futuro se indica su alejamiento psicológico respecto al mismo. Por otro lado, el grado de intencionalidad es menor puesto que su voluntad está mediatizada por la de su interlocutor: no cumple lo que el propio hablante desea, sino lo que aquél le induce.

También cuando se trata de *una conjetura* el primer elemento verbal de la perífrasis suele ir en presente. No obstante, en determinadas circunstancias puede aparecer en *futuro:* «Alcalde (al comienzo de la obra, dialogando con Juan, quien se ha detenido a la vera del camino para pensar): Pero *supongo* que no *irá usted a quedarse* ahí, debajo de ese árbol, toda la vida...» (*Los verdes,* 11), ejemplo que visto con la óptica de la explicación dada para el anterior refleja el reproche del hablante para con una actitud con la que no está de acuerdo, de ahí que, lingüísticamente, se indique el alejamiento que lo separa respecto a ella.

e) A causa de la noción de futuro que conlleva este tipo de perífrasis se explica que pueda ser utilizada como expresión de una *idea o de una acción hipotética,* que puede producirse o no, tratándose, pues, de una simple conjetura. Según se refiera ésta al presente o al pasado, el verbo de movimiento irá en presente o en imperfecto. Es decir, que lo mismo que *el presente de ir + infinitivo* es *equivalente al futuro, el imperfecto de ir + infinitivo* lo es *para el condicional,* cubriéndose de este modo *el sistema de conjeturas* de las formas simples. Así, para una hipótesis o creencia del hablante *en el momento presente* se emplea el futuro o la perífrasis que lo sustituye: presente de *ir* + infinitivo: «Madre (a A., instándola a que se case cuanto antes, porque ...): ... Dentro de un año *vas a parecer* un racimo de pasas» (*El caracol,* 135); «Jimena: ... (Se sienta en una mecedora) *Va a haber* tormenta» (*Anillos,* 45). Como pregunta ante una situación poco halagüeña con la que ha de enfrentarse el hablante, ya sea sólo o en compañía de los otros sujetos que intervienen en el diálogo: «Paula (temerosa y cohibida porque Diego no da importancia a las fantasías y mentiras que los ha mantenido unidos durante tantos años): ... ¿Qué *va a ser* ahora de nosotros?» (*Noviembre,* 267), en donde el miedo al futuro va unido a un valor de lamento en el presente. También se emplea en forma negativa, sin que se produzca ninguna variación en su estructura: «Consuelito (a Lorenzo, a quien ha contado su vida, interesándose ahora por la de él): ... Usté de viajar, nada ¿no? Por su oficio, claro; *no va a ir usté* con las campanas de un sitio para otro?» (*Los buenos,* 12); en este ejemplo la perífrasis está compuesta por el verbo *ir* en sus dos funciones: la personal, gramaticalizada y con un vago recuerdo de su significado, y la no personal con toda su idea léxica de movimiento presente. La noción de futuro es tan predominante que, en ocasiones, se pasa de una construcción perifrástica con *ir* en presente a utilizar el futuro sin que por ello se produzca falla alguna ni en la comunicación ni en el sentido idiomático de la oración: «*Vamos a tener* suerte entonces. *Ganarás* las oposiciones» (*El coracol,* 142).

Cuando un giro de este tipo, como cualquier oración de conjetura irreal, depende de un verbo de entendimiento como *pensar, creer,* etc. suele ir en condicional, o lo que es lo mismo, en imperfecto *iba* + infinitivo. A veces, despendiendo del contexto en que se produce y del estado anímico del personaje, aparece dicho verbo modal en *presente:* «Diego: (que con Paula rememora el primer encuentro de ambos): Por la noche, en el frente, cuando hay estrellas, mientras uno piensa que la metralla lo *va a despanzurrar* ...» (*Noviembre,* 261), el recuerdo de los combates es tan vívido en el personaje que lo coloca en la perspectiva de presente. Por otra parte, narra un hecho repetido, por lo que cae dentro de los valores del presente habitual con el verbo de la principal –*piensa*– en este tiempo.

Si la conjetura aludida por el hablante tuvo lugar ya en el pasado, aunque sea en el momento actual cuando se experimentan sus consecuencias, el verbo personal de la perífrasis adopta la forma del imperfecto: *iba + infinitivo;* esta construcción *equivale al condicional simple* o al *imperfecto* de la forma no personal de la misma, o sea, del infinitivo: «Consuelito (un tanto extrañada por la reacción de Lorenzo al conocer que ella está embarazada): *Yo creí que* lo *ibas a tomar* de otro modo» (*Los buenos,* 59); «Jimena (después de celebrados los funerales en el segundo aniversario de la muerte del Cid): Entre el calor y el velo *pensé que me iba a dar* un torozón» (*Anillos,* 31). Estas construcciones dependen de una oración principal cuyo verbo es de entendimiento o lengua que se une a la de conjetura por medio de la conjunción *que.* Entre los primeros, los más frecuentes son *pensar, creer,* etc.: «Solterona (manifestando una creencia común a las mujeres en la obra de Gala cuando era pequeña): ... Yo, de niña, *pensé que iba a ser* reina» (*El caracol,* 147). Esta dependencia de un verbo de entendimiento o lengua –que no es otra cosa que la manifestación de aquél– impregna de matiz irreal a toda la frase: «Lorenzo (que pretendía marchar sin decir nada, se sorprende al encontrarse con toda la familia reunida): ...Yo... *creí que* a esta hora ... no *iba a haber* nadie aquí» (*Los buenos,* 65). Es decir, que la hipótesis del hablante pertenece al pasado –el verbo de la principal se halla en tiempo pasado– aunque la situación presente la desmienta o la confirme: «Alonso (porque ha empezado a llover): Yo *sabía* que *iba a llover* hoy» (*Las cítaras,* 14).

De manera análoga a como el condicional puede emplearse en función de presente en la lengua hablada, sobre todo con verbos desiderativos –*desearía, querría...*–, así también estas construcciones poseen ese valor de presente: «Z. (que resume su idea sobre el matrimonio...): ... Lo nuestro es estar resignados uno a otro. ¿Qué otras manos *íbamos ya a buscar?*» (*El caracol,* 136), donde se podría sustituir por el presente, pero entonces se perderían los matices de irrealidad que conlleva y la fuerza hipotética de la frase. Es, pues, como en otros muchos casos, el reflejo lingüístico de la psicología del personaje, de lo que piensa respecto a un determinado asunto. Ello avala el valor artístico de la obra, por esta conjunción perfecta entre expresión y contenido, y el profundo conocimiento por parte del autor de los estados anímicos de sus criaturas: «Muchacha (que no está dispuesta a soportar los caprichos de los hombres como en los tiempos de la Vieja hacían las mujeres): Como que usted *se cree que íbamos a aguantar* nosotras eso». (*El sol,* 176), con el verbo de entendimiento de la principal en presente. Considera tan alejada la opinión de la Vieja de su manera de pensar, tan irrealizable, que lo refleja con el verbo en condicional donde por tratarse de una conjetura del momento actual habría que esperar que el verbo de movimiento fuese en presente. Es, pues, un fenómeno similar al de los casos en que el verbo se presenta en futuro en vez de presente, pero el matiz de irrealidad, si existía, era mucho más débil que en estos giros con imperfecto.

f) Cuando se expresa *una conjetura* en la que interviene el deseo del hablante *de que no se produzca lo que teme,* además de adoptar la perífrasis una estructura negativa, el tiempo del verbo de movimiento no es *el presente* de indicativo sino el de *subjuntivo* de acuerdo con las características subjetivas y desiderativas de este modo: «Camacha: ... *No me vaya a pasar* lo que a mi madre, que tuvo que matarla mi marido porque no se moría ...» (*Las cítaras,* 55); «Nina (a Monique, que ha decidido celebrar la Nochevieja, marchándose a la cama): Ay, *no me vayas a abandonar* aquí sola» (*Los verdes,* 59). El matiz de ruego también está presente: «Paula (la noche que llegó Diego): ¿Está cargado ese fusil? - Diego: Sí. - Paula: Pues bájelo entonces, *no vaya a ser* que me pegue usté un tiro ...» (*Noviembre,* 260). El empleo de este giro incrementa el valor de la posibilidad de que se realice la idea expresada desde la perspectiva del hablante. Es, pues, más afectivo que el simple presente de subjuntivo.

2) **Ir + gerundio:** como ya se ha dicho, estas construcciones poseen *un valor durativo* o *continuativo,* al presentar el gerundio una doble perspectiva del proceso: una parte del mismo como ya cumplida; la otra aún sin cumplir. De otro lado, este matiz progresivo de la acción viene intensificado por un vago recuerdo de la idea léxica del verbo de movimiento. Posee, pues, además un valor imperfectivo ya que se trata de un movimiento desde el presente pero inconcluso todavía: «Ana (contando a Juan cómo había cambiado su Antonio, cuando volvió a ella, después de su matrimonio por conveniencias): ... Era distinto, claro: más serio. Yo también. La gente *va sufriendo* y *va mirando* de otra manera» (*Los verdes,* 48), que se refiere a un hecho reiterado, y por ello, sucediendo constantemente, siempre inconcluso.

Este tipo de giros se han especializado en la expresión de la noción del devenir temporal, siendo muy frecuentes en la obra de Antonio Gala aquellos que van precedidos por el sintagma *cada* + un sustantivo de tiempo, como *día* o el sustantivo *vez,* y seguidos del adverbio de cantidad *más,* que enfatiza el valor progresivo y pausado de la expresión: «Z. (en una fase de sus relaciones matrimoniales ya de total aislamiento): ... Por eso se atasca el lavabo: *cada día va perdiendo más* pelo» (*El caracol,* 142). Semejante es el siguiente caso: «Paula (la pesadumbre y el incoformismo de Diego es mayor a medida que pasa el tiempo): Ay, *cada día* que *vas siendo* mayorcito te gusta *más* contradecirme» (*Noviembre,* 256). Cuando el sustantivo que sigue al distributivo *cada* es *vez,* la frase tiene, además del valor durativo, un sentido de lo incesante con matices reiterativos: «Lorenzo (la vida del hombre es una encrucijada de caminos): ... *Se va andando* caminos, *cada vez más* caminos, y cada vez sabe uno menos dónde va ...» (*Los buenos,* 14).

En otros casos, el valor continuativo de carácter lento, propio de estas perífrasis con gerundio, se encuentra explicitado por elementos adverbiales diferentes a los vistos, como *poco a poco,* y que en la obra de nuestro autor son menos frecuentes: «Paula: ... *Poco a poco vamos queriendo más, según* nos lo *van dando» (Noviembre,* 281), frase en la que cada una de las oraciones con gerundio destaca dos de sus principales valores: la primera, la idea de lentitud implícita en ella, pero explícita por la locución adverbial *poco a poco;* la segunda, la de simultaneidad con la acción anterior, asimismo intensificada por el elemento introductor *según.* En ninguno de los dos casos existe idea de redundancia sino más bien de especificación de un sentido inherente al giro que podía quedar difuminado por otros.

Estos elementos adverbiales gozan de gran independencia sintáctica respecto al lugar que han de ocupar en la oración con relación a la perífrasis de gerundio pudiendo ir, incluso, entre los dos miembros de la misma: «Portero (con una visión pesimista de la vida del hombre que no tiene ninguna esperanza ni ideal): ... Luego se cansan y se *van, poco a poco, quedando* dormidos otra vez» (*El caracol,* 162). Gala es consciente del valor durativo y progresivo con cierto sentido de lentitud en el desarrollo de la acción que posee este giro, enfatizándolo mediante la intercalación de un adverbio de análogo sentido entre sus dos elementos: *poco a poco.* Es, pues, un recurso estilístico en la pluma de nuestro autor para reflejar la tranquila andadura de una acción que no permite cambios bruscos.

El lento fluir del tiempo es reflejado también estilísticamente por medio de una expresión de esta clase, sin necesidad de tener que ser explicitada o intensificada por ningún elemento adverbial: «Jimena: ... De jóvenes todos tenemos cara de conejo, Constanza. Y lo somos. Es *el tiempo* el que nos va *haciendo* personas» (*Anillos,* 33); «Juan (intentando disuadir a Nina de su miedo a permanecer mucho tiempo en el cementerio): ... Y por *las tardes, se va poniendo* todo tan bonito, de color naranja o morado» (*Los verdes*, 41). Análogo a éstos es el siguiente ejemplo: «Reina (en una actitud un tanto romántica de que el tiempo sea sensible a los importantes sucesos que van a acaecer durante la noche): ... En medio del calor, mira qué indiferente *va cayendo la tarde*» *(El sol,* 221); en las que se aprecia un matiz progresivo que es lo que las diferencia del simple presente del verbo *se pone, cae.*

Los casos en los que el verbo de movimiento se halla en perfecto compuesto son poco abundantes puesto que la noción temporal implícita está muy próxima a la del presente, refiriéndose al resultado actual de una acción anterior; o sea, que si bien el proceso que originó la situación en la que se encuentran los participantes del diálogo pertenece al pasado, sus consecuencias las están viviendo todavía en el momento actual; de ahí que el perfecto compuesto se encuentre muy unido a la perspectiva temporal del presente. De otro lado, contribuye a que el empleo de este giro sea poco frecuente el hecho de que los valores nocionales de la perspectiva temporal de cada uno de sus miembros entren en cierta medida en colisión: por una parte, el del verbo de movimiento, en perfecto compuesto y que, por tanto, presupone la conclusión del proceso; por otra, el del gerundio, que se refiere a un momento del mismo, en el que una parte está realizada y la otra no, o si se quiere utilizar la terminología de Guillaume, con tensión y distensión medias. Antonio Gala hace uso de esta construcción con el verbo personal en perfecto compuesto en contadas ocasiones: «Cleofás (explica a Lorenzo el origen de sus escasos conocimientos de latín): Yo tampoco. *He ido aprendiendo* luego por correspondencia ... las fábulas de Fedro» (*Los buenos,* 27), donde la perspectiva temporal que priva casi exclusivamente es la del gerundio: proceso continuado que llega a percibirse como sucediendo todavía en el presente, por esa cercanía al momento en que se habla que posee el perfecto compuesto; «Alfonso: Eso es verdad ... Pero *la edad me ha ido haciendo* más blando» (*Anillos,* 94); el devenir temporal es un proceso lento y continuado. Lo mismo si se trata de cualquier fenómeno que no sea de realización instantánea sino que necesite un período temporal más o menos largo para que sea cumplido: «Marcos (en su locura dice verdades incontrovertibles): ... Desde que se acabaron las guerras, la gente *se ha ido recuperando* en vicios» (*Las cítaras,* 22).

Si el hablante alude a una acción vista de una manera global y con referencia a la conclusión de la misma se emplea el *perfecto simple:* el proceso se presenta como terminado; esto por lo que se refiere al verbo de movimiento. Ahora bien debido al carácter progresivo o continuativo del gerundio, puede considerarse la perífrasis con un valor durativo actual del proceso en el momento de su ejecución, pero ya finalizado, desconectado del presente, desde la perspectiva temporal en que se habla que es lo que lo distingue del compuesto. Nuestro autor se sirve de una perífrasis con el primer miembro en perfecto simple para expresar el avance gradual de un hecho en sucesivas etapas: «Hortensia (que cuenta a Lorenzo cómo fue mejorando su forma de vida desde que llegaron a aquel lugar): ... pero a fuerza de rogativas, *fuimos consiguiendo* de don Remigio alguna ventajilla» (*Los buenos*, 28-29). O el lento e inexorable fluir del tiempo sobre las personas: «Burguesa (intentando convencer a su hija para que se ponga la diadema de flores que su padre le trajo de la ciudad): ... Y he visto también viejas fotografías con muchas niñas, –niñas que *fueron creciendo* y murieron» (*El caracol*, 137); en este caso el sentido idiomático del autor resplandece con especial brillantez: construye perifrásticamente el verbo *crecer* que posee carácter imperfectivo, y por ello, el uso de este giro con gerundio de valor durativo y continuativo enfatiza la idea léxica del verbo. Y cuando el verbo siguiente, *morir*, unido a él por la conjunción copulativa, se esperaba que presentara el mismo esquema sintáctico, o sea, una construcción con *ir* en perfecto simple + gerundio, no sucede así sino que consciente del carácter perfectivo de su significado lo coloca en tiempo pasado –*murieron*– sin ningún matiz progresivo, como algo que ocurre en un momento dado y es irreversible. Por lo que, del mismo modo que la construcción perifrástica intensificaba el valor léxico del primer verbo, así el perfecto simple del segundo refuerza su significado por su carácter perfectivo.

Esta perífrasis sirve también para denotar *la reiteración* de una acción ocurrida *en el pasado,* sobre todo cuando se trata de una acción compuesta de momentos repetidos, expresada por un verbo calificado como iterativo: «Consuelito (contando a Lorenzo un día de playa cuando era niña, que les llovió a pesar de que su madre, haciendo uso de sus dotes de pitonisa, había previsto un buen día): ... Me acuerdo que mi padre le *fue pegando* pescozones hasta que llegamos a techado» (*Los buenos,* 58), donde se halla presente, además, un claro recuerdo de la idea léxica de movimiento del primer elemento determinado seguramente por el valor semántico de *llegamos.*

Si la acción sucedida *en el pasado* no es mostrada como acabada sino *en pleno desarrollo, sin idea de fin,* se emplea *el imperfecto:* su diferencia esencial respecto al perfecto simple es de aspecto, puesto que ambas formas designan el mismo tiempo, pero aquélla señala el término del proceso y ésta no. Por su parte el matiz durativo del gerundio refuerza ese valor imperfectivo: «Consuelito (que en cierta forma se lamenta de la llegada de Lorenzo, porque ha hecho que un rayo de esperanza y un ideal se despierten en ella): ... Ya me *iba acostumbrando* a no ser más feliz» (*Los buenos,* 39), para aludir a la lentitud de un proceso psicológico de renuncia hacia aquello que podría hacerla dichosa. Otras veces, el valor de continuidad de esta construcción es empleado para potenciar el carácter imperfectivo del contenido léxico del gerundio: «Cleofás (recuerda el día y el lugar en que conoció a Consuelito): ... *Iba buscando* yerbas de olor para el Monumento del Jueves Santo» (*Los buenos,* 61). En algunas ocasiones predomina el valor adverbial del gerundio sobre el verbal, presentándose el verbo de movimiento con toda su idea léxica, no siendo ya el mero soporte de los morfemas verbales del giro: «Vieja (añorando sus años mozos y los hombres de aquellos tiempos): ... Y *se iban canturreando.* No volvían hasta el lunes» (*El sol,* 176).

Si la acción manifestada por el hablante no se ha producido aún, pero ha de realizarse en tiempo venidero, el verbo flexionado va en *futuro.* El proceso es visto como no terminado; posee, pues, un carácter eminentemente imperfectivo al igual que todas las formas simples del verbo, excepto el perfecto simple. Tiene matices modales de probabilidad frente a los de realidad del presente y del pasado, puesto que el proceso no sólo no se ha realizado en parte sino que ni siquiera se ha iniciado. Por eso, es el tiempo adecuado *para la expresión de conjetura* o de posibilidad: «M. Interior (después de la muerte de Gulliver el hedor de la descomposición de su cuerpo hace posible su triunfo sobre los que lo mataron, aunque para ello el pueblo deba exiliarse): Por momentos *se irá espesando* el aire» (*El sol,* 223). Incluso para denotar una probabilidad en el presente: «Reina (el gigante ha regresado del trabajo para descansar, mientras el pueblo entona canciones): El pueblo, con sus cantos, le *irá durmiendo* como a un niño pequeño» (*El sol,* 221), intensificando el carácter durativo de la acción expresada por el contenido léxico del gerundio.

A causa del sentido de futuro, inherente a toda orden, son muy abundantes estas perífrasis *para la expresión de mandato,* fenómeno que se estudiará detenidamente más adelante. Baste con señalar ahora aquellos casos en que, siendo patente la intencioalidad del hablante, no existe una orden como tal sino más bien la promesa de realizar algo después del momento en que se habla: «Lorenzo (que necesita la ayuda de Consuelito para poder cumplir sus planes.): Ya te lo *iré diciendo ...» (Los buenos,* 39). Otras veces, se trata del deseo del hablante de que su interlocutor ejecute algo, pero sin llegar dicha expresión a convertirse en un mandato categórico: «Consuelito (soñando con un mundo mejor en otro sitio, cuando su hijo haya nacido, al que Lorenzo ha de enseñar a tocar las campanas): ... porque él quiere ser artista como su padre. Tú le *irás enseñando» (Los buenos,* 59). En ambos ejemplos, la voluntad del hablante se ha de ejecutar de manera gradual, de acuerdo a como se vayan sucediendo los acontecimientos o la capacidad de asimilación del sujeto que ha de aprehender las enseñanzas; o sea, el proceso no está regulado a priori sino que está regulado por el ritmo de otros hechos futuribles.

Si *el verbo de movimiento* que ha de ir en forma personal se presenta en forma no personal, siempre *en infinitivo,* generalmente la perífrasis funciona como un mero sustantivo, desempeñando cualquiera de sus cometidos. El valor nominal del infinitivo prevalece sobre el verbal. En cuanto a la noción de tiempo, al tener tensión máxima pues mantiene la perspectiva de realización intacta, el matiz durativo del gerundio es reforzado por la idea de movimiento que en alguna medida conlleva aún el verbo *ir,* y ya sin referencia a ninguna zona temporal. Y como tal sustantivo puede cumplir cualquiera de las funciones de éste. Así, *en función de complemento* puede ir en aposición a otro, del que es como una explicación de su contenido: «Solterona (obsesionada por la pasión amorosa, por no haber tenido nunca relación con hombre alguno): ... Son ustedes tan rápidos en todo ... El amor necesita su tiempo, *su ir llegando» (El caracol,* 141), y como un auténtico nombre admite los determinantes de éste, como pronombre posesivo. También funciona como predicado: «Juan (a Nina que admira su valor de vivir en el cementerio): Todo es *irse acostumbrando,* hija» *(Los verdes,* 43), que indica también un proceso graudal sin idea de conclusión. En función de complemento de un adverbio, unido a él por medio de la preposición *de* y con un carácter atributivo o aposicional: «A. (en el colmo de su paciencia, porque aquella casa, entre aquellos muebles, ha perdido su vida, su amor, su esperanza... y ahora también hasta los muebles, debido al embargo): ... Ya está bien, ya está bien *de irme pelando poco a poco,* como si fuera una alcachofa» *(El caracol,* 158), en que la naturaleza durativa del proceso va implícita en la perífrasis y aparece explicitada por la locución adverbial *poco a poco,* que señala una gradación del mismo. Además, el infinitivo admite la presencia de pronombres enclíticos.

Ahora bien, en ocasiones un giro de infinitivo + gerundio puede ser una auténtica oración como aquellas en que el verbo de movimiento va en forma personal: «Hortensia (el autor con una simple pincelada, no exenta de un humor irónico, nos presenta en primer término el carácter materialista y glotón del personaje): ... Y el caso es que me siento a la mesa con apetito, pero *ir comiendo* e *irlo perdiendo, es todo uno» (Los buenos,* 16), donde debido al carácter imperfectivo de estas expresiones puede reflejar, como en este caso, acciones paralelas y simultáneas. Esta idea de coincidencia temporal de dos procesos continuativos se halla reforzada por la frase *es todo uno* de tipo adverbial que remata la comunicación.

3) **Ir + participio:** Debido al carácter aspectual perfectivo del participio por un lado y al eminentemente imperfectivo del valor semántico del verbo de movimiento, se produce un enfrentamiento de ambos valores contrarios, prevalenciendo el aspecto perfectivo. A causa de esta colisión de los dos miembros, que se opone al sentido lingüístico de todo hablante, son esporádicos los casos en que aparece pues se prefiere utilizar como forma personal otro verbo que tenga un claro sentido perfectivo a fin de concordar con el del participio. En la obra de Gala también es bastante raro: «Rey (que aconseja a sus ministros que usen la palabra «siniestra» en vez de «izquierda» porque...): ... Tiene el mismo sentido y, además, *va cargada* de un pavor que resulta muy beneficioso» (*El sol,* 181), el participio concuerda con el sujeto de la oración.

II. ANDAR

El verbo *andar,* al igual que *ir,* indica también idea de movimiento, pero no señalando una dirección determinada. Es muy frecuente en la lengua hablada debido a la tendencia del hablante a representar en movimiento interno determinadas actividades o acontecimientos. Así, sin formar parte de ninguna perífrasis con gerundio puede tener diferentes significados, todos ellos bastante cercanos a *estar,* aunque permanezca siempre algún vestigio de la noción de movimiento: «Manuel (contando a Juan sus desdichas): ... Y que parece feo, mire usted, *andar* así *a escondidas* teniendo derecho» (*Los verdes,* 37), en función de complemento; «Mujer Sola (añorando su primer y único amor cuando niña): ... Siempre *andábamos* los tres juntos» (*El caracol,* 165); o con el sentido de *vestir:* «Tomás (que gusta estar de uniforme): ... No me peta *andar* de paisano» (*Noviembre,* 232). Para describir estados corporales: «Padre: No. Eso será que *anda* usted un poco estreñida» (*El caracol,* 166), o estados psíquicos, en la frase hecha siguiente: «Paula (mientras comienza a quitarle los cintarajos –a su Madre–): Qué cabeza, Dios mío. *Por qué cerros de Ubeda andará»* (*Noviembre,* 240), con referencia a un lugar geográfico determinado, pero que no es concebido por el hablante como tal sino como algo inaccesible e intrincado. También para preguntar por la localización de algún objeto o edificación que, lógicamente, no puede variar de sitio: «Juan: Aquí nunca se sabe. ¿Usted me puede decir por dónde *anda* este panteón? (Le muestra unos papeles)» (*Los verdes,* 28). Una situación confusa en la que todo se halla revuelto sin orden ni concierto se expresa por medio de otra frase hecha: «Rey (por el desorden que ha ocasionado en palacio y gobierno la llegada de Gulliver): En esta casa todo *anda siempre manga por hombro»* (*El sol,* 185).

Si se ha mostrado el reiterado empleo de este verbo por parte de nuestro autor para manifestar las más diversas situaciones o estados anímicos de sus personajes, se ha hecho para contrastar su escasa frecuencia en construcciones perifrásticas como forma flexionada de las mismas. Y a causa del carácter intensamente durativo que conserva de la idea de movimiento se emplea con exclusividad en aquellos casos que va seguido de *un gerundio,* pues dado el carácter perfectivo del participio entraría en colisión con su valor léxico. En las construcciones con gerundio Gala prefiere el verbo *ir* a *andar,* por ello son escasas las ocasiones en las que emplea este último: «Paula (que no cree a Diego lo del perdón a los que habían participado en la guerra en el bando rojo): Está bien. Siempre *andas esperando* lo mismo» (*Noviembre,* 273), en que la idea imperfectiva, de duración del proceso aún en el presente, se explicita por el adverbio *siempre* que abarca las tres zonas temporales; dicho de otro modo: indica un proceso continuado sin referencia temporal puesto que no distingue ninguna perspectiva, sino que las tres se hallan incluidas.

III. SEGUIR

Para manifestar la prosecución de una acción iniciada y no conclusa se usa el verbo *seguir* como forma flexionada de la perífrasis y que, gracias a su claro matiz continuativo, incrementa el sentido imperfectivo del *gerundio.*

Debido a este valor sólo es susceptible de ser empleado con dicha forma no personal. Estas construcciones de *seguir + gerundio* poseen el mismo sentido que aquellas en que la forma flexionada era el verbo *ir*. La diferencia entre ambas radica en que estas últimas, las de *ir*, denotan el transcurso de un proceso iniciado sin referirse al comienzo del mismo; sin embargo, con *seguir* se alude de manera indirecta a una fase o suceso anterior que lo originó; de ahí el carácter continuativo que posee: «Diego (Resistiéndose a aceptar que aquel día es el aniversario de su llegada al lugar): Según mis cálculos, se cumplieron la semana pasada. - «Paula: ¡Ah! ¿Con que *sigues tachando* días en ese cochambroso calendario?» (*Noviembre*, 252), se deduce que hubo un momento ya pasado en que ella le prohibió que «tachara más días» en el calendario pero, a pesar de la prohibición, el marido «siguió» haciéndolo. O sea, el verbo flexionado enlaza con un suceso anterior que ya debía de estar concluido, pero que no lo está; el gerundio señala la no terminación del mismo, idea reforzada por el significado del primer elemento: «Cleofás (por la disculpa de doña Hortensia de que el beneficio de la venta de objetos del culto se ha invertido en reparaciones de la iglesia: en la parte que ellos habitan, claro): Sí, mamá, pero la cúpula *sigue hundiéndose*» (*Los buenos*, 34).

La presencia de determinados elementos adverbiales intensifican la continuidad del hecho expresado, en especial cuando se constata la repetición inexorable de un fenómeno: «Rey (ante el exilio del pueblo, con la Reina al frente, después de la muerte de Gulliver): ...Ya no hay país. Lo que *sigue habiendo, como siempre*, es un rey» (*El sol*, 227).

Lo mismo que sucedía con *ir*, que podía variar la forma verbal según que el proceso perteneciese a una u otra zona temporal pero visto siempre desde una perspectiva actual, ocurre con *seguir*, que puede aparecer en perfecto compuesto, perfecto simple, imperfecto, futuro e infinitivo.

En *perfecto compuesto* se indica que la realización del proceso es inmediatamente anterior al presente, reflejando el resultado de una acción previa: «Diego (que ha negado que la carta que Paula ha leído sea de su hijo Manuel, se asusta porque ella, cansada de mentir, la rompe): ¿Por qué no *has seguido diciendo* que era de Manuel?» (*Noviembre*, 267). A veces, en el tiempo de duración del proceso, por su contigüidad con el presente, puede incluirse también el momento en que se habla: «A. (reprochando mentalmente a su marido su escasa capacidad intelectual): ... Me sabía yo los temas mejor que tú. Tú eras un burro y lo *has seguido siendo*» (*El caracol*, 141), donde el perfecto compuesto podía ser sustituido por el presente, ya que el hablante se refiere a una cualidad o modo de ser de su interlocutor que continúa vigente todavía. De estos dos ejemplos citados de la obra de Gala se deduce que, cuando es una oración negativa, como la primera, indica que la acción expresada por el valor léxico del gerundio ha terminado en un momento anterior al presente: es, pues, perfectiva. Pero cuando es afirmativa, el proceso aludido por la forma perifrástica se prolonga hasta el momento actual, sin idea de terminación, aunque teñido de cierto matiz perfectivo.

El uso de la forma flexionada en *perfecto simple* indica que el hecho manifestado ya se cumplió en un tiempo anterior, desconectado del presente, pero que es visto por el hablante como un fenómeno continuado, progresivo, en el pasado. Se emplea sobre todo en las narraciones de acontecimientos repetidos: «Consuelito (mofándose un tanto de las cualidades de pitonisa que tenía su madre): ... Con decirle que, después de que mi padre nos abandonó, *siguió poniendo* tres platos en la mesa...» (*Los buenos*, 11).

Cuando un suceso, ocurrido en el pasado, es considerado por el sujeto como durativo, no conclusivo, en dicha perspectiva temporal, la forma verbal a emplear es *el imperfecto:* no existe idea de conclusión del proceso: «Reina: ... Y nos *seguía doliendo* después de habernos besado» (*El sol*, 184). Se diferencia del perfecto simple por el aspecto: en éste sí existía referencia al término del proceso. Por otra parte, su valor imperfectivo se halla en cierta medida intensificado tanto por el valor léxico continuativo del primer elemento como por el matiz durativo del gerundio.

Si el proceso ni siquiera ha sido iniciado y simplemente se comunica la intención o el deseo del sujeto de que se ejecute algo, el verbo *seguir* adopta la forma del *futuro,* con lo que la construcción se carga de fuertes matices modales de probabilidad: «Consuelito (que ha contado a Lorenzo lo aventurero que era su padre, y cómo la abandonó a ella y a su madre en aquel pueblo): ¡Mi padre! Y lo *seguirá teniendo* si no se lo han sacado» (*Los buenos*, 10); «Olalla: ... Pasarán miles de años, y a los ojos de todos, los judíos *seguiremos siendo* judíos, aunque nos bautizasen dos veces por semana» (*Las cítaras*, 34). Es decir, el tiempo adecuado para la expresión de conjetura. Cuando manifiesta la voluntad de hablante de que su interlocutor actúe de acuerdo con ella posee un claro sentido imperativo.

La probabilidad de que se cumpla o no una acción es mayor si, para que tenga lugar, depende de una condición previa: el verbo de estas construcciones va en *condicional:* «Jimena: ... Amo a Minaya. Tan sólo con decirlo soy tan feliz que, para que me calle, tendríais que arrancarme la lengua. Y aún así, aún así, lo *seguiría gritando* con los ojos ...» (*Anillos,* 93).

Si el elemento flexionado de la perífrasis, *seguir,* aparece sin flexionar en forma no personal, siempre en *infinitivo,* adquiere los valores nominales de dicha forma, que predominan sobre los verbales. Además, no presenta referencia a ninguna zona temporal, que será la que indique el verbo principal de la oración, intensificándose el significado continuativo del infinitivo por el matiz durativo que, gramaticalmente, conlleva el gerundio. Debido a este predominio de los valores nominales del infinitivo, este giro desempeña cualquiera de las funciones de un sustantivo, como las de complemento, y al igual que aquél puede unirse al verbo del que depende bien de un modo directo, cuando funciona como complemento de objeto: «Mujer Sola (resignada a ser querida a escondidas por el Burgués): ... Es por mi amor por lo que la engañas. Puedes *seguir haciéndolo»* (*El caracol,* 139). En forma negativa: «Jimena (dispuesta a reorganizar su vida, según su voluntad): ... He preferido *no seguir viviendo* por encima de mis posibilidades» (*Anillos,* 41). O por medio de una preposición cuando se trata de otro tipo de complemento: «Z. (en una concepción de la vida, propia de Gala): ... Apenas si se necesita nada, cualquier pretexto, *para seguir viviendo»* (*El caracol,* 147). Son, pues, formas no personales del verbo, equivalentes a un nombre: el primero de sus elementos es siempre el que marca el valor gramatical de la perífrasis, mientras que el segundo, el gerundio, es el portador de la noción semántica de la misma.

IV. VENIR

Menos abundantes que los verbos de movimiento vistos son los usos de *venir* como auxiliar en este tipo de perífrasis. A causa de su escasa frecuencia posee un grado de gramaticalización menor, si bien va impregnando también de un fuerte sentido imperfectivo, enfatizado por el valor durativo del gerundio portador de la idea léxica de la construcción. Su función es la de un complemento de tiempo, existiendo generalmente una referencia temporal que señale el comienzo de la acción pero sin que exista ninguna alusión a la conclusión de la misma, quedando ésta abierta.

Cuando el verbo auxiliar, *venir,* aparece en *presente* de indicativo se indica un hecho pasado que se produce también en el presente, por lo que podría considerarse dicha perífrasis como perfectiva por la parte que ya ha sido realizada pero imperfectiva porque el proceso se concibe sin idea de terminación. En suma, es la misma caracterización que Guillaume hacía para el gerundio al definirlo con tensión y distensión medias: «Paula (irritada con Diego porque éste ha cortado un trozo de mesa para poder fabricar un carrito): ... ¡Los tiros! hace ya meses que los *vengo tirando* en cuanto salgo arriba» (*Noviembre,* 255), con sentido de reiteración de un hecho que se produce también en el presente. La referencia temporal al comienzo de la acción es vaga: *«hace ya meses».*

Valor análogo posee la construcción cuando la forma flexionada va en pretérito perfecto, por referirse este tiempo a una zona temporal muy próxima al presente, el cual suele ser el resultado de la acción previa expresada por aquél. Pero, como todo tiempo compuesto, posee valor perfectivo: «Ordenancista (embargando las pertenencias de A. y Z. por el fraude de éste al banco donde trabajaba): La de su marido, el contable, el mal contable. *Ha venido sustrayendo* cinco duros semanales para invertirlos en lotería» (*El caracol,* 157); la alusión al tiempo en que Z. inició la sustración del dinero viene dada a continuación: «y esto durante quince años», de donde se deduce también el sentido perfectivo del proceso, pues la preposición temporal *durante* –algunos diccionarios la incluyen entre los adverbios– delimita un período de tiempo iniciado y finalizado, a diferencia de *hace* que, como se veía en el caso anterior, únicamente hacía referencia al comienzo del mismo, dejando el proceso inacabado, sin aludir a su término.

Igualmente la presencia del verbo gramaticalizado en *imperfecto* manifiesta un suceso ocurrido en el pasado, pero sin idea de conclusión ya que al ser una forma simple, carece de aspecto perfectivo. Puede referirse a un momento anterior al acto de hablar, si bien la perspectiva temporal en la que se sitúa el hablante es la de pasado; se trata entonces del llamado *imperfecto de cortesía:* «Nina (contando a Juan la conversación que había tenido con Luterio camino del cementerio) ... Yo le *venía diciendo* a Luterio que a mí vivir aquí me daría apuro» (*Los verdes,* 41).

V. ESTAR

Dada la fluctuación del presente hacia las otras dos zonas temporales, la del pasado y la del futuro, según la perspectiva temporal que el hablante adopte con relación al hecho comunicado, se sintió la necesidad de la existencia en la lengua de una construcción verbal que denotara *la puntualidad* en la ejecución de la acción. La fórmula que se originó fue: *estar + gerundio*. En cierta manera puede considerarse como *la forma comodín* para indicar el momento de realización de un suceso, función que puede ser desempeñada, como se ha visto por un verbo de movimiento como *ir, seguir, venir,* ... Mediante ellos el hablante se representa en actividad cualquier acontecimiento; con estas perífrasis a base de *estar* como forma flexionada se concibe el mismo proceso en su devenir, pero centrándose más en el momento mismo de su ejecución, en la puntualidad, que en el aspecto durativo o continuativo, aunque tendiendo a lento, que aquéllos tenían. O sea, en los giros con *estar* como primer miembro el acontecimiento o la idea manifestada no es vista en movimiento sino en un momento concreto de su proceso.

Esto es una prueba de que, si bien se produce la total gramaticalización de dichas fórmulas, especializándose su primer miembro para indicar simplemente las categorías verbales, no obstante se conserva un vago recuerdo de su idea léxica que permite establecer diversos matices diferenciadores entre las mismas, aunque sean idénticas desde una perspectiva gramatical. Ahora bien, por la noción de puntualidad que la presente lleva implícita y porque el hablante no siempre siente deseo de representarse en movimiento el hecho comunicado, es por lo que con frecuencia se suele utilizar en sustitución de las anteriores, de ahí que haya sido calificada de «comodín» en relación con ellas. Posee un claro valor imperfectivo, sin ninguna referencia al término del proceso. Ello explica su abundancia en la lengua hablada y en la obra de Antonio Gala, donde aparecen en mayor proporción que las construidas con *ir* o *seguir*.

Los casos en los que la forma flexionada *estar* se encuentra en *presente* de indicativo son los más abundantes de acuerdo con el valor primordial del giro de denotar la puntualidad de la acción, aplicándose, sobre todo, a hechos que son simultáneos al acto de hablar: «La niña: El niño *está llorando.* - Burguesa: Cállate, niña» (*El caracol,* 148) que expresa el carácter transitorio del suceso; «Extraviada (porque un soldado no le hace caso, pero no por falta de ganas): ... Pero, hijo, qué soso está el ejército. - Viejo: El pobre *está deseando* lo que yo sé. Pero no se atreve» (*El sol,* 187); «Jimena (ante la hipocresía del monarca): ... La sorda soy yo ahora ... Precisamente tú *estás diciendo* eso ...» (*Anillos,* 89); «Mariveinte: ¡*Está lloviendo!* (Todos se detienen un momento). - Fray: El Señor me ha escuchado; *ahora mismo* se lo *estaba pidiendo*» (*Las cítaras*, 14).

En otras ocasiones posee un valor de continuación, de avance gradual del proceso, a causa del significado del gerundio: «Paula (intentando convencer a Diego de que debe salir y entregarse a las autoridades): Mira, Diego, que *tú te estás sugestionando* y eso es malísimo para los individuos» (*Noviembre*, 276). Este sentido, como en el siguiente caso, se da cuando se alude a procesos psíquicos de algunos de los sujetos que intervienen en el diálogo: «Ana (que amó a un hombre, y cuando éste murió dejó prácticamente de vivir y de hablar): ... Sólo que a mí se me *está olvidando* ya hablar con la gente» (*Los verdes*, 40); «Constanza: ... Bebed uno en el otro, a grandes sorbos, que es lo que *estáis deseando* ...» (*Anillos*, 100).

La frecuencia de este giro en la producción teatral de Gala para manifestar el estado anímico de alguno de los personajes explica que en muchas ocasiones dependan de un verbo de entendimiento o temor: «Solterona (desequilibrada por la falta de relación carnal con el hombre): *Me parece que* los hombres *están hablando* de nosotras» (*El caracol*, 153), donde se alude a un hecho que es posible que esté ocurriendo en ese momento. O bien a la manifestación de un acto que se desea y que el hablante se imagina, pero que no sucede en el momento presente: «Constanza (explicando lo que ella entiende por amor): ... Coger su mano, tan enorme, entre tus manos, y *parecerte que estás meciendo* a un hijo» (*Anillos*, 39). Si interviene la voluntad del hablante en relación con la hipótesis manifestada, ésta depende de un verbo de temor, adoptando la proposición estructura negativa o afirmativa, según se desee o no el cumplimiento de lo expresado: «Republicano (al que el Rey ha llamado, a causa de su amistad con el gigante, para pactar con Gulliver): *Me temo que* aquí se *está empequeñeciendo* lo terrible» (*El sol*, 202). Mayor sentido de conjetura poseen aquellas otras construcciones que, en lugar de depender de un verbo de entendimiento o temor, llevan en la misma oración aigún elemento especificativo de la misma, como el adverbio *quizá*: «Cleofás (un conformista con todo, y por ello, fracasado): *Quizá*, sí. *Quizá estoy haciéndome* el mártir» (*Los buenos*, 42), donde, además, se aprecia el claro retroceso de los usos del presente de subjuntivo, modo indicador de subjetividad, en favor del presente de indicativo.

Giro que denota la puntualidad de la acción, puede referirse también, como todo presente, a un suceso repetido, y por ello, fuera de toda delimitación temporal: «Madre (incitando a su hija a que se case cuanto antes, pues no está en edad de esperar): ... Vaya un novio. *Está hablando y se queda alelado, con la boca medio abierta» (El caracol,* 134). A menudo la idea de reiteración se halla intensificada por la presencia de un adverbio temporal como *siempre:* «Rey: ... *Estamos siempre jugando* al escondite detrás de las palabras» *(El sol,* 198), con intercalación del adverbio entre los dos miembros de la perífrasis, fenómeno admisible debido a la gramaticalización no total de la misma. Pudiendo ser incluso el sujeto de la oración el que vaya entre los dos elementos que la componen: «Burgués (por Z. que ha perdido el juicio y lo único que hace es cantar de vez en cuando): *Ya está ese hombre cantándose* nanas para dormirse» *(El caracol,* 167).

Cuando el hablante se refiere a un acontecimiento inmediatamente anterior del cual la situación actual es su resultado, la forma flexionada va en *perfecto compuesto:* «Cleofás (por fin se empieza a dar cuenta de que su vida se la han estado viviendo, de que él no la ha vivido): ... *He estado pensando* en muchas cosas ...» *(Los buenos,* 61). La única diferencia con el presente es la indicación del aspecto: el proceso es visto como terminado: «Tomás: (Sentado, doblando el periódico que leía) Te *he estado esperando* desde las seis en punto» *(Noviembre,* 321); el hablante vive todavía las consecuencias de la acción expresada por lo que en muchos casos, como en éste, podría ser sustiuido dicho tiempo por el presente: «te estoy esperando ...», sin que por ello varíe sustancialmente la comunicación.

Si el hecho a que el hablante se refiere se halla desligado por completo del presente el tiempo a emplear para la forma flexionada es *el perfecto simple:* el proceso está ya finalizado; no obstante, esta construcción alude al momento concreto de su ejecución de manera más puntual que el perfecto compuesto: «Paula (recordando el primer bombardeo de la guerra): ... Y yo, venga a correr, con el jabón dentro de los ojos, que me *estuvieron escociendo* cerca de un mes» *(Noviembre,* 233). La mayoría de los gramáticos coinciden en señalarlo como el tiempo propio de la narración: «Dueña (hablando de la Nochevieja del año anterior): Eso sí. El año pasado un señor me *estuvo pellizcando* en las pantorrillas toda la Misa» *(Los verdes,* 55). Por lo general el significado del gerundio se refiere a una acción compuesta de momentos sucesivos que implica un determinado período de tiempo para su completa realización.

En caso de que el primer miembro de la perífrasis se encuentra en *imperfecto* de indicativo indica que lo comunicado ya ha tenido lugar en el pasado, pero es mostrado en su devenir, sin referencia a su término. El matiz durativo del gerundio refuerza ese valor imperfectivo: «Paula (desengañada de la vida, porque todo son apariencias y palabras): ... Todo el mundo sabe que se desnucó porque le dio un vahído cuando *estaba cogiendo* ciruelas» (*Noviembre,* 233); «Camacha: ... Hace dos años un niño se secó y lo salvó el bachiller, que *estaba bailando* en una boda» (*Las cítaras,* 25). Los mismo que el perfecto simple era considerado como el tiempo del relato, el imperfecto lo es de la conversación: «Ordenancista (que encarna funciones de gobierno y dice haber recibido una llamada anónima): ... Nos han avisado que aquí *se estaba cometiendo* un crimen» (*El caracol,* 168). Dado el carácter no terminativo del imperfecto es el tiempo adecuado para señalar una acción sólo iniciada: «Juan (que ha recogido a Ana, medio aterida de frío y la baja al panteón): ... Esta es mi casa. Otros días está más ordenada, pero hoy *la estaba limpiando*» (*Los verdes,* 48). Es muy corriente este uso del imperfecto en las interrogaciones: «Hortensia (que ha sorprendido a Consuelito con Lorenzo, y ambos con la cara enjabonada, pues él se estaba afeitando y ella lo besaba): ... Y tú, qué: ¿*te estabas lavando* la cara?» (*Los buenos,* 46). Otras veces posee un cierto matiz de cortesía para manifestar la voluntad del hablante o para incluir al interlocutor en la conversación, notificándole algo ya expresado que por deferencia hacia él vuelve a repetirlo: «Padre (A la Madre, que se sienta también): *Estaba yo diciendo* que el sol sale para todos» (*El caracol,* 163).

Correlato de esta forma verbal entre los tiempos compuestos es el *pretérito pluscuamperfecto,* que alude a un hecho pasado respecto a otro también pasado y que se enuncia como ya finalizado: «Reina (que se ha enamorado del Republicano): ... Cuando te vi esta mañana supe que *te había estado esperando,* que toda mi vida había sido estar sentada viendo venir el amanecer» (*El sol,* 197).

Cuando el elemento personal de la perífrasis se presenta en *futuro* indica que el hecho o la idea comunicada ha realizarse en un momento posterior al acto de hablar, con ciertos matices de probabilidad: «Rey (a los Ministros): La Reina va por los aires. Y pensar que un momento antes de que se despanzurre la *estarán llamando* heroica» (*El sol,* 192). En ocasiones, los valores adverbiales del gerundio se encuentran en predominio sobre los verbales: «Ana (A Juan, preguntándole sobre el modo de vida del lugar ideal al que han de ir): ... ¿Usted cree que *estaremos allí riéndonos,* como antes de pasar tantas cosas?» (*Los verdes,* 51). Ambas expresiones, como es frecuente en las de conjetura, dependen de un verbo principal de entendimiento: *pensar, creer ...*

Estas construcciones pueden denotar la posibilidad de realización de un hecho no posterior al momento en que se habla sino paralelo a él: «Paula (cosiendo a Tomás el botón que éste se había cortado con la navaja, como disculpa para poder entregarle otra carta de amor, pero esta vez no copiada de libro alguno): ... Las otras *estarán haciendo* sus vainicas y sus bodoques con hilo blanco sobre tela blanca ...» (*Noviembre,* 271). En estos casos, aunque no se produce una sepracion temporal entre la enunciación y la ejecución de la acción, sí existe en cambio un alejamiento espacial entre las dos: «Muchacha (a los niños que están pisoteando un hormiguero): ... Más vale que os fuérais a oír al Rey. *Ya estará manoteando* en su balcón» (*El sol,* 178), en donde, de nuevo, los valores adverbiales del gerundio hacen acto de presencia.

A veces el verbo *estar* aparece en forma no personal: en *infinitivo* siempre. Con ello, dicho giro consta de dos formas verbales, infinitivo y gerundio, ninguna de las cuales conlleva las categorías morfemáticas que todo núcleo oracional comporta. En estos casos, su valor en la oración viene también determinado por el del primer elemento, el infinitivo, pudiendo por tanto desempeñar cualquier función nominal: «El Joven (como promesa de amor eterno): Si en la eternidad no puedo *estar mirándote* a los ojos, la eternidad es una broma pesada» (*El caracol,* 151); «La Niña: El niño *está llorando.* - Burguesa: Cállate, niña. - Burgués: ¿Cómo *va a estar llorando,* si se ha muerto?» (*El caracol,* 148), donde la forma de la pregunta del Burgués está determinada por la de la afirmación de la Niña: *estar* + gerundio. En estos ejemplos, también el predominio de los valores adverbiales del gerundio sobre los verbales es evidente. Estos casos en que *estar* se halla en infinitivo tienen en común el depender de un verbo en función modal: *poder, ir.*

Cuando la realización del hecho que se manifiesta depende de una condición previa o el hablante lo ve tan irreal que está convencido de que no puede tener lugar, el miembro flexionado de la perífrasis va en *condicional:* «Jimena (consciente de que los demás no pueden llegar a comprender las razones de su amor por Minaya): ... No me entiendes, Alfonso. Toda la vida *te estaría diciendo* de lo que tengo ganas y no lo entenderías» (*Anillos,* 95).

En *imperfecto de subjuntivo* si se trata de una oración comparativa de forma condicional, aunque la acción comparada tenga lugar al mismo tiempo que el acto de la palabra: «Justina: Se oyen golpes, *como si* alguien *estuviese cavando* fosas fuera ...» (*Las cítaras*, 8).

Las perífrasis a base de los verbos *llevar* o *acabar*, como elementos gramaticales de las mismas, insertan la acción que expresan en la perspectiva temporal del presente, indicando generalmente aspecto perfectivo, de ahí que su primer miembro, el portador de las categorías verbales, sólo sea susceptible de ser empleado en los tiempos simples y nunca en los compuestos, denotadores de aspecto perfectivo pues éste va implícito en el valor de dicha construcción. Por ello, algún autor (3) las incluye entre las perífrasis que equivalen funcionalmente al pretérito perfecto.

VI. LLEVAR

Aparte de los giros en los que el verbo de movimiento se gramaticaliza, de modo que pierde dicha idea para originar un significado nuevo resultante de su combinación con el complemento, tales como *llevas la chaqueta rota,* en que posee valor copulativo para predicar el adjetivo del sustantivo y que dejamos de lado, el objeto de nuestro estudio son aquellos otros en los que priva la referencia al momento en que la acción indicada se produce.

1) En la obra de Antonio Gala las más abundantes son las fórmulas en las que *llevar,* sin otro determinante, va **acompañado de un complemento temporal.** Dicho verbo aparece, casi siempre, en presente de indicativo, señalando como no terminada la acción, puesto que en el momento del habla todavía se está produciendo: «Jimena (irritada con su hija María, por haberle reprochado el vocabulario que ha utilizado): ... *Llevamos cinco lustros* –¿te gusta eso ya más?– diciéndonos mentiras» (*Anillos,* 87). En todos los casos se hace referencia al comienzo de la acción: «Paula (a fin de herir a Diego por la negativa de éste a creerse que la carta que ella tiene en la mano sea de su hijo): ... ¿Por qué *llevas veintisiete años,* que hoy se cumplen, debajo de mis faldas?» (*Noviembre,* 248). Esa referencia temporal no es necesario que sea un período de tiempo concreto sino que puede aparecer indeterminado, aludiendo a un lapso más o menos largo: «Consuelito (que, como habitualmente, ha reñido con su suegra echándole las culpas a ésta): ... Es ella la que me busca las vueltas. - Cleofás: *Llevas* tú *una temporada,* que no necesitas que te las busquen» (*Los buenos,* 50). Por el contrario, cuando el hablante tiene empeño en resaltar la referencia temporal expresada, por tener para él gran importancia psicológi-

ca, puede valerse de dos medios: bien por la reiteración del complemento temporal, que denota la insistencia que pone en él: «Luterio (deseando cantar aquella noche, porque lleva demasiado tiempo callado): ... *Llevo* así *quince años*, Juan, *quince años* sin cantar» (*Los verdes*, 60); o bien, imitando una especie de método deductivo mediante la indicación de una fracción de tiempo, repitiendo a continuación la misma idea pero a través de las unidades menores que la componen, los meses en semanas, éstas en días, etc.: «Manuel (desahogándose con Juan al contarle la imposibilidad de realización de su matrimonio en casa de los suegros): ... Y así *llevamos una semana: siete noches*, que se dice muy pronto» (*Los verdes*, 37). Es decir, lo que el hablante se propone es poner de relieve el tiempo transcurrido que, si bien puede parecer a su interlocutor un corto período, porque cronológicamente así sea, él lo considera en su ánimo como excesivamente largo.

2) **Llevar + gerundio:** Aunque esta fórmula temporal del habla coloquial posee el mismo valor semántico y requiera también la presencia de un complemento de tiempo, como la anterior, es mucho menos frecuente. En la obra de Gala los ejemplos también son más esporádicos: «Cleofás (que parece dispuesto a afrontar de manera realista los graves problemas económicos que aquejan a su familia): No, no y no. *Llevamos muchos años viviendo* de mentiras, que no nos creemos ya ni nosotros» (*Los buenos*, 36). En la mayoría de las ocasiones el complemento de tiempo va intercalado entre los dos miembros de la perífrasis, como en algunas otras ya vistas: «Voz de la Reina (a la Nodriza que la ayuda a vestirse): ... *Llevas toda la mañana colgándome* exvotos» (*El sol*, 181). Su gramaticalización es también imperfecta, pero acaso con un grado mayor de imperfección que otras, puesto que tanto la forma flexionada como la nominal conservan parte de sus valores específicos y gozan de cierta independencia entre sí.

3) **Llevar + participio:** Cuando el segundo elemento del giro es un participio, éste concierta con el objeto directo. Esta perífrasis posee un carácter perfectivo mayor que la de gerundio, sin duda a causa del participio, al contemplar el proceso con indicación de su término. Los casos en que nuestro autor utiliza este tipo de fórmulas son muy raros: «Juan (intentando convencer al Guarda del cementerio que lo que pretende es poder quedarse allí para tener un poco de tranquilidad): *Yo llevo* muchos *andados*. Por el campo, ¿sabe? y por esos sitios» (*Los verdes*, 29). Gala prefiere poner en boca de sus personajes aquellos giros del habla coloquial que son más usados por el pueblo para poder desempeñar cualquiera de estas funciones y ser, por otra

parte, los que constan de menos elementos, más económicos: los construidos con *llevar seguido de un complemento temporal.*

VII. ACABAR

La otra perífrasis que posee valor perfectivo es aquella cuya forma flexionada es el verbo *acabar:* dicho valor perfectivo procede de la idea léxica de este primer elemento de la fórmula. El segundo elemento, que comporta el contenido semántico de la misma, puede ser un infinitivo o un gerundio. Cuando se trata de un infinitivo ambos miembros van enlazados bien por la preposición *de,* o bien por la preposición *por.*

1) **Acabar de + infinitivo:** Construcción que denota una acción como recién concluida: «Jimena (enfadada con María a causa de las pretensiones de ésta sobre la ciudad y su oposición a un posible matrimonio de su madre con Minaya): ... ¡Ve y dile a tu marido que la viuda del Cid, esa pobre mujer insatisfecha, *acaba de insultarte!» (Anillos,* 85). El tiempo de realización de la acción es incluido por el hablante en la perspectiva del presente: «Tomás: También venía para traerte este obsequio. (Es una hermosa naranja). La *acabo de comprar* (Se la da)» *(Noviembre,* 270). Generalmente se trata de un momento anterior al habla: «Hortensia (a Consuelito que está subiendo las escaleras del campanario, porque quiere tocar las campanas de Orleans): ¡Además, no hay campanas! ¡La última la *acabo de vender!» (Los buenos,* 71).

Puede referirse a acontecimientos simultáneos que suceden en el presente. Suele ir determinado por un complemento temporal que lo especifica: «Dama 2.ª (al día siguiente de la muerte de Gulliver y del Republicano): La Reina nada ha dicho desde anoche. Pero *en este instante acaba de levantar* la cabeza» *(El sol,* 224); pero no siempre es necesaria la presencia de dicho complemento temporal debido a que la situación es clara, sin posibilidad de aludir a otro momento distinto del presente: «Jefe (que va narrando al Rey y a los demás miembros del Gobierno las acciones del gigante conforme se van sucediendo): *Acaba de sacar* del bolsillo un pan enorme. Lo ha puesto en el suelo. El pueblo está comiendo de él» *(El sol,* 193); es decir posee un cierto valor durativo.

Cuando la acción expresada como concluida hace un momento se produjo en el pasado, la forma flexionada de la perífrasis va en *imperfecto*: «Paula (recordando a Diego, como en un juego, la noche en que llegó): A mí, sí. Te estoy viendo llegar. *Acababa de pasar* un tren correo» (*Noviembre*, 260).

La frecuencia del empleo de esta fórmula en relación con la que ambos elementos van unidos por la preposición *por* o seguido por un gerundio se debe a que las sustituye en la expresión negativa ya que éstas no admiten la negación.

2) **Acabar por + infinitivo:** Perífrasis que, como la construida con gerundio, alude a una acción que se está realizando pero sin idea de término. Puede constatar simplemente un hecho que acabará sucediendo como predice el hablante: «Rey (decidido a encontrar a toda costa una solución al problema que les plantea la presencia del gigante en su reino): Sí. Tiempo, tiempo. Ese es nuestro único aliado. Un aliado que *acaba por asesinarnos*» (*El sol*, 202-203); «Lázaro (en su prédica a los desamparados): ... El poderoso *acaba siempre por aplastar* al inocente y por robar al pobre» (*Las cítaras*, 80), con el adverbio temporal *siempre* intercalado entre ambos elementos que señala validez atemporal a lo enunciado y, por tanto, su reiteración. Por la ausencia de referencia al término de la acción se utiliza especialmente en la expresión de conjetura: «Hortensia (intentando tranquilizar a su hijo, que ha venido del obispado con malas noticias para ellos): Lo del obispado y eso. Verás cómo *acabo por tener razón*» (*Los buenos*, 34), donde esa idea de irrealidad se halla reforzada por el verbo en futuro que la precede. No obstante esta especialización para la expresión de conjetura, puede poseer cualquier otro valor de los de presente como la constatación de un fenómeno que se produce con relativa frecuencia: «Tomás («caballero mutilado» que no sabe hablar de otra cosa que no sea la guerra): ... Con el miedo y el frío o el calor y los sobresaltos *se acaba por echar* mucho compañerismo» (*Noviembre*, 238).

Si se refiere a un suceso ocurrido en el pasado y presentado como finalizado se emplea *el perfecto simple*: «Cleofás (explicando a su antiguo condiscípulo, Lorenzo, cómo llegó a hacerse peluquero): ... ayudaba en la barbería. Y *acabé por aprender* el oficio» (*Los buenos*, 41).

Sin embargo, los casos más frecuentes en que dicha construcción se usa son aquellos en los que la forma flexionada va en tiempo denotador de irrealidad, como es *el futuro*: «Rey (muy preocupado por la llegada de Gulliver que, además, da de comer al pueblo de un enorme pan que ha traído): Es un cebo. Es un cebo. Con tal de que esté envenenado ... Si no, *acabará por hipotecarnos* la simpatía popular» (*El sol,* 193). «Ordenancista (que dirige el entierro del hijo de A. y Z.): ... Señora ... - Solterona: Señorita. Y además, con tanto meneo *acabarán por resucitar* al niño» (*El caracol,* 151).

Si la hipótesis enunciada depende de la realización o no de una condición previa el verbo en forma personal va en *condicional:* «Minaya (convenciendo a Jimena de la imposibilidad de amor entre ambos): *Si* querías olvidar a Rodrigo por el camino de Minaya, mal camino elegiste: Minaya siempre *acabaría por conducirte* de nuevo hasta Rodrigo» (*Anillos,* 103).

3) **Acabar + gerundio:** Perífrasis equivalente a la anterior. Debido a la no referencia al término del proceso que conlleva el gerundio se ha especializado para manifestar la conjetura del hablante sobre lo que enuncia, con el elemento flexionado de la misma en un tiempo verbal que indique irrealidad. Muy raramente aparece en *presente;* sólo cuando se refiere a un hecho repetido y, por tanto, atemporal: «Ana: Volvió mi Antonio conmigo. Las cosas *acaban siendo* como tienen que ser» (*Los verdes,* 48). O si va acompañado de una referencia temporal puede expresar una verdad incontrovertible, como algo que ha sucedido y seguirá sucediendo: «Alfonso: El paraíso siempre *acaba perdiéndose*» (*Anillos,* 107).

Pero son, sobre todo, los tiempos llamados irreales los utilizados en el primer miembro de este giro: presente de subjuntivo, futuro y condicional. En la obra teatral de Antonio Gala son los que predominan para esta fórmula cuyo elemento no flexionado es el gerundio, lo que avala su sentido de conjetura y de no realización sobre las ya vistas con anterioridad: *acabar de + infinitivo,* o *acabar por + infinitivo,* de las que es equivalente.

Así, en *presente de subjuntivo,* tiempo del que no encontramos casos en las otras perífrasis: «Nodriza (a quien la Reina, loca de amor por el Republicano, le ha reprochado cariñosamente que no esté enamorada): ... Pero no te preocupes, si el mundo sigue así es posible que *acabe enamorándome*» (*El sol,* 212), donde la conjetura se explicita también por la locución impersonal «es posible», que la precede.

Sin embargo, los ejemplos más corrientes son aquellos que presentan la forma flexionada en uno de los tiempos del sistema verbal que se han especializado para la expresión de conjetura: el futuro y el condicional. En *futuro* si el hablante se refiere a un proceso a realizar o no con posterioridad, pero cuyo inicio o el propósito de iniciarlo puede tener lugar en el presente:

«Guarda (buscando una propina se lamenta de lo mal pagada que está su profesión, sin comprender, por otra parte, el deseo de Juan de quedarse a vivir en el cementerio): ... Y, por fin, ya lo ve usted (Señala a Juan) me los traen hasta vivos. No, si *acabaré teniendo* que matarlos yo mismo» (*Los verdes,* 31). A veces denota la hipótesis de que lo manifestado ha de ocurrir en tiempo posterior, más o menos elajado del momento en que se habla: «Camacha: ... *Acabará muriéndose.* Asesinado, por supuesto» (*Las cítaras,* 50).

Este tiempo, el futuro, puede ser sustituido por la perífrasis equivalente con *ir + infinitivo,* con lo que una fórmula de este tipo está integrada por dos giros populares: *ir + infinitivo* para la forma flexionada, y la formada por ésta más el gerundio: «Reina (quien ha extraviado su zapato): ... No he perdido más que uno. Pero si me siguen colocando perendengues (por la Nodriza que le pone lazos y medallas) *voy a acabar perdiendo* la cabeza» (*El sol,* 181).

Se utiliza *el condicional* cuando la hipótesis que ha de cumplirse para que se produzca lo enunciado por el hablante se presenta como irreal: «Rey (justificando su decisión de que el gigante ha de morir aquella noche): ... El pueblo, con Gulliver al lado, *adquiriría* concepto de fuerza, esperanza de su poder. Y *acabaría lanzando* al país en brazos de una demagogia» (*El sol,* 218). Es curioso constatar que la mayoría de los ejemplos de esta construcción, cuyo verbo flexionado aparece en tiempo irreal, pertenecen a una misma pieza: *El sol en el hormiguero.* Ello es debido a que se trata de una obra en la que se levantan hipótesis sobre lo que sucedería en un país gobernado por una oligarquía, al que llegase la savia revitalizadora de nuevas ideas que despertasen al pueblo del letargo en el que aquélla lo tiene sumido: «Reina (al Republicano que ha sido el que le ha llevado su zapato y al que le ha dejado la corona mientras se calza): ... Así deberíamos estar: ustedes con la corona; nosotros, con el zapato. *Acabaríamos entendiéndonos» (El sol,* 183).

VIII. TERMINAR

1) En ocasiones, y sobre todo en las perífrasis cuyos miembros van unidos por la preposición *por,* el primero de ellos puede ser sustituido por un sinónimo de *acabar: terminar:* «Cleofás (para quien la vida consiste en pequeñas ilusiones, de ir pasando de un sitio a otro): ... Nos escapamos, casi, algunas veces. Pero alguien que está del otro lado *termina* siempre *por darnos*

con la puerta en las narices ...» (*Los buenos*, 64) permitiendo la presencia de otros elementos de la oración entre los de esta construcción.

2) Asimismo, la equivalente con el segundo miembro en gerundio en lugar del infinitivo precedido de la preposición *por:* «Jimena (molesta porque todos los presentes pretenden convencerla de la inconveniencia de su matrimonio con Minaya): ... Cuando a la gente le da por llamarte «hija mía» y pretende defenderte de ti misma, milagro será que no *termine cortándote* el gañote» (*Anillos*, 87).

3) En función imperativa adopta el paradigma de infinitivo precedido de la preposición *de:* «Constanza: (hablando con Jimena sobre el amor, después de finalizados los funerales del Cid) ¡Ay! No hables de esas cosas. Y *termina de quitarte* ese cilicio» (*Anillos*, 35). Forma con la que el hablante denota su impaciencia urgiendo al oyente a que realice cuanto antes lo que le ha ordenado.

(1) Véase E. Alarcos Llorach, «Gramática estructural».
(2) Harald Weinrich, «Estructura y función de los tiempos en el lenguaje», pág. 197 y ss.
(3) E. Lorenzo, «El español de hoy, lengua en ebullición», pág. 133.

F) LA EXPRESION DE RUEGO Y MANDATO

La función de las expresiones de ruego y mandato es *la apelativa o actuativa,* o como Emilio Lorenzo las define «expresiones que tienden a suscitar reacción no oral en el interlocutor» (1), al sistematizarlas de acuerdo con la clasificación del estructuralista Charles E. Fries, eliminando el término *acción* que éste incluía en su definición a fin de englobar, sin peligro de contradicción, las de contenido prohibitivo. Sus contenidos están de tal modo relacionados entre sí, tan próximos unos a otros, que con frecuencia un giro especializado para la orden puede convertirse en una petición humilde, sin ningún matiz de obligatoriedad para el oyente, y viceversa: un ruego puede adquirir el significado y el tono del mandato más riguroso e inapelable. Este paso, relativamente fácil, de una expresión a otra, se explica por el común denominador que subyace en el origen de las mismas: la voluntad del hablante.

A la luz de la clasificación establecida por E. Lorenzo (2) se analizará la utilización que Antonio Gala hace de ellas en su creación dramática. Atendiendo a su *estabilidad sintáctica* cabe distinguir dos grupos:

I) Fórmulas fijas de ruego y mandato.
II) Fórmulas de significantes variables.

Los tiempos con que la lengua cuenta para desempeñar esta función son fundamentalmente dos: *el imperativo* para la apelación directa afirmativa, como en «Burgués: Niña, *ven* aquí» (*El caracol,* 127); o *el presente de subjuntivo* cuando la orden o el ruego es negativo, prohibitivo, como en «Burguesa: *No digas* sandeces. Nada tiene que ver una cosa con otra» (*El caracol,* 137); «Cleofás: *No me pongas* nervioso» (*Los buenos,* 36); o bien se trate del imperativo de cortesía, tanto con sentido afirmativo como negativo, como en «Consuelito: ... *Váyase usted,* déjenos como estábamos y no se pare hasta llegar a Orleans: *no haga usted* lo que yo ...» (*Los buenos,* 39).

Atendiendo a *obligatoriedad de la fórmula,* aparte la entonación y el contexto, la lengua posee *indicadores* que señalan, a modo de baremo, su aumento o disminución, que es captada por el interlocutor. El español dispone de dos recursos, ya se trate para indicar la orden tajante, inapelable, o bien el ruego más o menos intenso o sumiso. Ambos procedimientos consisten simplemente en añadir a las formas verbales citadas las locuciones adverbiales *de una vez* o *por favor*. Nuestro autor emplea construcciones imperativas de este tipo. Así, por medio de la primera locución el mandato categórico es reforzado por la idea de premura en su ejecución, como en «Paula: Los dos. *Acaba de una vez» (Noviembre,* 246). El refuerzo de la orden mediante esta locución adverbial se produce, sobre todo, cuando se trata de una reiteración de la misma expresando, además del apremio al oyente para que la ponga en práctica, el enfado del hablante por no ser obedecido en la primera ocasión: «Burgués (que ya ha mandado callar a su hija): *Cállate de una vez» (El caracol,* 148).

Pero, en otras ocasiones, siente necesidad de suavizar su mandato o de acomodar el ruego a un tono en que el oyente perciba que la puesta en práctica de lo comunicado depende más de su voluntad que de la del emisor. Ello se consigue mediante el indicador de cortesía *por favor:* «M. Exterior: *Haga usted el favor* de dejarnos de imágenes pecuarias» (*El Sol,* 223); o de negación: «Solterona: ... Pero, *por favor, no me mire* así el escote...» (*El caracol,* 141). Son pues, expresiones más próximas al ruego que al mandato.

Aun a pesar del indicador verbal u oracional que se agrega a dichas expresiones para conferirles suavidad, si el verbo se encuentra en presente de imperativo, prevalece el matiz de mandato de ese tiempo: «Hortensia: *Haz el favor* de no ser sórdido ni apegado a los bienes terrenales» (*Los buenos,* 36), en que la orden no es dulcificada por medio del indicador sino que, incluso, se presenta con cierto tono de reproche. Por lo que hay que buscar otra causa a la presencia de aquél en estos casos: puesto que el núcleo verbal es siempre el imperativo de *hacer,* debido a su escaso cuerpo fónico, el indicador reforzaría su significante dando estabilidad al grupo sintagmático. Este fenómeno se debió de producir a partir de usos originariamente de ruego, codificándose luego para todos aquellos casos con el imperativo *haz,* aunque se tratasen de mandatos. Esta hipótesis viene avalada por el hecho de que no puede ser utilizado dicho imperativo aislado para ninguno de los dos tipos de expresiones, ya que si el indicador se conmuta por cero, el giro es imposible: «Concha: No. A mí *haz el favor* de no marearme» (*Los verdes,* 53). Por ello la expresión completa con el verbo *hacer* ha llegado a convertirse en un mero indicador de la forma de ruego, equivalente a *por favor,* del que es un refuerzo, debido a que el núcleo léxico de la oración radica en el verbo en infinitivo que le sigue y no en el imperativo.

Variante de esta fórmula es *«por lo que más quieras -o queráis»* que encarece afectivamente el ruego: «Lázaro: Si no tenéis temor, seréis de verdad libres. *Por lo que más queráis,* no os neguéis a la vida» (*Las cítaras,* 83).

I. FORMULAS FIJAS DE RUEGO Y MANDATO

Son construcciones genuinamente españolas en cuanto que no han sufrido en su desarrollo interferencia de otras extranjeras similares. Gozan de gran vitalidad y vigencia en el habla popular, al estar más de acuerdo con el instinto lingüístico del hablante medio. En la obra dramática de Antonio Gala se distinguen cinco grupos principales:

1. Interrogación

1.a) Introducidas por el verbo *querer* o *poder.*
1.b) Introducidas directamente:

   – En 2.ª persona singular o 3.ª, 2.ª de cortesía.
   – En 1.ª de plural, si el hablante se incluye.

1.c) Introducidas por la fórmula negativa *¿por qué no...?*

2. Presente de indicativo

2.a) Con el pronombre antepuesto.
2.b) *Vamos* y *vámonos*
   Vamos + infinitivo.

3. Formas nominales del verbo: infinitivo, gerundio y participio.

4. Presente de subjuntivo:

4.a) Reiteración de la orden dada.
4.b) El imperativo indirecto de tercera persona.

5. Ir + gerundio.

6. La fórmula *a ver si* + presente indicativo.

Antonio Gala siente una especial predilección por estos giros que pone constantemente en boca de sus criaturas, consciente de que reflejan la psicología de sus personajes y el ambiente popular en el que se desenvuelven la mayoría de las acciones, logrando la adecuación entre lengua y sujeto hablante, lo que incrementa el valor artístico de aquéllas.

1. **Interrogación.** Las formas interrogativas son las más especializadas para la expresión de ruego, aunque tampoco queda excluido el mandato cuando el contexto lo requiere coadyuvado por una entonación adecuada. Según su significante se distinguen tres variantes:

1.a) Aquellas que van introducidas por *querer* en segunda persona de presente de indicativo, o en tercera si se trata de la fórmula de cortesía, seguido de un verbo en infinitivo o en construcción personal precedido de *que,* verbo que es el portador de la idea léxica de la oración. Son expresiones de ruego preferentemente, ya que el valor semántico de *querer* y la forma interrogativa dan el tono adecuado, condicionando su ejecución a la voluntad del oyente: «Portero: ... Y ahora, puesto que me han sacado de mi cabina, *¿quieren ustedes* venir a donde debo conducirles?» (*El caracol,* 128); o en singular: «Vendedor: ...*¿Quiere usted* una foto de la Reina?» (*El sol,* 187). Por medio de un ruego de este tipo, el hablante pretende ganarse la simpatía de su oyente, bien porque lo considere su superior y, en cierta medida, dependa de él, como en los casos vistos, o bien porque intente volver a amistarse con otro sujeto con el que ha tenido un pasajero enfado: «Paula (que ha reñido con Diego por cortar un trozo de mesa para construir un carrito, y ante la actitud sumisa y tierna de éste por la reprimenda): ...*¿Quieres que* retire la cena y haces un carro grande con toda la mesa?» (*Noviembre,* 255). En ocasiones dicha forma interrogativa va reforzada por el indicador de ruego citado más arriba, *por favor,* que más que redundancia en la expresión de ruego, refleja cierto reproche del hablante y una obligatoriedad mayor, cercana al mandato: «Burgués: ... *¿Quiere usted hacer el favor* de irse a barrer a otra parte?» (*El caracol,* 163).

El verbo *querer* es sustituido en esta función por *poder,* que posee un valor análogo: «Juan (Al Guarda): ... *¿Usted me puede* decir por dónde anda este panteón?» (*Los verdes,* 28); aunque se trata de un ruego conlleva algunos matices implícitos de mandato procedentes del significado de *poder* que apela, más que a la voluntad del interlocutor, a su capacidad de realización. Sobre todo si se pone en duda dicha capacidad mediante la forma negativa de la pregunta: «Solterona: Señora, usted que es la dueña *¿no puede poner* un poco de orden?» (*El caracol,* 167). En la mayoría de los casos puede, pues, considerarse como una forma indirecta de mandato. Por ello, cuando posee valor de ruego suele ir acompañada de un indicador que la suavice, y éste suele ser *por favor* o bien alguna expresión que condicione su realización a los deseos del oyente: «Juan: Quizá, caballero. *¿Puede usted, si no le molesta, dejarme?»* (*Los verdes,* 14). Efecto similar se consigue cuando se adopta la forma impersonal: «Portero: ... Pero, *¿no sería posible* que antes de subir colaboraran todos ustedes un poquito en terminar la casa?» (*El caracol,* 125).

1.b) En aquellas fórmulas en las que *no aparece* el verbo *querer* todo el matiz de ruego recae sobre la interrogación y el tono de la voz. La pregunta ya lleva implícita en sí misma una llamada a las facultades anímicas de la persona humana: a la atención, al entendimiento y a la voluntad. El proceso psicológico es tan complejo como instantáneo: despierto el interés del oyente, capta y descifra el mensaje por el entendimiento; una vez comprendido, entra en juego su voluntad para actuar en una dirección determinada de acuerdo o no con la petición formulada: «Luterio (A María –por el niño que tiene en su seno–): Oye, hija *¿me dejas que* ponga la mano cuando se mueva?» (*Los verdes,* 78). Con forma negativa, pero sentido afirmativo: «Paula: Ya no te doy el regalo... - Diego: ... Es hoy *¿No me lo vas* a dar?» (*Noviembre,* 252).

Es habitual esta forma de ruego cuando se ofrece algo a la consideración o al deseo del interlocutor: «Madre (A los Burgueses): *¿Un canapé de tomate?* - Burguesa: Con mucho gusto» (*El caracol,* 132). También como forma de cortesía en la compraventa de algún objeto: «Lorenzo (A Consuelito, por las estrellas que está escarchando): *¿Me vende una de las pequeñas?»* (*Los buenos,* 8). Igualmente en aquellos casos en los que el hablante propone la puesta en práctica de alguna idea incluyéndose entre los que han de llevarla a cabo. El verbo del giro interrogativo va en primera persona del plural del presente de indicativo: «Novio: *¿Vamos* los dos solos a la torre de la catedral? Dicen que se ve todo el país» (*El sol,* 188); «Manuel: *¿Apagamos* el farol y *encendemos* las velitas? Es más recogido» (*Los verdes,* 66).

1.c) Directamente relacionadas con las construcciones anteriores están aquellas otras, también con estructura interrogativa, introducidas por la conjunción casual *¿por qué no...?* Con la forma interrogativa negativa el hablante se adelanta a una posible objeción del oyente, inquiriendo las causas por las que no accede a su demanda: «Nina: Ay, no me vayas a abandonar aquí sola. *¿Por qué no* me dejas que me vaya contigo?» (*Los verdes,* 59). No siempre se trata de una incitación a una acción real sino mental, un cambio de manera de pensar del oyente que esté más en conformidad con la del hablante, intentando aunar de esta forma opiniones divergentes: «Diego: ... Lo peor son las cosas. Nos confunden... ¿*Por qué no* acabamos de mentir de una vez?» (*Noviembre*, 269).

El verbo puede ir en infinitivo pero acompañado del pronombre personal de primera persona en plural: «Reina: ...Mientras no llegue no sé qué: otro punto y aparte, ¿*por qué no* conformarnos con estas pobres comas, con estos pobres puntos y seguidos?» (*El sol*, 184). En determinados contextos dicha construcción puede equivaler a una orden más o menos imperativa: «Mujer Sola: ¿*Por qué no* gritan ustedes más bajito?» (*El caracol*, 167), donde la ironía es patente tanto por el uso de este giro a modo de mandato como por el valor léxico antitético del verbo y del adjetivo en diminutivo: *gritan* y *bajito*.

2. El presente de indicativo: Este tipo de construcción se halla especializado en la expresión del mandato más que en la de ruego, aunque con el indicador adecuado puede transformarse en una petición suave. Al igual que se distinguía al estudiar la estructura de los giros del grupo 1.°, en los que era constante la presencia del verbo *querer* en el primero de los subtipos, también en este apartado se pueden diferenciar aquellas formas con *vamos* y *vámonos*, o perífrasis mediante este verbo + infinitivo, que posean sentido imperativo. El resto de las formas de presente de indicativo con valor imperativo se caracterizan por la presencia del pronombre de segunda persona, o *usted,-es* antepuesto si se trata de cortesía.

2.a) *Presente de indicativo con pronombre antepuesto:* Aunque el presente es un tiempo imperfectivo, en esta función imperativa posee un aspecto perfectivo pues el hablante, al enunciar la orden como si se estuviera ya realizando, confiere una especial seguridad a la acción mandada. Por su parte, el pronombre personal especifica el destinatario reforzando su obligatoriedad, especialmente porque en español su presencia no es requerida como necesaria: «Vieja: Y te decían: "Me voy. Mañana no vendré a almorzar. Cuando se haga de noche, *tú cenas* y *te acuestas*» (*El sol*, 176); o en «Alonso: ¡*Tú te vas a sacar* los corderos!» (*Las cítaras*, 25).

Según el contexto, el mandato puede ir coloreado de tonos afectivos y aunque la idea imperativa permanezca, aparece atenuada por el cariño con que ha sido dada, convirtiéndose más bien en *una invitación* a realizar la acción: «Juan: ...Y los domingos *os venís* desde por la mañana, ¿eh? Tempranito» *(Los verdes,* 38). A veces se omite el pronombre sujeto con lo que el valor imperativo de la fórmula se restringe en gran medida, adquiriendo matices de mero *consejo* al interlocutor: «Paula: ¡Ve! *Te presentas y vuelves* por mí. Porque me quieras, no porque me necesites» *(Noviembre,* 280), en donde, no obstante, hay presente un índice pronominal de segunda persona.

2.b) La obligatoriedad de las fórmulas mediante el verbo *ir* en primera persona de plural *vamos* y *vámonos,* recae tanto sobre el receptor como sobre su emisor, al incluirse éste entre los ejecutantes de la misma. Es, pues, la expresión de una orden paralela a las de ruego del grupo 1.b), mediante sólo la interrogación y el verbo en primera persona del plural, así como las del grupo 1.c) introducidas por la conjunción causal *¿por qué no...?*.

Aunque el verbo *ir* puede funcionar como simple indicador de mandato, cuando hace referencia a las personas a las que su forma gramatical alude, posee valor imperativo, pudiendo ir acompañado de un idicador de este tipo: «Niña: Venga, *vamos* (Salen)» *(EL sol,* 178), donde *venga* posee un claro valor interjectivo reforzando la orden de la forma imperativa que le sigue. A veces, va antepuesto a otro imperativo que especifica la orden dada: «Camacha: Venga, *vamos... terminad* de una vez» *(Las cítaras,* 90) en que todas las palabras son índices imperativos rematados por la locución adverbial *de una vez* que enfatiza dicha idea. La forma con el pronombre personal enclítico es menos habitual: «Olalla: ... (Decidida) *Vámonos,* Lázaro» *(Las cítaras,* 92).

Como verbo auxiliar de una perífrasis imperativa en la que la orden va contenida en el infinitivo al que rige, pudiendo considerarse por ello construcciones puentes entre las del subgrupo a) y las del b), ya que si bien en cuanto a su significante, por la presencia de *vamos,* podrían incluirse en las segundas, por su significado están más próximas a las primeras, por cuanto que el que priva no es el de movimiento sino el del infinitivo: «Dama 2.ª: Para hacer el bien cualquier procedimiento es bueno. - Dama 1.ª: Pues *vamos a hacer* la lista» *(El sol,* 179), donde dicha expresión posee más un valor de ruego que de mandato, como en otras ocasiones: «Hortensia: *Vamos a desembarazar* a doña Leonor, la pobre, así podrá esperar la resurrección mejor dispuesta» *(Los buenos,* 53-54); «Alonso: ¡Pues *vamos a brindar* por las partes de abajo!» *(Las cítaras,* 72). Pero también en función de mandato cuando por el contexto se presta a esta interpretación: «Paula: ... Pero que le den morcilla al mar.

Vamos a comer» (Noviembre, 254). Si el verbo auxiliar aparece reiterado denota la insistencia y la urgencia del hablante en la puesta en práctica de una acción determinada, pero se trata más de una petición que de una orden: «Juan: *Vamos, vamos a tomar* un bocadito» (*Los verdes,* 42), donde el primer *vamos* puede ser considerado como indicador del ruego.

Se observa, pues, que frente a las construcciones con el pronombre personal antepuesto, más especializadas en la expresión de mandato, las de las formas *vamos, vámonos* son menos categóricas y por ello más frecuentes en las de ruego.

3. Formas nominales del verbo en función imperativa: Infinitivo, gerundio y participio.–Las más habituales y extendidas en la lengua hablada son las de *infinitivo,* presentando las otras dos una especialización menor y un uso más esporádico.

El *infinitivo* en función imperativa va acompañado de otros elementos respondiendo la estructura de la expresión al siguiente paradigma: *pronombre personal + a + infinitivo,* pudiendo omitirse el pronombre sin que por ello el mandato vea disminuida su fuerza obligativa. De otro lado, y con relación a las fórmulas anteriores cuyo primer elemento era *vamos* seguido de un infinitivo precedido de la preposición *a,* las tratadas en este grupo se consideran como sus variantes elípticas. La forma verbal elíptica no se limita a la primera de plural, *vamos,* sino que puede referirse a cualquiera de las tres personas gramaticales.

Las formas en las que *la omisión del pronombre* se produce son abundantes, puesto que ello no implica erosión de su valor imperativo por radicar éste íntegramente en la forma verbal: «Rey: ... Esto me hace sospechar lo peor. (Se sienta en el trono) *¡A pensar!» (El sol,* 192); la imperiosidad de la orden se refleja gráficamente por ir entre signos de admiración, y en la lengua hablada por un tono de voz elevado y cortante. Asimismo en «Voz de Jimena: *¡A cabalgar!* ¡En nombre de Dios y de Santiago!» (*Anillos,* 59); «M. Exterior: Pero, majestad, nuestras economías privadas... - Rey: *A callar,* o acepto vuestra dimisión» (*El sol,* 216); en casos como el presente, más que un verbo de movimiento, hay que sobrentender un verbo de lengua como *decir,* que intensifica el mandato ya que conlleva la noción de repetición. Esta construcción imperativa puede utilizarse también como forma de despedida cortés: «Cleofás: ... Me alegro de tener en casa un amigo tan fiel. - Lorenzo: Nada, hombre, *a mandar» (Los buenos,* 51).

A veces, la presencia de indicadores de ruego o mandato precediendo a la forma imperativa, más que reforzar la noción de obligatoriedad que lleva implícita, le agrega la del apremio de su cumplimiento. En la obra de A. Gala se recogen dos casos similares referidos a una misma situación pero en los que varía el indicador: «Paula: ... Y tengo este pan y esta fuente de boquerones fritos y esta jarra de vino. *¡Hala, a comer!» (Noviembre,* 250), rematando, como en el ejemplo siguiente, el diálogo: «Paula: ... No hagas caso. *Venga, a comer» (Noviembre,* 255).

Menos frecuentes en la creación literaria de nuestro autor son las formas que presentan el pronombre personal, dado que no añaden ningún valor nuevo al giro: «Vieja: *Tú, a vomitar,* que es lo tuyo, niña» *(El sol,* 211); «Vieja: Por eso estaban los de arriba. *Nosotros, a triscar y retozar» (El sol,* 177).

La rápida propagación y extensión del uso del infinitivo como expresión de mandato se vio facilitada por la «condición patológica del imperativo plural», a la que han contribuido causas fonéticas: la inestabilidad de la /-d/ final, y «vaguedad deliberada cuando se vacila entre la forma usted y la forma tú» (3). A la luz de los ejemplos recogidos en la obra de Antonio Gala se puede documentar la complejidad de la evolución del uso del infinitivo en función imperativa. En primer lugar se han de diferenciar los casos en los que el pronombre enclítico de segunda persona del plural *os* está presente de aquellos en que no aparece. Éstos son la fase final de un proceso que fue iniciado con los primeros.

Efectivamente, a partir de las formas con pronombre enclítico se perdió la /-d/ final, que en estos casos se encontraba en posición intervocálica, identificándose su significante con el de los participios en plural: *sentad -os/ sentados,* dando lugar a posibles confusiones homonímicas, por lo que la lengua hubo de arbitrar una solución a fin de evitar esta situación indiferenciadora: se omitió la /-d/ morfemática del plural del imperativo. Pero se comprobó que esta solución no podía aplicarse a todos los verbos, en especial a aquellos cuyo cuerpo fónico es reducido, como *ir,* pues su forma etimológica puede ser sentida como vulgar: «Fray Guzmán: *Idos.* Tomad a esta mujer y salid» *(Las cítaras,* 79), donde Gala se ve obligado a usarlo porque procura reflejar en algún aspecto el habla del siglo XVI utilizando el tratamiento de cortesía de aquella época por medio del pronombre *vos,* en lugar de *usted.* Al no triunfar de manera generalizada la solución eliminadora de la /-d/ hubo de buscarse una solución contraria, o sea, el refuerzo de su articulación, que condujo a la sustitución del fonema dental por otro de articulación próxima en la zona alveolar, la /r/ ya que, debido a su carácter vibrante, no existe posibilidad de debilitamiento en su pronunciación, lográndose por este medio la diferenciación del significante del imperativo plural con pronombre enclítico: «Juan: *Iros* todos. *Salid* todos tranquilos, por la puerta de la tapia» (*Los verdes,* 80).

Una vez generalizada dicha solución para este tipo de verbos se extendió por analogía para aquellos que, debido a poseer un significante mayor, no la necesitaban, pues con la pérdida de la /-d/ evitaban la posible confusión con las formas participiales: «Juan: ¿Os hace un poco de café? Estaba haciéndomelo yo. *Sentaros»* (*Los verdes,* 35); más adelante, ya casi al final de la misma obra: «Juan: ...*Cuidaros* todos mucho. Unos a otros» (*Los verdes,* 81); en ambos casos son formas viables *sentaos* y *cuidaos,* es decir, la solución originaria para estos verbos.

Desde esta situación en que el imperativo plural podía ser considerado, en cuanto a su significante, como infinitivo + pronombre enclítico, al empleo del infinitivo como tal en función imperativa sólo había un paso. Por otra parte, al no hacerse referencia a la persona, da una cierta vaguedad en el uso o no del tratamiento de cortesía. No obstante, parece que aquellas formas que presentan el pronombre *se* enclítico al infinitivo poseen indudables matices de deferencia hacia el o los interlocutores: «Voces: ¡*Quitarse* las caretas! ¡Viva Gulliver!» (*El sol,* 205), en donde por analogía a las de cortesía, como *¡quítense!,* se añade al infinitivo el pronombre en un intento de acomodación de su significante al de aquéllas. La difusión de esta forma no personal del verbo se ha extendido a aquellos usos en los que el problema fonético no existía y, por tanto, no empujaba a soluciones nuevas, como *las construcciones negativas* de mandato que, al igual que las de cortesía, llevan el verbo en subjuntivo, no afectándoles en absoluto el problema fonético del imperativo plural: «Luterio: ... Pero da los cuartos, ¿eh? *No confundirse* con los cuartos» (*Los verdes,* 68). Son también frecuentes los casos en que aparece *el infinitivo afirmativo aislado,* sin la adición de ningún pronombre, presentando como variante respecto al imperativo plural la sustitución de /-d/ por /-r/, afianzando de este modo el significante de la expresión y siendo uno de los vulgarismos más característicos de la lengua: «Nina: F*ume* usted, *fume* usted.

Fumar todos» (*Los verdes,* 27); «Mariveinte: (Sofocada) *Callar,* que la señora está rezando...» (*Las cítaras,* 21). En ocasiones una orden es manifestada por medio de dos formas verbales: una de ellas imperativo y la otra infinitivo, o dicho de otra manera, con refuerzo de la /-d/ final mediante su sustitución por /-r/, explicable cuando se trata de un monosílabo: «Muchacha: ... Más vale que fuérais a oír al Rey. Ya estará manoteando en su balcón. Encima de la gente, con su cara de tonto. An*dad, ir*» (*El sol,* 178).

El estado psicológico más o menos afectivo del hablante, que emana directamente de la situación en que se halla inmerso, favorece el que las otras formas no personales sean utilizadas en función imperativa; como *el participio:* «Ordenancista: Esas pulsaciones, secas y *decididas.* Como la Justicia» (*El caracol,* 158) en donde, al igual que en los giros imperativos con infinitivo precedido de la preposición *a,* ha de sobrentenderse un verbo omitido, que debería ir en presente del subjuntivo precedido de la conjunción *que: «que sean secas y decididas»,* o sea, la forma elíptica de las construcciones del grupo 4. Igualmente: «Soldado: La licencia de venta. - Vendedor: No la tengo. - Soldado: Pues entonces, *prohibido»* (*El sol,* 208).

En cuanto al *gerundio* aparece la forma del verbo *andar* con claro matiz imperativo: «Sargento: ... Vayan ustedes, ahora mismo, voluntariamente, al discurso del Rey. *¡Andando!»* (*El sol,* 178).

Por último, resta señalar que por analogía con las fórmulas imperativas de *a* + infinitivo, *un sustantivo* precedido de esa preposición puede equivaler a una expresión de mandato: «Alfonso: ¡Ven por la cruz, obispo! *¡A las armas, Minaya!»* (*Anillos,* 74); «Guarda: ... Esto no había pasado aquí nunca. No, señor. No hay precedentes. Eso, *a los de arriba.* Yo, *a mis muertos»* (*Los verdes,* 30).

4. **Presente de subjuntivo.** Tiempo que, a pesar de estar en evidente

retroceso en diversas funciones que comparte con formas de indicativo, posee gran vigencia en la expresión del mandato puesto que, además de los usos imperativos señalados, desempeña otras dos funciones de este tipo:

4.a) Reiteración de una orden dada con anterioridad.

4.b) El imperativo indirecto de tercera persona.

Ambas funciones tienen en común el ir introducidas por la conjunción *que* pues se sobrentiende un verbo *dicendi* elíptico.

4.a) *Reiteración de la orden dada:* La repetición de un mandato con intensificación de la noción de obligatoriedad se realiza mediante un índice que señale que la orden es la ya dada. Este índice es la conjunción *que*, la cual exige que el verbo que introduce vaya en subjuntivo; y por otro lado, enlaza dicha forma verbal con otra de un verbo de lengua que, aunque habitualmente se omita, en algunas ocasiones puede estar presente: «Diego: Con tu madre ahí, nadie puede creerse que esto sea el casino. - Paula: ¡*Te he dicho que te calles!*» *(Noviembre,* 259). Pero en la mayoría de los casos se sobrentiende el verbo principal, indicador de la repetición, sin que por ello disminuya el énfasis de la orden derivada de ella: «Rey: ... Tú, dame un pellizco. - Jefe: Señor, a mis años... - Rey: *Que me des* un pellizco. ¡*Vamos!*» *(El sol,* 199), ante la resistencia del Jefe a obedecerle se ve en la necesidad de reiterar la orden, al mismo tiempo que denota el enojo que le causa esta contrariedad por lo que la refuerza por medio del indicador de mandato *«¡Vamos!»*. En otras ocasiones no se trata de una repetición de la orden como tal, ya que no ha habido una enunciación previa de la misma, sino que refleja la imperiosidad del hablante para que se le obedezca al instante, como si ya hubiera manifestado su deseo con anterioridad: «Hortensia: ... Yo le acompañaré por no desairarlo... ¡*Que no cantes!*» *(Los buenos,* 16); «Camacha: ¡Más licenciao eres tú! ¡*Que socarres y dejes* a Olalla!» *(Las cítaras,* 15); «Extraviada: *Que me dejes.* ¿No estás viendo que Gulliver puede mirarnos?» *(El sol,* 194). Se podría, pues, calificar este fenómeno como *repetición psicológica del mandato* y su reflejo en la lengua.

Ahora bien, según el contexto en que se produzca, su fuerza obligativa puede ser menor, convirtiéndose más bien en expresión de ruego que de mandato: «Juan: ... Y *que vengáis* cuando queráis. Si queréis todos los días» *(Los verdes,* 38), donde la presencia del verbo *querer* repetido supedita el cumplimiento del deseo del hablante a la voluntad de los oyentes. Pero no es necesario la aparición de un verbo volitivo en la frase, debido a que el contexto denota la preponderancia o no de la voluntad del hablante, oscilando, a veces, entre el consejo más o menos imperativo y el ruego: «Paula: ... *Que comas*, Manuel, hijo» (*Noviembre*, 249); «Constanza: Ahí os quedáis. *Que aprovechéis* el tiempo...» (*Anillos*, 100). Cuando el destinatario del mandato no está especificado sino que es aplicable a cualquiera de los presentes, tiene un valor de advertencia mezclado con el propio de la orden, en especial cuando se trata de una prohibición: «Hortensia: Me duele la cabeza. *Que nadie me diga* nada, porque le doy un bufido» (*Los buenos*, 64).

4.b) *El imperativo indirecto de tercera persona:* Si bien en cuanto a su estructura sintáctica es similar al anterior, introducido por *que* y verbo en presente de subjuntivo, no existe posibilidad de confusión ya que se diferencian por dos características:

1.ª) El verbo elidido debe ir en imperativo y referido al oyente que ha de transmitir la orden, mientras que el del grupo precedente ha de estar en pretérito perfecto, como en el primer ejemplo citado, o en presente de indicativo y en primera persona del singular y referido al hablante.

2.ª) El destinatario de la orden es una tercera persona siendo el interlocutor mero transmisor de la misma.

A veces, el verbo de lengua con el que enlaza la conjunción *que* se encuentra explicitado de alguna manera, aunque lo normal es que esté omitido: «Voces: *¡Que se quede* el gigante! ¡Republicano, *díselo! ¡Que se quede* a vivir con nosotros!» (*El sol*, 195), con el verbo *decir* en imperativo intercalado entre las dos peticiones de transmisión del deseo popular. Mediante estas construcciones el hablante matiza la expresión de su voluntad, dado que el destinatario de la misma no está presente sino sólo el encargado de transmitirla; por ello, más que de una orden, posee el carácter de un ruego: «Ana: ...*Que vea* esto. *Que aprenda* enseguida a decir nuestro nombre» (*Los verdes*, 81); «Novio: *Que no nos hable*. No lo resistiríamos. - Varios: *Que te hable* sólo a ti» (*El sol*, 191); «Justina: *Que huya* entonces. *Que se vaya* de aquí...» (*Las cítaras*, 89). Esta preponderancia del presente de subjuntivo en usos imperativos se debe a que es el modo propio de la representación mental, el más subjetivo, y el específico para la expresión de deseo. Por eso algunos gramáticos han considerado al imperativo como un apéndice del subjuntivo puesto que si éste es el modo propio para la manifestación de un deseo, o sea de la voluntad, al proceder tanto el ruego como el mandato de ella es lógico que el imperativo esté englobado dentro del subjuntivo. Ello explica también que los usos de éste se extiendan cada vez más en esta zona de la comunicación lingüística.

5. **Ir + Gerundio:** En los apartados 2.º y 3.º se ha señalado la presencia de *ir* en la formación de construcciones perifrásticas para la expresión de ruego y mandato, ya estuviera explícito ya omitido, pero siempre precediendo a un infinitivo portador de la idea léxica de la frase. En los giros del presente grupo el verbo al que determina *ir* va en gerundio que, por su valor imperfectivo, da a la construcción un «matiz de provisionalidad inmediata y expectante» (4).

El tiempo del verbo *ir* suele ser el imperativo, y aunque conserva algún vestigio de su valor semántico de movimiento se encuentra gramaticalizado en esta construcción especializándola en la función de mandato: «Consuelito: A cepillarle la sotana a mi marido, ea. - Hortensia: Qué modales. *Ve friendo* los garbanzos que sobraron del almuerzo» (*Los buenos,* 27). Debido a su escaso cuerpo fónico se refuerza a menudo por medio del pronombre personal enclítico *te:* «Cleofás: Anda, *vete poniendo...* natural» (*Los buenos,* 50). Por poseer el mandato sentido de proyección hacia el futuro el verbo *ir* puede aparecer en este tiempo gramatical en lugar del imperativo: «Consuelito: ...porque él quiere ser artista como su padre. *Tú le irás enseñando...*» (*Los buenos,* 59), además, este tiempo está justificado porque la orden va referida a un suceso hipotético y a realizar, no a continuación, sino en un tiempo futuro alejado del momento en que se habla.

Una vez gramaticalizada esta fórmula admite variantes con verbos modales, originándose perífrasis más extensas en las que el verbo *ir* aparece no ya en imperativo sino en infinitivo: «Rey: ... Vosotros, velad y orad. Y ya *podéis ir haciendo* un acto de contricción» (*El sol,* 199). Esta fórmula de mandato con verbo modal es una solución a caballo entre las del grupo 1.º con *poder, deber,* etc. en lugar de *querer* + infinitivo: «ya podéis hacer contricción», y las de este grupo con *ir* + gerundio pero sin verbo modal: «id haciendo contricción».

6. **La fórmula a ver si + presente de indicativo** se encuentra por

completo gramaticalizada para la expresión de ruego y mandato, pero debido quizá al sentido originario del verbo *ver* como llamada de atención al interlocutor es considerada más bien como indicador de tales construcciones. El verbo va en segunda persona: «A: ... *Anda, a ver si te calmas*» (*El caracol*, 164) admitiendo, como en este caso, otro indicador que la precede. El valor de esta perífrasis está en gran medida influenciado por el carácter de expectativa que posee en la mayoría de las ocasiones: «La Joven: Espera, todavía no. *A ver si deja* de llover un poco» (*El caracol*, 164). En estos usos la forma verbal suele ir en cualquier persona, en especial en tercera: «Juan: Las voy a sembrar arriba *a ver si nacen*» (*Los verdes*, 39), donde el valor hipotético de la perífrasis implícito en la condicional *si* es patente.

II. FORMULAS DE RUEGO Y MANDATO DE SIGNIFICANTE VARIABLE

Estas construcciones tienen en común con las anteriores, en cuanto a su contenido, que son denotadoras de la voluntad del emisor de la alocución. Pero se diferencian de ellas por su estructura sintáctica: se encuentran en vías de gramaticalización ya que conservan parte de su campo semasiológico, aunque con alguna variación, de ahí que el proceso de gramaticalización esté ya en marcha. Es de prever que dicho proceso acabe por tener tanta vigencia como las fórmulas fijas, debido a que se basan en los mismos principios lingüísticos pues se trata:

1.º Bien de formas verbales que, por su proyeccion temporal, son susceptibles de desempeñar esta función: *futuro.*

2.º O bien, construcciones perifrásticas con verbo de obligación + infinitivo.

Ambos grupos conservan parte de sus valores temporales (futuro) o léxicos (verbo de obligación).

1. **Futuro:** Por analogía con las fórmulas imperativas de presente de indicativo, el futuro puede desempeñar la misma función a causa de la extensión del presente a usos de futuro. Existe un leve matiz temporal en la preferencia, por parte del hablante, de uno u otro tiempo: cuando el receptor del mandato ha de ponerlo en práctica inmediatamente se utiliza *el presente;* pero si ha de transcurrir un lapso de tiempo más o menos grande se emplea *el futuro.* Las formas verbales son las segundas, tanto del singular como del plural, según el número de los interlocutores: «A.: ... Pero estás listo. *Tú tomarás* café y anís como todo el mundo» (*El caracol,* 148). Quizá el futuro posea un mayor valor nocional de imperativo que el presente de indicativo, pues a diferencia de éste no exige la necesaria anteposición del pronombre personal de segunda sino que el morfema verbal se basta para especificar el destinatario del mandato: «Rey: ... (Al M. del exterior) *Instalarás* cinco baterías...» (*El sol,* 218); «Alonso: ... Sólo *entrarás* al pueblo los domingos...» (*Las cítaras,* 74). Si son varios los interlocutores se utiliza la segunda del plural: «Rey (a sus Ministros): ... Cada uno *dirigiréis* un puesto» [...]

Dispararéis a los ojos y a los oídos, sobre todo: son sus partes menos defendidas. [...] (Al M. Interior): *Bombardearás* con gases. (A M. Exterior): *Tú emplearás* los lanzallamas. (Al Jefe): *Y tú te ocuparás* de que se cumplan en todo las civilizadas leyes de la guerra» (*El sol,* 219).

Cuando se trata, más que de una orden, de la intención o el deseo del hablante de realizar algo en compañía de sus interlocutores, el verbo va en primera persona del plural: «Rey: ... Y, en último término, *declararemos* la guerra a un enemigo normal y honrado...» (*El sol,* 204); «Ordenancista: *Embargaremos* todos los lechos, menos uno: el matrimonial, con sus accesorios» (*El caracol,* 15).

2. **Las perífrasis con verbo de obligación seguidas de infinitivo:** Son fórmulas de ruego y mandato de estructura sintáctica semejante a las de *vamos + infinitivo,* o a las de *infinitivo precedidas de preposición,* pero se distinguen de ellas porque su estructura no se encuentra gramaticalizada, pues cada uno de los elementos que la integran conserva sus contenidos individuales de suerte que la suma de todos ellos constituye el del giro imperativo: el sentido de obligatoriedad radica en gran medida en el valor semasiológico del verbo en forma personal (*deber, tener, haber,* etc.) y no en el conjunto de la perífrasis; mientras que el infinitivo es el miembro portador de la idea léxica que manifiesta la intención del hablante. Y de la fusión de ambas formas verbales, ya sea por medio de la conjunción *que* o no, cuya presencia viene determinada únicamente por el verbo de obligación, surge la fórmula de mandato o ruego.

Deber + infinitivo: Cuando la orden dirigida al oyente no es obligativa sino que expresa más bien un deseo del hablante, el verbo en forma personal va en *potencial o futuro:* «Hortensia: ... En vez de cortarle el pelo le *deberías cortar* de cuando en cuando la cabeza» (*Los buenos,* 25). O en su sustitución *el imperfecto* de indicativo que en la lengua coloquial adopta valores de condicional: «Paula: ...Y tu esparadrapo, que en la boca te lo *debías pegar»* (*Noviembre,* 231). En estos casos, como en otros, más que una orden es un consejo del hablante mezclado con matices de deseo: «Muchacha: ... Vosotros sí que *debiérais ir:* hormigueros podéis destrozarlos todos los días» (*El sol,* 178). Bajo la forma de cortesía posee un claro sentido de ruego o de consejo:

«Portero: ...si no quieren hacerlo, *deben seguirme*» *(El caracol,* 128), incluso dicho ruego se encuentra atenuado ya que se condiciona su cumplimiento a la propuesta previa.

Con *valor de conjetura* el verbo personal va en potencial: «Reina: ... A su edad, más que republicano, *debería usted ser...* anarquista» *(El sol,* 182); o el imperfecto de indicativo en esta función: «Lorenzo: Ya lo creo. *Usté debía dedicarse» (Los buenos,* 12). O en la expresión de un deseo: «Dueña: A Misa es donde *deberían ir* todos ustedes conmigo» *(Los verdes,* 54). Cuando el verbo *deber* va en *primera persona* indica la obligación que tiene el hablante, según su propia opinión, de poner en práctica o no una acción; y el tiempo es el presente de indicativo: «Jefe: En cumplimiento de mi cargo de información, *debo comunicar* a S.M. aguas menores» *(El sol,* 193). O en forma negativa: «Consuelito: ... Ahora *no debo hacer* ejercicios violentos...» *(Los buenos,* 59); «Fray Guzmán: ... Esta mujer es una pecadora pública que no puede tener entrada en ella. *Debe salir* del sagrado recinto» *(Las cítaras,* 77).

Cuando el cumplimiento de la voluntad del hablante atañe también al o a los interlocutores, por deferencia hacia ellos, se emplea un tiempo desiderativo, irreal: «Ordenancista: Lógicamente, esta señora (por la Vendedora) *debería dejar* de llorar. O, al menos, *nosotros deberíamos dejar* de oírla» *(El caracol,* 127); «Señora 1.ª: El pueblo está en plena orgía. *Deberíamos retirarnos» (El sol,* 195). Si expresa la obligación que un grupo o el género humano tiene de cumplir una ley de tipo general el verbo va en tercera persona. Es un medio del que el hablante se vale para ordenar algo apoyándose en el consenso común: «Ordenancista: ... Las cigüeñas son animales benefactores. Limpian el campo de insectos y otros enemigos de la agricultura. El hombre *debe protegerlas» (El caracol,* 144); «Jefe: ... Un ministro *no debe tener* sentido del humor» *(El sol,* 180). Estas órdenes expresadas de manera indirecta adoptan la estructura de una máxima: «Rey: ... Los que se equivocaron en su vida, *deben hacer* digna su muerte» *(El sol,* 227); por lo general, aluden a abstracciones o a normas de conducta: «Jimena: ... Pero, cuidado; la intimidad *debe quedar* muy limpia» *(Anillos,* 90).

Valores y funciones análogos a los anteriores poseen las perífrasis mediante *tener + que + infinitivo:* en ellas la conjunción es un simple elemento de enlace con el infinitivo exigido por el verbo *tener.* Si bien puede existir referencia al oyente mediante su especificación por el pronombre personal de segunda como en: «Madre: *Tienes tú que venir. Tienes que decirle* a todo el mundo que no te has muerto nunca» (*Noviembre,* 258), son más abundantes los casos en los que no aparece referente alguno del sujeto a que se habla: «Paula: ... *Tienes que ir* ahora mismo. Presentarte» (*Noviembre,* 276). En ocasiones, por el contexto, se deduce que es un ruego, aunque la estructura permanece inalterable: «La Joven: *Te tienes que cortar* el pelo» (*El caracol,* 143). E igualmente si la orden va dirigida a todos los presentes: «Alonso: ¡Traedlo ya! ¡Arriba!... Todos los que comen de mi pan *tienen que estar* delante» (*Las cítaras,* 1).

Cuando el hablante manifiesta su intención de realizar algo a lo que se siente obligado el verbo *tener* va en primera persona de singular: «Diego: Entonces estoy paseando. *Tengo que pasear*» (*Noviembre,* 251); o en plural si incluye a los presentes: «María: Y las uvas. Todos *tenemos que comer* hoy las uvas» (*Los verdes,* 64). Si la decisión que el hablante ha de tomar en compañía de los presentes viene determinada por algún suceso que ha de ocurrir con posterioridad, el verbo va en *futuro:* «Rey: ... La muerte del reino por congestión cerebral. *Tendremos* necesariamente que *recurrir* a la ingenua solución de los bandos» (*El sol,* 193). Si la puesta en práctica de la voluntad del hablante está supeditada a una condición previa, el tiempo verbal es *el potencial:* «Reina: ... Pero cálmense, o *tendría que privarme* de sus servicios y devolverlas a su lugar de origen» (*El sol,* 212). Cuando la orden adopta la estructura de una máxima de validez universal, el verbo se presenta en tercera persona: «Paula: No. A esos lugares *tiene que ir* uno solo» (*Noviembre,* 281). Es una comunicación que oscila entre la orden y el consejo dado de manera indirecta, un tanto elusiva, con lo que el valor imperativo queda atenuado: «Nina: Los niños *se tienen que manchar* de tierra cuando nacen» (*Los verdes,* 78), donde no existe matiz imperativo sino simplemente la opinión del hablante sobre un hecho concreto, pero que refleja su voluntad sobre el mismo.

Las perífrasis con el verbo *haber* requieren la conjunción *que* para enlazar con el infinitivo cuando va en forma impersonal –*hay, habrá*–, mientras que no necesitan conjunción las que llevan el verbo en forma personal aunque sí la preoposición *de.*

En *las formas impersonales* se emplea el presente de indicativo *hay* cuando no existe una referencia temporal para la ejecución del ruego o de la orden: «Madre: ... Aquí *hay que tomar* una decisión. Que son ya muchos años» (*El caracol,* 134); o bien un consejo: «Juan: Ahora *hay que tomar* algo caliente»

(*Los verdes,* 47); o para enunciar una verdad con la que se está de acuerdo: «Paula: ... *Hay que estar* muy en cueros, Tomás, pero que muy en cueros, para enterarse de algo» (*Noviembre,* 272). O en futuro para una acción posterior desligada de la perspectiva de presente: «Muchacha: ... Total, si *mañana* ya *no habrá que venir» (El sol,* 208); «Cleofás: *Habrá que lavarlos uno de estos días» (Los buenos,* 62).

En ocasiones el significante de futuro es sustituido por una perífrasis de *ir* + a + infinitivo de *haber:* «Paula: El Kempis, como ya te lo sabes de memoria, *va a haber que devolvérselo* a don Rufino...» (*Noviembre,* 242), por lo demás, la estructura que expresa la intención del hablante de llevar a cabo un propósito permanece inalterable.

Si el verbo *haber* se halla en construcción personal, se trata de una forma de la conjugación perifrástica: de ahí la sustitución de la conjunción *que* por la preposición *de* como medio de unión con el infinitivo. El hablante, por lo general, se considera incluído entre los que han de cumplir lo expresado: «Cleofás: ... *Hemos de devolver* la parroquia al primitivo estado en que nos la encontramos» (*Los buenos,* 36). También se utiliza para la constatación de un hecho que se cumple inexorablemente en todas las personas: «Ana: Las cosas. Aquí *hemos de venir,* queramos o no» (*Los verdes,* 42). La primera persona del plural del presente de indicativo es prácticamente la única forma, en la producción dramática de Gala, susceptible de cumplir esta función; por eso sorprende cuando es sustituida por el futuro: «Muchacha: ... Dice mi madre que ahora *nos habremos de casar,* sin más remedio» (*El sol,* 210).

Sólo resta señalar algunas construcciones en las que el primer elemento es la locución perifrástica impersonal constituída por *ser* + *un adjetivo,* portadora de la idea de obligación que en las anteriores iba expresada por *tener, deber* o *haber* seguido de un verbo cuyo valor léxico es el que denota la voluntad del hablante. Dicho verbo puede ir en infinitivo: «Cleofás: *Es preciso reponer* lo robado, mamá» (*Los buenos,* 35); o en forma personal y entonces se une al primer miembro por medio de la conjunción *que:* «Guarda: ... *Es necesario que salgáis* ahora mismo, Juan» (*Los verdes,* 79).

En expresiones similares pueden ser empleados verbos con significado afín a los vistos, algunos de ellos de la misma raíz que el adjetivo de las construcciones anteriores: «Rey: *Necesitamos echar mano* otra vez del viejo truco del patriotismo» (*El sol,* 204). O cualquier otra construcción que manifieste la obligatoriedad de hacer algo: «Olalla: ... Da igual: el rey... *Teníamos la obligación de darles* hospedaje...» (*Las cítaras*, 36).

El contenido de estas perífrasis denotadoras de la voluntad del hablante, cuya expresión no está gramaticalizada, resulta de la agregación de los significados particulares de los miembros que la integran: el sentido de obligación viene dado por el verbo en forma personal y la idea léxica manifestadora de la voluntad del hablante por el infinitivo. El hecho de que puedan intercalarse otros elementos gramaticales, tales como pronombres o adverbios –*tú, necesariamente,* etc. de algunos de los ejemplos citados de la obra de Antonio Gala– es una prueba evidente de su independencia, de que su fusión en un todo único no está conseguida. Por otra parte, se han recogido algunos casos que no son propiamente una orden, ya que el mandato no emana de manera directa de la voluntad del hablante sino de la situación en que se produce. Así, se han incluído construcciones con el verbo en tercera persona o en primera del plural. La justificación de su inclusión viene determinada porque son formas que reflejan la voluntad del emisor, aunque éste las presente como una norma de conducta de tipo universal o aplicable a aquellas circunstancias. Es decir, que tienen en común con las de ruego y mandato, aparte la expresión de la voluntad, el sentido de obligación que sobre el interlocutor éstas tienen, si bien de modo menos categórico.

(1) E. Lorenzo, *El Español de hoy, lengua en ebullición,* Biblioteca Románica Hispánica, Madrid, Editorial Gredos, 1971, 2.ª ed., pág. 95.
(2) E. Lorenzo, ob. cit., pág. 96 y sigs.
(3) E. Lorenzo, ob. cit., pág. 104.
(4) E. Lorenzo, ob. cit., pág. 99.

CONCLUSION

Una de las notas más acusadas en la creación dramática de Antonio Gala es su *exuberancia verbal*. Nota que muchos críticos señalan como el factor principal de determinados defectos de «montaje» teatral que se le achacan, así como de la falta de consistencia humana de algunas de sus criaturas, imputando a sus piezas un exceso de palabrería y una carencia de subtexto. Ello puede ser verdad sólo hasta cierto punto. Pues, si bien sus personajes viven de y para el diálogo, sus reacciones vienen motivadas tanto por el particular desarrollo psicológico que cada uno experimenta, como por las palabras previas de otro y por la situación en que se encuentran.

No obstante la riqueza psicológica de los protagonistas por un lado, y lo opuesto de muchos de los estados anímicos por los que pasan en determinados momentos de la acción por otro, parecen desdibujar la veracidad de sus caracteres. Efectivamente, muchas veces da la impresión como si algunas de sus reacciones fuesen contradictorias con el particular modo de ser de cada uno o como si no estuviesen motivadas lo suficiente. Ello es debido a que el dramaturgo «vive» la problemática de sus criaturas y las hace reaccionar en ocasiones entre un mar de confusiones y de sentimientos contradictorios, según la situación en que se hallen. Por eso, los dos pilares sobre los que se apoya la dramaturgia de Gala son *la situación* y *el diálogo*.

Las piezas dramáticas de nuestro autor están conformadas por una serie de *situaciones,* pocas, que los personajes viven y a través de las cuales se debaten los problemas e inquietudes que les aquejan y que aquejan al ser humano en cuanto tal. Este es uno de los motivos por el que sus comedias dan la sensación de estar construidas por sucesivos momentos, apenas sin ilación entre sí, y que se produzcan fallas tanto en el proceso dramático como en la veracidad de los caracteres. Todo ello favorecido por el tenue hilo argumental que los sustenta. Sin embargo, tomada cada situación aislada, sin referencia a las demás, su textura es acabada. El proceso psicológico de los protagonistas se desenvuelve sin fisuras de ningún tipo. Los parlamentos de los personajes nacen de las palabras previas de su interlocutor, sucediéndose las réplicas y contrarréplicas en una trabazón perfecta, en la que nada sobra y en la que nada falta porque ese diálogo, así surgido, es una imitación exacta de la realidad, del habla viva de la sociedad actual.

A Antonio Gala, como a todo artista, no le interesa una copia fiel de la realidad, porque el creador no es un notario que levante acta de lo que sucede alrededor suyo o como él mismo dice «el realismo nunca es significativo de magnetófonos ni cámaras fotográficas». El realismo, en arte, presupone una recreación de la realidad. el autor toma de ella los datos más pertinentes para luego verterlos en la obra artística una vez digeridos por su mente creadora. Y ello se produce tanto en el plano de la expresión como en el del contenido. Como se ha visto, toma de la lengua hablada multitud de giros, expresiones, vocablos, etc. que están en boca de todos y que son, por tanto, lengua viva, palpitante. Si se limitase a reflejar la lengua que oye a su alrededor, la valía literaria de sus obras sería escasa, ya que su aspecto creativo no existiría; por ello no sólo aprehende la realidad lingüística sino que la remoza constatemente, buscando siempre una mayor expresividad, dado que muchas de las construcciones populares han perdido gran parte de su potencia significativa a causa de su estereotipado uso.

Esta renovación de la lengua popular se produce tanto en el nivel sintáctico como en el léxico. En el primero, en el *sintáctico,* expresiones ya fosilizadas en la lengua hablada cobran una vitalidad sorprendente mediante la variación o la sustitución ingeniosa de alguno de sus miembros. Dicho proceso renovador se articula en tres etapas sucesivas y progresivas:

- Captación de expresiones regionales y su posible extensión a zonas más amplias, debido a su aparición en la obra teatral.
- Sustitución del elemento más característico de un modismo.
- Creación de un giro nuevo.

- Giros de cuño popular pero utilizados en zonas concretas de la geografía española, son puestos en labios de sus personajes cuando la situación es apropiada para ello. Modismos como «No está la Magdalena para tafetanes» para indicar lo inapropiado de una actitud o una acción o «con tanto Cafarnaúm» que denota «confusión», «jaleo», «ruido tumultuoso»; «tras cuernos, penitencia», variante del «tras cornudo, apaleado», etc. Modismos que no se hallan todavía erosionados por su reiterado empleo, por lo que el autor no siente necesidad de remozarlos.

- Cuando el dramaturgo es consciente de que, por ser muy habituales en la lengua hablada, esos giros han perdido gran parte de su potencia significativa, los actualiza mediante la sustitución de su elemento más característico. En esta labor el ingenio del autor desempeña un papel primordial puesto que ha de dar con el sustituto adecuado para que el pueblo se identifique con él y se lo apropie. Dicho sustituto suele ir teñido de cierto matiz humorístico o irónico. Así, las locuciones mediante las que el hablante afirma su voluntad sobre la del interlocutor: «Me sale del níspero», «...del cipote», variantes de otras de la lengua, tales como «me sale de las narices» «...del traste», y otras de sentido obsceno que poseen las primeras, ya que «níspero» alude al genital femenino, y «cipote» al masculino.

— Otras veces, nuestro autor crea modismos propios sobre otros ya existentes, respetando el paradigma de los que imita: «No está Noé para chubascos», variante del ya citado «No está la Magdalena para tafetanes» y de otros más corrientes en la lengua, como «No está el horno para bollos».

En ocasiones, el dramaturgo desdobla un modismo popular buscando siempre exprimir al máximo su fuerza significativa. Tal ocurre con *se apalea el oro y el moro,* que el alcalde de «*Las cítaras...*», Alonso, emplea para referirse a las riquezas que ha oído que existen en las Indias. Lázaro, más adelante, se sirve de dicho giro para responderle: «Lázaro: ... Españoles que, como dices tú, lo que pretenden es *apalear* allí *el oro* después de *haber apaleado el moro* aquí» (*Las cítaras,* 63), jugando también con el doble significado del verbo «apalear». Este desdoblamiento de clichés, como procedimiento de realce, es muy grato a nuestro autor que lo utiliza, incluso, cuando se trata de nombres propios: «Hortensia: ... Este hijo mío es un *San Luis,* pero *Gonzaga*» (*Los buenos,* 26), la separación de los dos elementos del nombre propio mediante la conjunción adversativa enfatiza la virtud o el defecto de la persona en cuestión.

Este mismo proceso renovador se aprecia en *el nivel léxico* en el que también se diferencia tres momentos paralelos a los del plano sintáctico:

— Recogida y asimilación de términos regionales en la lengua.
— Modificación mediante la sustitución o adición de elementos morfológicos al vocablo en cuestión, en especial sufijos.
— Creación de palabras nuevas sobre la forma de otras ya existentes en la lengua.

El empleo de estos términos poco o nada conocidos por el espectador, sobre todo en los dos últimos estadios, no implica una falta de comunicación y comprensión de la obra, ya que el auditorio los entiende perfectamente por el contexto en que se hallan inmersos: el autor cuenta con la colaboración del público.

— Entre *los vocablos regionales* se distinguen varios tipos, según las zonas lingüísticas a que pertenecen y por relación al castellano. Así la acepción *gorrino,* referido al «cerdo, puerco, cochino», que encontramos en

«*Las cítaras colgadas de los árboles*», y que el autor toma de la comarca manchega, exactamente del pueblo de Almedina, próximo a Valdepeñas, en la provincia de Ciudad Real, donde presenció por primera vez una matanza de cerdo. De esta comarca recoge, asimismo, el uso de la sufijación en -*ico*, que en castellano es poco habitual al preferirse otros diminutivos como -*ito*, o -*illo*.

Dentro de la Península pero ya no perteneciente a la influencia lingüística del castellano aparecen términos de más difícil comprensión por el espectador. Como el catalán «*fotús*» con el significado de «jodidos»: «Consuelito: ...Cuatro días que vivimos y nos los tenemos que pasar bien «fotús»... Yo estuve en Barcelona» (*Los buenos*, 12), la indicación subsiguiente de la protagonista no deja lugar a dudas sobre el origen de la palabras: ella estuvo en *Barcelona*.

Igualmente, otros vocablos son americanismos como *zafacón* o *revolú*, éste último apócope de «revolución» cuyo significado el espectador, más que comprenderlo, lo intuye por el contexto en que se produce.

La intención de Antonio Gala al emplear estas diferentes clases de regionalismos puede resumirse en una afirmación que constituye su norma: «Llegar a la máxima universalidad a través de la máxima localización». Es decir: formar un lenguaje teatral sobre la base del castellano, pero en el que entren a formar parte voces de las divesas zonas lingüísticas no sólo de la Península sino también de Hispanoamérica.

– En otras ocasiones, nuestro autor revitaliza una palabra ya existente en la lengua mediante su modificación: permanece el lexema pero se le añaden o bien sustituyen sus elementos morfológicos. Por este procedimiento el término de origen gitano *gili*, es remozado al agregársele el sufijo aumentativo con lo que, además, su cuerpo fónico se refuerza: *gilona*, cuando doña Hortensia insulta a Consuelito, su nuera, en «*Los buenos*...» Asimismo el adjetivo *tontucia*, con sufijo de valor afectivo en la misma pieza.

– Para la creación de una palabra nueva Gala se basa en otras existentes, lo que en cierto modo resulta una modificación. Ahora bien, por un lado el tratamiento particular que le da la hace poco reconocible en relación con el término del que se deriva. Por otro, la nueva significación que adquiere, completamente distinta a la de aquél, la convierten en una voz nueva en la lengua. Tal es el caso de *jigona*, con el significado de «chochona», formada sobre el sustantivo «higo» con aspiración de la h-, y la adición del sufijo aumentativo. Esta palabra, como la anterior *gilona,* es utilizada como insulto al interlocutor; no obstante, su sentido obsceno queda enmascarado, si bien es intuido por ser una forma poco habitual en el habla.

Este proceso de recreación del habla popular, de pasarla por el tamiz del autor, le confiere una actualidad más palpitante que la simple copia de la lengua común. Porque es un intento de producir una impresión de realidad más viva, no reflejando la simple realidad, sino extractando de ella lo más válido para dar un elemento más subrayado. La obra dramática se convierte de esta manera en una auténtica *caja de resonancia* del lenguaje: los fenómenos más característicos del mismo se hallan potenciados en un grado superior a como se producen entre el pueblo, ya que el creador renueva aquellos que su frecuente uso ha ido desgastando. Por eso puede decirse que Antonio Gala es un autor de *«garganta prestada»,* como él califica a García Lorca, pues recoge y reelabora el modo de hablar del pueblo, de modo que muchas de sus expresiones originales –*«me sale del níspero»,* etc.– o palabras –*revolú, jigona* ...–* influyen en el pueblo que las adopta como propias.

La atención al habla popular no implica una despreocupación por voces y construcciones cultas, antes al contrario: predominan éstas sobre los elementos populares en el teatro de Antonio Gala. Una constante de su dramaturgia consiste en la mezcla de lo popular y lo culto, formando una simbiosis que caracteriza su estilo. La presencia de ambos tipos de ingredientes en el lenguaje de sus personajes no origina contrastes que pudieran darnos una nota de irrealidad. El ajuste de los dos se produce de una forma natural y lógica: las frases cultas no chirrían por estar al lado de otras de raigambre popular. Esta aparente contradicción de expresiones populares y cultas es algo intencionado, pues lo que el autor pretende «es dar la impresión de un lenguaje popular, o aprovechar del lenguaje popular lo que tiene de más expresivo, de más rápido, de más directo, y enriquecerlo luego con esas expresiones cultas, de las que tampoco me puedo zafar, porque me pertenecen y yo les pertenezco a ellas».

De lo dicho se desprende la inequívoca *voluntad de estilo* de Antonio Gala. Estilo que se caracteriza, por lo que respecta a la estructura sintáctica de la frase, por ser conciso, de período corto. Su forma de escribir teatro es *impresionista.* Al hacer hablar a un personaje coloca en primer término la palabra o palabras que sintetizan la idea que va a manifestar; luego el resto del parlamento es dar vueltas en espiral sobre dicha idea, siendo las espirales cada vez de menor diámetro si la idea base era vaga y necesitase ir hacia la esencia de la misma por un movimiento de reducción; si el concepto originario es muy concreto las espirales se irán ampliando a fin de dar cabida a otros más generales que lo expliquen. Mediante este procedimiento estilístico el autor consigue un doble efecto: unas veces, amplía lo expresado por un personaje, repitiendo la palabra base en cada espiral, bien con intención de insistencia: «Hortensia: ... *Se lleva nuestro dinero. Se lo lleva* todo. - Cleofás: Cálmate, mamá, te duele la cabeza. - Hortensia: *Se lo he dado yo. Yo se lo he dado» (Los buenos,* 67); bien para reflejar diversos estados anímicos por los que atraviesa: el abatimiento, la alegría, el miedo, etc.: «Z.: (Con voz de niño) *Tengo miedo, mamá. Mamá, tengo mucho mie...» (El caracol,* 169), el personaje redondea lo dicho por él, iniciándolo y acabándolo con las mismas palabras, elaborando el parlamento con una simetría perfecta. En otros casos, el efecto perseguido es el contrario: la supresión de elementos no imprescindibles para que la comunicación se establezca. Esta es la causa de la omisión del verbo, en un intento de centrar la atención del oyente sobre los elementos nominales de la oración, interesando más la idea en sí que su realización.

La estructura sintáctica impresionista procede de la intuición de idioma teatral de Antonio Gala quien considera que esa inicial palabra, que es la sinopsis de lo que se va a decir después, es una llamada a la atención del espectador, preparándole para percibir más claramente el período que viene a continuación. Se trata pues de otro de los «ganchos de abordaje» de los que el autor se vale para atraer el interés del auditorio. En el origen de este procedimiento estilístico se halla la peculiar organización sintáctica de la frase de los hablantes andaluces que se refleja, potenciada, en sus canciones populares. En suma, en su peculiar estilo se diferencian tres niveles:

1.º Uno eminentemente popular.
2.º Otro, en el que lo popular y lo culto se conjugan.
3.º Y por último, un nivel literario.

Estos tres niveles se funden en una simbiosis perfecta que configura la calidad estilística del autor, porque es precisamente en esta simbiosis en la que ninguno de los elementos contrasta ni sobresale en detrimento de los restantes, donde radica la peculiaridad y valía artística de su creación dramática.

INDICE